ESPAÑOL ESCRITO

ESPAÑOL ESCRITO

Curso para hispanohablantes bilingües

QUINTA EDICIÓN

Guadalupe Valdés
Stanford University

Richard V. Teschner
The University of Texas at El Paso

Prentice Hall

Upper Saddle River, New Jersey 07458

Library of Congress Cataloging-in-Publication Data

Valdés, Guadalupe.
    Español escrito : curso para hispanohablantes bilingües /Guadalupe Valdés, Richard V.
Teschner. — 5. ed.
      p. cm.
   Spanish and English.
   Includes index.
   ISBN 0-13-045567-9
   1. Spanish language — Grammar. 2. Spanish language — Composition and exercises
I. Teschner, Richard V. II. Title
   PC4112.V27 2002
   468.2—dc21   2002022066

Publisher: *Phil Miller*
Senior Acquisitions Editor: *Bob Hemmer*
Assistant Director of Production: *Mary Rottino*
Editorial/Production Supervisor: *Lee Shenkman/Victory Productions, Inc.*
Editorial Assistant: *Meghan Barnes*
Marketing Manager: *Stacy Best*
Prepress and Manufacturing Manager: *Nick Sklitsis*
Prepress and Manufacturing Buyer: *Tricia Kenny*
Cover design: *Kiwi Design*

Credits appear on p.xxiii, which constitutes a continuation of the copyright page.

This book was set in 11/12 Times typeface by Victory Productions, Inc.
and was printed and bound by R.R. Donnelley & Sons. Co., Harrisonburg.
The cover was printed by Phoenix Color Corp.

© 2003, 1999 by Pearson Education
Upper Saddle River, New Jersey 07458

Printed in the United States of America
10   9   8   7   6   5   4   3   2   1

ISBN 0-13-045567-9

Pearson Education, Ltd, *London*
Pearson Education Australia, Pty. Ltd., *Sydney*
Pearson Education Singapore, Pte. Ltd.
Pearson Education North Asia, Ltd. *Hong Kong*
Pearson Education Canada, Ltd., *Toronto*
Pearson Education de Mexico, S.A. de C.V.
Pearson Education—Japan, *Tokyo*
Pearson Education Malaysia, Pte. Ltd.
Pearson Education, *Upper Saddle River,* New Jersey

Contenido

Capítulo 6 Hombre prevenido vale por dos   69

Capítulo 7 No es lo mismo ver llover que estar en el aguacero   79

Capítulo 8 Bien está lo que bien acaba   89

Capítulo 9 Quien no se alaba, de ruin se muere   103

Capítulo 10 Para todo mal, mezcal, y para todo bien, también   119

Capítulo 11 Arrieros somos y en el camino andamos   131

Capítulo 12 A quien madruga, Dios le ayuda   147

Capítulo 13 Según siembres, así recogerás   165

Capítulo 16 Antes que te cases, mira lo que haces   223

Capítulo 17 Barriga llena, corazón contendo   249

Capítulo 18 Para todos hay, como no arrebaten   269

Capítulo 19   Abracadabra, patas de cabra, que la puerta se abra   285

Capítulo 20   Los diarios de Fernando y Marisela   301

Teacher's Preface

La quinta edición de *Español escrito* —que consta de dos componentes: libro de texto y *Cuaderno de actividades*—, procura ser tanto amplia como flexible. Su flexibilidad y alcance permiten un gran número de combinaciones de material, las cuales hacen que esta edición de *Español escrito* se adapte a distintas realidades pedagógicas.

El hecho de que la quinta edición sea más extensa que las ediciones anteriores permite, por ejemplo, que un curso de cinco horas semanales de clase no requiera material adicional porque *Español escrito* contiene suficientes lecturas, lecciones y actividades para todo tipo de curso de español universitario, sin importar su duración. El curso de cinco horas semanales utilizaría todo el material de *Español escrito*, tanto el del libro de texto—20 secciones tituladas *Tema y expresión*, 20 selecciones literarias y culturales (*Texto y comprensión*), diez componentes de la parte ortográfico-léxica (*Léxico y expansión*) y diez unidades de la entidad gramatical (*Forma y función*)—como el del *Cuaderno* con sus actividades correspondientes. Lo mismo se aplica a los programas de tres o cuatro semestres, que fácilmente utilizarían todo el material de *Español escrito* más suplementos como ediciones estudiantiles de obras literarias extensas (novelas, obras de teatro, colecciones de cuentos, etc.).

Por su flexibilidad, nuestra nueva edición también se adapta perfectamente a cursos de cuatro, tres o dos horas semanales de clase. En el curso cuyo calendario consta de dos reuniones semanales de 80 minutos, el estudio se limitaría a las 20 secciones de *Tema y expresión*, eliminando por completo las 20 selecciones literarias (*Texto y comprensión*), o viceversa; es decir, incluiría las 20 selecciones literarias y descartaría las 20 selecciones de *Tema y expresión*. De otra forma, podrían escogerse sólo diez, ocho o seis secciones de *Tema y expresión* y diez, o el número que se requiera, de las secciones de *Texto y comprensión*. Asimismo, el profesor o la profesora podría optar por no utilizar ninguna de las diez secciones léxicas (*Léxico y expansión*) de los primeros diez capítulos y concentrarse exclusivamente en las diez secciones gramaticales (*Forma y función*) de los últimos diez capítulos, o viceversa. En resumidas cuentas, podrían incluirse unas partes de *Español escrito* y excluirse otras porque los componentes de un capítulo determinado no están rígidamente coordinados entre sí, y aunque en efecto se relacionan, no dependen los unos de los otros, lo que permite total libertad en la elección de lecturas, secciones de ortografía, unidades de gramática, según se prefiera.

En un típico programa de español para hispanohablantes bilingües se completarán los primeros diez capítulos de *Español escrito* en un semestre, y los últimos diez en otro. Si el año académico se subdivide en trimestres (*quarters*) en vez de semestres, se completarán en el primer trimestre los primeros siete capítulos, en el segundo trimestre los capítulos 8 a 14 y en el tercero se finalizará el curso.

Empleo de los componentes de *Español escrito*

Tema y expresión

El material de *Tema y expresión* sirve de base para las conversaciones en clase y las respuestas por escrito o para la combinación de ambas cosas. Las conversaciones sobre cada *Tema* podrían consistir en pláticas entre profesor y estudiantes o entre estudiantes en conjunto o divididos en grupos pequeños. Las respuestas por escrito podrían tomar múltiples formas. Por ejemplo, los estudiantes podrían contestar por escrito las preguntas del *Cuaderno de actividades* correspondientes al *Tema*, podrían combinar en un solo ensayo sus respuestas a unas cuantas preguntas de la sección correspondiente del *Cuaderno*, o podrían utilizar todas las preguntas de dicha sección como punto de partida para la elaboración de un ensayo general.

Un vistazo al Contenido del libro (págs. v–xi) revelará la riqueza y variedad de nuestros *Temas*. El capítulo 1 invita a los estudiantes a hablar de sí mismos: "¿Quién soy yo?", es la pregunta que Fernando contesta detalladamente en el *Tema*. El capítulo 2 invita a hablar de los compañeros de clase y, hasta cierto punto, de los hispanos en general: "¿Quiénes somos nosotros?" se preguntan los compañeros de la clase de español de Marisela Suárez, la estudiante universitaria de Nueva York. El capítulo 3, escrito también por Fernando, aborda el tema de la familia. El capítulo 4, al pedir que se escriba sobre un accidente, se enfoca nuevamente en lo individual: "¿A quién no le pasan cosas malas de vez en cuando?". En el capítulo 5, en "Las escuelas y yo", se comentan las escuelas y específicamente la historia escolar de Marisela; y en el capítulo 6, la rutina diaria. Una tragedia de la familia de Marisela es el tema del capítulo 7. Las condiciones ambientales que motivaron a la familia de Fernando González a cambiar de barrio es el tema del capítulo 8: "Nosotros nos cambiamos".

A continuación, se resumen los temas de los capítulos restantes.

Capítulo	Tema
9	*De trabajadora doméstica a directora de escuela en siete años* (Una tía de Marisela es inmigrante dominicana y ha tenido gran éxito en Nueva York.)
10	*El alcoholismo y la adicción a las drogas* (Tres estudiantes de la clase de Fernando dan en sus composiciones su opinión sobre un tema perenne y de gran actualidad.)
11	*Profesores: Los buenos y los malos* (Fernando habla de los profesores que ha tenido desde el kínder hasta el día de hoy.)
12	*¿Escogí bien? Ojalá que esta carrera me sea útil* (Marisela opina sobre la carrera de enfermería que está estudiando en Nueva York.)

Capítulo	Tema

Léxico y expansión

Cada uno de los primeros diez capítulos tiene una sección de ortografía y léxico. El primer capítulo empieza con lo más básico: los nombres de las letras en español y su pronunciación; luego se comentan fenómenos relacionados como las consonantes dobles y los dígrafos; también se comenta cada vocal; y se dedica una sección entera a los diptongos y a los antidiptongos. Asimismo el capítulo 1 abarca el silabeo. Cada tema contiene uno o más ejercicios y, por supuesto, éstos no se limitan al libro de texto ya que muchos de ellos se encuentran en el *Cuaderno de actividades*. La sección *Léxico* del segundo capítulo se consagra enteramente a ayudar al estudiante a cultivar el arte de la lectura en español. A la subsección *Reading in Spanish* le corresponden cinco largas actividades del *Cuaderno*— *Sight words vs. decoded words, Developing recognition skills, Speed recognition, Synonym recognition* y *Phrase recognition*—más dos actividades que se encuentran en el texto mismo: *Definition recognition* y *Phrases and their synonyms*. La sección *Léxico y expansión* del capítulo 3, que consta de diez páginas, se dedica por completo a la relación entre el acento tónico y el acento ortográfico y a las reglas pertinentes al empleo de este último. El material sobre el acento tónico y el ortográfico se presenta por primera vez en inglés en el capítulo 3; y por segunda vez y más detalladamente, en el capítulo 12 en español.

A partir del capítulo 4, el *Español escrito* empieza a enfocarse plenamente en las cuestiones ortográficas problemáticas y en el desarrollo léxico por medio del estudio de las palabras en las que estos problemas se manifiestan. Este capítulo también se ocupa del uso correcto de las palabras que se escriben con *b* o *v*. La tabla que sigue enumera las cuestiones ortográficas que se estudian en los seis capítulos restantes.

Capítulo	Cuestión Ortográfica
5	/b/ = b, v (continuación)
6	/s/ = c (vs. z, s)
7	/s/ = z (vs. c, s)
8	x; h
9	/y/ ("el sonido de la yod") = ll, y
10	/x/ ("el sonido de la jota") = g, j

¿Cómo se presenta y estudia el material ortográfico-léxico en los capítulos 4 a 10? La sección *Léxico y expansión* empieza con una breve discusión de la naturaleza del problema ortográfico. Luego se presenta la primera de las ocho listas de "palabras que se escriben con" la letra que sea. La típica lista contiene unas 25 palabras que, a veces, son acompañadas por definiciones, si se trata de un ítem léxico de difícil captación. Luego a cada lista le siguen una o más actividades, encontrándose la mayor parte de ellas en el *Cuaderno*.

¿Cómo se utiliza este material? Hay una gran variedad de actividades. Algunas le piden al estudiante que llene el espacio en blanco con cualquier palabra que tenga sentido de la lista determinada. Otras actividades le piden que proporcione la forma correcta de un verbo determinado (*apreciar*: Marcos *apreciaba* mucho a ese profesor porque siempre lo trataba bien.), que de varias formas ortográficas posibles subraye la correcta (*sielo, ceilo, cielo, sieilo*), que invente una oración en la que se use correctamente la palabra en cuestión (*conducir*: _____), que explique el significado de una palabra (¿Cómo es una persona *elocuente*? _____), que indique un concepto opuesto al que expresa la palabra (*tristeza*: _____), y así sucesivamente.

¿Cómo se evalúa el material léxico-ortográfico? El material—tanto las palabras individuales de las listas del libro de texto (*aceite, acero, anuncios, capacidad*, etc.) como las oraciones del *Cuaderno* en las que sirven de respuestas ("Este cuchillo no se mancha porque es de acero inoxidable")—fácilmente se presta al dictado o a los ejercicios que piden que los estudiantes llenen el espacio en blanco. También se presta el material a exámenes que incorporan todas las técnicas utilizadas en las actividades del *Cuaderno* además de preguntas de opción múltiple, ensayos cortos, y así por el estilo.

Forma y función

Cada uno de los últimos diez capítulos tiene una sección gramatical titulada *Forma y función*. La siguiente es una lista de todos los temas que se estudian en cada capítulo.

Capítulo	Temas Gramaticales

11   la oración, la cláusula, el sujeto (y sus funciones), el sujeto suprimido (y el reinstituido), la posición canónica del sujeto, el predicado, el sujeto y el sustantivo, la oración, la cláusula, el verbo

12   los pronombres personales de sujeto, los pronombres personales de sujeto y las formas verbales, los sustantivos sujeto y las formas verbales, el número, la persona, un repaso completo de la acentuación tónica y ortográfica

13   el infinitivo verbal y las formas normativas de los infinitivos, los tiempos sencillos de las tres conjugaciones, análisis de los verbos regulares en sus siete tiempos sencillos (futuro, condicional, presente de indicativo/de subjuntivo, pretérito, imperfecto de indicativo/de subjuntivo), formas normativas y populares de la primera persona plural del presente de indicativo

14   los verbos irregulares en sus tiempos sencillos, las irregularidades de los tiempos presentes, las diptongaciones, la cerrazón vocálica, el cambio ortográfico más la adición del sonido /k/, la adición del sonido /g/, la adición de la letra *y*, los cambios misceláneos, los cambios puramente ortográficos para preservar un sonido, las irregularidades del tiempo imperfecto de indicativo y las del los tiempos pretérito e imperfecto de subjuntivo, la irregularidad ortográfica en el pretérito, el acento escrito y las formas verbales

15   la oración de más de una cláusula, la cláusula matriz, la cláusula matriz y la cláusula subordinada, las tres categorías de la cláusula subordinada, el subjuntivo y cuándo se usa (la persuasión, la duda y el comentario personal), los diferentes tiempos del subjuntivo, las formas regulares e irregulares del presente de subjuntivo y del imperfecto de subjuntivo, el subjuntivo en los tiempos compuestos (introducción)

16   los tiempos futuro y condicional, las formas del futuro y del condicional, las oraciones hipotéticas (combinaciones del imperfecto de subjuntivo y del condicional en una sola oración), los tiempos compuestos, los tiempos perfectos y los tiempos progresivos: formación y uso

17   la voz activa y la voz pasiva, la voz media, el verbo *ir*, la preposición *a* después del verbo *ir*, la preposición *a* ante ciertos pronombres de objeto, la preposición *a* versus la forma verbal *ha*, los pronombres de objeto (de preposición, directo, indirecto, reflexivo)

18   los artículos (definidos e indefinidos), las contracciones *al, del* de artículo y preposición, el género de los sustantivos, el género: producto natural versus producto artificial, los sustantivos que significan cosas diferentes según su género, el número de los sustantivos

19   los adjetivos, la concordancia del adjetivo, adjetivos de cuatro formas, adjetivos de dos formas, los adjetivos que se acortan cuando van delante de sustantivos m.sg. y los que se acortan frente a cualquier sustantivo singular, los demostrativos determinantes y los demostrativos pronominales (concordantes y neutros)

20   las preguntas confirmativas y las preguntas informativas de /k/ y *dónde*, el acento escrito en preguntas subordinadas, las expresiones de admiración, los números cardinales y los números ordinales, las letras mayúsculas, el uso de las conjunciones *y/e* y *o/u*

Los temas gramaticales de poco o nulo interés para el hispanófono nativo—*ser* y *estar*, *por* y *para*, la distinción aspectual entre el pretérito y el imperfecto de indicativo—no se han incluido. La presentación de lo que sí se incluye procura llegar a un acuerdo entre lo tradicional y lo moderno. Véase, por ejemplo, la forma en que se enseña el género de los sustantivos en el capítulo 18. Esta presentación se ha organizado basándose en el concepto lingüístico de la **marcadez**, según el cual se establecen primero los contornos del problema en cuestión—en esta instancia el género artificial—y luego se determina la parte del género minoritario (*-d/-a* = el género femenino y *-n/-z/-s* = el género "indeciso", o sea, la aparente ausencia de género fácil de determinar) para poder concluir consecuentemente que todas las demás terminaciones posibles—*b, c, ch, e, f, g, h, i, j, k, l, ll, m, o, p, r,* etc.—designan el género masculino.

¿Cómo se utiliza y se evalúa el material gramatical? Una vez más se emplea una gran variedad de técnicas, tanto en el libro de texto como en el *Cuaderno*. Por ejemplo, en el capítulo 18, las actividades sobre los artículos piden que el/la estudiante subraye y luego describa (a base de una pequeña historia de novios) todos los artículos. Otra actividad invita a que corrija todos los errores de contracciones que las diez oraciones de la actividad contienen. En seguida el/la estudiante escribe oraciones completas con cada una de varias combinaciones o no combinaciones de preposiciones y artículos. Una de las actividades que evalúa lo aprendido sobre el género le pide que explique por qué tal o cual sustantivo tiene el género que tiene. Otra actividad requiere que el alumno escriba dos listas—una de 20 sustantivos de género masculino que usa con frecuencia en su habla diaria y otra de 20 sustantivos de género femenino que también utiliza frecuentemente—y que los emplee luego en oraciones originales. (Claro, una actividad como ésta podría hacerse tanto por escrito como oralmente.)

La evaluación de lo que el/la estudiante haya aprendido de los diversos temas gramaticales que se presentan en *Español escrito* depende en parte del tema en cuestión; pero sí podemos llegar a una conclusión general al respecto: el propósito de la enseñanza de la gramática al estudiante hispanohablante nativo es de ayudarle a organizar lo mucho que ya sabe, inconscientemente, del sistema morfosintáctico del idioma que ha heredado. Es decir, *Español escrito* procura traer a la conciencia lo que todavía no está allí. Así que en muchos casos, el usuario del texto no debe "aprender" que, por ejemplo, existe la palabra *dije* y que *dije* "viene" de otra palabra que es *decir*, porque ya sabe eso, puesto que ha venido usando dicho verbo desde los dos o tres años de edad. Lo que sí debe aprender el que usa *Español escrito* es la naturaleza de la relación que existe entre *dije* y *decir* porque eso le ayudará a **escribir correctamente** estas dos palabras y muchas más. Y si el estudiante suele emplear, en vez de *dije* o *decir*, alguna forma variante como *dijí, decí, dicir* o *dijir*, nuestras lecciones habrán de ofrecerle la oportunidad de agregar las formas prescriptivas a su repertorio y de emplearlas en momentos apropiados.

Texto y comprensión

Cada uno de los 20 capítulos contiene una sección que se titula *Texto y comprensión*. Dos de estas selecciones versan sobre un tema no ficticio—las de los capítulos 2 y 3 (*Brevísima historia de la lengua española y del mundo hispanohablante*, primera y segunda partes)— mientras que las 18 restantes son obras literarias que abarcan una gran variedad de temas desde el amor hasta las zarzamoras. El primer capítulo incluye la famosa selección dramática *No hay que complicar la felicidad* de Marco Denevi. A continuación se presentan en forma de lista las demás selecciones literarias y los nombres de sus autores. (Las selecciones marcadas con asterisco son nuevas para la presente edición.)

Capítulo	Autor	Título del Texto
4	Luis Arturo Ramos	Zili, el Unicornio (primera parte)
5		Zili, el Unicornio (segunda parte)
6	Tomás Rivera	Los niños no se aguantaron
7	Raquel Banda Farfán	La cita
8	Ramiro R. Rea	Fernando Estrella
9	Amparo Dávila	El huésped
10	Mario Benedetti	Réquiem con tostadas
11	Luis Fernando Ramos	Bodas de rancho
12	Horacio Quiroga	A la deriva
13	Carmen Lugo Filippi	Notas para un obituario
14	Chencha Sánchez de García	El pastel de tres leches*
15	Pablo de la Torriente Brau	Último acto
16	Elena Poniatowska	La casita de sololoi
17	Silvina Bullrich	El divorcio
18	Manuel Matus	Benita
19	Miguel Méndez M.	Juanrobado
20	Luis Soto	Rubén Contreras

¿Cómo emplear estos textos? Por experiencia propia sabemos que hay mucho que se puede hacer con ellos. El texto *Bodas de rancho* (de aquí en adelante BDR), del capítulo 11, servirá de ejemplo de las muchas maneras que uno puede emplear una selección literaria en un curso de español para hispanohablantes nativos.

Toda sección de *Texto y comprensión* empieza con unas "Preguntas preliminares para contestar en voz alta y por escrito" y BDR no es ninguna excepción: tiene cinco preguntas, y como en los demás capítulos, éstas están relacionadas con el conocimiento de trasfondo personal que tengan los estudiantes. El propósito de estas preguntas preliminares es ir preparando a los alumnos a entender bien lo que están por leer; y se los prepara preguntándoles qué conocimientos tienen del tema en cuestión. Una de las preguntas preliminares típicas del capítulo 11 es esta bipartita: *¿Piensas tener una boda enorme, una boda chica, o simplemente vas a casarte con una ceremonia civil sin nada de celebración ni fiesta? ¿Qué es lo que motiva tu decisión?* La primera parte es pregunta de selección, pero la selección del estudiante tiene que justificarse inmediatamente en la segunda parte por medio de algo que vaya más allá de la pura repetición.

Todo texto va acompañado por notas léxicas que se encuentran a pie de página. (BDR tiene 36.) Luego de leer el texto, el estudiante pasa a las actividades correspondientes del *Cuaderno*. La primera actividad tiene preguntas sobre el contenido en sí de la selección como, por ejemplo: *¿En qué condiciones estaban los asientos del autobús y qué hizo Luis Fernando para medio acomodarse en uno de ellos?* (BDR tiene 26 preguntas de esta índole.)

Siguen preguntas de otro tipo—las que piden una interpretación "filosófica", o sea personal, que no se base estrictamente en los detalles del texto. La primera de estas preguntas de BDR es: *Imagínate que tú eres la famosa novia del cuento 'Bodas de rancho'. Vamos a llamarla 'Ana Alicia'. Cuéntanos qué pasó exactamente: ¿te raptó tu ex novio (y cómo y por qué lo hizo) o tú misma te fuiste con él de buena gana (y por qué lo hiciste)?* La típica respuesta a la pregunta "filosófica" va a ser más larga que la que sirvió para contestar las anteriores preguntas detalladas. Requiere que los estudiantes usen la imaginación y fantasía. ¡Pide que interpreten e inventen!

A estas series de preguntas les siguen varias actividades puramente léxicas. La primera pide explicación del significado de 18 palabras que aparecen en BDR, por medio de sinónimos o definiciones breves. La siguiente pide que el estudiante escriba una oración completa con otras palabras de BDR. Para otros textos hay otros tipos de actividades léxicas que piden que se llenen espacios en blanco, que se escoja entre respuestas correctas, y así sucesivamente.

¿Cómo evaluar un texto? Nuestras sugerencias son tan variadas como los textos mismos. Obviamente pueden hacerse preguntas sobre el contenido del texto y otras más "filosóficas" que piden que los alumnos vayan más allá del cuento. El conocimiento léxico que el/la estudiante haya desarrollado y ampliado a través de su lectura, puede evaluarse por medio de dictados, preguntas en las que use el nuevo material léxico en oraciones originales, y pasajes en los que hay que llenar el espacio en blanco con lo que mejor quepa. También se le puede pedir al estudiante que escriba un ensayo largo de tipo interpretativo sobre el texto en cuestión.

Empleo del material que se encuentra al final del libro de texto y empleo de la audiocinta

Al final del libro de texto se encuentran un glosario monodireccional español → inglés y un índice de términos y demás materias. El glosario ayudará al estudiante a entender cualquier palabra cuyo contexto no sea lo bastante amplio para que se pueda comprender sin tener que consultar un léxico. El índice sirve para localizar todas las referencias a cualquier término (por ejemplo, *subjuntivo*) a través del libro de texto. El índice no abarca el *Cuaderno*, pero el glosario sí. Urge que Ud. le comunique al estudiantado que existen estos dos componentes y que sirven dicho propósito.

Cada una de las 20 unidades de la audiocinta que acompaña el libro de texto ha de usarse como dictado, o en la sala de clase o como tarea en casa. La típica unidad dura cuatro minutos y se divide en oraciones. Además de ayudar a los alumnos a desarrollar el español escrito, los dictados les ofrecen una muestra del español tal como se oye en varias partes del mundo, ya que son varias las voces que escucharán.

Student Preface

A serious book, a serious course. *Español escrito: Curso para hispanohablantes bilingües* takes teaching Spanish to students like you very seriously. And indeed it should! By the year 2000, the number of people around the world who spoke Spanish natively had reached nearly 400,000,000. Spanish is the world's fourth-largest language. It is the sole official, the co-official or the co-national language of twenty-three political entities including Spain (in Europe), Ecuatorial Guinea (in Africa), the Philippines (in Asia), and Mexico, Belize, Guatemala, El Salvador, Honduras, Nicaragua, Costa Rica, Panama, Cuba, the Dominican Republic, Puerto Rico, Venezuela, Colombia, Ecuador, Peru, Chile, Bolivia, Paraguay, Argentina and Uruguay in the Americas (the Western Hemisphere). Spanish is also the *de facto* second national language of the United States of America, where in the census of the year 2000, 12.6 per cent of the population or ca. 35,000,000 people declared themselves to be ethnically Hispanic. As one of those millions of Americans who speak Spanish natively (and approximately seventy five per cent of all U.S. Hispanics do so), you are a privileged person, a "folk" bilingual who is a speaker of two languages and who by taking this course and using this book is about to become an even more proficient speaker, reader and writer of one of them.

Why you shouldn't be nervous about your Spanish. Are you looking forward to taking this course? Many native Spanish-speaking students who have grown up in the United States begin or continue their formal study of Spanish (as you are doing now) with some uneasiness. They are often convinced that they speak "bad" Spanish, and they are afraid that this will be reflected in their professor's attitude toward them and in the grades they get. At the same time, other students, also convinced that they, too, speak "bad" Spanish, look forward to a class like this one because they assume it will concentrate on getting rid of their bad speaking habits (as in "I don't really speak Spanish; I only speak slang"). The problem is that different people mean different things when using terms like "bad," so let's try clarifying that label by examining it as a linguist would. (Linguists are people who analyze language scientifically.) We'll use examples from both English and Spanish.

As you already know, there are many different regional varieties of English. A native of New York and a native of Alabama rarely sound alike, and neither one sounds much like someone from Wisconsin, let alone like someone from England. Indeed, with few exceptions, you can generally tell where people come from because of certain features in their speech. Many speakers have a clear-cut preference for the regional varieties they use, to the point where they just don't like the way others speak "their" language! (Is it true that some regional varieties—for example the Castilian Spanish of Spain—are better than others? A linguist would answer that while no regional variety is inherently superior to any other one, it's sometimes the case that a particular variety is *felt* to be the best, often for historical reasons.)

There are other differences beside regional ones. As you've surely noticed, people do not speak exactly the same way every time they open their mouths. What they say and how they say it is determined by whom they're speaking to, by the formality or informality of the setting, by how rapidly they're speaking, and so forth. While people speak carefully when lecturing or when conducting a job interview, they speak far less carefully when they're among friends. Notice, for example, what these differences in style can do to an ordinary English sentence:

What are you doing?

What're ya doin'?

Whaddya doin'?

Wacha dune?

Casual, intimate styles often omit or alter features that typify formal speech:

Friend a mine saw it. (= A friend of mine saw it.)

Coffee's cold. (= The coffee is cold.)

Jeet jet? (= Did you eat yet?)

We know, however, that when we *write* English, utterances such as <u>Jeet jet?</u> or <u>Friend a mine</u> are not considered acceptable unless, of course, we are writing dialogue which imitates informal speech. Indeed, we soon learn that even though in casual, intimate speech we use forms like *gonna, whaddya* and even *dat, ain't* and *nuttin'*, we would never include them when writing or speaking formally. To sum up: language shows regional differences, stylistic differences and differences between writing and speech. So how does this apply to you as a native speaker of Spanish?

Spanish, too, is characterized by regional differences. For example, we recognize Mexican Spanish when we hear *luego luego* or *mucho muy* or *no nomás no*, Cuban Spanish when we hear *¿Qué tu hiciste con la máquina?*, Puerto Rican Spanish with its *chéveres* and *¡Ay bendito!*s, the *vale, vale* of Castilian Spanish, and so forth. As we've already said, no regional variety is better than any other; therefore, none of you will be expected to change dialects. However, a problem does arise for many of you with regard to style. Because most or even all of your formal education has taken place in English, and because English is still the predominant language of commerce, politics, the media, etc., in most of the United States, it's quite possible that you may not have had much exposure to the more formal styles of Spanish. Because of this, part of what you learn in this course will involve getting acquainted with formal, academic Spanish, especially if you are majoring in the language and/or plan to become a teacher of it yourself.

Equally important is that you become aware of the norms of written Spanish. In English, as you know, there is usually only *one* way to spell words. The same is even more true of Spanish; thus initial learning in a class such as this must involve quite a lot of practice in spelling. Here indeed there is such a thing as "bad Spanish." For example, the word *teléfono*, despite how it's spelled in English, must always be spelled with an "f" and written with an accent in Spanish. Any other way is wrong.

One final problem for bilingual speakers of Spanish is that they *are* bilingual. Being bilingual is a great advantage, but it sometimes happens that your knowledge of English affects your knowledge of Spanish and you find yourselves creating beautiful words that would be unknown to speakers of Spanish elsewhere. U.S. bilinguals, then, must become aware that when they travel abroad, words which are perfectly useful at home—such as *aplicar para* ('to apply for'), *puchar* ('to push'), *la marqueta* ('the market'), or *la grocería* ('the grocery')—may be misinterpreted or not understood at all by others.

In this book we often make a point of presenting the differences between formal written Spanish (*español escrito, formal, oficial, prescriptivo, normativo*) and casual, everyday and at times regional Spanish (*español popular*). We hope that by the end of this course none of you will be writing bad Spanish and that all of you will possess an improved command of a variety of formal spoken Spanish.

Acknowledgments

Raquel Banda Farfán, "La cita."

Mario Benedetti, "Réquiem con tostadas." Copyright© Mario Benedetti.

Silvina Bullrich, "El divorcio." By permission of Daniel Palenque Bullrich.

Amparo Dávila, "El huésped." By permission of the author. Copyright© 1959, Fondo de Cultura Económica.

Marco Denevi, "No hay que complicar la felicidad."

Carmen Lugo Filippi, "Notas para un obituario." Copyright© Carmen Lugo Filippi, 1981.

Manuel Matus, "Benita." By permission of Manuel Matus.

Miguel Méndez M., "Juanrobado." By permission of Miguel Méndez M.

Elena Poniatowska, "La casita de sololoi." By permission of Elena Poniatowska.

Horacio Quiroga, "A la deriva."

Luis Arturo Ramos, "Zili, el unicornio." By permission of Luis Arturo Ramos.

Luis Fernando Ramos, "Bodas de rancho." By permission of the author.

Ramiro R. Rea, "Fernando Estrella." Permission of Ramiro R. Rea.

Tomás Rivera, "Los niños no se aguantaron." "Los niños no se aguantaron" by Tomás Rivera is reprinted with permission from the publisher of ... *y no se lo tragó la tierra* (Houston: Arte Público Press - University of Houston).

Chencha Sánchez de García, "El pastel de tres leches." By permission of the author.

Luis Soto, "Rubén Contreras." By permission of Luis Soto.

Richard V. Teschner and Guadalupe Valdés, "Brevísima historia de la lengua española y del mundo hispanohablante." By permission of the authors.

Pedro de la Torriente Brau, "Último acto."

Introduction

What's tried and true. Like its several antecedents, the fifth edition of *Español escrito* constitutes a set of first-course materials designed specifically for bilingual Spanish-English college students who spoke Spanish while growing up and who are therefore native speakers of Spanish. (By saying that Spanish is the language they spoke while growing up, we mean that they **spoke** Spanish to their parents and other relatives in the home setting and elsewhere. Students who hear Spanish but respond in English to relatives and others are typically limited to what is known as a receptive rather than a productive command of the language and are not necessarily considered native hispanophones for the purposes of tracking, placement and study in college-level Spanish programs.) The *Español escrito* set—the textbook is accompanied by a *Cuaderno de actividades* which constitutes an integral part of the program—continues to have these two main goals: to acquaint students with Spanish in its written form, and to expand students' overall knowledge of the language. To these ends, *Español escrito* focuses on reading development, orthography, lexical expansion, formal grammar (including identifying and producing the various structures and parts of speech), facility in writing and composition, and an introduction to selected representations of that most popular of literary genres in Spanish, the short story. While emphasis continues to be placed on fully exposing students to world-standard Spanish, *Español escrito* at no time treats the students' home and community language as a mode of speaking that must be extirpated before study can begin; instead, popular Spanish is frequently used as a point of departure, demonstrating that students' modes of expression are often not as different from the written standard as might be thought.

While most of *Español escrito* is written in Spanish, instructions and explanations throughout much of the first three chapters are usually in English so as to provide a transition for students whose formal education has been largely or entirely in that language. All-Spanish explanations do not begin until students are at least able to read the language at the sentence level. In addition, comparisons between English and Spanish are made throughout the book so students can put their bilingualism to full academic advantage as they continue to make progress in Spanish literacy.

What's different and new. There are several important ways in which the fifth edition of *Español escrito* differs from its predecessors. Each of the fifth edition's twenty chapters begins with a series of student-centered reading and writing exercises called *Tema y expresión* which narrate the lives and the thoughts of two young U.S. Hispanics—Fernando González of El Paso and Marisela Suárez of New York City—as they go about their daily activities, interact with friends and relatives, study, work, socialize, and think about a wide variety of topics, some of more than passing controversy. Each *Tema y expresión* section begins with a selection authored by Fernando, Marisela, or a close friend or relative of theirs. The selections encourage students to write a little piece of their own that is prompted by any one of the several topics that Fernando, Marisela, or others bring up. Student-generated responses to the *Tema y expresión* material can range anywhere from highly-structured topic-specific short answers to full-length free-form compositions.

The fifth edition includes all the first-pass spelling, accentuational and lexical-development exercises in its first ten chapters—the *Léxico y expansión* sections—rather than placing them throughout the textbook as previous editions had done. This organizational format enables instructors and students to concentrate on orthographic and semantic issues exclusively without having to worry about grammatical analysis, which comes later. The last ten chapters offer a thorough examination—in the *Forma y función* sections—of the important topics in Spanish grammatical analysis, many of which have been completely rewritten and some of which are new to the fifth edition. Grammar sections start with a general introduction to grammatical analysis that informs students as to what is meant by the terms *sentence*, *clause*, *subject* and *predicate* and which then explains how one can identify words as verbs or as nouns. Next, students learn about personal pronouns and nouns as subjects; verbal infinitives; the three conjugations; the seven simple tenses (with separate sections on each one); compound sentences, matrix clauses and subordinate clauses; indicatives and subjunctives; hypothetical sentences; perfect and progressive tenses; active, passive and middle voices; prepositional usages; object pronouns; contractions; noun gender and number; adjectives; demonstratives; confirmative vs. informative questions; embedded questions; exclamations; cardinal vs. ordinal numbers; capital letters, conjunctions and so forth. Chapter 12 also includes a full review of the orthographic accent.

All decisions as to which items to include in the reading development, lexical expansion, grammar, and orthographic practice sections were made in accordance with two indispensable reference tools: Alphonse Juilland and Eugenio Chang-Rodríguez's *Frequency Dictionary of Spanish Words* (1964) and Richard V. Teschner and Ralph W. Ewton, Jr.'s *El triple diccionario de la lengua española/The Triple Dictionary of the Spanish Language* (1996). Save for the regional material inevitably contained in many of the short story selections, every effort has been made to use a Spanish lexicon that is regionally neutral, i.e., one that does not favor any particular U.S. Hispanic population over another.

In preparing this edition, the authors are indebted to these colleagues for their responses to requests for feedback on the fourth edition: Héctor M. Enríquez (the University of Texas at El Paso); Oswaldo A. López (Miami-Dade Community College); and Yolanda L. Schroeder (New Mexico State University). We also thank Phil Miller, Publisher, Modern Languages; Bob Hemmer, Senior Acquisitions Editor, Spanish; Meghan Barnes, Editorial Assistant, and Meriel Martínez, Assistant Editor, Modern Languages; Lee Shenkman and Victory Productions, Inc. for overseeing the production tasks; and all of Prentice-Hall for the exemplary work they have done on our fifth edition throughout its several stages of development.

Español escrito

Capítulo 1

Habla, habla, boca de tabla

Objectives

In this chapter, you will...

- comprehend what Fernando González has to say about himself.
- answer questions about yourself.
- learn the names of the letters of the Spanish alphabet.
- learn when to use double consonants and when not to.
- study some of the problem areas in Spanish spelling.
- master the spelling of Spanish vowels.
- learn the sounds of the 14 Spanish diphthongs.
- understand what a broken diphthong is, and how to use it.
- study syllable division and master it.
- understand a simple surprise-ending story written in Spanish.

Tema y expresión

El tema: *¿Quién soy yo?*

Lee con atención los párrafos siguientes.

¿Quién soy yo? ¿Cómo me llamo? ¿Cómo es mi nombre completo en español? Sé que en muchos países de habla hispana la gente usa dos apellidos. Primero va el apellido paterno (el del padre); luego va el apellido materno (el de la madre). Mis padres me pusieron como nombre de pila Fernando Manuel. Mi padre se llama Luis Gabriel González Ruiz y mi madre, María Elena Robles de González. Él es plomero y ella trabaja de dependiente en una tienda y también trabaja mucho en casa. Si yo viviera en México u otro país latinoamericano, mi nombre completo sería Fernando Manuel González Robles. Pero como vivo aquí, el nombre que más uso es Fernando González, y mis amigos me llaman "Fernando" o "Fernie".

Soy de El Paso, Tejas. Tengo veinte años y soy mexicoamericano. Soy estudiante de tercer año de universidad. Quiero llegar a ser ingeniero y hacerme rico. Tengo cinco hermanos; yo soy el mayor de los varones. Mis padres siempre dicen que tengo que dar ejemplo a los demás. Soy bastante alto y también un poco gordo: mido seis pies de altura y peso doscientas diez libras. Uso bigote. Me gusta levantar pesas y comer mucho después. Como soy estudiante, soy tremendamente inteligente. (Claro, no soy nada presumido.) Me gusta la ropa elegante, aunque no tengo mucho dinero. Soy muy simpático, excepto cuando me enojo. Tengo muchos amigos, y todas las mujeres quieren que sea su novio.

La expresión

Actividad 1.1 Preguntas sobre El tema. Contesta las siguientes preguntas.

1. ¿Cuántos apellidos se usan en muchos países de habla hispana?

2. ¿Cómo se llama el autor de El tema?

3. ¿Cómo se llama el padre del autor de El tema?

4. ¿Cómo se llama la madre del autor de El tema?

5. ¿Cuál es la profesión del padre de Fernando?

6. ¿A qué se dedica la madre de Fernando?

7. ¿Qué carrera estudia Fernando?

8. ¿Cuántos hermanos tiene Fernando?

9. ¿Cómo es Fernando físicamente?

10. ¿Cómo es la personalidad de Fernando?

✔ *En el Cuaderno C1.1 se halla la actividad que corresponde a la sección anterior.*

Léxico y expansión

The names of the letters in Spanish

Spanish now has just 27 letters.[1] Five are vowel letters and 22 are consonant letters.

LETTER	NAME*	LETTER	NAME*
a	*a*	d	*de*
b	*be* or *be grande*	e	*e*
c	*ce*	f	*efe*

Continued

---

[1]Until 1994, Spanish had 29 letters: the 27 letters presented here plus two more--*ch* (called *la che*) and *ll* (called *la elle*). This meant that a word like *mucho* was spelled *eme, u, che, o* and a word like *calle* was spelled *ce, a, elle, e*. In 1994 the *Real Academia de la Lengua Española* decided that *ch* and *ll* would no longer be viewed as separate letters of the alphabet. Therefore you must now spell *mucho* as *eme, u, c, hache, o* and *calle* as *ce, a, doble ele* (or *ele, ele*), *e*. The academy's decision also means that *ch* and *ll* no longer have their own separate dictionary sections. (Before 1994, all words beginning with *ch* would appear in the dictionary's fourth section, after the words that began with *c* and before the words that began with *d*.) Of course all dictionaries published before 1994 follow the old rules whereby each of these 29 letters begins its own dictionary section: *a, b, c, ch, d, e, f, g, h, i, j, k, l, ll, m, n, ñ, o, p, q, r, s, t, u, v, w, x, y, z*. (The thirtieth letter, *rr*, never appears at the beginning of a word so it never had its own section in a dictionary.)

LETTER	NAME*	LETTER	NAME*
g	*ge* (as in *gente*)	q	*cu*
h	*hache*	r	*ere*
i	*i*	rr	*erre*
j	*jota*	s	*ese*
k	*ka*	t	*te*
l	*ele*	u	*u*
m	*eme*	v	*ve* or *uve* or *be chica*
n	*ene*	w	*doble uve, doble ve* or *doble u*
ñ	*eñe*	x	*equis*
o	*o*	y	*i griega* or *ye*
p	*pe*	z	*zeta* (also spelled *ceta*)

*How to pronounce it when spelling a word out loud.

Comments

1. **Be** and **ve** are pronounced exactly alike. But we distinguish <u>b</u> from <u>v</u> when spelling. The most common way is to call **b** "be" and **v** "uve." Another way: **b** = "be grande" while **v** = "ve chica." Another way: **b** = "be de burro" while **v** = "ve de vaca."
2. Letters **k** and **w** are used only in a small number of words of foreign origin such as *kilo* and *wélter*.
3. Because the word *letra* is femenine, the name of each individual letter is femenine also. This makes a difference when we talk about a letter: *la eñe, la o, una eme mal escrita,* etc.

Double consonants

English is full of double-consonant combinations that represent single sounds: **bb** *(dribble)*, **dd** *(add)*, **ff** *(effect)*, **gg** and **ss** *(aggressive)*, **mm** *(immense)*, **nn** *(running)*, **pp** *(appear)*, **tt** *(attention)*, and so forth. In general, Spanish avoids double consonants. Thus the Spanish equivalents of these English words do not contain double consonants:

SPANISH	ENGLISH	SPANISH	ENGLISH
adición	addition	aparecer	appear
efecto	effect	atención	attention
agresivo	aggressive		

Double consonants occur in Spanish in just two instances:

- The digraphs **ll** and **rr** (*calle, llorar, zorro, perro*).
- When each of the two consonants represents a different sound, as in *acción* (pronounced /ak-sión/: the first **c** is /k/, the second **c** is /s/) or as in *innovación* (pronounced /in-no-ba-sión/: both **n**'s are sounded separately).

When spelling Spanish words, avoid double consonants except **rr**, **ll**, **cc** (to represent /k-s/), or **nn** (to represent /n-n/).

Spanish letters: Sounds, spellings, examples, and comments

The following guide gives a concise summary of the letters Spanish uses to spell specific sounds, together with examples and comments:

SOUND	SPELLING	EXAMPLES AND COMMENTS
/a/	**a**	casa, nada, mamá
/e/	**e**	mete, ese, besé
/o/	**o**	modo, tomo, todo
/i/	**i**	mi, sin, ti
	y (end of word)	voy, doy, estoy
/u/	**u**	sube, puro, Lupe
/p/	**p**	papá, sopa, pipa
/t/	**t**	Tito, tomate, Tati
/k/	**qu** (before **e** or **i**)	queso, paquete, quiso, aquí
	c (in any other position)	casa, come, acusar, clase, crudo, coñac
	k (in a few words borrowed from other languages)	kilómetro, kilo, kiosko
/b/	**b**	barrio, bolsa
	v	voy, vuelve (Comment: in this book you will learn when to use the letter **b** and when to use **v**.)
/d/	**d**	donde, andar, verdad (Comment: don't use either the letter **r** or the letters **th** to spell the /d/ sound.)
/g/	**gu** (before **e** or **i**)	guerra, seguido
	g (in any other position)	goma, gusto, gato
/č/	**ch**	muchacho, chico (Comment: don't use **sh** to spell the sound /č/.)
/f/	**f**	teléfono, fuerte (Comment: don't use **ph** to spell the sound /f/.)

Continued

/s/	c (before e or i)	cepillo, cine
	z (anywhere except before e or i)	zapato, zorro, zurdo, paz
	s (in any position)	sale, senador, silla, escape, mes
/x/	g (before e or i)	gente, gitano
	j (in any position)	Jesús, jirafa, jarro, joven, reloj (Comment: in this book you will learn when to use g and when to use j.)
/y/	hi (+ e)	hielo, hierba, hierro
	y	yo, ya, yerno, yunta
	ll	llorar, calle, anillo (Comment: in this book you will learn when to use y and when to use ll.)
/w/	hua, hue, hui	Chihuahua, hueso, huipil
	w (in words borrowed from other languages)	wélter, wískey
/l/	l	inteligente, lado
/m/	m	mamá, mano, cama, septiembre
/n/	n	no, nada, nervioso
/ñ/	ñ	año, ñoño, niño
/r̄/	r (at the beginning of words)	ratón, Rogelio, rico
	rr (between vowels)	carro, perro, corrida
/r/	r (not at the beginning of words)	caro, pero, carta, breve (Comment: don't use the letter d to spell the /r/ sound between vowels: *encontradon instead of encontraron.)[2]

[2]The asterisk —*— is used to mark something that is wrong. Thus the spelling is wrong in *encontradon, the grammar is wrong in *Me se olvidó la tarea, and the meaning of the word embarazada is wrong in *Estoy muy embarazada por los errores que hago.

The five vowels

E

The letter e can represent several sounds in English—he, met, Minerva—or else no sound at all: phone, asked, place. In Spanish, on the other hand, e is never silent and is always /e/, the sound you hear in:

el   tres   ver   este   ser   aprende   centro   derecho   debe   Elena

Actividad 1.2   Read the following words out loud.

1.	enfermo	8.	entender	15.	entre	22.	ese
2.	eso	9.	espere	16.	este	23.	estrella
3.	extra	10.	flores	17.	frente	24.	fresco
4.	leche	11.	manera	18.	manteca	25.	menos
5.	mesa	12.	mete	19.	pero	26.	teme
6.	vende	13.	pelo	20.	ofrece	27.	parece
7.	gente	14.	menso	21.	desde	28.	decente

Actividad 1.3   Write out below ten new words you frequently use (not from Actividad 1.2) that have the sound of /e/.

1. _____   6. _____

2. _____   7. _____

3. _____   8. _____

4. _____   9. _____

5. _____   10. _____

A

In English, **a** represents four different sounds: *father, fat, fate, about*. In Spanish, **a** represents just one sound, roughly the **a** of *father*.

casa	pata	lata	van	lava	charla	pasa
nada	mata	acaba	cama	canta	cara	manda

Actividad 1.4   Read the following words out loud:

1.	zapato	6.	nada	11.	tarde	16.	mamá
2.	rama	7.	manda	12.	palabra	17.	taza
3.	trata	8.	vaca	13.	nadar	18.	plaza
4.	tarda	9.	papá	14.	carta	19.	paga
5.	planta	10.	trabaja	15.	saca	20.	andar

Now read these sentences out loud:

1. Ana da la carta a mamá. La mamá da manzanas a Ana.
2. Mamá va a la plaza. Ana va hasta la casa.
3. Papá va a cazar ranas. Mamá está casada con papá.

Actividad 1.5 Write out below ten new words you frequently use (not from Actividad 1.4) that have the sound of /a/.

1. _____   6. _____

2. _____   7. _____

3. _____   8. _____

4. _____   9. _____

5. _____   10. _____

O

In English, the letter **o** commonly represents four different sounds—*note, not, gone, son*—while in Spanish, **o** represents one sound only, as these words illustrate.

yo sol voz por ojo ocho otro amor rojo color como cholo

Actividad 1.6 Read the following words out loud.

1. acto	6. todo	11. doctor	16. carro
2. como	7. pon	12. rojo	17. olmo
3. contento	8. observo	13. gordo	18. domingo
4. corazón	9. concepto	14. con	19. bonito
5. pronto	10. oro	15. amo	20. soldado

Actividad 1.7 Write out below ten new words you frequently use (not from Actividad 1.6) that have the sound of /o/.

1. _____ 3. _____ 5. _____ 7. _____ 9. _____

2. _____ 4. _____ 6. _____ 8. _____ 10. _____

I

In English, **i** commonly represents three sounds—*sit, sight*, and *field*. In Spanish, **i** represents just one sound, similar to that of **field**, as these words show:

mi si vi di isla misa hijo tipo primo

The letter **y** also represents the /i/ sound when it means *and* (*Carlos y Pedro*) and when it appears at the end of a word:

estoy voy doy ley rey soy muy

Actividad 1.8 Read the following words out loud:

1.	mi	6.	vive	11.	pido	16.	sin
2.	ir	7.	chico	12.	tipo	17.	libre
3.	Lisa	8.	hijo	13.	subí	18.	permiso
4.	nido	9.	misa	14.	rico	19.	silla
5.	primo	10.	cine	15.	isla	20.	tira

Now read these sentences out loud.

1. Mi hijo vive en una isla.
2. Lisa iba a misa con Isabel.
3. Mi hijo es muy vivo.
4. Le pido permiso a mi primo.
5. La perdiz vive libre en su nido.
6. Fito le tira el gis al chico rico.

Actividad 1.9 Find five words in this list that have the same vowel sounds as the word *pide* and in the same order of appearance.

1.	sienta	5.	amanece	9.	chicle	13.	mozo
2.	mide	6.	vive	10.	pelo	14.	tila
3.	sigue	7.	cuerpo	11.	hijo	15.	mito
4.	amarre	8.	guisa	12.	dice	16.	pedir

U

In Spanish, the letter **u** is always pronounced /u/ as in the following words:

> puro   duro   mula   una   luz   puso   tu   fumo   luna

Actividad 1.10 Read the following words out loud.

1.	fumo	5.	tu	9.	luz	13.	uso
2.	Cuba	6.	punto	10.	puse	14.	único
3.	alguno	7.	luna	11.	puro	15.	muro
4.	truco	8.	duro	12.	mula	16.	cura

Actividad 1.11 Find five words in this list that have the same vowel sounds as the word *nudo* and in the same order of appearance.

1.	modo	5.	sola	9.	bella	13.	oda
2.	mudo	6.	pura	10.	puso	14.	ruta
3.	tumor	7.	loma	11.	punto	15.	purita
4.	palo	8.	multa	12.	uno	16.	nulo

SILENT U

The letter **u** is not pronounced at all in these four combinations:

que /ke/   qui /ki/

gue /ge/   gui /gi/

Here are some examples.

> Tengo que trabajar. Me quitaron todo lo que tenía.
>
> Aquí está el que quieres.
>
> Domínguez estuvo en la guerra.
>
> "No me ruegues", gritó Rodríguez. "Te doy mi guitarra en seguida."

✔ *En el Cuaderno C1.2 se halla la actividad que corresponde a la sección anterior.*

Ü

The two dots (called *diéresis* in Spanish) mean that the /u/ sound is pronounced in combinations where it would otherwise be silent:

güe   güi

Only a small number of common words use **güe** or **güi**. Here are some:

bilingüe	cigüeña	pingüino	averigüé
averigüe	lingüística	güero	Mayagüez

✔ *En el Cuaderno C1.3 se halla la actividad que corresponde a la sección anterior.*

The fourteen diphthongs

Open and closed vowels

The kind of vowel sound you make depends on whether your tongue is high or low in your mouth. When your tongue is high, there is very little space between it and the roof of the mouth; so since the space has been "closed," we call the vowels thus produced *closed vowels* (**vocales cerradas**). The two closed vowels are **i** and **u**. When the tongue is low, the space opens up, and *open vowels* (**vocales abiertas**) are produced. In Spanish these are **a, e, o**.

To demonstrate the difference between the **vocales cerradas** (*i, u*) and the **vocales abiertas** (*a, e, o*), say **i** and then **a** rapidly several times. Note how your tongue is high for **i**, low for **a**. You will even note how your jaw has to drop to produce the /a/ sound.

Diphthongs

Any monosyllabic combination of closed and open, open and closed, or closed and closed vowels forms a diphthong (**diptongo**). Monosyllabic means just one syllable. This means you can't put an accent mark over the closed vowel in a closed/open or open/closed diphthong, because if you do so, you break it up. Thus:

ie, ei, au, ua, uo, io are diphthongs,

but

íe, eí, aú, úa, úo, ío are not diphthongs.

Even though the following combinations have written accents, they are still diphthongs. Why is that? Because the accent mark is over the open vowel, not over the closed vowel.' Thus:

ié, éi, áu, uá, uó, ió are still diphthongs.

In a diphthong, the open vowel is the most prominent. It's the one we hear most clearly because it's the one that lasts longer.

Here is a list of all 14 diphthongs plus examples.

U: **ue**: abuelo, bueno, cuenta, cuerpo, cuestión, escuela, fuerte
       uo: antiguo, continuó, individuo, monstruo, mutuo, perpetuo
       ua: actual, agua, continuar, cuadro, cuando, cuanto
       eu: deuda, europeo, Europa, seudónimo
       ou: estadounidense, genitourinario, bou
       au: aunque, autor, causa, aplaude

I: **ie**: cielo, ciento, piedra, conocimiento, quiere
    ei (also *ey* at end of word): reina, aceite, afeitar, rey, ley
       io: acción, anterior, armario, condición, indio, descripción
   oi (also *oy* at end of word): oigo, heroico, voy, estoy, soy
       ia: anciano, estudia, familia, democracia, gracias
   ai (also *ay* at end of word): aire, baile, paisano, hay

I/U: **iu**: ciudad, viuda, triunfo
       ui: ruido, buitre, fui, cuidado

✔ *En el Cuaderno C1.4, C1.5, C1.6, C1.7, y C1.8 se hallan las actividades que corresponden a esta sección.*

The broken diphthongs (*antidiptongos*)

The first use of the written accent

A written accent marks the difference between the following minimal pair's two words:

media: Nos vemos en media hora.
medía: Fernando González medía seis pies de altura.

Since a diphthong forms a single syllable, the word *media* has just two syllables: me-dia. But since *medía* does not have a diphthong, it has one more syllable for a total of three: me-dí-a. In a word like *medía*, the syllable that would have formed a diphthong has been prevented from doing so. What prevented it was the stress over the **í**, which carried a written accent.

Using the accent mark to create a broken diphthong—*un antidiptongo*—is the first accent rule you will learn. Other accent rules are presented later. Here's how this first rule reads: *If a diphthong is broken, you write an accent over the **i** or the **u** to indicate the break.*

Diphthongs vs. broken diphthongs (antidiptongos)

DIPHTHONGS	BROKEN DIPHTHONGS (*antidiptongos*)
ue: abuelo	úe: continúe
eu: deuda	eú: reúne
uo: continuo	úo: continúo
ou: estadounidense	oú: finoúgrio
ua: actual	úa: actúa
au: aunque	aú: Raúl, ataúd
ie: piedra	íe: ríe
ei: reina	eí: reí
io: armario	ío: río, frío
oi: oigo	oí: oído
ia: estudia	ía: día
ai: paisano	aí: país
iu: ciudad	íu: teníu (árbol chileno)
ui: cuidado	úi: (sin ejemplos)

If the written accent appears over the open vowels (*a, e, o*), the diphthong is not broken; it remains a diphthong.

Examples:

después	/des-pués/	contaminación	/kon-ta-mi-na-sión/
también	/tam-bién/	presión	/pre-sión/
dieciséis	/die-si-séis/	cuestión	/kues-tión/
patriótico	/pa-trió-ti-ko/	cuéntanos	/kuén-ta-nos/
periódico	/pe-rió-di-ko/	tráigalas	/trái-ga-las/

Along with *antidiptongo*, other Spanish words for "broken diphthong" are: *diptongo quebrado, adiptongo, hiato.*

✔ *En el Cuaderno C1.9 y C1.10 se hallan las actividades que corresponden a la sección anterior.*

Actividad 1.12 Read each word out loud. Then say whether it has a diphthong or not.

1. anuncio	6. importancia	11. Gloria	16. media
2. frío	7. reí	12. secretaria	17. baúl
3. academia	8. familia	13. secretaría	18. continuo
4. policía	9. limpia	14. trío	19. continúo
5. envidia	10. cercanía	15. media	20. continuó

✔ *En el Cuaderno C1.11 y C1.12 se hallan las actividades que corresponden a las secciones anteriores.*

Division of syllables

Rule # 1: Spanish syllables begin with a consonant whenever possible.

Examples:	metemos	me-te-mos		manera	ma-ne-ra
	acabaron	a-ca-ba-ron		mesa	me-sa

Many words, like *acabaron*, begin with a vowel. Since they have no initial consonants, their first syllable obviously begins with a vowel.

Examples:	animal	a-ni-mal		esa	e-sa
	idiota	i-dio-ta		oso	o-so

The consonant combinations **ch, ll,** and **rr** are never divided:

carro ca-rro calle ca-lle ocho o-cho

Rule # 2: Certain consonants appear in front of **l** or **r** and form groups with them. These groups cannot be split. The ___l / ___r groups are:

pl bl fl cl gl[3]
pr br fr cr gr tr dr

Examples:	ofrece	o-fre-ce		plaza	pla-za
	atrás	a-trás		blanco	blan-co
	reprobaron	re-pro-ba-ron		flores	flo-res
	estrella	es-tre-lla		clase	cla-se
	brinca	brin-ca		preso	pre-so

---

[3]In Mexico and parts of Central America, many place names derived from indigenous languages contain the combination -tl-, which is also never split: *Tlalnepantla tlal-ne-pan-tla; Aztlán az-tlán; Tlaquepaque tla-que-pa-que.*

Rule # 3: All other consonant combinations are split. They do not join into groups. The first of the two consonants ends a syllable; the second of the two consonants begins the next syllable.

Examples:	enfermo	en-fer-mo	domingo	do-min-go
	pierde	pier-de	este	es-te
	doctor	doc-tor	concepto	con-cep-to
	manteca	man-te-ca	muerte	muer-te

When three or four consonants appear together, the three or four consonant combinations are split according to the rules we've just learned. That is: only a single consonant (or only the groups **pl, bl, fl, cl, gl; pr, br, fr, tr, dr, cr, gr**) can begin a syllable. Sometimes as many as two consonants can end a syllable.

Examples:	constante	cons-tan-te	extraño	ex-tra-ño
	estrella	es-tre-lla	instrucción	ins-truc-ción
	estructura	es-truc-tu-ra	construcción	cons-truc-ción
	substancia	subs-tan-cia	innovación	in-no-va-ción
	nuestro	nues-tro	alpinista	al-pi-nis-ta
	trescientos	tres-cien-tos	fórmula	fór-mu-la

Note the words *constante, substancia, construcción*, and *instrucción*. In the first two, the syllable division appears between **s** and **t**; that is because **s** cannot form an indivisible combination with **t**. In the words *construcción* and *instrucción*, the group **tr** begins a syllable; while **tr** itself is indivisible, no indivisible group of three consonants or four consonants is ever allowed, so the division is: **cons-truc-ción, ins-truc-ción**.

Rule # 4 (already studied): A diphthong always forms a single syllable you cannot divide:

ie   ia   io   ei   ai   oi (*ey ay oy* at the end of a word)

ue   ua   uo   eu   au   ou

ui   iu

Broken diphthongs form two separate syllables.

íe   ía   ío   eí   aí   oí

úe   úa   úo   eú   aú   oú   úi   íu

When two open vowels are adjacent, they always form two separate syllables:

ae: Rael	*Ra-el*	**aa:** contraataque	*con-tra-a-ta-que*
ee: leemos	*le-e-mos*	**oe:** roemos	*ro-e-mos*
ea: lealtad	*le-al-tad*	**eo:** león	*le-ón*
ao: caoba	*ca-o-ba*	**oo:** cooperar	*co-o-pe-rar*

✔ *En el Cuaderno C1.13 y C1.14 se hallan las actividades que corresponden a la sección anterior.*

Consonants: how they behave

These Spanish consonants behave more or less the way their English equivalents do:

> ch   f   l   m   n   p   t

CH

This combination of letters always represents the sound /č/, which is sometimes transcribed [tš]. In some Spanish dialects, **ch** is pronounced as if it were **sh** in English. But even if you hear yourself saying *shico* for *chico*, *mushasho* for *muchacho*, etc., be sure to write the sound as **ch**.

Actividad 1.13   Read the following words out loud.

1.	ocho	5.	Chihuahua	9.	Rocha	13.	flecha
2.	chavo	6.	mochila	10.	chiquillo	14.	pecho
3.	muchacho	7.	coche	11.	ochenta	15.	trecho
4.	chico	8.	brochazo	12.	ochocientos	16.	hecho

F, L, M, N, P, T

Each one of these letters represents one and only one sound in Spanish. That sound is similar but not identical to the sound represented by the same letter in English.

Actividad 1.14   Read the following words out loud.

1.	feliz	5.	Lola	9.	Mónica	13.	Pedro	17.	tanto
2.	flaco	6.	Linda	10.	nunca	14.	Pablo	18.	tira
3.	Felipe	7.	María	11.	nace	15.	Pilar		
4.	Lupe	8.	Miguel	12.	nadie	16.	tratan		

Other Spanish consonants behave differently from the way their English equivalents do. Let's look at several groups of them.

B, V

The sound /b/ is spelled by two different letters in Spanish: **b** and **v**. This causes confusion, especially since in English the **b** is pronounced /b/ and the **v** /v/. What's more, the English /v/ sound doesn't exist in Spanish except sporadically or in Spanish influenced by English. For native speakers of Spanish, the sound /b/ is not a pronunciation problem but a spelling problem— whether to write /b/ as **b** or as **v**. This problem will be dealt with at length in subsequent chapters.

C, S, Z

In the Spanish of all countries except Spain, **s** and **z** always represent the sound /s/. The letter **c**, however, represents two sounds. When **c** is followed by **e** or **i**, the **c** = /s/: *celebrar, cemento, cena, cine, cita, cinturón;* in all other positions, **c** = /k/: *caro, coro, curar, claro, criticar, activo, coñac.*

✔ *En el Cuaderno C1.15 se halla la actividad que corresponde a la sección anterior.*

G, J

The sound made at the beginning of the following words—*Jiménez, Jesús, Juan, gente, general, generoso*—is somewhat similar to English /h/ as in *hurry, home, Harry*, though it's not pronounced in the same place. That is why the textbook refers to this Spanish sound as **el sonido de la 'j' (jota).** In Spanish, the letter **j** is always pronounced with **el sonido de la jota.** Letter **g** is pronounced that way when it's right in front of an **e** or an **i**:

gente   general   gitano   ginebra   dirigir   virgen

In all other positions in a word, the letter **g** is pronounced with the sound of /g/ (the so-called "hard" /g/):

ganas   gordo   gusano   grito   Ignacio   González   guitarra

✔ *En el Cuaderno C1.16 se halla la actividad que corresponde a la sección anterior.*

H

In English, **h** usually represents the sound /h/, as in *hurry*. In Spanish, the letter **h** has no sound at all. It is silent. You write it but you don't pronounce it.

Actividad 1.15   Read the following words out loud.

1.	habla	5.	haber	9.	herida	13.	hogar
2.	hacer	6.	ahora	10.	hermoso	14.	hermosura
3.	habitante	7.	anhelo	11.	hilo	15.	honesto
4.	hasta	8.	hembra	12.	himno	16.	prohibir

LL, Y

In nearly all Spanish dialects, **ll** has the sound of /y/. Since the letter **y** also has the sound of /y/, spelling problems arise. For example, the following two words are spelled differently but pronounced exactly alike:

cayó: Como era la primera vez que andaba en bicicleta, se cayó.

calló: Luego de dejaba de quejarse pero por fin se calló.

Actividad 1.16   Read the following words out loud.

1.	yoyó	5.	yerba	9.	villa	13.	gallina
2.	bello	6.	calle	10.	yema	14.	llamar
3.	reyes	7.	castillo	11.	estrella	15.	leyes
4.	caballo	8.	Yugoslavia	12.	yanqui	16.	silla

✔ *En el Cuaderno C1.17 se halla la actividad que corresponde a la sección anterior.*

Ñ

English has no **ñ** in its alphabet. In Spanish, **ñ** is pronounced like the combination **ny** in the English word *canyon* (which comes from the Spanish word *cañón*).

Actividad 1.17   Read the following words out loud.

1.	cañas	6.	pena	11.	moño	16.	cariño
2.	canas	7.	soñar	12.	mono	17.	mañana
3.	uña	8.	sonar	13.	niño	18.	ñaño
4.	una	9.	campaña	14.	baño	19.	ñoño
5.	peña	10.	campana	15.	cuñado	20.	ñoñería

Q

The letter **q** is always followed by a silent **u**, which in turn is always followed either by an **e** or an **i**. These are the only two combinations in which it appears.

que: queso, querer, queque

qui: quince, quitar, quiso

RR, R, (and D)

In Spanish the double letter **rr** (which is called *la erre*) always represents a multiple tap of the tongue against the front of the roof of the mouth. This is the "trilled" sound /r̄/ that you make when you say:

corre   tierra   arroz   barrio   corral

At the beginning of a word (or after **l, n, s**), the single letter **r** represents the same trilled sound /r̄/:

beginning of word: rama, ratón, razón, ropa, rico, rojo, rosa

after **l, n,** or **s**: alrededor, Enríquez, Israel

In any other position in the word, the single letter **r** represents a single tap sound /r/:

para   oro   coro   pera   directo   comprar   presente   otro

Some students misspell words by using the letter **d** instead of the **r** between vowels: *hablladon* instead of *hablaron*. Another spelling problem is the confusion of **r** and **l**. Students who speak Caribbean Spanish may sometimes use the /l/ sound when prescriptive Spanish uses /r/, so they might write *puelta* instead of *puerta*, etc.

✔ *En el Cuaderno C1.18 se halla la actividad que corresponde a la sección anterior.*

X

For most speakers of Spanish, letter **x** represents /ks/—two sounds—when **x** appears between two vowels:

exacto   /ek-sák-to/   aproximado   /a-prok-si-má-do/

But if **x** comes right before a consonant, then **x** is supposed to be pronounced as /s/:

explicar   /es-pli-kár/   expreso   /es-pré-so/

However, some speakers always pronounce **x** as /ks/, no matter where it appears:

explicar   /eks-pli-kár/   expreso   /eks-pré-so/

An important exception to these rules are the words *México, mexicano, Mexicali*. Here, the **x** is pronounced as if it were written **j**.

Actividad 1.18   Read these words out loud.

1. próximo	4. texto	7. expansión	10. extravagante
2. exigir	5. sexo	8. exhibición	
3. examen	6. exacto	9. extremo	

Texto y comprensión

Marco Denevi, *No hay que complicar la felicidad*

Lee la siguiente pieza teatral. Es una pequeña historia de amor; un amor extraño que termina de una manera rara.

No hay que complicar la felicidad

(Un parque. Sentados bajo los árboles, ella y él se besan.)

ÉL: Te amo.

ELLA: Te amo.

(Vuelven a besarse.)

ÉL: Te amo.

ELLA: Te amo.

(Vuelven a besarse.)

ÉL: Te amo.

ELLA: Te amo.

(Él se pone violentamente de pie.)

ÉL: ¡Basta! ¿Siempre lo mismo? ¿Por qué, cuando te digo que te amo, no contestas que amas a otro?

ELLA: ¿A qué otro?

ÉL: A nadie. Pero lo dices para que yo tenga celos. Los celos alimentan al amor.

Despojado de[1] ese estímulo, el amor languidece.[2] Nuestra felicidad es demasiado simple, demasiado monótona. Hay que complicarla un poco. ¿Comprendes?

ELLA: No quería confesártelo porque pensé que sufrirías. Pero lo has adivinado.

ÉL: ¿Qué es lo que adiviné?

(Ella se levanta, se aleja unos pasos.)

ELLA: Que amo a otro.

ÉL: Lo dices para complacerme. Porque yo te lo pedí.

ELLA: No. Amo a otro.

ÉL: ¿A qué otro?

ELLA: No lo conoces.

(Un silencio. Él tiene una expresión sombría.)

ÉL: Entonces, ¿es verdad?

ELLA: *(dulcemente):* Sí. Es verdad.

(Él se pasea haciendo ademanes de furor.[3])

ÉL: Siento celos. No finjo, créeme. Siento celos. Me gustaría matar a ese otro.

ELLA: *(dulcemente):* Está allí.

ÉL: ¿Dónde?

ELLA: Allí, detrás de aquellos árboles.

ÉL: ¿Qué hace?

ELLA: Nos espía. También él es celoso.

ÉL: Iré en su busca.

ELLA: Cuidado. Quiere matarte.

ÉL: No le tengo miedo.

(Él desaparece entre los árboles. Al quedar sola, ella ríe.)

ELLA: ¡Qué niños son los hombres! Para ellos, hasta el amor es un juego.

(Se oye el disparo de un revólver. Ella deja de reír.)

ELLA: Juan.

(Silencio.)

ELLA: *(más alto):* Juan.

(Silencio.)

Notas léxicas

[1] Si no tiene   [2] pierde fuerzas   [3] gestos de rabia/coraje/enojo

ELLA: *(grita):* ¡Juan!

(Silencio. Ella corre y desaparece entre los árboles. Al cabo de unos instantes se oye el grito desgarrador[4] de ella.)

ELLA: ¡Juan!

(Silencio. Después desciende el telón.)

[4] que destroza el alma

La comprensión

Actividad 1.19   Escribe—en inglés o español—tu respuesta a cada una de estas preguntas.

1. Él quiere que ella conteste que ama a otro. ¿Por qué?

2. ¿Qué adivina él, según ella?

3. ¿Es cierto o falso que ella ama a otro? Explícate.

4. Según ella, ¿quién está detrás de unos árboles? ¿Qué hace?

5. ¿Quién queda muerto: Juan o «el otro»?

Capítulo **2**

El latino en su lectura

Objectives

In this chapter, you will…

- learn about Marisela Suárez and the class she's taking.
- talk and write about your own class and the other students in it.
- master reading Spanish at the word level.
- continue mastering Spanish reading at the phrase and sentence levels.
- develop skill in recognizing and comprehending Spanish words.
- learn how to recognize synonyms in Spanish.
- develop speed-reading skills by picking out repeated phrases.
- learn how to match words with their definitions.
- read about the history of the Spanish language and the Spanish-speaking world.

Tema y expresión

El tema: *¿Quiénes somos nosotros?*

Lee con atención el siguiente ensayo.

Marisela Suárez acaba de llegar a su clase de español. Es estudiante de segundo año del Hunter College de Nueva York. Nació en Oviedo, pequeña ciudad de la República Dominicana. Tenía cinco años cuando llegó a Nueva York con sus padres. Vive en un apartamento en un barrio hispano del "Lower East Side" de Manhattan. Todos los días viaja en metro al Hunter College. Los lunes, miércoles y viernes por la mañana, tiene su clase de español. Es la primera clase del día. Marisela nos va a hablar de sus amigos y de sus compañeros de clase:

MARISELA: Bueno, en la clase somos 29, 12 muchachos y 17 muchachas. Mejor no digo "muchachos" porque algunos compañeros tienen más de 25 años y hasta hay una señora muy simpática que tiene 47. Algunos, como yo, son dominicanos pero los hay de todas partes. Por ejemplo, mi amiga Lourdes Montes es de Arecibo, Puerto Rico, y tiene sólo siete años en Nueva York. En cambio su novio, Ramón Reséndez, es de origen colombiano pero nació aquí. Mi mejor amiga, Carmen Pérez, es tan dominicana como yo. Ella también es estudiante en Hunter pero no estudia español. Este semestre toma sólo dos clases—cálculo avanzado e historia—porque tiene que trabajar 40 horas semanales en un almacén. Mi novio, Vicente Lláñez, no es estudiante y no lo veo en la escuela. Sin embargo, su prima Carina me acompaña todos los días en el metro porque ella también estudia en Hunter. Lo que ella estudia es algo raro y curioso: ¡literatura inglesa!

En la clase hay dos muchachos centroamericanos muy guapos que se llaman Enrique y Rodrigo. Creo que son de El Salvador, pero no estoy segura. La que saca las mejores notas se llama Cecilia. Es panameña de origen pero nacida en Nueva York. El otro genio de la clase es un paraguayo que se llama Pedro Ibargüengoitia. (Tiene que ser un genio para pronunciar y deletrear ese apellido.) Hay una muchacha argentina y un señor mexicano. Luego hay un tipo muy antipático que se llama Jorge Jiménez. No sé de dónde es, ¡ni quiero saberlo! ¿Y la profesora? Es una señora cubana que vino de La Habana a Estados Unidos en 1964. Tendrá unos 57 años, creo; ¡casi los mismos que mi abuela! Yo sólo tengo 19. Soy estudiante de *nursing* o sea enfermería y quiero convertirme en enfermera licenciada. Asisto al Hunter College porque tiene un programa de enfermería muy bueno.

La expresión

Actividad 2.1 Preguntas sobre El tema.   Contesta las siguientes preguntas.

1. ¿Dónde estudia Marisela Suárez?
2. ¿Dónde nació Marisela? ¿Cuántos años tenía cuando llegó a Nueva York?
3. ¿En qué parte de Nueva York vive Marisela?
4. ¿Cuántos estudiantes hay en la clase de español de Marisela?
5. ¿De dónde son los compañeros de clase de Marisela?
6. ¿Cómo se llama el novio de Marisela? ¿Cuántas clases toma él?
7. ¿Quién saca las mejores notas en la clase? ¿De dónde es?
8. ¿Cómo es Jorge Jiménez? ¿De dónde es?
9. ¿De dónde es la maestra? ¿Cuántos años tiene?
10. ¿Qué carrera estudia Marisela?

✔ *En el Cuaderno C2.1 se halla la actividad que corresponde a la sección anterior.*

Léxico y expansión

Reading in Spanish

Reading in Spanish is not terribly different from reading in English. Proof that this is so is that you've already succeeded in reading the Spanish of the "Tema y expresión" sections of the first two chapters.

However, just because you are able to read in one language does not necessarily mean you are already an efficient reader in another. Let's say for example that you already read well in English but don't feel you read well in Spanish. When you first try to read in

Spanish, you will experience difficulty in transferring your English reading skills. Think of something you've recently said in Spanish and then try to think how you would spell it. If you are like many other bilinguals, you may have used your English to form a mental image of how the Spanish words should be spelled. Thus you might imagine that the Spanish word for *people* ("gente") should be spelled *hente[1] because English uses the letter **h** for a similar sound (as in *Henry, hen, helpful,* and the like). Of course *hente is wrong. It should be *gente*.

One of the purposes of this course is to help you acquire skill in reading Spanish and assign correct written identity to the large number of Spanish words you know and use every day. The reading units in this book are designed to provide the explanations and the practice that you need to eventually read and write Spanish as well as you do English. This book's sequence of reading activities is based on the following principles:

1. Reading instruction can begin at the word level (by figuring out how individual syllables and then words are pronounced in Spanish) and go on from there to the phrase level, the clause level, the sentence level, the paragraph level, and ultimately the complete-text level.

2. Beginning readers often need to **decode** words. Decoding means you say a word out loud, sounding it out syllable by syllable so you can recognize the connection between a word's printed form and its spoken form. More advanced readers, however, read silently because they have learned to recognize most words on sight. One of this book's goals is to help you develop an ever-larger **sight-word** vocabulary of words you recognize on sight without having to say them out loud.

3. Ultimately the best way to develop reading skills is by reading.

4. Reading can sometimes be a group activity—especially among beginning readers—but is eventually an individual activity, one you must do yourself.

Spanish spelling is remarkably consistent, especially when compared to English. While many words are hard to sound out or spell in English, most words are relatively simple to read or spell in Spanish. But since a large vocabulary of sight words is important in reading Spanish, you must quickly learn to recognize—without having to decode—as many high-frequency Spanish words as you can so as to read as efficiently as you are able.

✔ *En el Cuaderno C2.2, C2.3, C2.4, C2.5 y C2.6 se hallan las actividades que corresponden a la sección anterior.*

---

[1]In this book, asterisks—*—precede all words or phrases that are wrong in some way.

Actividad 2.2   Definition recognition. Read the definition on the left. Then choose (from the words on the right) the one word that best corresponds to the definition.

Sección A

1.	tenerle cariño a alguien	pensar buscar (querer) recordar
2.	en gran cantidad	poco (mucho) siempre nunca
3.	objeto histórico	escuela (monumento) parque silla
4.	hacer aire	(abanicar) comenzar nevar granizar
5.	lo que no está cerrado	completo (abierto) ordinario nuevo
6.	algo pasado de moda	(anticuado) alegre último primero
7.	agua congelada	leche pluma (hielo) red
8.	parte del cuerpo con la que se habla	garganta mejilla (boca) pie
9.	acción injusta	tragedia error (injusticia) recuerdo
10.	madera para quemar	tarde bosque árbol (leña)
11.	insecto muy molesto	rata puerco (mosca) rana
12.	quitar lo escrito	escribir (borrar) empezar llevar
13.	pasar una enfermedad	buscar (contagiar) examinar prestar
14.	decir adiós	levantarse (despedirse) llegar irse
15.	guardar dinero	presumir esconder prestar (ahorrar)

Sección B

1.	falta de compañía	amistad eternidad (soledad) sociedad
2.	tienda de vinos y licores	tabique lugar institución (licorería)
3.	quien no puede oír	(sordo) ciego manco tuerto
4.	volumen	silencio oración (tamaño) pequeño
5.	de corta extensión	largo ancho difícil (breve)
6.	pelo de la cabeza	(cabello) caballo bello cara
7.	diez y cuatro	mucho menos cuarenta (catorce)
8.	quien perdió el cabello	manco (calvo) cabeza ganso
9.	golpe con el codo	alambre herida pico (codazo)
10.	enfrente	después (delante) antiguo pronto
11.	quitar las hojas	(deshojar) destruir derretir desmayar
12.	quitar la ropa	embalsar (desvestir) vestir emitir
13.	dar consejos	empañar empeñar estudiar (aconsejar)
14.	producir melodías	gritar estornudar (cantar) decir
15.	sin principio ni fin	antiguo principal último (enterno)

Sección C

1. llenar de luz y claridad — apagar (alumbrar) quemar oler
2. dar saltos — gritar preguntar (brincar) galopar
3. huesos de la cabeza — esqueleto muerte cementerio (calavera)
4. acabar algo — comenzar llevar consentir (concluir)
5. casamiento y fiesta — noviazgo bautizo (boda) velorio
6. camita para niños — cocina sofá (cuna) lecho
7. golpe dado con la mano — (manotada) patada ruido manías
8. cuerpo celeste — planta (planeta) airea cielo
9. metal precioso — rubí diamante (oro) aluminio
10. aparato que mide el tiempo — medida (reloj) cuchara diámetro
11. segundo mes del año — marzo (febrero) abril noviembre
12. iglesia principal de una diócesis — (catedral) capilla santuario convento
13. esposa del rey — niña dama criada (reina)
14. ayuda a los enfermos — buena enfermiza inútil (enfermera)
15. animal que come ratas — perro (gato) lobo vaca

Sección D

1. error — cuidado herida (falta) letra
2. un poco frío — helado caliente (tibio) fresco
3. levantar la voz — pedir señalar morder (gritar)
4. con los mismos padres — primos abuelos suegras (hermanos)
5. contrario a la ley — ilustre negativo (ilegal) político
6. crear algo nuevo — (inventar) poner normalizar interrogar
7. condición de ser joven — amplitud niñez vejez (juventud)
8. captar con la vista — repetir (ver) escribir organizar
9. tienda de libros — biblioteca librero (librería) bibliografía
10. tremendamente — muy pero sin poco
11. viajar por mar — pasear volar aventurar (navegar)
12. falta de luz y claridad — obtuso (obscuridad) silencio privado
13. bulto pequeño — obsequio regalo surtido (paquete)
14. expresión de dolor — risa carcajada (queja) quema
15. edificio muy alto — estación bodega iglesia (rascacielos)

Sección E

1. próximo a morir — loco débil (moribundo) fúnebre
2. no puede hablar — ciego (mudo) sordo cojo
3. tomar uno lo que le dan — regalar responder despreciar (recibir)
4. espacio de siete días — mes año vigilia (semana)
5. enterrar un cadáver — quebrar (sepultar) tormentar pisotear
6. sacudida de la tierra — tortilla (terremoto) relámpago tormenta
7. hacer cambiar de forma — llevar transportar (transformar) tirar
8. utilizar — comprar meter (usar) poner
9. la primera luz del día — sol (alba) luna estrella
10. tiempo que ya pasó — pasador (pasado) pasaje paisaje
11. falto de agua — inundado saco (seco) sello
12. el que da testimonio — abogado (testigo) juez ley
13. falto de contenido — (vacío) lleno surtido enchilada
14. hacer más grande — aflojar adiestrar arrebatar (agrandar)
15. en este momento — aquí siempre nunca (ahora)

Sección F

1. lavar el cuerpo — mojar empapar enchilar (bañar)
2. que le falta fuerza física — forzoso fornido encuerado (débil)
3. manifestar con palabras — gritar (decir) herir saludar
4. alargar algo — (estirar) recoger substituir sonreír
5. olor suave y delicioso — flor dulce polución (fragancia)
6. del mismo tipo — natural mínimo distinto (igual)
7. sin movimiento — incoloro (inactivo) impuro indecente
8. persona que roba — (ladrón) labrador suegra profesor
9. hacer doble una cosa — mentir durar (duplicar) retratar
10. hacer que algo arda — (quemar) apagar enchufar alzar
11. de buena calidad — corriente común (fino) caro
12. ganas de comer — sed sueño (hambre) hombre
13. que no usa la razón — irónico (irracional) iracundo irreprimible
14. pelea entre personas — paliza sentencia asesinato (lucha)
15. que sucede cada mes — semanal anual semestral (mensual)

1.	recién hecho	vivió fruto nuera (nuevo)
2.	conjunto musical	sesión junto mochos (orquesta)
3.	sueño angustioso	toldo pesadez (pesadilla) nocturno
4.	contestar lo preguntado	reparar respirar (responder) regresar
5.	monarca de un reino	ministro dictador rey alcalde
6.	rogar o pedir	(suplicar) suplir surgir sumar
7.	asiento que usa el rey	sillón banco tronco (trono)
8.	substancia dulce	té chocolate (azúcar) harina
9.	que habla dos idiomas	mudo inmigrante extranjero (bilingüe)
✕10.	adquirir por las armas	(ganar) conquistar destruir batallar
11.	mojar algo	molar (empapar) espantar enlatar
12.	lo hecho sin dificultad	débil (fácil) completo llano
13.	falta de verdad	fatiga (mentira) enojo cabezudo
14.	que no se mueve	(inmóvil) injerto portátil ambulante
15.	persona de mucha edad	joven (anciano) adolescente jovial

Actividad 2.3   Phrases and their synonyms. The key phrase appears on the left. Underline the phrase on the right whose meaning most closely resembles it.

Sección A

1.	a veces	aquí y allí (de vez en cuando) más o menos
2.	con frecuencia	de veras para siempre (a menudo/seguido)
3.	darse cuenta de	volver a acabar de (comprender)
4.	todo el mundo	planeta grande toldos indígenas (mucha gente)
5.	en seguida	a cada instante siempre (de inmediato)
6.	estar triste	(no estar contento) tomar demasiado ir de viaje
7.	cada año	el año pasado (todos los años) el año que viene
8.	con asombro	contento con enojo (con sorpresa)
✓9.	a eso de	alrededor de ir de compras prestar atención
10.	tener ganas de	echar de menos (sentir deseos de) llevarse a

Sección B

1.	llevar a cabo	arrepentirse de (realizar) soñar con
✕2.	hay que	es necesario es inútil no importa
3.	dar un paseo	creer que sí (salir a caminar) embarazarse
4.	perdió la vida	(se murió) se extravió se acomodó

5.	con motivo de	(por causa) a la vista antes de que
6.	en cambio	sin querer (por lo contrario) cambio de aires
7.	estar de vuelta	(volver) acostarse hundirse
8.	a tiempo	a eso de (a la hora) a que sí
9.	dar con	(encontrar) matar dar un regalo
10.	en vez de	(en lugar de) en casa de en marcha

Sección C

1.	por casualidad	(por coincidencia) por lo tanto por lo general
2.	de repente	de pasada de verdad (de pronto)
3.	asistir a (una clase)	ayudar a (estar presente en) enseñar
✗ 4.	entretanto	(por lo tanto) mientras tanto tan pronto como
✗ 5.	en todo caso	de todos modos en caso de que se llama
6.	de un lado	arriba (por una parte) comprende que
7.	por ahora	por lo contrario (por el momento) por fin
8.	algo de	(un poco de) sin querer con rabia
9.	por no tener	(porque falta) sin saber tener sueño
10.	en el fondo	(abajo) esencialmente acá mero

Sección D

1.	en el acto	(inmediatamente) de verdad del teatro
2.	molesto por	por medio de de pasada (disgustado con)
3.	con razón	en marcha (acertadamente) sin pensar
4.	a cada rato	(constantemente) tan pronto como pasearse
5.	claro está	llueve poco (naturalmente) entretanto
✗ 6.	a su vez	en marcha por su parte a eso de
✗ 7.	mediante	por medio de hay que es que
8.	ojo con	con asombro cuidado con con todo y todo
9.	igual que	el resto de (exactamente como) igualado
10.	dentro de poco	sin embargo a veces (pronto)

Texto y comprensión

El texto: Brevísima historia de la lengua española y del mundo hispanohablante (Primera parte)

Lee con atención el siguiente ensayo.

El español viene del latín. Puede decirse que el español no es otra cosa sino una versión evolucionada y cambiada del latín. El latín era un idioma de la tierra de Latium, que hoy en día se encuentra en la parte central de Italia. Lo hablaban los romanos que conquistaron la Península Ibérica antes de que naciera Jesucristo. La Península Ibérica—hoy en día España y Portugal—perteneció al imperio romano por más de cinco siglos. Con la excepción de los vascos, pueblo antiguo que todavía existe y que vive en el extremo norte de España, todos los habitantes de la península aprendieron latín y dejaron de hablar sus idiomas nativos.

A principios del siglo V (400 d.C.), varias tribus germánicas empezaron a invadir la península. Una de ellas, los godos, la conquistó. Por algún tiempo los godos siguieron hablando su idioma germánico, pero con el tiempo ellos también aprendieron latín y comenzaron a usarlo exclusivamente. Sin embargo, el latín que en aquel entonces se hablaba en la península ya no era el latín clásico de los grandes escritores romanos. Ya se estaba convirtiendo en el "latín vulgar" que después dio lugar a los diferentes idiomas romances que existen hoy en día. Los idiomas romances más importantes son—del oeste al este—el portugués, el español, el catalán, el francés, el provenzal, el italiano y el rumano.

En el año 711 d.C. ocurrió un suceso muy importante en la historia de la lengua española: los árabes musulmanes[1] invadieron la Península Ibérica. Hacia el año 719 d.C. ya la habían conquistado por completo con la excepción de la parte central de una pequeña región— Asturias—que se halla en el extremo norte. Por supuesto, los árabes hablaban el idioma árabe y practicaban el islam. Sin embargo, entre 719 y 1492—año en que los españoles cristianos conquistaron el reino de Granada, el último territorio árabe de la península— había muchos cristianos que nunca abandonaron el cristianismo y que nunca dejaron de hablar sus dialectos del latín. Pero la gran mayoría de ellos también hablaba árabe o por lo menos lo entendía. Por eso había mucha influencia árabe en el latín vulgar que hablaban los cristianos, sobre todo en el sur de España. El latín vulgar de los territorios árabes era algo así como lo que es hoy en día el "Spanglish", o el "Tex-Mex".

Hacia el siglo XI, ya la reconquista[2] de la Península Ibérica por los cristianos del norte estaba bastante avanzada. En 1085 reconquistaron Toledo, ciudad muy importante en el centro de la península. En 1212 los cristianos ganaron la batalla de Navas de Tolosa en el sur. En 1236 conquistaron los cristianos la ciudad de Córdoba y en 1248 Sevilla, importantísimo centro comercial y cultural. Y con la conquista por los cristianos del reino árabe de Granada en el sur de la península en 1492, el nuevo reino de España ya estaba listo para más aventuras y más guerras. ¿Cuáles iban a ser?

Notas léxicas
[1] Moslems   [2] reconquest

✔ *En el Cuaderno C2.7 se halla la actividad que corresponde a la sección anterior.*

Capítulo **3**

Adonde el corazón se inclina, el pie camina

Objectives

In this chapter, you will...

- read about the members of Fernando's family.
- talk and write about your own family.
- learn about spoken stress.
- learn the rules for using the written accent.
- discover how words differ according to spoken stress.
- study some practical rules for using accents.
- learn how accents help you to distinguish between pairs of identical words.
- improve your command of Spanish vocabulary.
- read more about the Spanish language and the world in which it is spoken.

Tema y expresión

El tema: *Mi familia*

Lee detenidamente la narración de Fernando.

Fernando González habla de su familia.

FERNANDO: Bueno, como ya les dije en el primer capítulo, tengo cinco hermanos y soy el segundo de la familia. Mi padre se llama Luis Gabriel González y mi madre, María Elena de González. Él tiene 42 años y trabaja de plomero; de hecho ya tiene su propia compañía, González Plumbing. Mi madre tiene 41 años y trabaja 20 horas semanales de dependiente en una tienda muy grande. Nuestra familia vive en una casa que no es ni grande ni chica, en una calle donde todo el mundo se conoce. Mis tíos viven al lado y mis abuelos viven enfrente. Nuestra casa tiene tres recámaras: una para mis padres, otra para mí y mis hermanos Panchito y Bobbie y la otra para mis hermanas Margarita y Verónica. (Tengo otra hermana, Rebeca, de 21 años, que no siempre vive en casa.) Por supuesto, hay una cocina grande, porque allí comemos, una sala de estar donde está el televisor, y dos cuartos de baño. Atrás hay un patio muy lindo y enfrente está la *yarda*, o sea, el zacate que siempre tengo que cortar.

El más chico de la familia tiene apenas cinco años y se llama Francisco, pero todos le decimos Panchito. Mis padres ya no quieren más hijos así que, a lo mejor, Panchito va a ser el *bebé* para siempre. Panchito acaba de entrar en kínder. De todos nosotros es Panchito el que menos inglés sabe. En casa hablamos más español que inglés, porque así lo quiere mi papá; pero todos aprendimos inglés en la escuela, hasta mi mamá que nació y se crió en México. Luego viene Margarita o *Mague*, que tiene ocho años y está en tercer grado en la escuela primaria del barrio. Mague juega mucho con sus muñequitas y tiene seis o siete amigas que la acompañan a todas partes. ¡Es muy popular! Le sigue Roberto (*Bobbie* o *Beto* según el caso), que tiene doce años. Roberto ya empezó *middle school* (dicen que en México eso se llama *secundaria*), pero no es buen estudiante porque sólo le gusta practicar deportes, sobre todo el beisbol. Dice que tan pronto como se gradúe de la preparatoria (*high school*) (¡si es que se gradúa!), va a Houston para jugar con los Houston Astros. Ya veremos ... Bueno, a Roberto le sigue mi hermana Verónica (*Vero* o *Ronnie*). Tiene diecisiete años y aunque ella y yo nos hemos peleado siempre, tengo que reconocer que es muy hermosa y tiene muy buen gusto para vestirse. Todavía no tiene novio formal porque es mucho muy estudiosa y quiere llegar a ser abogada. **Ella** cree que es muy inteligente y que además es la más elocuente de todos nosotros, la que mejor habla. Bueno, yo no sé, pero esto sí es cierto: ¡de bocona no hay quien le gane!

La expresión

Actividad 3.1   Preguntas sobre El tema.   Contesta las siguientes preguntas.

1. ¿Cuántos hermanos tiene Fernando? ¿Cuál es el mayor de ellos?
2. ¿Cómo es la casa en la que viven Fernando y su familia?
3. ¿Cuántas recámaras tiene la casa y quiénes las ocupan?
4. ¿Cuáles son los otros cuartos que tiene la casa?
5. ¿Qué idioma se habla más en casa de Fernando? ¿Por qué?
6. ¿Cómo es Mague?
7. ¿Cómo es Roberto?
8. ¿Por qué todavía no tiene novio Verónica?
9. ¿Qué piensa Fernando de su hermana Verónica?
10. ¿Cómo es la calle en la que viven Fernando y su familia?

✔ *En el Cuaderno C3.1 se halla la actividad que corresponde a la sección anterior.*

Léxico y expansión

Stress placement and the written accent

Stress placement

To know when to write accent marks, you must first find out which syllable in a word is stressed. Most Spanish words have only one stressed syllable; even if the word is nine syllables long, only one of them is stressed.

The "stressed syllable" is the one that contains the vowel which is pronounced with the greatest force. That force is sometimes marked by a rise in pitch, sometimes by an increase in volume, sometimes by longer length, and sometimes by all three. You can always tell where the stress falls by listening carefully to a word as it is correctly pronounced. Thus the stress on **pasteles** falls on the next-to-the-last syllable and on **comer** on the last syllable.

Spanish always counts syllables from the end of the word. Thus we speak of the last syllable, the next-to-the-last syllable, the third-from-the-last syllable, and so on. Here's how we analyze **pasteles**:

pas	**te**	**les**
third from the last	next to the last	last

Actividad 3.2   Identifying syllables.

In the following words, tell which syllables are last, which are next to the last, and which are third from the last.

Modelo: a-rrin-co-na-do: **do** is the last, **na** the next to the last, and **co** the third from the last.

1. es-pe-rar R2
2. mis-mo I grave
3. fe-rro-ca-rril R2
4. ca-sa-do
5. ma-má
6. di-vor-cia-do R2 G
7. i-gle-sia
8. ma-tri-mo-nio
9. pe-rro
10. en-ten-der R2 aguda
11. her-ma-na
12. Ve-ró-ni-ca E
13. Gon-zá-lez R2
14. pa-tio
15. me-tro
16. za-ca-te R1
17. ma-te-má-ti-cas G
18. vo-lun-tad
19. re-co-men-da-ción
20. bi-ci-cle-ta
21. so-fá
22. pe-rió-di-co
23. te-cho
24. pa-red
25. puer-ta
26. lo-cu-ra
27. cál-cu-lo
28. cal-cu-lo
29. cal-cu-ló
30. pis-to-la
31. pis-to-la-zo R1
32. e-jér-ci-to

Actividad 3.3   Identifying the stressed syllable.

In the following words, identify the stressed syllable by underlining it. In each case, read the word out loud so you can tell which syllable is stressed.

Modelo: librito

1. abuela R1 G
2. abuelita R1 G
3. calle R1 G
4. callejón R1 G
5. ventana R1 G
6. ventanilla R1 G
7. nieve R1 G
8. nevera R1 G
9. camisa R1 G
10. camiseta R1 G
11. lápiz
12. lapicero R1 G
13. muñeca R1 G
14. muñequita R1 G
15. abrazos R1 G
16. abrazados R1 G
17. jardín
18. jardinero R1 G
19. activo R1 G
20. actividad R2 A
21. agua R1 G

22.	aguacero	R I G	26.	amorcito	R I G	30.	baile	G
23.	alegre	R I G	27.	ataques	R I G	31.	beber	A
24.	alegría		28.	atacaron		32.	bebida	G
25.	amor	R 2 A	29.	bailador	R 2 A			

Word type according to stress position and accent use

ESDRÚJULA WORDS

Stress position: third from the last syllable

Written accent? yes, always

Examples:

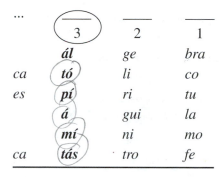

		3	2	1
		ál	ge	bra
	ca	tó	li	co
	es	pí	ri	tu
		á	gui	la
		mí	ni	mo
	ca	tás	tro	fe

This type of word (where the stress falls on the third from the last syllable) is known in Spanish as an **esdrújula** word. **Esdrújula** words are always written with an accent mark.

✔ *En el Cuaderno C3.2 se halla la actividad que corresponde a la sección anterior.*

LLANA WORDS

Stress position: next-to-last syllable

Written accent? only if the word ends in a consonant other than **n** or **s** (that is: consonants such as **d, l, m, r, x, z,** and others)

Examples:

		...	2	1
			hués	ped
		di	fí	cil
	me	mo	rán	dum
		ca	dá	ver
			Fé	lix
		Gon	zá	lez

This type of word is known in Spanish as either a **llana** or a **grave** word. Both mean the same thing. (We will call them **llana** words.) Remember: **llana** words are *only* written with an accent if they end in a consonant other than **n** or **s**.

✔ *En el Cuaderno C3.3 se halla la actividad que corresponde a la sección anterior.*

AGUDA WORDS

Stress position: last syllable

Written accent? only if the word ends in a vowel, an **n**, or an **s**

Examples:

...	2	1
	ca	*fé*
	ma	*má*
	sa	*lió*
	sa	*lí*
	can	*ción*
	Je	*sús*

This type of word (where stress falls on the last syllable) is known in Spanish as an **aguda** word. Remember: **aguda** words are only written with an accent if they end in a vowel, an **n**, or an **s**.

✔ *En el Cuaderno C3.4 se halla la actividad que corresponde a la sección anterior.*

02-13-08 ✓

SOBRESDRÚJULA WORDS

Stress position: fourth or even fifth syllable from the last

Written accent? yes; always

Examples:

...	5	4	3	2	1
		Trái	*ga*	*me*	*los*
		Pá	*sa*	*se*	*la*
	Al	*cán*	*ce*	*me*	*las*
Cas	*tí*	*gue*	*se*	*me*	*lo*

A **sobresdrújula** word is one that is stressed on the fourth (or even the fifth) syllable from the end. All **sobresdrújulas** are compound words (two or more separate words joined together). All **sobresdrújulas** are accented.

✔ *En el Cuaderno C3.5 se halla la actividad que corresponde a la sección anterior.*

Summary of the four accent rules

1. Pronounce the word out loud so you can decide where the stress falls. If it falls on the (next-to-the) next-to-the-next-to-the-last syllable, it's a **(sobr)esdrújula** word; if it's on the next-to-the-last syllable, it's a **llana** word; if it's on the last syllable, it's an **aguda** word.

2. You now ask yourself: what letter does the word end in? Then use this chart to relate "syllable stressed/type of word" to "do I write an accent?":

SYLLABLE SRESSED	TYPE OF WORD	WRITE AN ACCENT?
fourth or fifth from the last	sobresdrújula	yes; always
third from the last	esdrújula	yes; always
next to the last	llana	yes, if word ends in any consonant (**d, l, m, r, y, z,** etc.) except **n** or **s**
last	aguda	yes, if word ends in **n**, **s**, or a vowel

Actividad 3.4   Explaining why the accent is needed.   Explain why the accent is written on each of the following words. Use these explanations:

a. The word is **sobresdrújula.**

b. The word is **esdrújula**.

títulos.

c. The word is **llana** and ends in a consonant that is not **n** or **s**.

d. The word is **aguda** and ends in a vowel, an **n**, or an **s**.

e. The accent breaks a diphthong. (See Chapter 1.)

1.	José	9.	Joaquín	17.	imágenes
2.	cárcel	10.	aquí	18.	Raúl
3.	legítimo	11.	capítulo	19.	tío
4.	león	12.	mándemelas	20.	reúne
5.	María	13.	rápido	21	Márquez
6.	aprenderás	14.	árbol	22.	riquísimo
7.	acabó	15.	memorándum		
8.	Rubén	16.	tradición		

Now answer these questions:

1. Las **sobredrújulas** y las **esdrújulas** se escriben con acento _todos conacento sin exepción_
2. Las **llanas** se escriben con acento si terminan _Si no terminan con Vocal "n"s"_
3. Las **agudas** se escriben con acento si terminan _En vocal, n y s_
4. El acento escrito en palabras como **tía, aún, reúne** y **mío** sirve para _____.

✔ *En el Cuaderno C3.6 se halla la actividad que corresponde a las secciones anteriores.*

Practical rules for certain types of *aguda* words

-ín words: With only one exception (the word *mitin*), all **-ín** words of more than one syllable are written with an accent. Here are some examples:

jardín	*afín*	*violín*	*chapulín*	
Benjamín	*latín*	*patín*	*cacetín*	*boletín*

-ión words: All **-ión** words of more than one syllable are written with an accent in the singular. Examples:

acción	*administración*	*afirmación*	*alternación*	*ambición*
aplicación	*apreciación*	*asociación*	*aspiración*	*atracción*
avión	*ocasión*	*pasión*	*invasión*	*presión*
sesión	*misión*	*sugestión*	*cuestión*	

However, the plural forms of both **-ín** and **-ión** words never take the written accent. This is because when you add the **es** that makes them plural, you change them from **aguda** words to **llana** words. Here are the same words we printed just above, but pluralized:

acciones	*administraciones*	*afirmaciones*	*alternaciones*	*ambiciones*
aplicaciones	*apreciaciones*	*asociaciones*	*aspiraciones*	*atracciones*
aviones	*ocasiones*	*pasiones*	*invasiones*	*presiones*
sesiones	*misiones*	*sugestiones*	*cuestiones*	

The same thing is true of other **aguda** singulars ending in **-n** or **-s** when they become plural: they lose the written accent. Examples:

adiós → adioses	*almacén → almacenes*	*francés → franceses*	*interés → intereses*
algún → algunos	*balcón → balcones*	*inglés → ingleses*	*jardín → jardines*

✔ *En el Cuaderno C3.7 se halla la actividad que corresponde a la sección anterior.*

Words ending in **-mente**

Words ending in **-mente** are almost always compounds consisting of an adjective like *fácil* or *tonta* followed by the suffix **-mente**:

fácilmente   *tontamente*   *claramente*   *rápidamente*

If the first word in the compound had a written accent before it entered the compound, that accent is retained when the compound is entered into:

fácil + mente = fácilmente

rápida + mente = rápidamente

✔   *En el Cuaderno C3.8, C3.9 y C3.10 se hallan las actividades que corresponden a las secciones anteriores.*

Written accents and monosyllabic words (acento prosódico)

There are eight pairs of single-syllabled words which have one meaning when they are written with the accent, and have another meaning when they are not. The pairs are:

de/dé   el/él   mas/más   mi/mí   se/sé   si/sí   te/té   tu/tú

Here are the differences in meaning:

de *of, from*: Aquí está el libro **de** Antonio.

dé *from the verb* **dar**: Quiero que Ud. me **dé** cinco dólares.

el *the*: Dicen que **el** animal lo mató.

él *he, him*: Pero **él** se escapó de las garras del animal.

mas *but*: «Y con niebla borrada / Capri se pierde entre confusos lejanos: / **Mas** también el crepúsculo volando / Va en pos de ti, y al mar y tierra y cielo / La noche amortajando ... » (*El sol poniente*, El Duque de Rivas, 1791–1865). (**Mas** 'pero', palabra altisonante y arcaica, se conserva en la poesía y en el lenguaje formal.)

más *more*: Me pidió una vez **más** que le diera **más** dinero y **más** comida. (cantidad calidad) (**Regla práctica**: como **mas** 'pero' tiene muy poco uso, siempre escribe la palabra **más** con acento.)

mi *my* (adjetivo posesivo): —¿Qué le ha pasado a **mi** vieja? —gritó angustiado el ancianito.

mí *(to) me, (for) me* (pronombre personal objeto de preposición): Me hablan a **mí**, no a ti.

se (pronombre personal reflexivo, etc.): Fernando **se** levantó, **se** vistió, **se** comió nueve panqueques y **se** fue a su trabajo.

sé *I know* (viene de **saber**, primera persona singular del presente de indicativo): Pues todo lo que **sé** es que no **sé** nada. (También puede representar el mandato informal afirmativo del verbo *ser*: —**Sé** bueno, hijito, y pórtate como Dios manda.)

Adonde el corazón se inclina, el pie camina   **39**

si *if* (conjunción supositiva): —**Si** te portas bien, te doy un peso.

sí *yes, indeed* (adverbio afirmativo): —Esta vez **sí** me porté bien, mamá. (También puede significar *-self* [pronombre personal reflexivo]: Todo lo quiere para **sí** mismo. *He wants everything for himself.*)

te *(to) you, (for) you* (objeto directo, indirecto y reflexivo):—Ya **te** he dicho cien veces: si **te** cuidas, no **te** van a arruinar.

té *tea*: No le gusta el café sino el **té**.

tu *your* (es como **mi**: los dos son determinantes que indican posesión, y los dos se escriben sin acento): —¡**Tu** abuela con zapatos de tenis!

tú *you* (pronombre personal de sujeto): —**Tú** nunca me has gustado.

There are two pairs of mainly bisyllable words included here because the way that they contrast resembles the way the monosyllabic words contrast:

solo *alone, sole* (adjetivo): —Siempre estás **solo** y nunca sales. ¿Qué te pasa?

sólo *solamente, nada más, no más* (adverbio): El adicto a drogas **sólo** piensa en su adicción.

aun *hasta* (note que ni **aun** ni **hasta** llevan acento): Ella andaba descalza **aun** en pleno invierno.

aún *todavía* (note que las dos palabras se acentúan): **Aún** no sé lo que voy a hacer este verano.

✔ *En el Cuaderno C3.11 y C3.12 se hallan las actividades que corresponden a la sección anterior. En el Cuaderno C3.13 se halla la actividad que constituye la sección "Léxico y expansión: Reading in Spanish" del presente capítulo.*

Texto y comprensión

El texto: *Brevísima historia de la lengua española y del mundo hispanohablante (Segunda parte)*

Lee con atención el siguiente ensayo.

En 1492 ocurrieron tres cosas de muchísima importancia para el futuro de España y del mundo entero: (1) Los españoles cristianos reconquistaron el reino árabe de Granada, eliminando así el último reducto de la conquista árabe de la Península Ibérica que se llevó a cabo entre 711-719 d.C.[1] (2) Expulsaron de España a todos los judíos—miles y miles de ellos—que se negaban a convertirse al cristianismo. (Algunos sí se convirtieron para poder quedarse en España.) (3) Los tres famosos barcos de la flota española capitaneada por Cristóbal Colón encontraron lo que para ellos era un mundo nuevo, las Américas, y arribaron a una isla de las Bahamas el 12 de octubre.

Notas léxicas

[1] d. de J.C. = después de Jesucristo

El viaje de 1492 fue el primero de Colón, quien creyó erróneamente[2] que al llegar a las Bahamas había alcanzado la India. El segundo viaje de Colón fue mucho más largo; de 1493 a 1496. Durante su segundo viaje, Colón visitó casi todas las islas del Caribe y pasó algún tiempo en varias de ellas. El tercer viaje de Colón, en 1498, lo llevó a la costa norte de América del Sur. En su cuarto y último viaje (1502–1504) visitó otra vez el Caribe, y además, la costa caribeña de América Central. En 1496 Colón y sus marineros fundaron la primera ciudad española del Nuevo Mundo, Santo Domingo, que es hoy en día la capital de la República Dominicana. Colón ya había visitado varias veces a Cuba, isla que fue conquistada definitivamente por los españoles entre 1510 y 1514. Por primera vez visitó Puerto Rico—el antiguo Borinquén—en 1494, y ya para 1508 la colonización española se había llevado a cabo.

Los españoles no fueron los únicos europeos que en los siglos XV, XVI y XVII viajaron a las Américas con el propósito de conquistar terreno, fundar colonias, explotar la tierra, convertir a los indígenas al cristianismo, etc. Lo hicieron también los portugueses, los franceses, los italianos, los ingleses, los holandeses y hasta los suecos. Sin embargo, pronto los españoles se tomaron la mayor parte del nuevo territorio. Entre 1519 y 1521, Hernán Cortés derrotó al gran imperio de los aztecas, conquistando así lo que es México hoy en día. Pronto llegaron a conquistar América Central—los actuales países de Guatemala, Honduras, El Salvador, Nicaragua, Costa Rica y Panamá—y la parte noroeste de América del Sur, hoy en día Venezuela, Colombia y Ecuador. Entre 1532 y 1533, Francisco Pizarro encarcela[3] a Atahualpa, emperador de los incas, y conquistó el Perú. En seguida se colonizó lo que son hoy en día Chile, Bolivia, la Argentina, el Uruguay y el Paraguay. En 1565 los españoles fundaron San Agustín, localizada en la parte noreste de la actual Florida. La ciudad de Santa Fe de Nuevo México fue fundada en 1607. Otras ciudades fundadas por los españoles y que actualmente pertenecen a los Estados Unidos son San Antonio (1718), Laredo (1755), San Diego (1769), San Francisco (1776) y Los Ángeles (1781).

Tras tres siglos de colonización española, los territorios hispanohablantes de las Américas empezaron, a principios del siglo XIX a luchar por su independencia, particularmente en el año 1810, en el que España se encontraba en guerra porque había sido invadida por las tropas de Napoleón, emperador de Francia. Las primeras colonias españolas en independizarse fueron Chile (1818) y luego la "Gran Colombia" (hoy en día Venezuela, Colombia y Ecuador) en 1819. Hacia 1821 ya se habían independizado México, toda América Central, Argentina y Paraguay. El Perú y el Uruguay ya eran independientes hacia 1825. Cuba y Puerto Rico siguieron en manos de los españoles hasta 1898. Desde 1898 en adelante Puerto Rico ha sido una posesión de los Estados Unidos. La historia de la República Dominicana es más complicada: se proclamó la independencia total en 1821, pero al año siguiente Haití— antigua colonia francesa—invadió el territorio dominicano e implantó un dominio que duró hasta 1844, cuando los dominicanos volvieron a recuperar la libertad e independencia. Pero

---

[2] equivocadamente   [3] metió a la cárcel

en 1861 el país se hizo colonia española otra vez, en parte por petición del entonces presidente dominicano. Hacia 1865, sin embargo, ya se había independizado de nuevo.

En cuanto a razas y grupos étnicos,[4] la gente hispanohablante del Nuevo Mundo es casi tan variada y diversa como el mundo mismo. En muchos países hispanoamericanos un gran porcentaje de la población es **mestizo**, una mezcolanza[5] entre europeos (mayormente españoles) e indígenas (los llamados *indios*). Hay muchos mestizos en México, Guatemala, El Salvador, Honduras y Nicaragua. La población puramente indígena predomina en Bolivia y sobre todo en Paraguay, país en el que la mayor parte de la población sigue hablando guaraní, a veces sin saber español. En otros países—sobre todo los del Caribe, como Cuba, la República Dominicana y Puerto Rico—muchos habitantes son **mulatos**, es decir, descendientes de europeos y africanos. En países como Venezuela, Colombia y Panamá hay mestizos y mulatos, además de personas de pura sangre indígena, africana y europea. En países como la Argentina y el Uruguay, la gran mayoría de la población es de origen europeo, principalmente español e italiano pero también alemán, francés, irlandés, inglés, polaco y judío. También ha habido mucha inmigración europea a Chile y Costa Rica. Desde mediados del siglo XIX han llegado miles de asiáticos—chinos en particular, pero también japoneses, coreanos e hindúes—a varios países hispanoamericanos. En las últimas tres décadas, han emigrado a la Argentina muchos árabes cristianos de tierras como Líbano y Palestina.

[4] gentes, *ethnic groups*   [5] mezcla (de razas)

✔ *En el Cuaderno C3.14 (La comprensión) se halla la actividad que corresponde a la sección anterior.*

Capítulo **4**

Accidentes, alfabetos y animales asombrosos

Objetivos

En este capítulo…

- entenderás una lectura que habla de algo malo que le pasó a Verónica.

- escribirás sobre algo malo que una vez te haya pasado a ti.

- participarás en una pequeña obra de teatro en español.

- comenzarás a aprender a usar correctamente las letras **b** y **v**.

- mejorarás aún más tu capacidad de leer en español gracias a un animal muy especial.

Tema y expresión

El tema: *Un accidente (o "¿A quién no le pasan cosas malas de vez en cuando?")*

Lee con cuidado el siguiente relato.

Habla Verónica González, la hermana de Fernando, de un accidente que tuvo el año pasado.

El día 29 de octubre del presente se va a cumplir un año que pasé por algo que nunca se me va a olvidar. Era un sábado como a las cuatro de la tarde y yo estaba en mi trabajo. En aquel entonces trabajaba—y todavía trabajo—en un supermercado grande que queda a dos millas de donde vivimos en El Paso, Tejas. Estaba en mi tercer año de la preparatoria (*high school*) y era mi primer trabajo. Como tenía cinco clases además del Club de Oradores (*debating team*), sólo podía trabajar dieciocho horas a la semana y especialmente los fines de semana. (Trabajaba ocho horas los sábados y seis los domingos. También me asignaban seis horas los días laborables, principalmente los viernes.) Bueno, pues, me mandaron a llenar unas canastas de papas. Al andar de un lado al otro en el almacén, en la parte de atrás de la tienda adonde no van los clientes, me resbalé con un condenado pepino. Todo pasó muy rápido y no sé cómo al resbalar se me dislocó el tobillo derecho y esa dislocación me quebró el extremo de la tibia.

Por ese pepino, estuve seis días en el hospital. Los doctores tuvieron mucha dificultad para ponerme el pie en su posición normal y anduve enyesada por tres meses. Perdí una semana entera de clases y tuve que recuperar un examen de química que tenía. También perdí un concurso regional de debate que se celebró el sábado siguiente en una preparatoria vecina y por eso no pude acompañar a nuestro equipo al concurso estatal que tiene lugar todos los años en Austin, la capital del estado de Tejas. Fueron tres meses de puro aguante y máxime porque siempre la gente me preguntaba que qué me había pasado, dónde me había caído, por qué no había tenido más cuidado, cuándo iba a demandar al supermercado (cosa que nunca hice), quién era mi abogado, y sobre todo la pregunta clave: "¿Cuándo por fin te van a quitar el yeso?" Y, por supuesto, todos tenían que firmar el yeso hasta que ya no quedaba ni una sola pulgada de espacio en blanco.

Ya va a ser un año de eso. El 29 de octubre de este año voy a celebrar mi caída comprando un pepino grandote y tirándolo en el lugar donde me resbalé el año pasado. Luego lo voy a machacar y pisotear muy duro hasta que ya no quede nada del desdichado vegetal.

La expresión

tarea 4
Parafoo

Actividad 4.1   Preguntas sobre El tema.   Contesta las siguientes preguntas.

1.   ¿Dónde y cuándo tuvo Verónica su accidente?   *Guad, 1986*
2.   ¿Cuántas horas trabajaba Verónica por semana? ¿Por qué no trabajaba más?
     estudio / prep. Nvo
3.   ¿Cómo sucedió el accidente? ¿Por qué sucedió?
4.   ¿Qué se quebró Verónica?
5.   ¿Cómo la curaron por fin los médicos?
6.   ¿Cuánto tiempo estuvo en el hospital? ¿Por cuántos meses anduvo enyesada?
7.   ¿Qué perdió Verónica en la escuela por motivo de su accidente?
8.   ¿Qué es lo que la gente siempre le preguntaba durante los tres meses que anduvo enyesada?
9.   ¿Qué querían hacer todos en el yeso?
10. ¿Qué va a hacer Verónica el 29 de octubre de este año?

✔ *En el Cuaderno C4.1 se halla la actividad que corresponde a las secciones anteriores.*

Una pequeña obra de teatro

Lo siguiente puede usarse en la clase como una pequeña escena dramática. En ella, Uds. los estudiantes van a desempeñar los diversos papeles que se describen a continuación. No hay guión fijo. Uds. pueden hacer con sus personajes lo que les dé la gana. No se sabe cómo va a terminar esta obra de teatro; ¡todo depende de lo que Uds. mismos decidan hacer!

La cáscara de plátano

A continuación aparecen los nueve personajes (cuyos nombres están en mayúscula), cómo son y qué acaban de hacer:

TÚ (MAGDALENA) acabas de tener un choque con otro carro. EL OTRO CONDUCTOR (JUAN RAMÓN) insiste en que tú tienes la culpa porque le tiraste una cáscara de plátano que dio en su parabrisas, cegándole la vista. Tú insistes que la culpa es de él porque estaba conduciendo a más de 40 millas por hora en zona escolar. A ti te acompañan tu NOVIO (ANTONIO), un tipo muy macho; tu HERMANA MENOR, ELOÍSA, que necesita usar el baño; y tu TÍA ABUELA, TÍA JESUSITA, una ancianita sumamente nerviosa. A JUAN RAMÓN lo acompañan sus suegros, DON PANCHO y DOÑA BÁRBARA, ambos muy fuertes y agresivos, y un ruidoso PERRITO DE LANAS (*poodle*) que no hace sino ladrar. Todos Uds.—los de tu carro (MAGDALENA o sea tú, ANTONIO, ELOÍSA, TÍA JESUSITA) y los del otro carro (JUAN RAMÓN, DON PANCHO, DOÑA BÁRBARA y el PERRITO DE LANAS)—acaban de bajarse de sus carros y comienzan a "hablar" del asunto. En ese momento llega UN POLICÍA (JULIÁN) en motocicleta. Y ahora, ¿qué sucede? Que Uds. vayan a inventar el resto de la obra en voz alta. ¡Buena suerte!

Léxico y expansión

Las palabras que tienen el sonido /b/ y que se escriben con **b** o **v**.

En español las letras **b** y **v** se pronuncian igual. Por eso pueden confundirse fácilmente al escribir: *combertir* en vez de *convertir*, por ejemplo, o *varrio* en vez de *barrio*.

La sección siguiente—y todas las secciones que, como en ésta, estudian la ortografía y el significado de ciertas palabras—contiene unas 30 palabras. Algunas están ordenadas en grupos semánticos. Por ejemplo, van juntas las palabras **abandonar** y **abandono** porque el significado de las dos es muy parecido.

Primera lista de palabras con **b**

abandonar	abrazar	abuela	
abandono	abrazo	abuelo	Notas léxicas
abeja	abrigo	abundancia	[1] fertilizante; pago a una cuenta
abogado	abstenerse[3]	abundante	[2] odiar, detestar
abono[1]	abstinencia	abundar	[3] privarse de algo
aborrecer[2]	abstracción	acabar	[4] lo que no es concreto
abertura	abstracto[4]	acostumbrado	[5] los dos
abierto	absurdo	ambos[5]	
abrir		aprobar	

✔ *En el Cuaderno C4.2, C4.3 y C4.4 se hallan las actividades que corresponden a las secciones anteriores.*

Segunda lista de palabras con b

aburrido	arriba	bachiller[6]	barato	Notas léxicas
aburrir	arribar			[1] lo que le rodea a uno
abusar	asamblea[3]	bahía[7]	barrio	[2] caprichoso
abuso		bailar	barro	[3] reunión de gran número de
ambición	asombrar	baile		personas
ambiente[1]	asombro		basta	[4] conferir, aplicar
	asombroso	bajar	bastante	[5] cualidad, característica
arbitrario[2]		bajo	bastar	[6] título que se recibe al terminar
	atribuir[4]			los estudios superiores
árbol	atributo[5]	balancear	baúl	[7] entrada del mar en una costa
		balanza		

✔ *En el Cuaderno C4.5, C4.6 y C4.7 se hallan las actividades que corresponden a la sección anterior.*

Tercera lista de palabras con b

balcón	barba	basar[2]	bigote	Notas léxicas
banco	barbarie[1]	base	boca	[1] incultura; crueldad
banda	bárbaro	batalla	boda	[2] apoyar; fundamentar
bandera	barco	batir	bolsillo	
bañar	barrera	beber	bolsa	
baño	barricada	besar	bonito	
		beso		

✔ *En el Cuaderno C4.8, C4.9 y C4.10 se hallan las actividades que corresponden a la sección anterior.*

Cuarta lista de palabras con b

belleza	biblioteca	bomba	botella	Notas léxicas
bello	bien	bondad	brazo	[1] bien, favor, gracia
bendición	bienestar	bondadoso	broma	[2] cualidad del color blanco
bendito	billete	bordar	brotar	
beneficiar	blanco	borde	brote	
beneficio[1]	blancura[2]	bordo	burla	
Biblia	bloque	borrar	burlar	
bíblico		bosque		

✔ *En el Cuaderno C4.11, C4.12 y C4.13 se hallan las actividades que corresponden a la sección anterior.*

Accidentes, alfabetos y animales asombrosos **47**

Quinta lista de palabras con **b**

				Notas léxicas
brillante	cabellero	celebración	combate	[1] áspero, grosero, descortés
brillar	caballo	celebrar	combatiente	[2] famoso, distinguido
bronce	cabello	célebre[2]	combatir[6]	[3] mente, sesos
brusco[1]	caber	cerebral	combinación	[4] avergonzado, vergonzoso
bueno	cabeza	cerebro[3]	combinar	[5] cooperar, participar, contribuir
buscar	cabo	cohibido[4]	combustible [7]	[6] luchar, pelear
búsqueda		colaboración		[7] que puede arder
	cambiar	colaborador	comparable	
	cambio	colaborar[5]		

✔ *En el Cuaderno C4.14, C4.15 y C4.16 se hallan las actividades que corresponden a la sección anterior.*

Sexta lista de palabras con **b**

				Notas léxicas
cobarde	corbata	deber	diablo	[1] confirmar, verificar, asegurarse
cobardía	costumbre	debido	dibujar	[2] parte más alta de una montaña
cobrar	cubierta	débil	dibujo	[3] discutir, disputar
comprobar[1]	cubrir	debilidad	distribución	[4] compartir, repartir
considerable	cumbre[2]	desagradable	distribuir[4]	[5] borrachera
contribución	debajo	describir	doblar	
contribuir	debatir[3]	descubrimiento	doble	
contribuyente		descubrir	embriaguez[5]	

✔ *En el Cuaderno C4.17, C4.18 y C4.19 se hallan las actividades que corresponden a la sección anterior.*

Texto y comprensión

Luis Arturo Ramos, *Zili, el unicornio (primera parte)*

Nacido en el estado mexicano de Veracruz en 1947, Luis Arturo Ramos es uno de los novelistas y cuentistas más destacados de la literatura mexicana de hoy. Entre sus novelas se destacan *Violeta-Perú*, *Intramuros*, *Domingo junto al paisaje*, *Éste era un gato* y *La casa del ahorcado*. Ha publicado más de veinte cuentos incluyendo varios que escribió expresamente para niños. Ha sido presidente del Consejo Editorial de la Universidad Veracruzana y es miembro de la Junta de Gobierno de dicha institución. Es director del programa de estudios de posgrado en español del Department of Languages and Linguistics de The University of Texas-El Paso.

Actividad 4.2   Preguntas preliminares para contestarse en voz alta y por escrito.

1.   ¿Por qué nos fascinan tanto los animales raros y exóticos como los dinosaurios? ¿Qué tienen ellos que casi nos hipnotizan?

2.   Si los animales hablaran, ¿qué nos dirían? ¿Hay animales que son más inteligentes que nosotros, los seres humanos? Si es así, ¿por qué somos los dueños de la tierra nosotros, y no ellos?

3.   ¿Cuántos cuentos para niños conoces tú? Da todos los títulos de los que te acuerdas, tanto en inglés como en español. ¿Cuál es tu favorito? ¿Por qué? ¿Qué tiene un cuento para niños que lo distingue de un cuento para adultos?

El texto

Lee con atención el siguiente cuento.

Zili, el unicornio (primera parte)

Existe una pequeña región, nadie sabe dónde exactamente, habitada nada más por unicornios. Los unicornios son muy parecidos a los caballos y tienen un largo y brillante cuerno de oro en la frente. Y así, de esta manera, era Zili.

Sin embargo Zili era un unicornio que ignoraba ser[1] un unicornio. Había tantos en su país que nadie usaba esa palabra. Resultaba imposible llamarse solamente así: UNICORNIO. Por esta razón Zili se llamaba Zili, y como él, todos sus compañeros tenían un nombre, su propio nombre.

A pesar de todo, las cosas iban más o menos bien hasta que Zili encontró ese libro. Un enorme y lujoso libro de estampas[2] donde descubrió su propio retrato junto al de otros animales que jamás había visto en tooooooda su vida.

Y bajo su retrato, escrito con grandes letras doradas, leyó por primera vez su nombre. O mejor dicho, el nombre que Zili creyó que era su verdadero nombre: U-NI-COR-NIO. Unicornio. Y más abajo, en letras más pequeñas, encontró lo siguiente:

Nadie—hasta ahora—ha logrado ver uno de ellos.

Zili se sorprendió mucho al enterarse de lo importante que parecía ser en ese país, de donde el libro venía. Pero lo que más le sorprendió fue saber que nadie, JAMÁS, había visto algo tan común y corriente como un unicornio. "Vaya", se dijo Zili. "Creo que allá podré hacerme famoso."

Y sin pensarlo más decidió viajar a ese país para que todos pudieran conocerlo en persona. Para lograrlo sólo tuvo que concentrarse tal como se lo habían enseñado, pensar con todas sus fuerzas que quería estar allá y, PUUFFF, en un segundo, y dejando tan sólo una nubecilla de humo, desapareció.

Notas léxicas
[1] no sabía que era   [2] imágenes o figuras impresas

Zili llegó a la ciudad ya muy entrada la noche. Ni una persona se veía en las calles. "Mejor", pensó. "Así nadie podrá verme ahora." Además, necesitaba tiempo para encontrar el mejor lugar para exhibirse, donde todo el mundo pudiera conocerlo.

"¡Un circo!", dijo. De esta manera podría ganar mucho dinero que buena falta le haría en este país donde todo, absolutamente todo, parecía tener que comprarse.

No tuvo que caminar mucho porque allá, en medio de un parque de diversiones, descubrió las carpas[3] rojas y amarillas de un gran circo. Buscó las oficinas del jefe y entró sin tocar a la puerta.

Pero un joven, no mayor de veinte años, casi lo tiró al suelo al salir corriendo del lugar. "¡Largo de aquí!", gritó el dueño del circo, y arrojándole a la cabeza pelotas, libros y ruedas de colores, agregó: "Y llévate tus estúpidos materiales de trabajo."

El joven se detuvo a recoger sus cosas y desapareció a toda prisa. El dueño del circo volvió a su escritorio y se puso a contar las ganancias de aquella noche.

Zili tuvo que dar tres golpecitos en el escritorio para llamar su atención: "Vengo a buscar trabajo", dijo. El dueño del circo dejó sus cuentas, miró a Zili de arriba a abajo y, volviendo a su dinero, le preguntó: "¿Qué sabe usted hacer?" A Zili le extrañó mucho la pregunta. ¿HACER? ... No sabía hacer nada. Nada en especial. Sólo quería que la gente lo viera en persona y no nada más en libros de estampas. "No sé hacer nada", dijo Zili. "Sólo quiero que me vean ... ?"

El dueño del circo dejó otra vez su dinero y miró a Zili fijamente. "¿Que lo vean, dice usted? ... ¿Sólo quiere que lo vean ... ?" El dueño del circo soltó una larga carcajada.[4] Luego gruñó como si tuviera perros en el estómago: "Si quiere que lo vean, vaya a un zoológico. En los circos la gente paga por ver una buena actuación." Y sin decir más volvió a esconderse tras sus cuentas ignorando por completo a Zili.

"¿Un zoológico?", pensó Zili. "Vaya, sí que son raros en este país ... Bueno", continuó, "al menos me dio un buen consejo y eso debo agradecérselo."

Zili abandonó la oficina. Se sentía un poco decepcionado. Nadie, nunca, lo había tratado tan mal. Quizás aquel hombre jamás hubiera visto el libro de estampas donde él, ZILI, era la figura principal. No importaba. Ya habría otros que reconocerían su valor.

Zili pasó parte de la noche buscando un zoológico donde encontrar trabajo. Y tan ocupado estaba en su búsqueda, que no se daba cuenta de la sombra misteriosa que lo seguía por todas partes. Le interesaba más la gente con la que se topaba en la calle. Gente que no le hacía el menor caso a pesar de su cuerno de oro y de su figura de unicornio. Esto lo puso más triste todavía; pero se consoló[5] un poco pensando que detrás de unas rejas, en una gran jaula dorada y con un enorme cartel anunciando su nombre—UNICORNIO—todo cambiaría. La

---

[3] tiendas de campaña   [4] risa violenta y ruidosa   [5] reconfortarse, apaciguarse

gente pagaría mucho dinero sólo por verlo y él, por fin, se convertiría en algo muuuuuy especial.

Después de mucho buscar encontró el zoológico. Mientras caminaba rumbo a la oficina del director, iba mirando las jaulas y los animales dentro. Se vio a sí mismo, otra vez, en una jaula para él solo con un inmenso letrero lleno de luces brillantes dibujando su nombre:

ZILI, el Unicornio único.

Y así, trotando alegremente, entró en la oficina del director del zoológico. Éste se encontraba leyendo el periódico y no le prestó atención. Zili tuvo, una vez más, que golpear el escritorio con una de sus patas.

"Me llamo Zili y vengo a buscar trabajo", dijo.

El director del zoológico lo examinó de arriba a abajo con una mirada muy parecida a la del dueño del circo. "¿Es auténtico eso?", preguntó señalando el cuerno.

"¿Qué cosa?", dijo Zili muy extrañado.

"El cuerno ... ¿es de oro?"

"¡Claro que es de oro!", respondió Zili muy ofendido. "Todo de oro, de la base a la punta. ORO DE VEINTICUATRO KILATES."

"¡Se lo compro!", gritó el director del zoológico poniéndose en pie con mucha prisa. Zili retrocedió unos pasos muy asustado. Le daban miedo los brillantes ojos de aquel hombre. Tragó saliva y respondió en voz muy baja: "No vengo a vender mi cuerno ... Vengo a buscar trabajo."

"Aquí sólo exhibimos cosas auténticas", dijo el director. "Y lo único que parece ser auténtico en usted es ese cuerno. Aunque primero tendríamos que averiguar si en verdad es de oro."

"Pero señor", respondió Zili. "Yo soy un Unicornio. Un verdadero Unicornio. Mire usted mis credenciales." Y le mostró el recorte del libro que había traído consigo.

"¡Al cuerno con sus credenciales!", gritó el director del zoológico. "Los unicornios no existen. ¿Entiende usted? ¡No E-XIS-TEN!"

Zili estuvo a punto de desmayarse. ¿Que los unicornios no existen? ¿Y la foto en el libro de estampas? ¿Y él? ¿Qué hacía él ahí entonces? Muy indignado[6] se dio la media vuelta y haciendo sonar sus cascos se dirigió hacia la puerta. "Le pago bien por su cuerno", gritó el director del zoológico. "Siempre y cuando sea de oro." Zili no contestó. Tan sólo agitó su larga y peluda cola en señal de protesta.

Zili caminó y caminó por las calles de la ciudad cabizbajo[7] y decepcionado. De esta manera fue dejando atrás las luces de las calles céntricas mientras se internaba por callejuelas estrechas y malolientes.[8] En algunos lugares, donde la luz de los escasos faroles lo sacaban de la

---

[6] enojado, furioso   [7] con la cabeza inclinada hacia abajo por melancolía   [8] que olían mal

oscuridad, miraba su figura reflejada en los cristales de los escaparates, o en los charcos del suelo. Entonces Zili se preguntaba en lo que había fallado; ¿por qué nadie lo tomaba en cuenta y hasta se atrevían a dudar de su autenticidad?

Zili estaba más triste que nunca. Triste y cansado y con mucha hambre. Sólo quería algo para comer y un sitio donde pasar la noche; por esa razón, no podía darse cuenta de la sombra misteriosa que ahora, más que nunca, se encontraba tan cerca de él. Tan cerca, que sólo le bastaría dar unos cuantos pasos para poder tocarla con la mano.

Pero Zili no se daba cuenta de nada. De pronto algo llamó su atención y lo hizo detenerse. En una pequeña y sucia tienda iluminada por un amarillento farol,[9] vio cuatro, cinco, seis, muchas figuras de animales.

Zili se detuvo y observó con más cuidado. Sí, varios animales: pájaros, cuadrúpedos,[10] reptiles se mantenían extrañamente inmóviles como si estuvieran congelados[11] o formaran parte de una fotografía, detrás de los cristales polvosos y cubiertos de letreros de aquel almacén.

Una enorme sonrisa hizo brillar los dientes de Zili y hasta sintió que desaparecía el hambre y el cansancio. Sí, eso era lo que buscaba. Un circo pequeño y modesto para iniciar su carrera de GRAN FIGURA. Ya verían después todos aquéllos que lo habían despreciado.[12]

Y Zili volvió a imaginar su nombre lleno de luces—**ZILI, el único Unicornio del mundo**— iluminando aquella estrecha y sucia callejuela, que muy pronto, sería la más concurrida de tooooooda la ciudad. Y sin pensarlo más, comenzó a tocar con sus patas la desvencijada[13] puerta del lugar.

Sin embargo, si hubiera esperado un poco más, hubiera podido leer los letreros que llenaban los cristales de la tienda:

TAXIDERMISTA

Se hacen bolsas y zapatos de cuero.

Se disecan toda clase de animales.

y se hubiera dado cuenta de la clase de sitio y de la clase de problema en que se estaba metiendo.

Las luces de la tienda se encendieron y la puerta se abrió. Un viejecillo vestido de blanco invitó a Zili a entrar.

"Buenas noches, señor", dijo. "Soy Zili, el Unicornio y ... " El viejecillo no lo dejó continuar.

"No importa quién seas ... No importa ... Pasa ... ¿Cuántos años tienes?" Zili se quedó un poco pensativo. Jamás le habían hecho una pregunta como ésa. No supo qué contestar,

---

[9] linternas que tiran a amarillo   [10] animales de cuatro patas   [11] enfriados, helados
[12] odiado, menospreciado   [13] descompuesta

aunque al viejecillo tampoco parecía importarle mucho. Sólo daba vueltas y vueltas alrededor de Zili mirándolo y examinándolo fijamente. Zili se sintió orgulloso. Por fin, desde que llegó a este país, se encontraba una persona que parecía darse cuenta de su valor.

"Pareces muy joven ... Muy joven", decía el viejecillo mientras tocaba aquí y pellizcaba allá el cuerpo de Zili. "Quiero que usted me haga famoso", dijo Zili sin poder controlarse. "¿Famoso? ... Lo serás", dijo el viejo sin dejar de examinar a Zili.

"Quiero que toda la gente, de todos lados, de tooooodo el mundo, venga a verme. A mí ... A Zili, EL ÚNICO UNICORNIO DEL MUNDO", dijo completamente convencido de que aquel lugar era un circo. "Vendrían, vendrían. Te convertiré en el más famoso de todos mis animales. La gente acudirá[14] desde muy lejos sólo para verte", dijo el viejecillo.

"¿De verdad lo cree?", preguntó Zili inmensamente feliz. "¿Y pagarán mucho dinero? ¿Y me haré rico? ¿Y famoso?"

"Los dos nos haremos ricos. Ya lo verás ... Sólo tienes que ponerte en mis manos."

Y al decir esto sacó de un cajón un largo y filoso cuchillo que brillaba con la misma fiereza[15] que sus pequeños ojillos. Pero Zili no se daba cuenta de nada. Sólo pensaba en las riquezas y en la fama que pronto, muy pronto, serían suyas. "Ven, ven", dijo el viejo taxidermista. "Siéntate aquí." Y señaló una enorme silla llena de sogas y cadenas. Junto a ella, una inmensa olla burbujeaba y arrojaba humo.

Zili se acercó trotando alegremente. Se sentó en la silla y miró hacia el aparador. No dejaba de extrañarle la inmovilidad de aquellos animales. "Espero que sus otros animales no se molesten de que yo sea la máxima atracción de su circo." El taxidermista rio a carcajadas. "¿Molestarse? No, no lo harán. Ellos ya no pueden disgustarse por nada", terminó el viejo con una extraña risita.

"Qué bueno", dijo Zili mientras miraba cómo el taxidermista comenzaba a atarlo.

Zili empezó a sentirse incómodo con aquellas apretadas amarras. Pero como no conocía las costumbres del país y menos las del mundo de los espectáculos, no protestó. Sólo miraba y miraba los cuerpos inmóviles de los animales. De pronto, otra vez, detrás de los cristales, apareció la misteriosa sombra que durante tanto tiempo había venido siguiéndolo.

Pero Zili no la vio. Estaba demasiado distraído mirando los animales disecados.[16] "¿Por qué están quietos y callados todos sus animales?", preguntó al taxidermista. El viejecillo rio estrepitosamente.[17]

"¡Porque están muertos!", contestó.

✔ *En el Cuaderno C4.20 (La comprensión) se halla la actividad que corresponde a la sección anterior.*

[14] vendrá, llegará   [15] dureza, crueldad   [16] preparado un animal muerto de suerte que conserve la apariencia que tenía cuando estaba vivo   [17] ruidosamente

Capítulo 5

Estudiante y a mucha honra

Objetivos

En este capítulo...

- lograrás entender la historia de la educación de Marisela.
- escribirás sobre tus propias experiencias educativas.
- continuarás aprendiendo dónde y cuándo usar la **b** y la **v**.
- expandirás tu léxico con el aprendizaje de nuevas palabras.
- terminarás la lectura sobre el extraño animal de otro mundo y seguirás desarrollando tu habilidad de contestar preguntas sobre dicha lectura.

Tema y expresión

El tema: *Las escuelas y yo*

Lee con atención la narración siguiente.

Marisela Suárez nos habla de su educación.

Mi madre iba a meterme en un pequeño kínder que había en Oviedo, nuestra ciudad de la República Dominicana donde nacimos yo y dos de mis siete hermanos. Pero cuatro meses después de cumplir yo los cinco años nos habló desde Nueva York mi padre, quien ya había conseguido trabajo en un almacén y el permiso que necesitaba para traernos. Mamá de ninguna manera quería abandonar Quisqueya (nombre familiar que todo dominicano usa para referirse al país), pero papá insistió: hay más futuro en los Estados Unidos, hay que ir adonde está el dinero, y los niños sobre todo pueden aprovecharse de lo que ofrece una gran metrópoli como Nueva York. Mamá en cambio hablaba de lo que algunos primos suyos le habían contado: que hay delincuencia y malas costumbres por todos lados, que de noviembre a abril hace un frío terrible, que hay mucha gente que vive en la calle y que los pobres no tienen adonde ir si les pasa algo malo.

Yo sí me acuerdo del viaje que hicimos en avión de Santo Domingo al aeropuerto Kennedy de Nueva York. También me acuerdo mucho de la impresión que me dio el barrio en el que nos establecimos, en la Avenida 'C' del Lower East Side (o 'Loisaya' en español). Pero lo que más me impresionó fue mi primer día de escuela. Ya llevábamos medio año en Nueva York y yo ya sabía que nuestro barrio era mayormente de gente hispana; pero, ¡qué grande fue mi sorpresa cuando entré en la escuela primaria y descubrí que todo el mundo me hablaba en español y que todos los niños de mi clase lo hablaban también! Después me enteré de que, como yo no hablaba nada de inglés, me habían puesto en el programa bilingüe para niños hispanohablantes. (La escuela también tenía otro programa bilingüe para los niños que hablaban el chino cantonés.)

En mi primer año de primaria aprendí muy poco inglés por la sencilla razón de que la maestra, una señorita muy joven, era de España y casi siempre nos hablaba en español. Pero sí progresé mucho: rápidamente aprendí a leer y escribir español y tuve la suerte de que me entraron igual de rápido las matemáticas. "Esta niña es un genio", decía siempre mi papá. "Hay que darle lo mejor de lo mejor y que aprenda lo que pueda". Pero ya que al cabo de un año yo todavía no sabía mucho inglés, papá insistió en que me cambiara a otra escuela pública que, por ser más mixta—además de dominicanos y otros latinos había chinos, hindúes, jamaicanos, negros y hasta blancos americanos—enseñaba muchas materias en inglés. Además se oía más inglés en los pasillos y durante el recreo, en el patio de la escuela.

¡Qué experiencia más inolvidable la de la nueva escuela! Al principio me sentía enormemente cohibida y casi no hablaba con nadie. Yo, que había sido la estrella de la sala de clase en la otra escuela, apenas podía entenderle a la maestra, y mis notas bajaron considerablemente. Pero a fuerza del contacto que tenía con los demás niños y sobre todo con una simpática jamaicana que se hizo mi mejor amiga, en un par de meses empezó a entrarme el inglés y ya para enero hablaba bastante. Casi en seguida recuperé lo que había perdido y al final del año estaba por convertirme de nuevo en la estrella de la clase. Mientras tanto, sin embargo, una comadre de mi mamá le había contado que entre los muchachos "mayores" de la nueva escuela—los de diez y once años—se formaban pandillas, o sea, *gangs* peligrosas que se dedicaban a forzar a los niños más chiquitos a usar drogas. Eso nunca me pasó a mí, pero de todos modos mi mamá se llevó un susto e insistió en que me cambiara a la escuela de antes. Así que entré de nuevo a esa escuela al principio del nuevo año escolar. Una vez más, me metieron en el programa bilingüe, donde aprendí aún más español, pero como yo ya sabía inglés, me pasaron al programa en inglés cuando entré al cuarto año.

Me quedé en esa primaria hasta graduarme y luego pasé a una secundaria *(junior high)*, también del barrio. Por un tiempo nos cambiamos a otra parte de la ciudad, a un barrio de Brooklyn, donde asistí a la secundaria de la vecindad. No me gustó nada: era muy fea y sucia y los estudiantes eran muy malhablados y groseros. ¡La de porquerías que se escuchaban allí, tanto en inglés como en español! Allí sí había pandillas y de las más feroces. Eran pandillas de muchachas y de chavos. Si tú no te juntabas a una pandilla, siempre corrías el riesgo de que te insultaran y te golpearan o cosas peores. Entonces sí, mi mamá se llevó un susto de verdad, y le dijo a papi: "Oye Julio, yo no vine a este país para que a la nena la convirtieran en una cualquiera. No me importa que en Brooklyn vivamos en una casa y en la Loisaya en un apartamento. Si no regresamos al antiguo barrio, me voy con todo y niños a Oviedo y tú te quedas aquí solito y abandonado." Nos cambiamos el fin del mes. Ya de vuelta a la Avenida 'C', regresé a la secundaria de antes donde me gradué. El año siguiente entré al colegio *(high school)*. Allí descubrieron otra vez que yo era un genio, y empecé a sacar muchas 'Aes' y alguna que otra 'B'. Mis materias favoritas eran álgebra, geometría, trigonometría, biología y química. No me gustaban el inglés ni el español, porque los maestros eran mediocres y a veces yo sabía más que el mismo maestro. Una vez nos asignaron de maestro de español a un pobre tipito que lo hablaba con un acento americano tan marcado que lo único que consiguió en todo el semestre fue hacernos reír a todos día tras día.

Después de graduarme a los 17 años, entré en el programa de enfermería del Hunter College y aquí me tienen para servirles. Ahora sueño con hacerme enfermera para ayudar a la gente y también para ganar buen dinero porque hay escasez de enfermeras. Todos los días hago el viaje en el metro número seis, de la Calle 8 a la Calle 68 donde está el Hunter. El viaje es muy ameno: dos buenas amigas mías también asisten a Hunter y, como hacen el viaje conmigo, las tres podemos chismear de todo y de todos. Y, si conseguimos donde sentarnos, ¡hasta estudiamos un poco!

La expresión

Actividad 5.1   Preguntas sobre El Tema.   Contesta a las preguntas siguientes.

1. ¿Por qué nunca asistió Marisela al kínder de la República Dominicana?
2. Explica por qué el papá de Marisela quería que toda la familia fuera a vivir a Nueva York.
3. Explica por qué su mamá en cambio no quería que la familia abandonara Quisqueya.
4. ¿Por qué se sorprendió tanto Marisela su primer día de escuela en Nueva York?
5. ¿Cómo le fue a Marisela en su primer año de escuela?
6. ¿Por qué insistió el papá de Marisela en que cambiara de escuela?
7. ¿Qué pensó Marisela de la escuela a la que asistió en Brooklyn?
8. ¿Cómo persuadió la mamá al papá para que la familia regresara a vivir en la Loisaya?
9. ¿Por qué a Marisela no le gustaron los cursos de inglés y español?
10. ¿Con qué sueña Marisela ahora? ¿Por qué?

✔   *En el Cuaderno C5.1 se halla la actividad que corresponde a las secciones anteriores.*

Léxico y expansión

Séptima lista de palabras con **b**

elaboración	fábrica	haber	**Notas léxicas**
elaborar[1]	fabricar[7]		[1] trabajar, preparar
		hábil[12]	[2] emisario y representante de un país
embajada	fábula[8]	habilidad	[3] poner en un barco, abordar
embajador[2]	fabuloso		[4] duración, firmeza, permanencia
		habitación	[5] fundar, instalar, organizar
embarcar[3]	fiebre	habitante	[6] enseñar, presentar, mostrar
		habitar[13]	[7] hacer, inventar, manufacturar
embargo	fúnebre[9]		[8] cuento, relato ficticio con una
		hábito	enseñanza moral
escribir	formidable[10]	habitual[14]	[9] relativo a los muertos; triste
			[10] superior, excelente; enorme
estabilidad[4]	globo	hablar	[11] acción de gobernar; casa de gobierno
			[12] capaz, experto
establecer[5]	gobernación[11]	hambre	[13] vivir, residir
establecimiento	gobernador		[14] usual, acostumbrado
	gobernar	hembra	
exhibición	gobierno		
exhibir[6]			

✔ *En el Cuaderno C5.2, C5.3 y C5.4 se hallan las actividades que corresponden a la sección anterior.*

Octava lista de palabras con **b**

hierba	indefinible	irresistible	**Notas léxicas**
hombre	indiscutible	irresponsable	[1] de la península Ibérica (España y Portugal)
hombro	indispensable	jabón	[2] trabajar, cultivar la tierra
ibérico[1]	indudable	labor	
impenetrable	innumerable	laborioso	
		labrador	
imposibilidad	inseparable	labrar[2]	
imposible	insoportable	laboratorio	
increíble	interminable		

✔ *En el Cuaderno C5.5 y C5.6 se hallan las actividades que corresponden a la sección anterior.*

Estudiante y a mucha honra **59**

Novena lista de palabras con **b**

			Notas léxicas
labio	noble	obligación	[1] triste, digno de lástima
lamentable[1]	nobleza	obligar[4]	[2] dejar libre
liberal	nombramiento	obligatorio	[3] hacer lo que se le manda
liberalismo	nombrar	obra	[4] forzar
libertad	nombre	obrar	[5] idea fija, manía
librar[2]	notable	obrero	[6] barrera
libre	nube	obscuridad	
librería	nublado	obscuro	
libro	obedecer[3]	obsesión[5]	
miembro	obediencia	obsesionado	
miserable	obispo	obstáculo[6]	
niebla	objeto		

✔ *En el Cuaderno C5.7, C5.8, C5.9 y C5.10 se hallan las actividades que corresponden a la sección anterior.*

Décima lista de palabras con **b**

			Notas léxicas
obtener[1]	posible	público	[1] conseguir, adquirir
octubre	posibilidad	pueblo	[2] sombra
palabra	probable	quebrantar[5]	[3] comprender, adivinar
penumbra[2]	probabilidad	razonable[6]	[4] fundar, establecer; llenar de gente
percibir[3]	probar	rebelde	[5] quebrar, romper
población	prohibir	rebeldía	[6] justo, moderado
poblar[4]	problema	rebelión	
pobre	prueba	república	
pobreza	publicación	republicano	
	publicar		
	publicidad		

✔ *En el Cuaderno C5.11, C5.12, C5.13 y C5.14 se hallan las actividades que corresponden a la sección anterior.*

Undécima lista de palabras con **b**

rabia	sábado	sensibilidad	Notas léxicas
recibir	sábana	sensible[3]	[1] lo que uno sabe o aprende
resbalar	saber	simbólico	[2] sano, de buena salud
respetable	sabiduría[1]	símbolo[4]	[3] fácil de conmover, sentimental
responsabilidad	sabio	soberbio[5]	[4] figura u objeto que representa otra cosa
responsable	sabor	sobrar	[5] arrogante, orgulloso
robar	sabroso	sobre	[6] moderación, falta de exageración
robo	saludable[2]	sobriedad[6]	
robusto	sembrar	sombra	
rubio		sombrero	

✔ *En el Cuaderno C5.15, C5.16 y C5.17 se hallan las actividades que corresponden a la sección anterior.*

Duodécima lista de palabras con **b**

sobrino	tabaco	tubo	Notas léxicas
sobrina	taberna	tumba	[1] superar a otros, exceder, aventajar
sobrenombre	también		[2] existir, durar, ir tirando
sobresalir[1]	temblar[5]		[3] poner una cosa o persona en lugar de otra
subir	tembloroso		[4] que está por debajo de la tierra
subrayar	terrible		[5] moverse con movimientos rápidos y frecuentes, estremecerse
subsistir[2]	timbre		[6] grupo de familias bajo el mando de un mismo jefe
substancia	tribu[6]		[7] juzgado, lugar donde se pronuncian sentencias
substituir[3]	tribunal[7]		[8] contribuciones, impuestos
subterráneo[4]	tributo[8]		

✔ *En el Cuaderno C5.18, C5.19 y C5.20 se hallan las actividades que corresponden a la sección anterior.*

Décimotercera lista de palabras con **b**

breve	sublevación[5]	vagabundo[8]	Notas léxicas
brevedad[1]	sublevar	verbo	[1] corta extensión de tiempo
invencible[2]	trabajador	vestíbulo[9]	[2] que no puede vencerse o derrotarse
invisible	trabajar	vibración	[3] claro, evidente
observación	trabajo	vibrante	[4] conjunto de criados o sirvientes
observar	turbar[6]	vibrar[10]	[5] rebelión
obvio[3]	turbado	visible	[6] sorprender, causar inquietud
servidumbre[4]	urbano[7]		[7] de la ciudad
			[8] persona sin domicilio fijo
			[9] sala a la entrada de un edificio
			[10] producir vibraciones o temblores

✔ *En el Cuaderno C5.21, C5.22, C5.23 y C5.24 se hallan las actividades que corresponden a la sección anterior.*

Texto y comprensión

Luis Arturo Ramos, *Zili, el unicornio (segunda parte)*

Sigue leyendo con atención el cuento que comenzaste a leer en el capítulo anterior.

Zili comprendió todo al instante: las cadenas, la olla humeante, el largo y filoso cuchillo que ahora veía en manos del viejo. Estaba perdido.

"¡Odio el movimiento!", gritó el viejo. "Odio el bullicio.[1] Amo el silencio y la inmovilidad ... Y tú serás la figura más inmóvil y silenciosa de toda mi colección ... Serás perfecto."

Zili intentó pedir auxilio pero no podía hablar. Quiso romper sus amarras pero eran demasiado fuertes. "No tengas miedo", dijo el viejo. "Te convertiré en el animal más famoso del mundo."

"Pero sería más valioso vivo. Créame. Se volverá rico, ganará mucho dinero. No me mate", suplicó Zili después de muchos esfuerzos. "¿Estás loco?", dijo el taxidermista. "Nadie hace caso de los fenómenos vivos. Vivo no eres más que un disfraz. Pero muerto ... Ah, muerto vales una fortuna." Y se dirigió al fondo del cuarto para afilar todavía más el horrible cuchillo que brillaba como los dientes de una rata.

Zili sabía que aquél era su fin. No tenía salvación. Había caído como un tonto en manos del loco taxidermista.

Notas léxicas
[1] alboroto, tumulto

De pronto, como si todo sucediera en un sueño, Zili vio como len-ta-men-te se abría la puerta y entraba un muchacho de unos veinte años. Colocaba un dedo sobre sus labios pidiendo silencio y se acercaba hasta él. Y antes de que Zili pudiera pensar en qué cosa pasaría, el desconocido deshizo las amarras y lo empujó hacia la calle. El viejo taxidermista, al darse cuenta de todo, se llevó las manos a la cabeza y comenzó a gritar: "¡Regresa! ¡Regresa, estúpido! Sólo yo podré hacerte famoso. ¡Regresa!" Pero Zili y su salvador corrían ya por la estrecha callejuela. Mientras allá atrás, en la puerta del establecimiento, el viejo y loco taxidermista se arrancaba los pelos lleno de furia.

Cuando estuvieron lejos del taxidermista dejaron de correr. El joven desconocido caminaba sin decir una palabra. Zili, un poco intranquilo, pensaba que quizás sólo había escapado de un peligro para ir a caer en otro. ¿Por qué lo habría salvado aquel joven?, sospechaba Zili. ¿No sería sólo para robar su cuerno de oro? Zili había aprendido una terrible lección: desconfiar, desconfiar y desconfiar. Pero no podía hacer nada. No le quedaba más remedio que caminar y caminar siguiendo a aquel desconocido, salir de aquella maraña[2] de calles y tratar de ponerse a salvo en la primera oportunidad que se le presentara.

Después de mucho caminar llegaron a un pequeño parque. Ahí se detuvieron a descansar bajo la luz de un farol. Zili miró al joven y creyó reconocerlo. Había visto su cara en algún otro lado. Entonces dijo el muchacho: "Así que tú eres un unicornio." Zili no contestó. Le parecía que otra vez empezaban los problemas. "Un verdadero unicornio", dijo el joven. "Sí", contestó Zili en voz muy baja preparado para cualquier cosa. "Eso es lo que soy."

El muchacho pasó su mano por el lomo de Zili; luego, delicadamente, dio un golpecito en el cuerno de oro: Clinnnnn. Zili se puso en guardia. Pensó que a aquel tipo sólo le interesaba el oro de su cuerno. Y ya estaba a punto de empezar a correr cuando el muchacho le tendió la mano y lo miró a los ojos. "Yo soy Serafín: poeta y malabarista."[3]

Zili titubeó un poco. Miró los ojos de Serafín y se dio cuenta de que no tenían ese desagradable brillo. "Yo soy Zili, el unicornio", dijo tendiéndole la pata. "Pero creo que ya nos conocemos."

"Sí", dijo Serafín. "Nos vimos en el circo. Te vengo siguiendo desde que el dueño nos corrió de ahí. Zili seguía desconfiando. No sabía qué pensar; por eso se quedó callado.

"Vaya", suspiró Serafín luego de un rato. "Sabía que no podía estar equivocado. Estaba seguro de que, al menos, debía haber uno en el mundo." "¿A qué te refieres?", preguntó Zili. "A ti... A los unicornios." Zili respiró confiado. Por fin, alguien confiaba en él.

"Nadie, excepto yo, parece creer en los unicornios", continuó Serafín. "Esto me ha metido en muchos problemas. Pero ahora recorreremos el mundo para probar que los unicornios existen y que los poetas no estamos locos." "Y además ganaremos mucho dinero y me haré

---

[2] enredo, rompecabezas   [3] el que hace juegos malabares (equilibrios, suertes), *juggler*

famoso", terminó Zili. Y volvió a imaginar su nombre brillando en grandes letras rojas, iluminado por luces y reflectores:

Zili, el unicornio,

y

Serafín, poeta y malabarista

En ese momento Zili y Serafín hicieron un pacto. Recorrerían el mundo para que Serafín pudiera probar que no estaba loco y para que Zili alcanzara fama y riqueza.

Empezaron a recorrer el país con su pequeño gran espectáculo. Zili galopaba por las calles de los pueblos mientras Serafín, de pie en su lomo, hacía malabares y declamaba hermosos poemas. Sin embargo la gente no les hacía caso. Cuando mucho, algún viejo desocupado se detenía a mirarlos o algún chiquillo practicaba su puntería tirándoles piedras. Todos parecían muy ocupados en sus propios problemas o se burlaban de ellos llamándoles locos o charlatanes.[4]

Muy pronto se extendió por todo el país la historia del poeta loco que pretendía hacer pasar por un unicornio auténtico, a un caballejo común y corriente con un cuerno de hojalata[5] pintado de amarillo y pegado en la frente.

Y así, las cosas fueron de mal en peor. Pronto la gente no se contentó con gritarles ¡LOCOS! o ¡CHARLATANES!, sino que empezaron a arrojarles agua, piedras y hasta prohibirles la entrada a las ciudades. Zili no lograba entender lo que sucedía. ¿Cómo era posible que alguien pudiera dudar de la calidad de su cuerno o de la autenticidad de su nacimiento? Serafín, por su parte, se consolaba pensando que la gente es la gente y que algunas personas no creen ni en lo que ven.

"¡Vengan! ¡Vengan!", gritaba Serafín mientras ejecutaba su acto de malabarismo. "Vean y conozcan al ÚNICO, AL AUTÉNTICO UNICORNIO." Pero la gente seguía tirándoles piedras y gritándoles LOCOS. Sin embargo nada podía hacer que los dos amigos olvidaran su decisión; y sin saber por qué, iban de pueblo en pueblo y de ciudad en ciudad. Inmensamente ricos en golpes e insultos y con una gran fama de locos y charlatanes. Hasta que un día llegaron a las puertas de la capital del país.

"Aquí todo cambiará", dijo Serafín. "En esta ciudad vive la gente más sabia y más culta y más educada de toda la nación. En este lugar no tendrán más remedio que aceptar que tú eres real y que yo no estoy loco. Entonces todo cambiará."

"Sí", dijo Zili no muy convencido. "Todo cambiará." Y en efecto todo fue diferente. Ahora ya no les arrojaron piedras ni les gritaron insultos. Simplemente un grupo de policías cayó sobre ellos y, sin decir una palabra, los ataron de pies y manos, los echaron en un camión y los condujeron por las calles de la Gran Ciudad. De nada valieron las protestas de los dos

---

[4] impostores, habladores, mentirosos   [5] lámina de hierro estañada, *tin*

amigos. Los guardias sólo los miraban con burla mientras la gente de la ciudad se detenía para verlos.

"Vaya recibimiento", dijo Zili. "En lugar de serpentinas y confeti, golpes e insultos."

"Sí", dijo tristemente Serafín. "No logro entenderlo."

"Debí haberme quedado con los míos", se quejó Zili.

"Todo fue mi culpa", dijo Serafín. "Yo te metí en esto."

"La culpa es de los dos", terminó Zili. "Quizás es cierto que tú estás loco y que yo no existo."

Los dos amigos se miraron muy pensativos. Tal vez todo aquello fuera una pesadilla. Pero Zili y Serafín tenían un gran problema y tuvieron que enfrentarse a la realidad cuando estuvieron frente al Señor Juez. Una vez ahí, en medio de toda esa gente que parecía tan culta e importante; frente a ese Gran Señor vestido de negro, los dos amigos se sintieron muy pequeños, como si en verdad no existieran.

"Nombre y oficio", preguntó el Señor Juez a Serafín con una gruesa y poderosa voz.

"Serafín ... poeta y malabarista", contestó tímidamente.

El Señor Juez y todos los miembros del jurado se miraron con mucha seriedad y hablaron entre sí. Luego el Señor Juez apuntó con el dedo a Serafín y dijo:

"Ajá. Confiesa usted que hace malabarismos con las palabras y también con la realidad."

"¿La realidad?", dijo Serafín muy extrañado. "La poesía no está contra la realidad."

"No me refiero solamente a la poesía", dijo el Señor Juez, "sino también a ESO."

Y señaló ahora a Zili con su largo dedo mientras todos los miembros del jurado decían que sí con la cabeza.

"Pero Zili es real", protestó Serafín.

Un murmullo de sorpresa y desaprobación[6] se escuchó por toda la sala.

"¿Real?", preguntó el Señor Juez. "¿Quiere usted hacernos creer que ESO es real?"

"¡Claro que sí!", insistió Serafín. "Zili es la cosa más real que conozco. Pregúntele y lo sabrá."

El Señor Juez y todos los miembros del jurado se pusieron de pie precipitadamente.

"¿Qué ha dicho usted? ... Hablar yo ... ¿con ESO?", y señaló a Zili con mucho desprecio.

"Sí", insistió Serafín. "Pregúntele si es o no un unicornio."

El Señor Juez volvió a sentarse y todos los miembros del jurado hicieron lo mismo.

[6] crítica, censura

"Aaah", dijo. "Ya veo que insiste usted en continuar con la farsa. ESO no es un unicornio, es sólo un caballejo con un cuerno de lata en la frente. Confiéselo. Los unicornios NO EXISTEN ... ¿ENTIENDE? NO E-XIS-TEN."

"Pero Zili existe. Es real", dijo Serafín casi llorando. "Vamos, Zili ... Diles a todos que eres un verdadero unicornio."

Sin embargo Zili, muy callado, se encogía temeroso en medio del gran salón sin atreverse a levantar los ojos. Era peor de lo que había pensado. Todos lo miraban, ya no con burla o desprecio, sino con odio. Un odio inmenso.

"¿Lo ve usted, Señor Poeta y Malabarista?", dijo el Señor Juez en un tono de burla. "Todo es un engaño. Tal vez usted mismo esté engañado. Pero si no acepta que esta cosa es sólo un caballejo disfrazado de unicornio, me veré obligado a declararlo loco y encerrarlo en un manicomio. ¿Está claro?"

Serafín no contestó. Únicamente miraba a su amigo, al Señor Juez y a la gente que llenaba la enorme sala. Zili existía. Era real. Era su amigo. ¿Por qué entonces todos querían que mintiera?

"Acepta usted", insistió el Señor Juez, "que está engañando al pueblo. Que los unicornios só-lo existen en los libros y en la imaginación de los poetas tontos como usted ... ¿Lo acepta?"

Zili se dio cuenta de que todo aquello no podía continuar. Debía marcharse al instante para salvar a su amigo. Y para hacerlo sólo tenía que concentrarse, pensar con todas sus fuerzas que ya no estaba ahí.

Mientras tanto el Señor Juez seguía presionando a Serafín. "¿Acepta usted que ese unicornio es falso? ¿Acepta usted?" Pero Serafín no lo aceptaba. No podía aceptarlo, y ya iba a negar con la cabeza y a gritar un rotundo ¡NO!, cuando Zili desapareció tal como había llegado, dejando en el lugar sólo una nubecilla de humo y un cuerno de hojalata que rebotó en el sue-lo haciendo un ruido hueco.

Entonces Serafín, muy sorprendido, tuvo que aceptar que Zili, el unicornio, no existía: que era solamente una mentira. Después de su declaración el Señor Juez puso a Serafín en libertad y ordenó que nadie, nunca más, volviera a dudar de su cordura.[7] Ahora ya era un ciudadano digno y respetable.

Por su parte Zili volvió con los suyos, convencido que en aquel ahora lejano país, sólo podría vivir en los libros de estampas y en la imaginación de algún poeta desconocido.

[7] juicio, prudencia, estabilidad mental

La comprensión

Actividad 5.2.   Escribe tu respuesta a cada una de estas preguntas sobre el contenido del cuento.

1. Zili le dice al taxidermista que sería más valioso vivo, pero el taxidermista no lo cree. ¿Por qué no?

2. ¿Qué gran favor le hizo a Zili "la misteriosa sombra que durante tanto tiempo había venido siguiéndolo" cuando Zili se encontraba amarrado a la silla del taxidermista?

3. Gracias a todo lo que había experimentado en el país, ¿qué terrible lección aprendió Zili?

4. ¿Qué dijo Serafín que hizo que Zili por fin confiara en él?

5. ¿Para qué van a recorrer el mundo Zili y Serafín?

6. ¿Cómo reaccionaba la gente ante el "pequeño gran espectáculo" que ponían Zili y Serafín?

7. ¿Cómo cambió su suerte cuando llegaron a la capital del país?

8. El juez le dice a Serafín: "Confiesa usted que hace malabarismos con las palabras y también con la realidad." ¿Qué quiso decir el juez con esto?

9. ¿Qué es lo que todos creían que era Zili?

10. ¿Cómo pensó Zili salvar a su amigo?

11. ¿Qué hizo el Señor Juez después de la declaración de Serafín?

✔ *En el Cuaderno C5.25 se halla la actividad que corresponde a las secciones anteriores.*

Capítulo **6**

Hombre prevenido vale por dos

Objetivos

En este capítulo...

- aprenderás nuevas palabras relacionadas con tu vida diaria y con algunas de las clases que tomas.

- practicarás ese nuevo vocabulario escribiendo sobre tus clases y tu rutina diaria.

- te darás cuenta de cómo y cuándo se escribe el sonido /s/.

- desarrollarás y expandirás tu vocabulario con nuevas palabras que se escriben con **c**, **s** o **z**.

- continuarás mejorando en la lectura del español con un cuento escrito por un destacado cuentista mexicoamericano.

- demostrarás que has podido entender y contestar preguntas relacionadas con dicho cuento.

Tema y expresión

El tema: *¡A trabajar! (Una semana típica de mi vida)*

Lee con atención el siguiente relato.

Fernando González nos habla de cómo le va en una semana típica:

Mi hermano Panchito, que es el más chico y sólo tiene 5 años, acaba de gritar y protestar porque otra vez no puedo jugar con él. (Papá no juega mucho con él porque siempre anda fuera de casa en su negocio de plomería.) Ahorita Panchito quiere que lo lleve al parque a jugar al futbol. Pero yo le expliqué que no podía, que tenía que hacer una tarea rápidamente para mi clase de matemáticas, que después tenía que irme al trabajo porque ya se me hacía tarde y que después de eso había una ... Bueno, si Panchito todavía no entiende por qué siempre estoy tan ocupado, a ver si me comprenden Uds., porque yo ya les voy a hablar de qué hago y cuándo lo hago y hasta por qué hago todo lo que hago.

Primero, mi trabajo. Yo trabajo en una tienda enorme que se llama ... bueno, en los libros de texto no se permite usar nombres comerciales así que nomás le pongo "el Mart". En el Mart trabajo de dependiente y de almacenero pero no de cajero, es decir, ayudo a la gente a encontrar lo que ellos buscan, o si no se encuentra en las repisas lo encuentro atrás en el almacén y se lo llevo, si la mercancía no está agotada. ¿Me gusta mi trabajo? Bueno, no sé: me gusta atender a los clientes y no batallo nada con cargar mercancía—soy muy fuerte y musculoso—, pero cuando no hay nada que hacer, me aburro mucho y preferiría estar haciendo otras cosas, sobre todo comiendo, levantando pesas o hasta estudiando. Y lo que me pagan no está por las nubes pero tampoco es el salario mínimo que pagaban hace tres años. A veces pienso en cambiarme del Mart a trabajar con mi papá en la plomería; pero ahí ni gano lo suficiente para pagar los gastos de mi carro, sin hablar de la matrícula y demás gastos de la universidad. Creo que mi papá preferiría que hasta trabajara gratis. Pero como él sí quiere que me haga ingeniero industrial y reconoce que tengo talento para los estudios, me deja trabajar en cualquier parte donde paguen bien; bueno, medio bien.

O sea que trabajo en el Mart de lunes a viernes de 3 a 7 p.m. y luego los sábados de 10 a.m. a 6 p.m.: un total de 30 horas semanales. Ya llevo tres años en eso; comencé de recién graduado de la preparatoria. Y, ¿qué hago con el resto de mi vida? Pos, ¡la escuela! Ya les he dicho que estoy en mi tercer año de la universidad. Estudio la carrera de Ingeniería Industrial. ¡La cantidad de clases que tengo que tomar! Todo sigue una secuencia fija y hasta rígida: estas clases las tomas si estás en tu primer año, estas otras, si estas en segundo año, y así sucesivamente. Este semestre por ejemplo, estoy tomando termodinámica 1, economía e ingeniería, una clase avanzada de álgebra, modelos de probabilidad y análisis de datos, una clase de ciencias políticas (requisito general que todos los estudiantes tienen que tomar) y la presente clase de español (que sirve para llenar el requisito de humanidades). Son seis clases y 18 horas de crédito. Los lunes, miércoles y viernes tengo clases a las 7:30, 8:30 y 10:30 de la mañana; estudio de 9:30 a 10:30 y de las 12:30 a las 3:00, que es cuando entro al trabajo. De 11:30 a 12:30 me dedico a una de mis actividades favoritas: comer. Mamá siempre me prepara un rico lonche de dos sándwiches, tres burritos, un par de plátanos, media docena de galletas y cualquier otra cosita que tenga a la mano. Cuando vuelvo del trabajo a casa después de las siete, ya estoy muy listo para la cena que nos prepara mamá. (La cena es la única comida que todos comemos juntos.) Le da mucho gusto a mi mamá que nunca dejo nada en el plato y siempre repito si hay. Luego a eso de las 8:30, estudio otra vez hasta terminar la tarea (¿a las doce? ¿a la una de la mañana?). Antes de acostarme entro a hurtadillas a la cocina para ver si hay algún postrecillo por ahí.

Los martes y jueves es la misma historia con muy pocos cambios: dos clases en la mañana (economía e ingeniería a las 9:00, español a las 10:30), mi lonche, el estudio, "el jale" (que también le dicen "el camello" o "la chamba") de 3:00 a 7:00, la consagrada cena, el estudio, un poco de televisión, un postre robado, y a dormir. El domingo es el único día que más o menos tengo libre, pero hasta los domingos tengo que estudiar tres o cuatro horas. Los domingos me junto con algunos cuates a levantar pesas y después echarnos unas frías, pero no muchas, porque el lunes es otro día. (Esta composición la estoy escribiendo el domingo a las cinco después de tan sólo dos cervezas.) Los domingos casi siempre hay visita: que si los papás de mamá (que viven en esta calle), que si los tíos, que si los primos, etc. (Los papás de papá viven en el valle central de México, muy lejos de aquí.) Con la cantidad de comida que hay que hacer, mi mamá y mis hermanas pasan todo el día en la cocina. Cuando vienen las vacaciones duermo mucho, como más, voy de compras (me gusta la ropa nueva), ayudo a papá a cortar el zacate o a podar árboles, y hasta le dedico algún tiempecito a una señorita que

conozco desde la preparatoria. Ella, que estudia contabilidad, no quiere que seamos novios formales pero más o menos me considera "su novio". Yo no sé. Lo que sé es que cuando me gradúe de a volada agarro una buena chamba—bueno, un buen puesto—con una buena compañía y con un buen salario. Y como soy reteguapo y muy inteligente, sobrarán mujeres casaderas, ¿no les parece?

La expresión

Actividad 6.1   Preguntas sobre El tema.   Contesta las preguntas siguientes.

1. ¿Qué quiere Panchito?
2. ¿Dónde trabaja Fernando? ¿Qué hace en el trabajo?
3. ¿Qué le gusta y qué no le gusta a Fernando de su trabajo?
4. ¿Por qué no quiere Fernando trabajar con su papá?
5. ¿Cómo es el horario de clases de Fernando?
6. Si Fernando se especializa en ingeniería, ¿por qué está tomando ciencias políticas y español?
7. ¿Qué come Fernando en un día típico? (Haz una lista completa.)
8. ¿Quiénes visitan a la familia de Fernando los domingos?
9. ¿Qué otras cosas hace Fernando los domingos que no hace los otros días de la semana?
10. ¿Es optimista o pesimista Fernando en cuanto a su futuro? ¿Cómo lo sabes?

✔ *En el Cuaderno C6.1 se halla la actividad que corresponde a las secciones anteriores.*

Léxico y expansión *tarea*
Las palabras que tienen el sonido /s/ y que se escriben con **c**, **s** o **z**

En el español de Hispanoamérica las letras **s** y **z** se pronuncian igual—con el sonido /s/—y la letra **c** también se pronuncia /s/ al encontrarse delante de los sonidos /i/ o /e/. Por eso nos confundimos al tratar de escribir *casa* y *caza*, *cocer* y *coser* y cientos de palabras más.

La sección siguiente contiene unas 30 palabras. Algunas están ordenadas en grupos semánticos. Por ejemplo, van juntas las palabras **acerca** y **acercar** porque el significado de las dos está relacionado.

El estudio de las palabras que tienen el sonido /s/ empieza con las que se escriben con la letra **c**. Luego en el capítulo 7 se estudian las que van con **z**. Como dos de cada tres palabras que tienen el sonido de la /s/ se escriben con la letra **s**, la **s** es la norma y las letras **z** y **c** = /s/ son las excepciones; por eso las palabras que se escriben con **s** no se estudian aparte. Una regla práctica es: en caso de duda, escribe el sonido de la /s/ con la letra **s**.

Primera lista de palabras con c

				Notas léxicas
accidente	acertar	apreciar	cauce[5]	[1] poner acentos ortográficos
aceite	acierto	apreciación[4]	cegar	[2] hecho anterior; cosa que pasa antes que otra
acento	almacén	artificial	cejas	[3] aspecto exterior de una cosa
acentuar[1]	antecedente[2]	audiencia	celos	[4] valor dado a algo, estimación
acerca	anunciar	capacidad		[5] lecho de un río, acequia, canal
acercar	anuncio	caricia		
acero	apariencia[3]			

✔ *En el Cuaderno C6.2, C6.3 y C6.4 se hallan las actividades que corresponden a la sección anterior.*

Segunda lista de palabras con c

				Notas léxicas
cita	comercial	conferencia	decidir	[1] disputa o rivalidad, concurso, aptitud para algo
citar	comerciante	conocer	decir	[2] dar, admitir
ciudad	comercio	conocimiento	deducir[3]	[3] derivar, inferir
ciudadano	competencia[1]	crecer	deficiencia[4]	[4] defecto, falta
cocer	conceder[2]	creciente	delicia[5]	[5] gusto, placer
cocina	concentrar	crecimiento	democracia	[6] solución de una novela, una película, etc.
	conducir	creencia	desenlace[6]	
		decadencia		

✔ *En el Cuaderno C6.5, C6.6 y C6.7 se hallan las actividades que corresponden a la sección anterior.*

Tercera lista de palabras con c

				Notas léxicas
dependencia[1]	docena	elegancia	encima	[1] hecho de depender de alguien o de algo
despacio	dulce	elocuencia[3]	hacer	[2] cuidado, empeño
diccionario	edificio	encender	hacienda	[3] arte de hablar o escribir bien
diferencia	ejercicio	encerrar	hacia[5]	[4] obra en que se trata de muchas ciencias y enseñanzas
difícil	ejército	enciclopedia[4]	hacía[6]	[5] rumbo a
diligencia[2]	electricidad			[6] de verbo **hacer**. Compárese: *así a* (de determinada manera: "Manuel me contestó así a secas: 'Ni modo'")

✔ *En el Cuaderno C6.8, C6.9 y C6.10 se hallan las actividades que corresponden a la sección anterior.*

Cuarta lista de palabras con **c**

				Notas léxicas
fácil facilidad facilitar farmacia felicidad felicitar frecuencia	herencia ignorancia impaciencia impaciente importancia incidente independencia	indiferencia influencia iniciar inocencia inocente inteligencia juicio[1]	nacer nacimiento necio negocio placer[2]	[1] razón, inteligencia; proceso jurídico con juez y jurado [2] alegría, gusto

✔ *En el Cuaderno C6.11, C6.12, C6.13 y C6.14 se hallan las actividades que corresponden a la sección anterior.*

Quinta lista de palabras con **c**

				Notas léxicas
lucir malicia medicina merced[1] noticia	oficial oficina oficio[2] paciencia pacífico palacio participar	policía precio prejuicio principal principiar[3] principio	proceder[4] producir pronunciar provincia racial recepción	[1] beneficio [2] ocupación habitual, profesión [3] comenzar [4] venir de, provenir de; continuar

✔ *En el Cuaderno C6.15, C6.16, C6.17 y C6.18 se hallan las actividades que corresponden a la sección anterior.*

Sexta lista de palabras con **c**

				Notas léxicas
receta recién reciente recio[1]	reducir referencia renunciar romance	tendencia tercero tolerancia torcer	traducir urgencia	[1] fuerte, vigoroso

✔ *En el Cuaderno C6.19 y C6.20 se hallan las actividades que corresponden a la sección anterior.*

Séptima lista: Los sustantivos que terminan en **-ción** o **-sión**

En el español de Hispanoamérica, estas dos terminaciones se pronuncian igual. El número de sustantivos (*nouns*) que termina en **-ción** es el doble de los que terminan en **-sión**, así que en caso de duda, pon **-ción**. Y si uno ya escribe inglés, es muy fácil saber cuándo se usa **-ción** y cuándo se usa **-sión**, ya que la equivalencia entre los dos idiomas se presta a la siguiente regla práctica:

inglés **t** = español **c**   Ejemplos: **association / asociación**
inglés **s** = español **s**   Ejemplos: **division / división**

O sea:

Cuando en inglés se escribe **-tion,** en español se escribe **-ción.**
Cuando en inglés se escribe **-sion,** en español se escribe **-sión.**

A continuación se dan dos listas. La primera es de los sustantivos de uso frecuente que terminan en **-ción**. La segunda es la de los de uso frecuente que terminan en **-sión**.

40 sustantivos con *-ción* de uso frecuente

acción	condición	educación	intención	población
asociación	constitución	emoción	investigación	producción
atención	construcción	excepción	lección	reacción
canción	conversación	explicación	manifestación	representación
civilización	creación	función	obligación	revolución
combinación	declaración	imaginación	operación	sección
composición	descripción	información	organización	sensación
comunicación	dirección	instrucción	orientación	situación

También se escriben con **c** todos los sustantivos, adjetivos y verbos que están emparentados con **-ción.** Por ejemplo:

condición:	condicional	condicionado	condicionar	acondicionado
	acondicionador	acondicionamiento	acondicionar	

30 sustantivos con *-sión* de uso frecuente

comisión	depresión	explosión	mansión	precisión
comprensión	dimensión	expresión	misión	procesión
conclusión	discusión	extensión	ocasión	profesión
confesión	división	ilusión	pasión	sesión
confusión	excursión	impresión	pensión	versión
decisión	expansión	invasión	posesión	visión

También se escriben con **s** todos los sustantivos, adjetivos y verbos que están emparentados con **-sión.** Por ejemplo:

profesión:	profesional	profesor	profesar	profesorial

✔   *En el Cuaderno C6.21 se halla la actividad que corresponde a la sección anterior.*

El español tiene sólo 30 sustantivos que terminan en **-tión**, los cuales forman la excepción a la regla "**t** (inglés) = **c** (español)". Sólo seis de ellos son de uso frecuente:

combustión	congestión	indigestión
cuestión	digestión	sugestión

Sólo hay unos quince sustantivos que terminan en **-xión.** De ellos son de uso frecuente estos tres:

conexión	crucifixión	reflexión

✔   *En el Cuaderno C6.22 se halla la actividad que corresponde a la sección anterior.*

Texto y comprensión

Tomás Rivera, *Los niños no se aguantaron*

Tomás Rivera nació en 1935 en Crystal City, Tejas. Hijo de trabajadores migratorios, él mismo trabajó en la agricultura durante toda su juventud. En 1958 terminó su licenciatura (*B.A. degree*) y después de pasar varios años en la enseñanza secundaria, inició estudios de posgrado en la University of Oklahoma, donde se doctoró en Letras Hispánicas en 1969. Comenzó a ejercer su carrera en 1969 en la nueva University of Texas-San Antonio. Hacia 1973 ya había asumido el primero de los que iban a ser sus muchos puestos administrativos que culminaron en 1979 cuando fue nombrado presidente de la University of California-Riverside, cargo que ocupó hasta su muerte, a causa de un infarto, en 1984. Desde los años sesenta publicó docenas de cuentos de temática variada. Hoy en día es reconocido como uno de los escritores mexicoamericanos de más prestigio.

Actividad 6.2   Preguntas preliminares para contestar en voz alta y por escrito.

1.   ¿Has trabajado alguna vez en la agricultura, o conoces a alguien que lo haya hecho? ¿Cómo es el trabajo agrícola?

2.   ¿Qué opinas del trabajo de menores? ¿Es bueno que el niño joven aprenda a trabajar duro, o es mejor que se dedique unos años más a jugar y a asistir a la escuela? Defiende tu punto de vista.

3.   ¿En qué campo o profesión tienen fama de ser más benévolos (o más malévolos) los patrones: en la medicina, la abogacía, la agricultura, la industria, el comercio o la docencia? Explícate.

4.   ¿Tiene un patrón el derecho de pegarle un tiro a un empleado suyo? ¿Tiene un empleado el derecho de pegarle un tiro a su patrón? Defiende tu punto de vista.

El texto

Lee con atención el cuento siguiente.

Los niños no se aguantaron

Se había venido el calor muy fuerte. Era raro porque apenas eran los primeros de abril y no se esperaba tanto hasta como los últimos del mes. Hacía tanto calor que no les daba abasto[1] el viejo con el bote del agua. Venía solamente dos veces para el mediodía y a veces no se aguantaban. Por eso empezaron a ir a tomar agua a un tanque que estaba en la orilla de los surcos.[2] El viejo lo tenía allí para las vacas y cuando los pescó tomando agua allí se enojó. No le caía muy bien que perdieran tanto tiempo yendo al agua porque no andaban por contrato, andaban por horas. Les dijo que si los pescaba allí otra vez los iba a desocupar del trabajo y no les iba a pagar. Los niños fueron los que no se aguantaron.

"Tengo mucha sed, papá. ¿Ya mero[3] viene el viejo?"

"Yo creo que sí. ¿No te aguantas?"

"Pos, no sé. Ya siento muy reseca la garganta. ¿Usted cree que ya mero viene? ¿Voy al tanque?"

"No, espérate un ratito más. Ya oíste lo que dijo."

"Ya sé que nos desocupa si nos pesca allí, pero ya me anda."

"Ya, ya, trabájale. Ahorita viene."

"Ni modo. A ver si aguanto. ¿Por qué éste no nos deja traer agua? A nosotros allá en el norte ... "

"Porque es muy arrastrado."[4]

"Pero los puede uno esconder debajo del asiento, ¿no? Allá en el norte siempre está mejor ... ¿Y si hace uno como que va para fuera cerca del tanque?"

Y así empezaron esa tarde. Todos hacían como que iban para fuera y se pasaban para la orilla del tanque. El viejo se había dado cuenta casi luego, luego.[5] Pero no se descubrió. Quería pescar a un montón y así tendría que pagarles a menos y ya cuando hubieran hecho más trabajo. Notó que un niño iba a tomar agua a cada rato y le entró el coraje. Pensó entonces en darle un buen susto y se arrastró por el suelo hasta que consiguió la carabina.[6]

Notas léxicas

[1] no satisfacía sus exigencias (de agua)   [2] cortaduras que hace el arado en la tierra   [3] pronto, casi

[4] miserable, desgraciado   [5] inmediatamente   [6] el rifle

Lo que pensó hacer y lo que hizo fueron dos cosas. Le disparó un tiro para asustarlo; pero ya al apretar el gatillo vio al niño con el agujero en la cabeza. Ni saltó como los venados, sólo se quedó en el agua como un trapo sucio y el agua empezó a empaparse de sangre ...

"Dicen que el viejo casi se volvió loco."

"¿Usted cree?"

"Sí, ya perdió el rancho. Le entró muy duro a la bebida.[7] Y luego cuando lo juzgaron y que salió libre dicen que se dejó caer de un árbol porque quería matarse."

"Pero no se mató, ¿verdad?"

"Pos no."

"Ahí está."

"No crea, compadre, a mí se me hace que sí se volvió loco. Usted lo ha visto cómo anda ahora. Parece limosnero."[8]

"Sí, pero es que ya no tiene dinero."

"Pos sí."

[7] el alcohol   [8] mendigo, pordiosero

✔ *En el Cuaderno C6.23, C6.24, C6.25 y C6.26 (La comprensión) se hallan las actividades que corresponden a las secciones anteriores.*

Capítulo **7**

No es lo mismo ver llover que estar en el aguacero

Objetivos

En este capítulo...

- aprenderás a dominar el vocabulario de los choques automovilísticos y de las tragedias familiares.

- lograrás expresarte con respecto a algo semejante que hayas experimentado tú mismo o algún amigo o pariente.

- continuarás aprendiendo a distinguir cuándo se escribe con **z** o **c** el sonido /s/.

- seguirás desarrollando tu vocabulario con nuevas palabras que se escriben con esas letras.

- podrás entender el cuento de una pobre señora a la que le pasó una cosa inesperada en el día de su boda.

- demostrarás que has entendido el cuento contestando preguntas relacionadas con el mismo.

Tema y expresión

El tema: *Una tragedia familiar (La historia de mi tío Fidel)*

Lee con atención el siguiente relato.

Habla Gladys Suárez, la mamá de Marisela, la dominicana de Nueva York.

Mi hermano menor, Fidel Villavicencio, ha sufrido y está sufriendo tremendamente por culpa de unos mocosos borrachos y asesinos. Fidel tiene 33 años de edad y es—o fue—muy guapo, muy alegre y de muy buen corazón. En el pasado trabajaba de electricista en una fábrica y ganaba buen dinero. Fidel vino de joven a los Estados Unidos, mucho antes de que viniéramos mi esposo Julio, los niños y yo. Fidel sólo tenía 17 años cuando salió de la República Dominicana, y puesto que de inmediato se alistó en el ejército y lo mandaron a diferentes partes del país como a South Carolina y Oklahoma, pronto aprendió inglés y con el tiempo se hizo electricista. Como estuvo en el ejército, pudo hacerse ciudadano sin problemas. Y lo que es más, es el más blanco de nuestra familia, cosa útil en un país donde el color sigue siendo importante. Al salir del ejército, pues, tenía por delante un futuro magnífico y prometedor.

Pero ahora Fidel no tiene trabajo y vive de una póliza de seguros en el apartamento de papá Víctor y mamá Rosa, mis padres, que están jubilados. (Ellos llegaron a Nueva York unos siete años después que nosotros y viven en nuestro mismo edificio en la Avenida C, pero en otro piso.) De día Fidel apenas sale del apartamento. Caray, ¡apenas sale de su cuarto! Duerme hasta tarde o si está despierto, no se quiere levantar de la cama o si se levanta de la cama, no se baña ni se afeita ni se quita la pijama. Además, no ayuda a mamá a cuidar a sus propios hijos ni va de compras ni habla por teléfono ni nada. Viven con Fidel y mis padres dos de sus hijos; Rolando que tiene seis años y Ramón que tiene tres. Mamá, que ya tiene 62 años y no está bien de salud, está obligada a hacerles de madre a Rolandito y Ramoncito porque los pobres ya no la tienen. Hace dos años, cuando Marisela estaba por graduarse de la *high school,* la madre de Rolando y Ramón, Estrella Ramírez de Villavicencio, murió en un accidente de automóvil. Murieron también otros dos hijos suyos, mis sobrinos Kati, que entonces tenía seis años, y Miguelito, que tenía ocho.

¿Cómo sucedió el accidente? Era un día lunes de agosto—el día de descanso de Fidel—y hacía calor. Eran como las seis y media de la tarde y ya anochecía. La familia había pasado todo el día en la playa de Jones Beach, que está en Long Island, y ya regresaba en carro a Brooklyn, donde vivía en un apartamento que estaba localizado en un barrio muy bueno de la Avenida P. Fidel manejaba. Mi nieta Kati y mi nuera Estrella ocupaban el asiento de adelante. Los tres niños estaban atrás. Como Ramoncito todavía era muy chico, estaba atado a uno de esos asientos portabebés, lo cual, creo, le salvó la vida. Miguelito estaba sentado a su derecha y Rolandito, al lado izquierdo. Habían pasado el día nadando en el Atlántico, construyendo castillos de arena en la playa, jugando al volibol, comiendo todo lo que mi nuera Estrella había preparado (era muy buena cocinera, buenísima esposa y una madre magnífica además), y después echándose en la arena para descansar y "cogerse unos rayos", como dice la gente. Fidel manejaba hacia el norte en el Meadowbrook State Parkway rumbo a otra carretera que los iba a llevar a Brooklyn. Como era lunes, no había mucho tráfico. Fidel manejaba en el carril izquierdo de la autopista. Todos iban muy contentos cuando, de buenas a primeras, los alcanzó un camión grande que les dio violentamente por el lado derecho dos o tres veces. Según los informes médicos, Miguelito murió en el acto. En seguida Fidel perdió todo control de su carro, que empezó a dar vueltas. El chofer del camión lanzó de la cabina una botella de ron y varias maldiciones de las mas feas. Rieron y gritaron de gusto los otros tres o cuatro "hijos del diablo" que iban en la cabina del camión. (De todo esto se acordó Fidel al despertarse, ocho horas después en el hospital.) Después de la segunda vuelta el carro se paró, pero empezó a arder. Fidel ya se había desmayado. Los demás aún estaban conscientes, pero muy seriamente heridos. Sobre todo Estrella que, como estaba sentada junto a una de las portezuelas del lado derecho, recibió directamente un golpazo recio.

Fue el incendio lo que le llamó la atención a la gente. En seguida alguien marcó 911 y sólo tardaron diez minutos en venir los bomberos, las ambulancias y la policía. Pero para entonces el único que no había perdido la consciencia debido al derrame de sangre o a los golpazos fue el nene Ramoncito, el que tan fuertemente estaba atado a su portabebés. A duras penas pudieron sacar a todos antes de que el carro se hiciera pedazos por la explosión final que produjo el incendio. Antes de desmayarse por última vez, Estrella tuvo la desgracia de ver muertos a dos de sus hijos: Miguelito y Kati, quien murió en sus brazos. Dicen que Estrella murió en la ambulancia, camino al hospital. Pudieron salvarles la vida a Fidel y a sus hijos Rolandito y Ramoncito, quienes estuvieron tres semanas en el hospital recuperándose de los golpazos, de las heridas y, en el caso de Fidel, de los efectos del incendio. A los asesinos borrachos esos nunca los pudieron localizar ni mucho menos arrestar, juzgar y meter a la cárcel de por vida. Es como si el gran camión hubiera desaparecido de la faz de la tierra. Fue el típico accidente *hit-and-run,* o sea en el que el conductor atropella y se da a la fuga. Yo creo que Fidel nunca se recuperará del recuerdo del accidente y la consciencia de todo lo que perdió.

La expresión

Actividad 7.1   Preguntas sobre El tema. Contesta a las preguntas siguientes.

1. ¿Cómo era Fidel "en sus buenos tiempos"?
2. ¿Cómo es Fidel ahora?
3. ¿Por qué viven Fidel, Rolando y Ramón con los abuelos y no en una casa propia?
4. ¿Cómo era Estrella Ramírez de Villavicencio, la esposa de Fidel?
5. ¿Dónde y cómo habían pasado el lunes los Villavicencio?
6. ¿Quiénes murieron y cómo? (Cuéntanos del accidente con tus propias palabras.)
7. ¿Quiénes fueron los responsables del accidente? ¿Cómo andaban?
8. ¿Por qué no los arrestaron?
9. ¿Qué fue lo último que vio Estrella antes de morir?
10. ¿Cómo se dice *hit-and-run accident* en español?

✔ *En el Cuaderno C7.1 se halla la actividad que corresponde a las secciones anteriores.*

Léxico y expansión

La letra *z*: ¿con qué frecuencia se usa?

En el español hispanoamericano, dos de cada tres palabras que se pronuncian con el sonido /s/, se escriben con la letra **s**. Un 22 por ciento de esas palabras se escribe con la letra **c**. Sólo un 11.50 por ciento se escribe con la letra **z** para representar el sonido /s/.

Primera lista de palabras con **z**: las palabras que terminan en **z**

			Notas léxicas
actriz	lápiz	pez	
arroz	luz	raíz	[1] falta o carencia de algo
cruz	maíz	tez[4]	[2] bárbaro, fiero
escasez[1]	matiz[3]	vejez[5]	[3] gradación que puede tomar un color, un sonido, etc.
estupidez	nariz	veloz[6]	[4] piel de la cara, cutis
feliz	niñez	vez[7]	[5] edad avanzada
feroz[2]	nuez	voz	[6] rápido
juez	paz		[7] número equis de ocurrencias, ocasión; cf. *ves,* de *ver*

La **z** final se cambia a **c** cuando la palabra se pluraliza.

singular	plural
actriz	actrices
cruz	cruces
feliz	felices
juez	jueces
lápiz	lápices
luz	luces
pez	peces
raíz	raíces

✔ *En el Cuaderno C7.2, C7.3, C7.4 y C7.5 se hallan las actividades que corresponden a las secciones anteriores.*

Segunda lista de palabras con **z**: verbos que terminan en -**zar**

alcanzar	deslizar	paralizar[7]	Notas léxicas
almorzar	destrozar	pluralizar	[1] comunicar que se quiere hacer un mal a otro
amenazar[1]	disfrazar	realizar[8]	[2] dar permiso a/para
analizar	empezar	rechazar	[3] describir con precisión
autorizar[2]	enlazar	reemplazar[9]	[4] ir detrás de los animales en el monte para matarlos (cf. *casar* 'unir en matrimonio')
bautizar	familiarizar[5]	rezar	[5] acostumbrar, dar a conocer
bostezar	forzar	tranquilizar	[6] asegurar, responder de una cosa
caracterizar[3]	garantizar[6]	tropezar	[7] causar falta de movimiento
cazar[4]	gozar	utilizar	[8] llevar a cabo algo
civilizar	lanzar		[9] quitar y substituir
comenzar	memorizar		
cruzar	organizar		Examen

No es lo mismo ver llover que estar en el aguacero   **83**

La **z** se convierte en **c** si la letra siguiente es **e** o **i**.

Hay 650 verbos que terminan en **-zar**. Los de la segunda lista de este libro de texto son apenas una pequeña muestra de ellos. Cuando estos verbos se conjugan en diferentes tiempos, hay que convertir la **z** en **c** si la letra que la sigue es **e** o **i**. Siguen varios ejemplos del verbo *empezar*.

con **z**:	*empiezo*	con **c**:	*empiece*
	empiezas		*empieces*
	empieza		*empiece*
	empezamos		*empecemos*
	empiezan		*empiecen*
con **c**:	*empecé*	otra vez:	*empezó*
con **z**	*empezaste*		*empezamos*
			empezaron

✔ *En el Cuaderno C7.6, C7.7 y C7.8 se hallan las actividades que corresponden a las secciones anteriores.*

Tercera lista de palabras con **z**

Los siguientes infinitivos verbales no se escriben con **z**. Sin embargo, algunas de sus conjugaciones se escriben con **z**. En todo verbo cuyo infinitivo termina en **-cer**, la **c** se cambia a **z** frente a cualquier letra que no sea **e** o **i**. Examinemos los ejemplos que nos brinda el verbo *conocer*.

con **z**: *conozco*		
con **c**: *conoces*	*conocemos*	
conoce	*conocen*	

con **z**: *conozca*	*conozcamos*
conozcas	*conozcan*
conozca	

Todos los verbos siguientes se comportan como *conocer*:

acontecer[1]	desconocer	florecer[10]	**Notas léxicas**
agradecer[2]	engrandecer[5]	ofrecer	[1] suceder, ocurrir · [6] poner, crear
carecer[3]	establecer[6]	parecer	[2] dar placer y gracias · [7] temblar
compadecer[4]	estremecer[7]	permanecer[11]	[8] morir
conocer	fallecer[8]	pertenecer	[3] no tener · [9] preferir
desaparecer	favorecer[9]	reconocer	[4] tener lástima · [10] dar flores
			[5] hacer más grande · [11] quedarse

✔ *En el Cuaderno C7.9 se halla la actividad que corresponde a la sección anterior.*

Cuarta lista de palabras con z

			Notas léxicas
alianza[1]	confianza	fronterizo[14]	[1] unión, confederación
amenaza[2]	corazón	fuerza	[2] intimidación, acto de atemorizar a alguien
arzobispo[3]	danza	gozo[15]	[3] en la iglesia católica, el titular de una archidiócesis
asustadizo[4]	delicadeza[8]	grandeza[16]	[4] que se asusta fácilmente
azteca[5]	dulzura[9]	horizonte	[5] de la nación indígena que gobernaba México
azúcar	dureza[10]	impureza[17]	[6] lugar en donde se echan las cartas para enviarlas
azul	embarazada	izquierda	[7] vivienda pobre y malconstruida
brazo	embarazo	izquierdo	[8] fineza, mucha cortesía
buzón[6]	enseñanza	juzgar	[9] condición de ser dulce
cabeza	esfuerzo	lazo	[10] condición de ser duro
capaz	esperanza	lechuza[18]	[11] condición de faltarle a alguien fuerzas
chorizo	flaqueza[11]	limpieza	[12] fuerte, edificio destinado a resistir ataques
choza[7]	fortaleza[12]		[13] necesariamente
comienzo	forzosamente[13]		[14] de una frontera política
			[15] placer, gusto
			[16] condición de ser grande
			[17] falta de pureza
			[18] búho, tecolote

✔ *En el Cuaderno C7.10, C7.11, C7.12 y C7.13 se hallan las actividades que corresponden a la sección anterior.*

Quinta lista de palabras con z

			Notas léxicas
madurez[1]	pizarra	riqueza	[1] cualidad de estar listo para recogerse; edad adulta
manzana	pizarrón	taza	[2] mezcla de indio y europeo
mestizo[2]	plaza	timidez[9]	[3] que se olvida fácilmente (referido a una persona)
mezcla	pobreza	tiza[10]	[4] (de animales; el del ser humano se llama *cuello*)
mezclar	pozo	torpeza[11]	[5] cualidad de ser puro
naturaleza	pureza[5]	tristeza	[6] facultad intelectual; inteligencia
noviazgo	quizá	trozo[12]	[7] usar la razón
olvidadizo[3]	quizás	vergonzoso	[8] falta de aceptación
panza	rapidez	vergüenza	[9] cualidad de ser tímido y miedoso
pedazo	raza	zanahoria	[10] gis
pereza	razón[6]	zapatero	[11] cualidad de ser tonto, incapaz, tosco
perezoso	razonamiento	zapato	[12] pedazo
pescuezo[4]	razonar[7]	zona	
pieza	rechazo[8]		

✔ *En el Cuaderno C7.14, C7.15 y C7.16 se hallan las actividades que corresponden a la sección anterior.*

No es lo mismo ver llover que estar en el aguacero **85**

Texto y comprensión
Raquel Banda Farfán, *La cita*

Actividad 7.2   Preguntas preliminares para contestarse en voz alta y por escrito.

1. ¿Por qué es tan importante (como opinan muchos) que la mujer se case y que no se quede "solterona"? ¿Qué hay de malo en no casarse? ¿Qué hay de bueno?

2. ¿Cuáles son las desventajas de no saber leer (de ser analfabeto)? ¿Acaso hay ventajas?

3. ¿Cómo reacciona la gente del campo ante las desgracias de la vida? ¿Son diferentes las reacciones de ellos a las de la gente de la ciudad? ¿Quiénes son más fatalistas? ¿Y más optimistas?

4. ¿Cuáles son las desventajas de vivir muy campo adentro y aislado de toda civilización? ¿Cuáles son las ventajas?

El texto

Lee con atención el siguiente cuento.   " La chona "

La cita

"Aprisa, aprisa", se decía la Chona. "Luisita no tarda en regar la noticia por todo el rancho." Caminaba presurosa[1] bajo el sol quemante que abrasaba[2] el aire seco. El polvo se le iba metiendo en los zapatos, pero no podía detenerse; en el rancho comenzaría a hervir el escándalo. Luisita debía estar repitiendo a todo el mundo: "La Chona no sabe las letras y me dio su carta a leer. El hombre ese la mandó llamar ... "

La Chona se limpió el sudor de la cara; el sol se le había adelantado por el camino y los rayos le daban de frente. La maleta[3] pesaba más a cada paso, pero no podía tirarla en el monte; necesitaba la ropa para lucirla cuando estuviera con Anselmo. Recordó a su novio tal como había llegado dos meses atrás, para visitar al molinero. Era un mocetón[4] fuerte y guapo. Se habían enamorado, y cuando él partió, tres semanas más tarde, le dijo: "Volveré por ti, Chona, y nos casaremos." No había regresado, pero la carta que mandó valía lo mismo. La Chona recordó la cara que puso Luisita al leer aquellas líneas: "Te estaré esperando en la estación de Mendoza el día 4 en la madrugada." "Si no me creyeran todos una quedada,[5] tal vez no haría esto", pensó la Chona. "Tengo ya treinta y cinco años; pero Anselmo me quiere y yo lo quiero a él; ya se callarán los chismes cuando vengamos casados, a visitar al molinero."

Notas léxicas

[1] con prisa   [2] quemaba   [3] equipaje   [4] muchacho joven   [5] mujer que nadie quiso para esposa

Pardeando la tarde[6] llegó a la estación. Con una punta del rebozo[7] se enjugó la cara y luego entró a la sala de espera. No tardaría en pasar "el tren de abajo". Sentada en una banca, miraba las cosas que ocurrían en torno:[8] pero el balanceo[9] constante de sus pies y el continuo limpiarse la cara con el rebozo indicaban su nerviosidad. Un hombre gordo y sucio reía a carcajadas y junto a él una viejita harapienta[10] dormitaba. Paseando de un lado a otro de la sala, andaba un perro sarnoso.[11] Se detenía frente a las gentes que comían algo y no reanudaba[12] su marcha hasta perder la esperanza de participar en el condumio.[13] Luego, llegaron unas señoras elegantes y la Chona fijó en ellas su atención. No cesó[14] de observarlas hasta que se oyó silbar el tren de abajo y la sala se alborotó con un ir y venir de cargadores. La gente se aglomeró[15] en las taquillas[16] y los vendedores se precipitaron[17] al andén.[18]

La Chona no quería correr el riesgo[19] de quedarse sin lugar; corrió a subirse, y antes de que el pasaje[20] hubiera acabado de bajar, ya ella estaba en un buen asiento. Cuando el auditor[21] le pidió el boleto, la Chona sacó del seno un pañuelo donde anudaba el dinero: unos cuantos pesos que había juntado vendiendo los huevos de sus gallinas. "Voy a la estación de Mendoza", dijo.

Llegó en la madrugada.[22] Una lluvia fina la envolvió en su frialdad al bajarse del tren. No había más que dos hombres en la sala de espera. "No han visto a un señor ... a un muchacho güero[23] por aquí?", les interrogó. "No hemos visto a nadie", dijo fríamente uno de ellos. "Tenemos aquí dos horas y no ha llegado nadie más." "Bueno, voy a esperar", suspiró ella, y sentóse en la banca de enfrente.

En toda la noche no había pegado los ojos y comenzaba a darle sueño. Pasó un rato cabeceando hasta que la sala se llenó con el ruido del día. Entonces perdió la esperanza y salió a preguntar por dónde quedaba el camino a Santa Lucía Tampalatín. Seguía lloviendo. La Chona caminaba entre el pinar[24] bamboleándose[25] sobre el suelo resbaladizo y empapado.[26] De vez en cuando deteníase bajo la lluvia, y abrazada de un pino tomaba aliento[27] para seguir adelante. Habría caminado unas dos horas, cuando la cabaña apareció de pronto en un claro de la sierra.

"¿Vive aquí un señor que se llama Anselmo Hernández?", preguntó al viejo que le abrió la puerta. "Sí, aquí vive. Es mi hijo." La pobre se cortó tanto, que estuvo a punto de echarse a llorar. "Dígale que aquí está Chona ... él me mandó una carta."

---

[6] al oscurecerse   [7] manto, chal que se pone alrededor de la cabeza y la espalda   [8] alrededor

[9] movimiento   [10] muy pobremente vestida   [11] enfermo de la piel   [12] comenzaba otra vez   [13] comida

[14] paró, dejó   [15] amontonó   [16] donde se venden boletos   [17] caminaron rápidamente   [18] acera a lo largo de la vía del tren   [19] peligro   [20] los pasajeros   [21] el conductor   [22] amanecer, muy temprano

[23] rubio   [24] lugar con muchos pinos   [25] caminando inestablemente, casi por caerse   [26] muy mojado

[27] se animaba otra vez

El viejo la condujo[28] a la cama de un enfermo. Anselmo estaba grave. "Recibí una carta", dijo ella. "Sí, te mandé decir que te esperaba en la estación, estaba bueno y sano, pero me agarró la enfermedad."

La Chona pasó la noche acurrucada[29] en la cocina. En la madrugada la despertó el viejo, que deseaba un poco de café. "Me voy al pueblo", le dijo. "Voy a trai[30] al padrecito." El padre de Anselmo volvió pronto con el cura.

Después de haber recibido los auxilios, el enfermo pidió que lo casaran con la Chona, y así, en la soledad de la sierra, en una ceremonia triste y oscura, la solterona se convirtió en esposa. La tarde de ese mismo día quedó viuda. Mientras avanzaba por el pinar, de vuelta a la estación, la Chona lloraba amargamente. ¿Quién la creería en su rancho, cuando dijera que se había casado?

[28] llevó   [29] encogida, hecha rollo   [30] pronunciación popular de *traer*

✔ *En el Cuaderno C7.17, C7.18, C7.19, C7.20 y C7.21 se hallan las actividades (La comprensión) que corresponden a las secciones anteriores.*

Casada, Viuda, Virgen = Chona

Capítulo 8

Bien está lo que bien acaba

Objetivos

En este capítulo...

- aprenderás a hablar de la delincuencia.

- lograrás expresarte con respecto a varios problemas sociales de la actualidad.

- dominarás el uso de la letra **x**.

- aprenderás a emplear la letra **h**.

- enriquecerás tu vocabulario estudiando palabras que se escriben con estas dos letras.

- podrás comprender un cuento basado en una vieja leyenda de Nuevo México.

- aprenderás a analizar este cuento a fondo a fin de entenderlo mejor.

Tema y expresión

El tema: *Nosotros nos cambiamos*

Lee con atención la siguiente historia.

Luis Gabriel González (el padre de Fernando) nos habla de qué fue lo que motivó a su familia a cambiarse de un barrio a otro.

Yo en lo personal no he tenido experiencias directas como criminal, es decir, nunca he sido ladrón ni asesino, nunca he asaltado a nadie, nunca me han metido en la cárcel y aparte de las típicas peleas de cuando era niño y adolescente, soy más bien una persona pacífica y no me meto con la gente. Pero la razón principal por la que yo, mi esposa María Elena y nuestros hijos nos cambiamos del barrio donde vivíamos al barrio donde ahora estamos es muy sencilla: en el barrio antiguo había mucha delincuencia, y ya nos traía. Y aunque el cambio nos costó un ojo de la cara y la mitad del otro, creo que hicimos bien al cambiarnos, porque mi hermano Chuy sigue con su familia en ese barrio y dice que, desde que nos cambiamos hace nueve años, las cosas han ido de mal en peor.

Todo lo verdaderamente malo, creo yo, se debe a las drogas. En el barrio antiguo siempre había habido pandillas o *gangs* que les dicen, pero más bien se dedicaban a pelear para ver cuál era la más fuerte; eran peleas medio inocentes en las que sólo se moría uno muy de vez en cuando, y eso a causa de navajazos y no de balazos. Todos nos decíamos: pues ésos son jóvenes, les sobra energía, déjelos que se peleen porque así se van a desgastar, ya no molestarán más y con el tiempo se les quitará. Y a veces robaban alguna que otra cosita o tiraban piedras y rompían ventanas pero todos decíamos que eso no tenía ninguna importancia.x

Pero cuando llegaron las drogas ya era otra cosa. Claro, cuando hablo de drogas no me refiero a las drogas de todos los días como la marihuana, sino a otras mucho más fuertes como el LSD, la cocaína, la heroína, el ácido, el crac y así sucesivamente. En aquellos tiempos uno siempre sabía adónde ir para conseguir heroína, pero esa droga sólo la usaban los más bohemios del barrio, y todos sabíamos quiénes eran y les teníamos mucha lástima pero los protegíamos de todos modos porque no queríamos que la policía se metiera en nuestras vidas. Bueno, en el barrio empezaron a venderse drogas fuertes hacia los años setenta cuando María Elena y yo nos acabábamos de casar y vivíamos en una casita al lado de la de mis padres. Como no era legal la venta de drogas, pronto se hicieron cargo de ella las pandillas porque ya tenían su organización. Pero las drogas no venían del barrio sino de afuera. De ahí nacieron las broncas, porque no se trataba de una sola pandilla de sino varias, y todas querían controlarlo todo. Los que venían al barrio a comprar drogas eran chicos ricos. De un año a otro se convirtieron las calles pintorescas y tranquilas de nuestro barrio en zonas de combate. Ya todo cambió. Por ejemplo, ya no podías salir de noche, ni siquiera quedarte sentado en el porche de tu casa, porque corrías el riesgo de que te matara un balazo de alguna pandilla o de la misma policía. Lo que había bastante y lo que, según mi hermano, ahora ocurre con más frecuencia son los *drive-by shootings,* cuando desde sus carros los matones tirotean a la gente que está sentada en los porches o aún dentro de las casas.

Otro delito que antes casi no se veía y que ahora se ve mucho son los atracos, o sea *muggings.* Antes el barrio era como un pequeño pueblo o hasta rancho en el que todo el mundo se conocía o por lo menos se reconocía; todos sabíamos quién era quién. Ahora no. Hay mucha gente nueva que parece ser más pobre que las mismas ratas y casi no tiene vergüenza; no vacilan en atracarte si creen que llevas encima algo de valor como dinero, un reloj, una cadena de oro, o cualquier prenda de vestir que les apetezca como tus tenis, tu chamarra y hasta tu "lisa" (camisa), como dicen. Antes cualquier señora grande podía irse adonde ella quería sin temor a que la robaran, pero hoy en día, ¡olvídese! Ahora tienen que acompañarla varios miembros de la familia y con preferencia el esposo y los hijos varones.x

Pero lo peor de todo—lo que a mí en particular me impulsó a que nos cambiáramos de barrio hace nueve años—fue lo que hacían y aún hacen las pandillas con los niños y en particular con los hijos varones. Los reclutan; no, los *obligan* a incorporarse a la pandilla. Tienes que hacer parte de una pandilla u otra porque si no, no tienes protección. Uds. se habrán dado cuenta de que hace nueve años mi hijo Fernando, que es el mayor de mis cinco hijos, tenía once años. Pues para los once ya tienes que ser de una pandilla u otra sin salvación. Fernando siempre ha sido un chico bueno: muy obediente, muy inteligente, muy aplicado en sus estudios. Pero a pura fuerza de vivir en ese barrio ya había empezado a asociarse a una pandilla— mejor dicho ya andaba con pandilleros de una pandilla en particular—y yo no quería eso.

Desde hacía mucho yo tenía en mente lo de cambiarnos a un barrio mejorcito, así que ya tenía ahorrado algún dinero. Nos cambiamos en julio, un mes antes de que Fernando hubiera entrado en el sexto año de primaria que es donde todo empieza. Yo sé lo que les estoy diciendo por lo que le pasó a uno de los hijos de mi hermano Chuy, quien también pensaba en cambiarse de barrio pero a la hora de la hora no lo hizo por razones sentimentales ("Éste es mi barrio, aquí vive mi gente y no hay quien me saque", decía). A su hijo que tenía la misma edad que Fernando, lo mataron hace tres años cuando andaba en carro con sus compas de la pandilla. Armando—así se llamaba mi sobrino—tenía diecisiete años en aquel entonces. Se hubiera graduado ese mismo año, pero como se salió de la escuela a los dieciséis, no lo hubiera hecho de todos modos. Cuando abandonó la escuela se consiguió una chambita que había por ahí, pero a las diez semanas lo despidieron por narco. Luego se robó un carro, lo agarró la policía, pasó algún tiempo en la cárcel, y salió de ahí para ser recibido con los brazos abiertos por sus cuates de la pandilla ...

La expresión

Actividad 8.1   Preguntas sobre El tema.   Contesta las preguntas siguientes.

1. ¿Por qué se cambiaron de barrio los González?
2. ¿Qué dice el tío Chuy del estado actual de su barrio?
3. ¿Cómo eran las pandillas del antiguo barrio de hace muchos años? ¿Qué hacían y a qué se limitaban?
4. ¿A qué se debe "lo verdaderamente malo" del antiguo barrio, según el Sr. González? (Es decir, ¿cuál es la causa fundamental de todo?)
5. ¿Qué distinción hace el Sr. González entre unas drogas y otras?
6. ¿Quiénes eran los que mayormente iban al antiguo barrio a comprar drogas, según el Sr. González? ¿Por qué lo hacían?
7. ¿Por qué hay tantos atracos en el antiguo barrio hoy en día, según el Sr. González?
8. ¿Qué es lo que al Sr. González le impulsó "en particular" a que se cambiara de barrio hace nueve años?
9. ¿Qué le pasa a la gente joven en el antiguo barrio, si no hacen parte de una pandilla u otra?
10. ¿Qué le pasó a Armando, el sobrino del Sr. González, hace varios años?

✔ *En el Cuaderno C8.1 se halla la actividad que corresponde a las secciones anteriores.*

Léxico y expansión

La letra x

La letra **x** tiene dos pronunciaciones según la posición en la que se encuentre en la palabra. Entre vocales o ante **ce** o **ci**, la **x** se pronuncia /ks/ siempre. Por ejemplo:

aproximado   aproximar   auxilio   conexión   crucifixión   exacto   éxito
excelencia   excelente   excepción   excesivo   exceso   excitante   excitar

Ante cualquier consonante que no suene /s/, la **x** debe pronunciarse /s/ como en las siguientes palabras.

exclusivo   expansión   experiencia   explotar   exterior   externo   extra

Por razones históricas, la **x** se pronuncia como si fuera **j** en estas palabras y en muchos nombres de lugar de origen indígena.

México   mexicano   Mexicali   Mexiquito   Xavier   Oaxaca

Primera lista de palabras con **x**

aproximar	exclamar	exploración	**Notas léxicas**
auxilio[1]	exclamación	máximo[8]	[1] ayuda, socorro
conexión[2]	exigencia	reflexión[9]	[2] enlace, algo que está conectado
crucifixión	exigir[5]	sexo	[3] precisión
exactitud[3]	éxito	sexual	[4] celebrar mucho; glorificar
exacto		sexualidad	[5] reclamar; pedir por la fuerza
exageración	existencia		[6] raro, singular
exagerar	existente		[7] sacar utilidad de algo, a veces de un modo abusivo
exaltación	existir		[8] muy grande, mayor
exaltar[4]	exótico[6]		[9] acción de reflejar; examen detenido
examen	explotar[7]		
examinar	experiencia		
	experimentar		
	explicar		

✔ *En el Cuaderno C8.2, C8.3 y C8.4 se hallan las actividades que corresponden a la sección anterior.*

		Notas léxicas
excelencia	extenso[4]	[1] poner a la vista; poner en peligro
excelente		[2] manifestar pensamientos por medio de la
excepcional	exterior	palabra; decir
	externo	[3] echar fuera, despedir
exceder		[4] gran distancia, superficie o dimensión
excesivo	extinguir[5]	[5] apagar
exceso	extranjero	[6] cosa extraña, rareza, asombro
excitante	extrañar	
excitar	extrañeza[6]	
exponer[1]	extraño	
expresar[2]	extraordinario	
expresivo	extravagante	
expreso		
expulsar[3]	extremo	
exquisito	sexto	
extender	texto	

✔ *En el Cuaderno C8.5, C8.6, C8.7 y C8.8 se hallan las actividades que corresponden a la sección anterior.*

La letra *h*

Es difícil saber cuándo hay que poner la **h** *(la hache)* porque esta letra no tiene sonido; es muda. Así que en español una palabra como *hábito* se pronuncia /á-bi-to/ mientras que en su cognado inglés *habit* sí suena la "h": /hǽ-bɪt/.

El español tiene unas 75 familias de palabras de uso frecuente que se escriben con **h**. De estas 75 familias, 25 tienen una **h** fácil de recordar porque sus cognados o equivalentes ingleses también se escriben con **h**. La pareja bilingüe *hábito / habit* es un buen ejemplo de este fenómeno. Otros ejemplos son *héroe / hero* e *himno / hymn*.

A continuación sigue una lista de las palabras en español con **h** que tienen equivalentes o cognados en inglés que también se escriben con h:

Primera lista: **h** en español, **h** en inglés

ESPAÑOL	INGLÉS	ESPAÑOL	INGLÉS	ESPAÑOL	INGLÉS
exhalar	exhale	historia	history	humanidad	humanity
		historiador	historian	humano	human
habitación	habitation	histórico	historic		
habitante	inhabitant			húmedo	humid
habitar	inhabit	Holanda	Holland		
		holandés		humildad	humility
hábito	habit			humilde	humble
habitual	habitual	honesto	honest		
				humor	humor
hacienda	hacienda	honor	honor	humorístico	humorous
		honra			
hambre	hunger	honrado		prohibir	prohibit
		honrar		prohibición	prohibition
heredar	inherit				
heredero	heir	horizonte	horizon	vehículo	vehicle
herencia	inheritance				
		horrible	horrible		
héroe	hero	horror	horror		
heroísmo	heroism				
heroico	heroic	hospital	hospital		
himno	hymn	hostil	hostile		
		hostilidad	hostility		
hipótesis	hypothesis				
		hotel	hotel		
hispánico	Hispanic				

A continuación se presenta la lista de las palabras en español escritas con **h** que **no** tienen cognados ingleses que se escriben con **h**. Hay que estudiar y aprender de memoria la ortografía de estas palabras. Aquí no ayuda un conocimiento del inglés.

Segunda lista: **h** en español solamente

ahí[1]	Notas léxicas
ahogar[2]	[1] allí (lejos de uno)
ahora	
ahorita	[2] quitarle la vida a alguien sofocándolo

Continúase

ahorrar

almohada

anhelo[3]
anhelar

bahía

haber[4]

habilidad[5]

hábil[6]

hablar

hacer[7]
hacía

hacia[8]

hallar[9]

harto

hasta[10]

hay[11]

allí[12]

hazaña[13]

hecho[14]

helar[15]

hembra[16]

herida
herir[17]
herido

hermano
hermana

hermoso
hermosura[18]

herramienta[19]

Notas léxicas

[3] deseo

[4] (denota existencia, ocurrencia; cf. *ver* 'percibir con la vista')

[5] talento y destreza que tiene uno para determinadas cosas

[6] talentoso

[7] crear, construir, lograr (*to do, to make* en inglés)

[8] preposición que significa 'rumbo a, destino a' y también 'alrededor de, a eso de'

[9] encontrar

[10] preposición que expresa el término o el fin de una cosa; conjunción o adverbio que expresa inclusividad. Ejemplos: "Van a viajar hasta Cancún"; "Me abrazó llorando y hasta me besó tres veces en la boca."

[11] (viene del verbo *haber*:) "Para Fernando nunca hay demasiada comida en la mesa." La palabra *hay* es verbo y no debe confundirse con los adverbios *ahí* o *allí* que denotan algo que está lejos de uno

[12] adverbio de lugar que denota algo lejos de uno

[13] hecho ilustre, proeza, heroicidad

[14] creado, construido, logrado: "No has hecho nada en todo el día." (No debe confundirse con *echo* 'tirado, lanzado', del verbo *echar*.)

[15] congelar

[16] mujer

[17] lastimar

[18] calidad de ser hermoso

[19] instrumento de hierro o acero con que trabajan los obreros

Continúase

	Notas léxicas
hielo	[20] casa, vivienda
hierba	[21] saludo afectuoso; cf. *ola* 'onda de agua'
hierro	[22] parte superior del tronco humano, de donde nace el brazo
hijo	
hija	[23] profundo; cf. *onda*, que significa 'ondulación, sinuosidad'
hilo	
hogar[20]	[24] sesenta minutos
hoja	[25] al rato; al instante
hola[21]	[26] alejarse rápidamente para escapar
hombre	[27] sumir, meter en lo hondo
hombro[22]	
hondo/honda[23]	
hora[24]	
horita[25]	
hoy	
hueco	
huella	
huerta	
hueso	
huésped	
huevo	
huir[26]	
humo	
hundido	
hundimiento	
hundir[27]	

✔ En el Cuaderno C8.9, C8.10, C8.11, C8.12, C8.13, C8.14, C8.15, C8.16 y C8.17 se hallan las actividades que corresponden a las secciones anteriores.

Texto y comprensión

Ramiro R. Rea, *Fernando Estrella*

El maestro Rea es profesor de lengua y literaturas hispánicas en la University of Texas-Pan American (Edinburg), en el Valle del Río Grande en el extremo sur del estado de Tejas. Ha publicado muchos cuentos y ensayos en diferentes revistas. La siguiente historia está escrita en forma de leyenda popular. Se supone que toma lugar en el montañoso norte del estado de Nuevo México, a unas 40 millas de Santa Fe.

Actividad 8.2   Contesta estas preguntas preliminares.

1. ¿Tenemos nosotros el derecho de matar a la gente? ¿A veces tenemos el **deber** de matar a la gente? Explica tu punto de vista. ¿Quién debe decidir?

2. ¿Conoces a alguien que haya asesinado a otra persona? ¿Conocías a alguna víctima de un asesinato? ¿Qué pasó y cómo se resolvió la situación?

3. ¿Por qué hay personas que siempre se salen con la suya? ¿Por qué hay gente que nunca consigue lo que quiere por mucho que se esfuerce?

4. Durante miles de años la gente ha admirado y hasta idolatrado a sus reyes, dictadores y demás tiranos. ¿De dónde nace ese deseo de que nos controlen los más poderosos?

5. Sin embargo, y a pesar de todo, al fin llega el momento de la rebelión contra el tirano dictador. ¿Qué es lo que tiene que pasar primero para que nos pongamos de pie a gritar: "¡Basta ya! ¡Ya no aguantamos más!"

El texto

Lee con atención el siguiente cuento.

Fernando Estrella

—Oiga compadre, ahora sí que lo creo. Jamás creí en el día del juicio pero con lo que pasó, ahora sí que lo creo. Pues quién iba a pensar que Fernando Estrella sería justiciado.[1]

Notas léxicas
[1] moriría ejecutado por una persona vengativa que buscaba justicia

Y mucho menos como sucedió, porque la verdad es que por estas tierras surcadas por sangre, Fernando Estrella era un gallito muy bravo. Era un gallito sin tregua. Por eso todos le tenían miedo. Hasta los muy machos, le sacaban la vuelta, lo respetaban, o a lo menos a su puntería, que para eso sí que tenía fama. ¿Se acuerda, compadre? Cada año en las ferias de la región, barría con los premios. Y en cada feria dejaba difunto. Siempre lo mismo, comenzaba con el tiro al blanco y luego uno de ésos que no le gusta perder le pedía el desquite.[2] Aumentaban las apuestas, terminaban haciéndose de palabras y al final de cuentas lo mandaba derechito al cementerio. Él solito pobló los camposantos de nuestra región, sembró el terror en esta comarca.

Sí, Fernando Estrella había logrado aterrorizar toda la comarca. Y no porque fuera iracundo,[3] todo lo contrario. Pues era amable, cordial y campechano. Pero era como esos nubarrones que bajan de la sierra, que de un instante a otro se convierten de nubecilla a granizada. Así que todo mundo le temía, le respetaba, con la misma reverencia con que el hombre respeta a la muerte. Y eso era: en esta comarca, Fernando Estrella era la muerte. La muerte y a la misma vez, el colmo de la vida. Porque Fernando Estrella había venido a este mundo para vivir. Y ese gusto por la vida lo manifestaba en todas sus acciones; todo lo hacía a un grado superlativo.[4] Sí, así era, vivía con unas ganas eternas de probar todos los frutos que la vida brinda. Y hasta los ajenos porque para eso todo lo que tenía que decir era "lo quiero" con la mano en las cachas de la pistola, y todos se doblegaban.[5] Sin embargo, la gente no lo aborrecía, todo lo contrario, lo idolatraba.[6] Veían en él lo que ellos deseaban ser. Veían en él toda una manifestación de sus propios egoísmos, que deseaban desenfrenar, que deseaban saciar a sus antojos. Pero que sólo Fernando Estrella tenía la osadía[7] de llegar a ser. Y quizás por eso se doblegaban con resignación. Aceptaban el yugo del temor con la sabia aceptación de que en una comarca de hombres valientes no había un solo valiente que le hiciera frente a Fernando Estrella.

Y confiado en esta sabia aceptación, Fernando Estrella veía a la comarca como su propio jardín de las delicias, donde todos los frutos que la vida brinda estaban a su disposición.

Así un día, bajando de la serranía en su caballo ruano[8] rumbo a Chimayó,[9] pasó por los linderos[10] del rancho Chula Vista. Y desde una colina se puso a contemplar a la bella

---

[2] la satisfacción de lo que se cree ser un agravio (una mala jugada)   [3] enojadizo, de mal genio   [4] muy grande en su línea; enorme, grandioso   [5] se daban, consentían, decían que sí   [6] adoraba   [7] audacia, atrevimiento   [8] que tenía el pelo mezclado de blanco, gris y bayo   [9] pueblo de la sierra del norte de Nuevo México, cerca de Santa Fe   [10] los límites, las orillas

Altagracia Jiménez, hija del dueño del rancho y maestra rural. Por un instante se le olvidó que iba rumbo a Chimayó. Por un instante se quedó absorto, escudriñando con la vista el primoroso cuerpo de la bella Altagracia. De repente movió la cabeza como queriendo sacudir de su mente un pensamiento y espoleó a su ruano. Camino a Chimayó, bullía en su mente un solo pensamiento, una sola visión, como si estuviera hechizado[11] por la singular belleza de Altagracia. Se paró a medio camino, se quitó el sombrero y alzó la vista para contemplar el sol del mediodía que ardía como él. De nuevo espoleó al ruano, dándole rienda para hacer la carrera más rápida, pero no rumbo a Chimayó sino al rancho Chula Vista.

Al oír el tropel[12] del caballo, salió de la casa del rancho el señor Jiménez, sólo para ser recibido por las descargas de las pistolas de Fernando Estrella. Luego salió el hermano de Altagracia y fue ultimado de la misma manera. Hizo relinchar a su ruano y estaba a punto de entrar a la casa del rancho con todo y caballo, cuando salió Altagracia, serena, tranquila, con una calma que desconcertó[13] a Fernando Estrella. Rompió el silencio diciendo: "Llévame contigo, Fernando, ya pa'qué me dejas. Ya mataste a mi padre, ya mataste a mi hermano, no me dejes, llévame contigo. ¿Qué me quedo haciendo aquí?"

Fernando Estrella se aproximó con su ruano y con un brazo subió a Altagracia y montada en ancas cabalgó hacia la sierra. Iba extasiado, lleno de contento porque una vez más se había salido con la suya. Su júbilo se mezcló con lujuria al sentir los senos ardientes y palpitantes de Altagracia que se abrazó de él mientras el ruano galopaba tendido,[14] a rienda suelta, como si el propio animal fuera cómplice de su éxtasis.

Tanta era la emoción que excitaba a Fernando Estrella que sentía su pecho arder y una tibia humedad que emanaba de su corazón a las piernas. Sus fuerzas flaquearon, y fue entonces que notó que iba bañado en sangre, que Altagracia le había clavado un puñal en el pecho y ahora trataba de sacarle el corazón con la mano.

Fue entonces cuando aquella gran figura varonil comenzó a desvanecerse.[15] Aquel hombre que tanto había aterrorizado la comarca, fue atenuándose[16] gradualmente. Le brotaron las lágrimas y entre llanto y ruegos, pedía la vida. "Suéltame Altagracia, no me mates. Por lo que más quieras, no me mates, suelta mi corazón. Te daré lo que tú quieras, la comarca, si la quieres, es tuya, pero suéltame. Mira que quiero vivir, suéltame por el amor de Dios. No me mates, Altagracia."

---

[11] embrujado   [12] ruido, movimiento rápido   [13] sorprendió, confundió   [14] arrojado y con rapidez
[15] flaquear   [16] perder fuerzas

Y Altagracia cabalgó abrazada de Fernando Estrella, con la mano clavada dentro de su pecho, aferrada a la idea de no soltarlo hasta arrancarle el corazón. Y así fue, no lo soltó hasta haberle arrancado el último palpitar de su corazón. Allí al pie de la sierra, Altagracia Jiménez justició aquel gallito tan bravo, aquel gallito sin tregua que fue Fernando Estrella.

✔ *En el Cuaderno C8.18, C8.19, C8.20, C8.21 y C8.22 (La comprensión) se hallan las actividades que corresponden a las secciones anteriores.*

Capítulo **9**

2/2
4 –12
DK1º

**Quien no se alaba,
de ruin se muere**

Objetivos

En este capítulo...

- te enterarás de cómo vencer muchos obstáculos en la vida.

- aprenderás a escribir sobre tus experiencias al vencer obstáculos.

- te familiarizarás con las consonantes **ll** e **y**, y con las palabras que las contienen.

- aumentarás tu vocabulario aprendiendo palabras que se escriben con **ll** e **y**.

- aprenderás la diferencia entre los contrastes **–ía**, **–illa** e **–ia**.

- aprenderás la diferencia entre los contrastes **–ío**, **–illo** e **–io**.

- te familiarizarás con los diminutivos **–illo**, **–ito** e **–ico**.

- podrás leer un espeluznante cuento que trata de un monstruo que entró y se sentó.

- escribirás una composición basada en tus experiencias con los monstruos.

Tema y expresión

El tema: *De trabajadora doméstica a directora de escuela*

Lee con atención el siguiente relato.

Habla Elvira Suárez, hermana de Julio Suárez y, por lo tanto, tía de Marisela.

Tengo 31 años y soy una de las tres hermanas menores de Julio, el padre de Marisela Suárez que estudia enfermería en el Hunter College. Y por muy increíble que les parezca a Uds., yo también he sido estudiante, y más que estudiante maestra, y más que maestra directora de escuela, que en inglés le dicen *principal*. Y todo esto después de tener sólo seis años de primaria de niña y un sin fin de trabajo de adolescente. Pero permítanme continuar.

Al igual que mi hermano Julio, soy de Oviedo, esa pequeña ciudad de la costa sur de la República Dominicana. A los seis años entré en primaria y de ahí salí recién cumplidos los doce porque papi insistió en que me fuera a la capital (a Santo Domingo) a trabajar. "Mira Elvira, somos muchos y somos pobres; la prima Ester nos acaba de escribir que necesitan a otra muchacha en la casa donde trabaja, y lo que ganes nos ayudará a comprar el terrenito. Además, ya estudiaste bastante, ya aprendiste bastante. Las mujeres no nacieron para hacerse profesionistas sobre todo si son pobres."

Así es que a los doce años me fui a Santo Domingo y empecé a trabajar en la casa de los Zúñiga con la prima Ester y tres señoras más. Pero ¡ay qué casa! El trabajar en ella era cosa de nunca acabar. Como la señora de Zúñiga era muy exigente, todo tenía que hacerse a la perfección porque si no, le quitaba dinero del salario. Y como yo era no sólo la más joven de las sirvientas sino también la que menos tiempo tenía en la casa, a mí me encargaban hacer lo peor de lo peor: lavar miles de platos, fregar kilómetros de pisos, planchar una mar de camisas, vestidos y pantalones y así hasta el cansancio. (Los Zúñiga eran ocho: la señora, el señor, una tía de la señora que no hacía sino quejarse de todo, y los cinco monstruos, que así llamaba yo a los mimadísimos y consentidísimos hijos de los señores, que siempre hacían todo lo posible por amargarnos la vida a mí y a Ester, Fanny, Lolita y Yolanda, mis compañeras de trabajo.) Y del salario ni hablar: lo mínimo posible, un 75 por ciento del cual se lo enviaba a papi.

Bueno, el tiempo pasaba y de la noche a la mañana yo ya tenía quince años. Ni hablar de quinceañeras: lo mío era otro día de trabajo nada más. Y lo peor del caso es que uno de los cinco monstruos, María Lourdes, la hija mayor de los Zúñiga, tenía exactamente los mismos años que yo y ella sí iba a tener su fiesta y su baile y todo lo demás. A nosotras cuatro nos tenían ocupadísimas las 24 horas del día en todos los preparativos para el evento. Por fin llegó el gran día. Había como trescientos invitados y la casa estaba hecha un torbellino: que si me planchas esto, que si me preparas lo otro, que si me arreglas lo de más allá. Y con tanta actividad no se dio cuenta nadie de lo que tenía en mente Juan Roberto, el hijo mayor de la casa y con sus 14 años el reyecito de la familia: muy guapito, muy apuestito y muy creído y arrogante. Iba yo por el pasillo que conducía de la cocina al comedor cuando de buenas a primeras se abrió una puerta y me agarró un par de manos. Fue el dichoso Juan Roberto, quien trató de echarse por encima de mí y tirarme para abajo. Dios mío, me dije, ésta es la quinceañera que me toca a mí: la tradicional violación de la sirvienta por el señorito de la casa; pero esta vez todo ocurrió con una diferencia: yo para nada me dejé, para nada quise dejarme embarazar, luché contra él con todas mis fuerzas (y yo siempre he sido una muchacha fuerte) y hasta logré darle una buena mordida en un brazo, creo, porque el condenado de Juan Roberto puso el grito en el cielo y de ahí se fue corriendo ... pero corriendo con el cuento a su lindo papacito, quien habló con la señora, quien a los dos días me despidió del trabajo y me echó de la casa con todo y ropa pero sin el sueldo de la última semana.

"¡Ay Dios mío!", me dije, "¿y ahora qué voy a hacer?" No pude regresar a Oviedo, donde papi y mami me esperaban con las carteras abiertas. (La prima Ester me prometió callar el suceso por una semana pero me advirtió que la muy chismosa de la Fanny tenía unos parientes que vivían cerca de Oviedo que sin duda empezarían pronto a soltar la lengua.) No conocía a nadie más en Santo Domingo. Me decidí, pues, a hacer lo que algunos dominicanos han hecho de vez en cuando: "brincar La Mona", es decir, cruzar extraoficialmente las 75 millas del Estrecho de La Mona que separa a nuestra isla de Puerto Rico, que es territorio asociado, o sea, *commonwealth* de los Estados Unidos y cuyos residentes son ciudadanos estadounidenses. Afortunadamente tenía unos ahorritos de los tres años que estuve trabajando para los Zúñiga, porque el pasaje extraoficial cuesta medio caro. Sin embargo, no pensé quedarme en Puerto Rico, donde hay desempleo: mi destino era Nueva York, pero si puedes pasar por puertorriqueño, te metes sin mucha dificultad en Estados Unidos y sobre todo si entras por Nueva York con su millón y cacho de residentes puertorriqueños. (Ahora que soy ciudadana de los Estados Unidos puedo revelar todo esto con pelos y señales; por mucho tiempo me lo callé.) Pero hay una cosa: los que me ayudaron a brincar La Mona me explicaron que los agentes del gobierno se mantienen en guardia contra todo pasajero "puertorriqueño" que no parezca serlo, así que pronto hice todo lo posible por aprender a hablar y vestirme como puertorriqueña y por aprender lo que pude de la historia, la geografía y las costumbres de la isla. Pude conseguir un trabajo cuidando a una ancianita enferma y eso me ayudó grandemente porque la señora aunque inválida estaba en sus cabales y le encantaba hablar.

Yo ya tenía 17 años y por fin llegó el gran día: me compré un pasaje y en cuatro horas arribé al aeropuerto Kennedy de Nueva York. Como yo ya "era" puertorriqueña, nadie me interrogó seriamente. Pasé la primera semana en el apartamentito de una amiga de una amiga y pronto conseguí—*you guessed it*—otro puesto de servicio doméstico. Y aquí es donde empecé a tener muchísima suerte, porque el matrimonio que me contrató era gente fina y muy decente. Era el típico matrimonio *yuppie*: el señor era agente de bolsa o sea *stockbroker*, la señora era abogada, tenían exactamente dos hijos y no pensaban tener ni uno más. Vivían en el Upper East Side de Manhattan allá por la calle 66, una maravilla de barrio con limusinas por todos lados y muchas tiendas de lujo y casas y condominios que valían más de un millón de dólares. La señora sabía algo de español y medio quería que yo se lo enseñara a sus hijos hablándoles únicamente en castellano. Yo en lo personal no tenía ningún inconveniente en hacerlo pero otra vez tuve suerte aunque en ese momento no lo sabía: los dos niños, ambos varones que tenían cuatro y seis años respectivamente, ya iban a la escuela y ya estaban impuestos a hablar inglés. Así que yo terminé aprovechándome de ellos y no vice versa: empecé a leer revistas y periódicos en inglés con la ayuda de un diccionario y al poco tiempo ya entendía y leía bastante inglés y empezaba a hablarlo algo, sobre todo porque era la única sirvienta de la casa y no había de esas Fanny, Lolita y Yolanda con quienes hablar en español. En cuatro años y medio—acababa de cumplir los 21—ya hablaba lo suficiente como para arreglármelas en tiendas y con visitas y hasta por teléfono. Y qué bueno que todo sucediera como sucedió, porque en ese entonces los señores se divorciaron, el señor se mudó a San Francisco, la señora se llevó a los hijos a la Florida, y otra vez yo estaba en la calle, pero esta vez con bastante dinero—los señores me pagaban bien—y con ganas de triunfar en otra cosa que no fuera el servicio doméstico.

Rápidamente hice dos cosas: (1) me casé con un americano homosexual que quería darles gusto a sus padres quienes exigían que "por fin se portara como un macho" (él era amigo de esa amiga de una amiga con la que pasé mi primera semana en Nueva York y con quien nunca había perdido contacto), así que yo ya tenía la ciudadanía asegurada si sabía guardar bien las apariencias matrimoniales (vivimos juntos por cinco años); y (2) me inscribí en un programa de G.E.D., o sea, Diploma de Educación General (equivalente al del *high school* de aquí). Obtuve mi G.E.D. y ya quería hacerme maestra. Me inscribí en una universidad y a los 26 años ya pude sacar el título. En seguidita conseguí trabajo en una escuela primaria del barrio Washington Heights de Manhattan, donde hay muchos dominicanos. De noche continué con mi educación para sacar el título de maestría en administración de escuelas, cosa que hice en dos años. Y el año pasado me nombraron directora de otra primaria del mismo Washington Heights. Por fin me divorcié de mi esposo—sus padres ya habían fallecido y él quería vivir con un amante—, me compré un apartamento y empecé a salir, porque yo sí quiero tener hijos y darles todas las cosas por las cuales yo he tenido que luchar tanto y casi siempre a solas. Nunca es tarde.

La expresión

Actividad 9.1   Preguntas sobre El tema.   Contesta las preguntas siguientes.

1. ¿Quién es Elvira Suárez y cuál es su parentesco con Marisela Suárez?
2. ¿Por qué Elvira no pasó de la primaria en su país?
3. ¿Cómo era la señora de Zúñiga? ¿Cuántos hijos tenía? ¿Cómo eran ellos?
4. ¿Qué pretendió hacerle Juan Roberto a Elvira? ¿Cómo reaccionó ella? ¿Qué le pasó por haber reaccionado así?
5. ¿Qué quiere decir 'brincar La Mona'? ¿Por qué decidió hacerlo Elvira?
6. Una vez que estaba en Puerto Rico, ¿qué hizo Elvira y por qué?
7. ¿Cuántos años tenía Elvira cuando salió de Puerto Rico, adónde se fue, dónde pasó la primera semana y con quiénes empezó a trabajar después?
8. ¿Qué quería la señora que hiciera Elvira con respecto a sus hijos? ¿Lo hizo? ¿Por qué sí o por qué no?
9. ¿Cómo se hizo ciudadana Elvira?
10. Describe el progreso educativo que en los últimos ocho años ha hecho Elvira. ¿Para qué le ha servido?

✔ *En el Cuaderno C9.1 se halla la actividad que corresponde a las secciones anteriores.*

Léxico y expansión

La *ll* y la *y*

La letra **ll** y la letra **y** consonántica tienen la misma pronunciación en casi todos los dialectos del español; por eso es fácil confundir la una con la otra. Entre la lista de las palabras de uso más frecuente, la **ll** tiene la ventaja, así que una regla práctica es: en caso de duda, escribe **ll**. Sin embargo, hay varios verbos que sólo pueden escribirse con **y** en determinados tiempos. Se presentan a continuación.

1. **Los verbos cuyos infinitivos terminan en** *a/e/o* **más** *-er* **se escriben con** *y* **en el pretérito y el imperfecto de subjuntivo.** Siguen varios ejemplos:

     caer: cayó, cayeron; cayera, cayeras, cayera, cayéramos, cayeran

     creer: creyó, creyeron; creyera ... (es decir, todas las formas de este tiempo)

     leer: leyó, leyeron; leyera ...

     poseer: poseyó, poseyeron; poseyera ...

     roer: royó, royeron; royera ...

2. **Los verbos cuyos infinitivos terminan en** *–uir* **toman** *y* **en tiempos presentes y pasados:**

> huir: huyo, huyes, huye ... huyen (presente de indicativo)
> huya, huyas, huya, huyamos, huyan (presente de subjuntivo)

> atribuir: atribuyó, atribuyeron (pretérito);
> atribuyera ... (imperfecto de subjuntivo)

Si el infinitivo termina en **–uir**, el verbo se comporta como *huir*. Otros ejemplos:

> *constituir, contribuir, fluir, incluir, influir, reconstruir, substituir.*

3. **Verbos que se escriben con** *y* **sólo en los tiempos presentes:**

> haber: hay (presente de indicativo)   dar: doy
> haya, hayas... (presente de subjuntivo)   estar: estoy
> ir: voy   ser: soy
> vaya, vayas...

✔ *En el Cuaderno C9.2 se halla la actividad que corresponde a las secciones anteriores.*

Primera lista de palabras con **ll** o **y**

allá	castellano[5]	**Notas léxicas**
allí	castillo	[1] grito que indica sorpresa, dolor, etc.; cf. *hay*
¡ay![1]	collar	[2] algo que enrolla o envuelve; algo que destroza
	cordillera[6]	
amarillo	cuchillo	[3] material de guerra que incluye cañones, ametralladoras, etc.
apellido	cuello	[4] iglesia pequeña; parte de una iglesia que tiene altar
aquellos/aquella/aquellas; aquello	chiquillo	[5] español; persona de Castilla, la parte central de España
arrollador[2]	hallar	[6] cadena de montañas
artillería[3]	hay[7]	[7] del verbo *haber*; cf. ¡ay!
callar		
calle		
capilla[4]		

✔ *En el Cuaderno C9.3, C9.4 y C9.5 se hallan las actividades que corresponden a la sección anterior.*

Segunda lista de palabras con **ll** o **y**

desarrollar desarrollo	llama[2]	llorar	**Notas léxicas** [1] bien parecido, guapo [2] mamífero rumiante de Suramérica; fuego [3] tierra plana y extensa; liso, plano [4] efusión de lágrimas y sollozos [5] unidad de medida de distancias [*mile*]
detalle detallar	llamada llamar	martillo	
ella/ellas/ellos	llano[3] llanura	medalla	
estallar	llanta	milla[5]	
estrella	llanto[4]	mío(s)/mía(s)	
gallardo[1]	llegada llegar		
gallina	llenar lleno		
ladrillo			

✔ *En el Cuaderno C9.6, C9.7 y C9.8 se hallan las actividades que corresponden a la sección anterior.*

Tercera lista de palabras con **ll** o **y**

millón	semilla	cuyo(s)/cuya(s)[6]	**Notas léxicas** [1] objeto que cubre la luz de una lámpara; lienzo donde se proyecta una película [2] instrumento que se usa para estampar algo; señal que deja este instrumento [3] instrumento para medir a las personas; estatura del ser humano; norma de tamaño de las prendas de vestir [4] cintura y parte del vestido que corresponde a la cintura [5] lugar donde se trabaja en un oficio [6] pronombre relativo posesivo ['Tengo un amigo cuyo nombre es José']
muralla	silla sillón	ensayar ensayo	
orgullo orgulloso	talla[3]		
pantalla[1]	talle[4]		
pollo	taller[5]		
rodilla	apoyar apoyo		
sello[2]			

✔ *En el Cuaderno C9.9, C9.10 y C9.11 se hallan las actividades que corresponden a la sección anterior.*

Cuarta lista de palabras con **ll** o **y**

			Notas léxicas
ley	proyectar[2]	y	[1] cuento tradicional
leyenda[1]	proyecto	ya	[2] arrojar, lanzar; preparar
mayo	rayar[3]	yo	[3] hacer rayas o líneas
	rayo		[4] ruta, dirección
mayor			
mayoría	suyo(s)/suya(s)		
muy	trayectoria[4]		
	tuyo(s)/tuya(s)		

✔ *En el Cuaderno C9.12 y C9.13 se hallan las actividades que corresponden a la sección anterior.*

Los contrastes que existen entre *–ía*, *–illa* e *–ia*

A veces es difícil distinguir entre **-ía** e **-illa** porque ambas terminaciones tienen dos sílabas y en varios dialectos del español la terminación **-ía** suena igual a **-illa**. (Suenan igual porque el sonido de **y** o **ll** entre vocales se puede suprimir.) A continuación se presentan dos listas; la primera es de 25 palabras de uso frecuente que se escriben con **-illa** y la segunda, de 25 que se escriben con **-ía**.

PALABRAS DE USO FRECUENTE QUE SE ESCRIBEN CON **–ILLA**

ardilla	colilla	mantequilla	pandilla	sencilla
bastardilla	comilla	maravilla	parrilla	silla
bandilla	costilla	mejilla	pesadilla	tortilla
brilla	estampilla	milla	rodilla	vainilla
capilla	guerrilla	orilla	semilla	villa

PALABRAS DE USO FRECUENTE QUE SE ESCRIBEN CON **–ÍA**

alegría	cercanía	energía	garantía	policía
anatomía	compañía	espía	geografía	teoría
armonía	cortesía	fantasía	geometría	tía
astronomía	día	fotografía	librería	todavía
bahía	economía	galería	poesía	tontería

También se escriben con **-ía** todos los imperfectos regulares (y casi todos lo son) de los verbos cuyos infinitivos acaban en **-er** e **-ir**. Por ejemplo:

comer: comía, comías, comía, comíamos, comían

vivir: vivía, vivías, vivía, vivíamos, vivían

La terminación **–ía** no debe confundirse con la terminación **–ia**. Cada una tiene su propia pronunciación, puesto que **–ía** es de dos sílabas—/í–a/—mientras que **–ia** constituye un diptongo. A continuación se presenta una lista de palabras que acaban en **–ia**.

PALABRAS DE USO FRECUENTE QUE TERMINAN EN **–IA**

academia	gloria	lluvia
ciencia	gracia	materia
correspondencia	historia	memoria
democracia	iglesia	miseria
desgracia	importancia	novia
distancia	industria	presencia
envidia	influencia	secretaria
familia	injusticia	
feria	inteligencia	

✔ *En el Cuaderno C9.14 y C9.15 se hallan las actividades que corresponden a las secciones anteriores.*

Los contrastes que existen entre *–ío, –illo* e *–io*

También es a veces difícil distinguir entre **–ío** e **–illo** por la misma razón que es difícil distinguir entre **–ía** e **–illa**: si el sonido de la consonante **ll** se pierde entre vocales, ya no hay ninguna diferencia de pronunciación entre ellos.

PALABRAS DE USO FRECUENTE QUE TERMINAN EN **–ILLO**

amarillo	castillo	pasillo
anillo	cigarrillo	rastrillo
armadillo	cubillo	sencillo
bolillo	cuchillo	
bolsillo	ladrillo	
caldillo	martillo	

desafío (de *desafiar*)	frío	resfrío
desconfío (de *desconfiar*)	judío	río
envío (de *enviar*)	lío	tío
escalofrío	mío	trío
fío (de *fiar*)	navío	vacío

Tampoco debe confundirse **–ío** con **–io**. La combinación **–ío** es de dos sílabas (diptongo quebrado), mientras que la de **–io** es diptongo íntegro de una sola sílaba.

anuncio	despacio	juicio	nervio
auxilio	diario	julio	novio
barrio	divorcio	junio	odio
calendario	edificio	labio	patio
cambio	ejercicio	limpio	precio
cementerio	espacio	matrimonio	propio
colegio	estudio	medio	radio
comercio	indio	misterio	vicio

✔ *En el Cuaderno C9.16 y C9.17 se hallan las actividades que corresponden a las secciones anteriores.*

Los diminutivos que acaban en *–illo* (o *–ito*, o *–ico*)

Llamamos **diminutivos** a las palabras que se usan para expresar el cariño que se le tiene a cierta cosa, o para indicar que algo es pequeño de tamaño. Siguen ejemplos de los diminutivos que se forman con la terminación **–ito.**

mi perrito (< perro)   *las casitas* (< casas)

tus ojitos (< ojos)   *el carrito* (< carro)

También se forman diminutivos con la terminación **–illo.**

un bailecillo (< baile)

una profesorcilla (< profesora)

Puede haber cierta diferencia de significado o connotación entre un **–ito** y un **–illo**: mientras que *un soldadito* puede ser "cualquier soldado adorable o de poca talla", *un soldadillo* podría significar "cualquier soldado sin importancia, de pocas luces, insignificante", etc.

Hay una tercera formación diminutiva que se emplea profusamente en Cuba, Costa Rica y otras partes: **-ico**. Siguen ejemplos:

chiquitico (< chico)

pajarico (< pájaro)

✔ *En el Cuaderno C9.18 se halla la actividad que corresponde a la sección anterior.*

Texto y comprensión

Amparo Dávila, *El huésped*

Nacida en 1928 en un pueblo mísero y paupérrimo del estado de Zacatecas, México, Amparo Dávila pronto se convirtió en una de las cuentistas más destacadas de la literatura mexicana contemporánea. La presente selección proviene de su primera antología de cuentos, *Tiempo destrozado*, que se publicó en 1959.

Actividad 9.2   Preguntas preliminares para contestarse en voz alta y por escrito.

1. ¿Qué tiene que suceder para que lleguemos a sentirnos prisioneros dentro de nuestras propias casas? ¿Qué tipo de persona o qué serie de circunstancias nos puede aterrorizar hasta tal punto?

2. ¿Cuáles son algunos de los medios de autodefensa de la persona que se siente indefensa, asediada, atacada y desamparada? ¿Qué se puede hacer, por ejemplo, cuando de repente tiene uno en casa a una persona que lo odia y le amenaza repetidamente con la muerte o por lo menos con actos de violencia física?

3. ¿Quién es más probable que sea víctima de actos de violencia doméstica, el hombre o la mujer? ¿Por qué?

4. ¿Cuáles son las causas de la violencia doméstica?

5. Hay esposos que abandonan a la esposa y esposas que abandonan al esposo; también son abandonados niños y niñas. El abandono es a veces físico, otras veces emocional. ¿Qué motiva el abandono? ¿Qué lo causa?

El texto

Lee con atención el siguiente cuento.

El huésped

Nunca olvidaré el día en que vino a vivir con nosotros. Mi marido lo trajo al regreso de un viaje.

Llevábamos entonces cerca de tres años de matrimonio, teníamos dos niños y yo no era feliz. Representaba para mi marido algo así como un mueble, que se acostumbra uno a ver en determinado sitio, pero que no causa la menor impresión. Vivíamos en un pueblo pequeño, incomunicado[1] y distante de la ciudad. Un pueblo casi muerto o a punto de desaparecer.

No pude reprimir un grito de horror, cuando lo vi por primera vez. Era lúgubre,[2] siniestro.[3] Con grandes ojos amarillentos, casi redondos y sin parpadeo, que parecían penetrar a través de las cosas y de las personas.

Mi vida desdichada se convirtió en un infierno. La misma noche de su llegada supliqué a mi marido que no me condenara a la tortura de su compañía. No podía resistirlo; me inspiraba desconfianza y horror. "Es completamente inofensivo", dijo mi marido mirándome con marcada indiferencia. "Te acostumbrarás a su compañía y, si no lo consigues ..." No hubo manera de convencerlo de que se lo llevara. Se quedó en nuestra casa.

No fui la única en sufrir con su presencia. Todos los de la casa—mis niños, la mujer que me ayudaba en los quehaceres, su hijito—sentíamos pavor[4] de él. Sólo mi marido gozaba teniéndolo allí.

Desde el primer día mi marido le asignó el cuarto de la esquina. Era ésta una pieza grande, pero húmeda y oscura. Por esos inconvenientes yo nunca la ocupaba. Sin embargo él pareció sentirse contento con la habitación. Como era bastante oscura, se acomodaba a sus necesidades. Dormía hasta el oscurecer y nunca supe a qué hora se acostaba.

Perdí la poca paz de que gozaba en la casona. Durante el día, todo marchaba con aparente normalidad, yo me levantaba siempre muy temprano, vestía a los niños que ya estaban despiertos, les daba el desayuno y los entretenía mientras Guadalupe arreglaba la casa y salía a comprar el mandado.[5]

La casa era muy grande, con un jardín en el centro y los cuartos distribuidos a su alrededor. Entre las piezas y el jardín había corredores[6] que protegían las habitaciones del rigor de las lluvias y del viento que eran frecuentes. Tener arreglada una casa tan grande y cuidado el jardín, mi diaria ocupación de la mañana, era tarea dura. Pero yo amaba mi jardín. Los corredores estaban cubiertos por enredaderas[7] que floreaban casi todo el año. Recuerdo cuánto me gustaba, por las tardes, sentarme en uno de aquellos corredores a coser la ropa de los niños, entre el perfume de las madreselvas y de las bugambilias.

En el jardín cultivaba crisantemos, pensamientos, violetas de los Alpes, begonias y heliotropos. Mientras yo regaba las plantas, los niños se entretenían buscando gusanos entre las hojas. A veces pasaban horas, callados y muy atentos, tratando de coger las gotas de agua que se escapaban de la vieja manguera.[8]

Notas léxicas

[1] aislado, que no tenía comunicación   [2] fúnebre, sombrío, que inspira tristeza   [3] aterrorizador, que da miedo   [4] temor, miedo   [5] la comida, las provisiones   [6] galerías   [7] plantas que trepan por varas y paredes   [8] manga o grifo de agua

Yo no podía dejar de mirar, de vez en cuando, hacia el cuarto de la esquina. Aunque pasaba todo el día durmiendo no podía confiarme. Hubo veces que, cuando estaba preparando la comida, veía de pronto su sombra proyectándose sobre la estufa de leña. Lo sentía detrás de mí ... yo arrojaba al suelo lo que tenía en las manos y salía de la cocina corriendo y gritando como una loca. Él volvía nuevamente a su cuarto, como si nada hubiera pasado.

Creo que ignoraba por completo a Guadalupe; nunca se acercaba a ella ni la perseguía. No así a los niños y a mí. A ellos los odiaba y a mí me acechaba[9] siempre.

Cuando salía de su cuarto comenzaba la más terrible pesadilla que alguien pueda vivir. Se situaba siempre en un pequeño cenador, enfrente de la puerta de mi cuarto. Yo no salía más. Algunas veces, pensando que aún dormía, yo iba hacia la cocina por la merienda de los niños; de pronto lo descubría en algún oscuro rincón del corredor, bajo las enredaderas. "¡Allí está ya, Guadalupe!", gritaba desesperada.

Guadalupe y yo nunca lo nombrábamos; nos parecía que al hacerlo cobraba realidad aquel ser tenebroso.[10] Siempre decíamos: "Allí está, ya salió, está durmiendo, él, él, él ... "

Solamente hacía dos comidas, una cuando se levantaba al anochecer y otra, tal vez, en la madrugada antes de acostarse. Guadalupe era la encargada de llevarle la bandeja; puedo asegurar que la arrojaba dentro del cuarto pues la pobre mujer sufría el mismo terror que yo. Toda su alimentación se reducía a carne; no probaba nada más.

Cuando los niños se dormían, Guadalupe me llevaba la cena al cuarto. Yo no podía dejarlos solos, sabiendo que se había levantado o estaba por hacerlo. Una vez terminadas sus tareas, Guadalupe se iba con su pequeño a dormir y yo me quedaba sola, contemplando el sueño de mis hijos. Como la puerta de mi cuarto quedaba siempre abierta, no me atrevía a acostarme, temiendo que en cualquier momento pudiera entrar y atacarnos. Y no era posible cerrarla; mi marido llegaba siempre tarde y al no encontrarla abierta habría pensado ... Y llegaba bien tarde. Que tenía mucho trabajo, dijo alguna vez. Pienso que otras cosas también lo entretenían ...

Una noche estuve despierta hasta cerca de las dos de la mañana, oyéndolo afuera ... Cuando desperté, lo vi junto a mi cama, mirándome con su mirada fija, penetrante ... Salté de la cama y le arrojé la lámpara de gasolina que dejaba encendida toda la noche. No había luz eléctrica en aquel pueblo y no hubiera soportado quedarme a oscuras, sabiendo que en cualquier momento ... Él se libró[11] del golpe y salió de la pieza. La lámpara se estrelló en el piso de ladrillo y la gasolina se inflamó rápidamente. De no haber sido por Guadalupe que acudió[12] a mis gritos, habría ardido toda la casa.

Mi marido no tenía tiempo para escucharme ni le importaba lo que sucediera en la casa. Sólo hablábamos lo indispensable. Entre nosotros, desde hacía tiempo el afecto y las palabras se habían agotado.

---

[9] vigilaba, espiaba   [10] fúnebre, lúgubre, sombrío   [11] escapó   [12] vino

Vuelvo a sentirme enferma cuando recuerdo ... Guadalupe había salido a la compra y dejó al pequeño Martín dormido en un cajón donde lo acostaba durante el día. Fui a verlo varias veces; dormía tranquilo. Era cerca del mediodía. Estaba peinando a mis niños cuando oí el llanto del pequeño mezclado con extraños gritos. Cuando llegué al cuarto lo encontré golpeando cruelmente al niño. Aún no sabría explicar cómo le quité al pequeño y cómo me lancé contra él con una tranca[13] que encontré a la mano, y lo ataqué con toda la furia contenida por tanto tiempo. No sé si llegué a causarle mucho daño, pues caí sin sentido. Cuando Guadalupe volvió del mandado, me encontró desmayada y a su pequeño lleno de golpes y de araños que sangraban. El dolor y el coraje que sintió fueron terribles. Afortunadamente el niño no murió y se recuperó pronto.

Temí que Guadalupe se fuera y me dejara sola. Si no lo hizo, fue porque era una mujer noble y valiente que sentía gran afecto por los niños y por mí. Pero ese día nació en ella un odio que clamaba venganza.

Cuando conté lo que había pasado a mi marido, le exigí que se lo llevara, alegando[14] que podía matar a nuestros niños como trató de hacerlo con el pequeño Martín. "Cada día estás más histérica, es realmente doloroso y deprimente contemplarte así ... Te he explicado mil veces que es un ser inofensivo."

Pensé entonces en huir[15] de aquella casa, de mi marido, de él ... Pero no tenía dinero y los medios de comunicación eran difíciles. Sin amigos ni parientes a quienes recurrir, me sentía tan sola como un huérfano.

Mis niños estaban atemorizados; ya no querían jugar en el jardín y no se separaban de mi lado. Cuando Guadalupe salía al mercado, me encerraba con ellos en mi cuarto.

"Esta situación no puede continuar", le dije un día a Guadalupe.

"Tendremos que hacer algo y pronto", me contestó.

"¿Pero qué podemos hacer las dos solas?"

"Solas, es verdad, pero con un odio ... "

Sus ojos tenían un brillo extraño. Sentí miedo y alegría.

La oportunidad llegó cuando menos la esperábamos. Mi marido partió para la ciudad a arreglar unos negocios. Tardaría en regresar, según me dijo, unos veinte días.

No sé si él se enteró de que mi marido se había marchado, pero ese día despertó antes de lo acostumbrado y se situó[16] frente a mi cuarto. Guadalupe y su niño durmieron en mi cuarto y por primera vez pude cerrar la puerta.

---

[13] palo grueso   [14] razonando, argumentando   [15] escaparme, abandonar   [16] vino y se quedó

Guadalupe y yo pasamos casi toda la noche haciendo planes. Los niños dormían tranquilamente. De cuando en cuando oíamos que llegaba hasta la puerta del cuarto y la golpeaba con furia ...

Al día siguiente dimos de desayunar a los tres niños y, para estar tranquilas y que no nos estorbaran[17] en nuestros planes, los encerramos en mi cuarto. Guadalupe y yo teníamos muchas cosas por hacer y tanta prisa en realizarlas que no podíamos perder tiempo ni en comer.

Guadalupe cortó varias tablas, grandes y resistentes, mientras yo buscaba martillo y clavos. Cuando todo estuvo listo, llegamos sin hacer ruido hasta el cuarto de la esquina. Las hojas de la puerta estaban entornadas.[18] Conteniendo la respiración, bajamos los pasadores,[19] después cerramos la puerta con llave y comenzamos a clavar las tablas hasta clausurarla totalmente. Mientras trabajábamos, gruesas gotas de sudor nos corrían por la frente. No hizo entonces ruido, parecía que estaba durmiendo profundamente. Cuando todo estuvo terminado, Guadalupe y yo nos abrazamos llorando.

Los días que siguieron fueron espantosos. Vivió muchos días sin aire, sin luz, sin alimento ... Al principio golpeaba la puerta, tirándose contra ella, gritaba desesperado, arañaba ... Ni Guadalupe ni yo podíamos comer ni dormir, ¡eran terribles los gritos ... ! A veces pensábamos que mi marido regresaría antes de que hubiera muerto. ¡Si lo encontrara así ... ! Su resistencia fue mucha, creo que vivió cerca de dos semanas ...

Un día ya no se oyó ningún ruido. Ni un lamento ... Sin embargo, esperamos dos días más, antes de abrir el cuarto.

Cuando mi marido regresó, lo recibimos con la noticia de su muerte repentina y desconcertante.[20]

---

[17] molestaran, obstaculizaran [18] semiabiertas [19] barra de hierro que se corre para cerrar, por ejemplo, una puerta [20] sorprendente

✔ *En el Cuaderno C9.19, C9.20, C9.21, y C9.22 (La comprensión) se hallan las actividades que corresponden a las secciones anteriores.*

Capítulo 10

3 ½
12-4
18

Para todo mal, mezcal, y para todo bien, también

Objetivos

En este capítulo...

- te acostumbrarás a leer tres opiniones bien distintas sobre un tema muy controvertido.

- responderás a las tres opiniones con tu opinión al respecto.

- aprenderás a usar correctamente las letras **g** y **j** para representar el "sonido de la jota".

- enriquecerás tu vocabulario aprendiendo nuevas palabras que se escriben con **g** o **j**.

- leerás un cuento de vanguardia sobre una gran tragedia en la vida de un joven narrador.

- darás tus reacciones a la tragedia.

Juan Rulfo
escritor Mexicano

Tema y expresión

El tema

12/04/06

Lee con atención los siguientes ensayos.

A los estudiantes de la clase de español de Fernando González les ha tocado escribir una composición sobre el tema "El alcoholismo y la adicción a las drogas". Primero ofrecemos la composición que escribió Fernando porque representa uno de los diferentes puntos de vista. En seguida se presentará otra composición de una amiga suya que opina de una manera bien distinta sobre el mismo tema. La tercera composición fue escrita por el maestro de su clase. (A veces hasta los mismos maestros escriben composiciones, sobre todo si creen que tienen cosas importantes que decir.)

El alcoholismo y la adicción a las drogas

Fernando González

¿Quién puede decir qué vicio es peor, el alcoholismo o la drogadicción? Si Ud. dice que es el alcoholismo, está equivocado. Si dice que es la drogadicción, también lo está. Ambos causan el mismo daño. Pero estamos presenciando una gran injusticia porque el uso de ciertas drogas ha estado prohibido por la ley, pero el uso del alcohol no. ¿A qué se debe esto?

El uso de drogas ha sido ilegal porque suele dañar al que las usa, y es una violación de la ley que uno se haga daño a sí mismo. Pero, ¿y el alcohol? ¿Acaso el alcohol no causa daño? Aquí está la injusticia. La ley debería ser la misma, tanto para el consumo de alcohol, como de drogas. ¿Por qué? Porque uno puede contraer el vicio del alcohol exactamente como uno se hace adicto a las drogas. El proceso es idéntico. Pero hay quienes dicen que las drogas son peligrosas porque hay niños que se hacen adictos desde muy jóvenes. Esto también es típico del alcohol. Otros dicen que la adicción a las drogas ha matado a mucha gente. ¡Mentira! La mayoría de las muertes han sido provocadas por el alcoholismo, porque si alguien anda tomando y luego maneja su automóvil, el resultado puede ser un accidente que causa la muerte de quien maneja y de otras personas también.

La adicción a las drogas es igual a la adicción al alcohol. Estos dos vicios no son poca cosa. Uno no debería despreocuparse y pensar que eso no nos puede pasar a nosotros. La adicción a las drogas o al alcohol empieza muy despacio, pero al igual que una bola de nieve, luego agarra velocidad y ya no se puede controlar.

El alcoholismo y la adicción a las drogas
Leticia Robles

Yo no estoy de acuerdo con el compañero Fernando. Lo que dice de la adicción es cierto: tanto las drogas como el alcohol crean una adicción. Sin embargo, mientras que con respecto al alcohol sólo se hacen adictos los que ya llevan algo en la sangre, por ejemplo, un gen o una tendencia innata que los hace adictos, con respecto a las drogas no es así. Muchas drogas son tan poderosas o seductoras que *todos* se hacen adictos de tan sólo probarlas unas veces. Piensen Uds., por ejemplo, en el caso de la heroína: la heroína es tan poderosa y los efectos son tan —bueno, ¿por qué no decirlo así?— narcotizantes que la gente de nada más usarla unas veces cae luego luego bajo sus efectos y se hace adicta. Y hay otras drogas tan poderosas o más, como por ejemplo la cocaína, el crac o el LSD. Estas drogas te controlan a ti; tú no las controlas a ellas. Y hablando del control, hay drogas—por ejemplo el infame "polvo de ángel"—que simplemente te enloquecen, te ponen loco de atar; tan loco te ponen que los asistentes médicos tienen que venir por ti, capturarte, envolverte en una camisa de fuerza y llevarte al hospital, donde te sujetan a una cama hasta que se te pasa.

Yo no estoy hablando a favor del abuso del alcohol, ni mucho menos del mero uso del alcohol por esa pequeña minoría de personas que han tenido la desgracia de nacer con genes que las hacen adictas, y que por lo tanto tienen que abstenerse de todo contacto con cualquier sustancia alcohólica, hasta el vino y la cerveza. (Tengo un tío que es así.) Pero por lo que sí abogo es esto: que recordemos que la gran mayoría de las drogas son capaces de controlarles la vida a todos los que las usan—como por ejemplo a mi hermana Guadalupe, que ya ha perdido todo control—y no nada más a quienes nacieron con genes traicioneros.

El alcoholismo y la adicción a las drogas
Santos Paz (el maestro de Español 103)

La libertad es una cosa preciosa. Si cada generación no lucha por la libertad, lo más fácil es que esa libertad se pierda y nos encontremos otra vez bajo la tiranía de los hipócritas que quieren que todos vivamos una vida de puritanos sin nada que nos dé placer ni nada que nos libere de las tontas restricciones de la conservadora cultura burguesa de la clase media capitalista. Hoy en día, cuando estamos a punto de reconocer, por ejemplo, que la marihuana no es otra cosa sino una sustancia benéfica que ayuda a controlar el dolor a la gente enferma, y que la marihuana de por sí no lleva a nadie a ningún tipo de adicción ni física ni sicológica, ahí está el gobierno otra vez para prohibirla.

Hay mucha gente que lucha aferradamente a favor de la legalización de la marihuana. Yo, claro, soy uno de ellos; pero les voy a confesar que mi lucha a favor de la legalización no se limita a la inocentísima marihuana. ¡Yo abogo por la legalización de *todas* las drogas, sean cuales fueren! El gobierno de los Estados Unidos ya lleva más de cuarenta años combatiendo las drogas, en la llamada "Guerra contra las drogas" (*War Against Drugs*); pero al igual que la guerra de Vietnam de mi juventud, la guerra contra las drogas es una guerra que ya se perdió. No hay forma de que el gobierno la gane. La razón es muy sencilla: *la gente quiere drogas y se las conseguirá a como dé lugar*, con o sin el permiso del gobierno. Claro, hay que admitir que no todos quieren liberarse de la cultura burguesa y sus restricciones. Siempre habrá quienes se dejan controlar por la moral conservadora. Pero la mayoría quiere Liberación, y dentro de esa mayoría una gran mayoría quiere sentir activamente el placer, el goce y el gozo que sólo la droga puede traer. Un país civilizado como Holanda, por ejemplo, se da plena cuenta de esta realidad. En Holanda, las drogas son legales y la gente las usa abiertamente. Lo más sano y lógico es que nuestro propio país—la mal llamada "dulce tierra de la libertad"—legalice cualquier dosis de cualquier droga para cualquier persona inmediatamente. En 1933 se ganó ya de una vez la guerra contra la Prohibición del alcohol. En el siglo XXI, tarde o temprano, ganaremos nosotros la guerra contra la Guerra contra las drogas. ¡Ya basta de tanta hipocresía y de tanta restricción! ¡Viva la libertad! ¡Viva la liberación! ¡Vivan las drogas!

La expresión

Actividad 10.1   Preguntas sobre El tema.   Contesta las siguientes preguntas.

1.   Para Fernando González, ¿cuál de los dos vicios es el peor?

2.   Según Fernando, ¿cuál de los dos vicios ha matado a más personas y por qué?

3.   ¿Qué recomienda Fernando que se haga con respecto a las drogas y el alcohol?

4.   ¿Cuál es la distinción que hace Leticia Robles entre el alcohol y las drogas?

5.   ¿Qué dice Leticia del alcohol y los genes?

6.   ¿Hasta qué punto son "personales" las opiniones que tiene Leticia con respecto al alcohol y las drogas?

7.   ¿Qué representa para Santos Paz la marihuana?

8.   ¿Qué opina Santos de la cultura de la clase media?

9.   ¿Con cuál otra guerra compara Santos la guerra contra las drogas y qué le motiva a hacer esta comparación?

10.   Al fin de cuentas, ¿qué es lo que recomienda Santos?

✔   *En el Cuaderno C10.1 se halla la actividad que corresponde a las secciones anteriores.*

Léxico y expansión

El sonido de la jota como en *gente, jefe*

Hay dos maneras de escribir el sonido de la jota ante las vocales **e**, **i**: con la letra **g** o con la letra **j**.[1] Siguen ejemplos:

CON **G** ANTE **E, I**	CON **J** ANTE **E, I**
agente	ejército
ángel	ejemplo
recoger	mujer
virgen	viaje
agitado	mejilla
corregir	tejido
imaginar	jinete
magia	ají

De las 1,485 palabras que tienen el sonido de la jota ante **e**, en la mitad se representa dicho sonido con **g**, y en la otra mitad con **j**. Esto quiere decir que para escribir correctamente el sonido de la jota ante **e**, hay que guiarse por reglas ortográficas como las que se presentan aquí. Y aún en el caso de las 1,250 palabras que tienen el sonido de la jota ante **i** —en las que en una fuerte mayoría (956) se escribe dicho sonido con **g**— una minoría no despreciable (294) lleva **j**, lo cual nos obliga a hacer caso a las reglas ortográficas para determinar cuáles son.

A continuación se presentan dos listas: una de 38 palabras de uso frecuente que se escriben con **ge** y **gi** y otra de las 38 más usadas que se escriben con **je** y **ji**:

PALABRAS DE USO FRECUENTE QUE SE ESCRIBEN CON **GE, GI**

agente	escoger	imaginación	proteger
agitar	exigir	inteligencia	recoger
agitación	fingir	inteligente	registrar
ángel	gemir	ligero	religión
coger	generación	mágico	sicología
colegio	general	magia	tragedia
corregir	generoso	origen	urgente
dirigir	gente	original	virgen
elegir	imagen	página	
energía	imaginar	privilegio	

---

[1]Huelga decir que hay una sola forma de representar el sonido de la jota en cualquier otro ámbito (ante consonante, al final de una palabra, etc.): con la misma letra **j**. Siguen ocho ejemplos de los miles que hay: *jabón, jamás, joven, joya, julio, justicia, reloj, Juárez.*

adjetivo	ejercer	jinete	sujetar
agujero	ejercicio	majestad	tarjeta
ajedrez	ejército	mejilla	tejer
ajeno	envejecer	mensajero	tejido
brujería	extranjero	monje	traje
callejero	flojera	mujer	vejez
consejero	jefe	objeto	vejiga
eje	jerarquía	objetivo	viajero
ejecución	jerez	ojeras	
ejemplo	jesuita	pasajero	

Dos reglas prácticas con respecto al uso de la letra *j*

1. Si el infinitivo verbal se escribe con **j**, la **j** se conserva en cualquier posición sin importar la letra que la siga. Ejemplos:

   dejar: deje, dejes, dejemos, dejen; dejé (y nunca *dege, *deges, etc.)
   tejer: teja, tejas, tejamos, tejan; tejí, tejiste, tejió (y nunca *tegí, etc.)
   crujir: cruja, crujas, crujamos, crujan; crují, crujiste, crujió, crujimos, crujieron

2. La terminación nominativa /á-xe/ se escribe con **j** siempre. Siguen ejemplos:

   coraje, garaje, homenaje, lenguaje, pasaje, personaje, linaje, paisaje, salvaje, viaje

Primera lista: Palabras que llevan la **g** para representar el sonido de la jota ante **e, i**

				Notas léxicas
acoger[1]	energía	inteligente	recoger	[1] admitir, recibir
agente	escoger	ligero	región	[2] sacudir, perturbar
agitar[2]	exigir[4]	mágico	registrar	[3] seleccionar, escoger
ángel	fingir[5]	magia	religión	[4] pedir por la fuerza
coger	gemir[6]	origen	sicología	[5] hacer creer lo que no es
colegio	general	original	sicológico	[6] expresar dolor con sonidos quejumbrosos
corregir	gente	página	tragedia	[7] ventaja, derecho exclusivo
dirigir	imagen	privilegio[7]	urgente	[8] salir en defensa de, cuidar, vigilar
elegir[3]	imaginar	proteger[8]		

✔ *En el Cuaderno C10.2, C10.3, C10.4 y C10.5 se hallan las actividades que corresponden a las secciones anteriores.*

Segunda lista: Palabras que llevan la **j** para representar el sonido de la jota ante **e, i**

			Notas léxicas
agujero	jesuita[6]	pasaje	[1] que pertenece a otro
ajeno[1]	jinete[7]	personaje	[2] línea recta que pasa sobre el centro de un cuerpo alrededor del cual gira; barra que une dos ruedas
callejero	lenguaje	salvaje	[3] poner en obra
coraje	linaje[8]	sujetar	[4] juramento de fidelidad y respeto
eje[2]	majestad[9]	sujeto	[5] orden, gradación
ejecutar[3]	mejilla	tarjeta	[6] religioso de la orden católica de la Compañía de Jesús
ejemplo	monje[10]	tejado	[7] el que monta a caballo
homenaje[4]	mujer	tejer	[8] raza, familia
jefe	objetivo	traje	[9] título que se les da a los soberanos
jerarquía[5]	paisaje		[10] fraile, religioso

✔ *En el Cuaderno C10.6, C10.7 y C10.8 se hallan las actividades que corresponden a la sección anterior.*

Tercera lista: Infinitivos verbales que terminan en **–jar**

Nótese que las formas infinitivas de estos 12 verbos y todos los demás que terminan en **-jar** no tienen el sonido de la jota en posición anterior a **e** o **i**. Sin embargo, algunas de sus formas conjugadas lo tienen y todas se escriben con **j**; véase la página 124.

			Notas léxicas
alejar[1]	empujar	forjar[3]	[1] poner lejos
antojar	enojar	manejar	[2] agasajar, celebrar, regalar
arrojar	festejar[2]	quejar	[3] dar forma con el martillo a cualquier metal
dejar	fijar	reflejar	

✔ *En el Cuaderno C10.9 se halla la actividad que corresponde a la sección anterior.*

Texto y comprensión

Mario Benedetti, *Réquiem con tostadas*

Mario Benedetti nació en Montevideo, Uruguay, en 1920. Participó activamente en la literatura, el periodismo y la política de su país hasta principios de los años sesenta, cuando por motivos políticos abandonó el Uruguay y se trasladó a Cuba. Actualmente pasa la mitad del año en Madrid y la otra mitad en Montevideo. Su alta reputación literaria viene tanto de sus cuentos como de las varias novelas que ha escrito. La producción literaria de Mario Benedetti trata principalmente de la gente urbana de hoy en día.

Actividad 10.2 Preguntas preliminares para contestar en voz alta y por escrito.

1. ¿Qué es capaz de hacer una persona cuando está ebria (borracha)? ¿Se comportan igual todos los borrachos o hay diferencias según la persona?

2. ¿Has sido alguna vez víctima de una "porquería" (cochinada) que te haya hecho un enemigo o un supuesto amigo tuyo? ¿Pudiste recuperarte de esa traición o te quedaste siempre hundido en la miseria y el odio? Si pudiste desquitarte, ¿cómo lo hiciste?

3. ¿A quiénes les afecta más la violencia doméstica: a los niños o a los demás adultos?

4. ¿Hay matrimonios condenados desde el principio y aún desde antes? ¿Cómo se puede saber de antemano que la persona A no debe casarse con la persona B? ¿Tienen derecho los padres de prohibir que se case un hijo suyo con alguien que creen que no le conviene?

5. ¿Por qué tienen o no el derecho—y hasta el deber—las casadas golpeadas y abusadas de abandonar a sus esposos y refugiarse en los asilos para mujeres maltratadas (*Shelters for Battered Women*)? ¿Bajo cuáles circunstancias deben hacerlo? ¿Por qué hay mujeres que simplemente no logran abandonar a esposos violentos por mucho que las golpeen y maltraten?

El texto

Lee con atención el siguiente cuento.

Réquiem con tostadas

Sí, me llamo Eduardo. Usted me lo pregunta para entrar de algún modo en conversación y eso puedo entenderlo. Pero usted hace mucho que me conoce, aunque de lejos. Como yo lo conozco a usted. Desde la época en que empezó a encontrarse con mi madre en el café de Larrañaga y Rivera,[1] o en éste mismo. No crea que los espiaba. Nada de eso. Usted a lo mejor lo piensa, pero es porque no sabe toda la historia. ¿O acaso mamá se la contó? Hace tiempo que yo tenía ganas de hablar con usted, pero no me atrevía. Así que, después de todo, le agradezco que me haya ganado la mano. ¿Y sabe por qué tenía ganas de hablar con usted? Porque tengo la impresión de que usted es un buen tipo. Y mamá también era buena gente. No hablábamos mucho ella y yo. En casa, o reinaba el silencio, o tenía la palabra mi padre. Pero el Viejo hablaba casi exclusivamente cuando venía borracho, o sea casi todas las noches, y entonces más bien gritaba. Los tres le teníamos miedo: mamá, mi hermanita Mirta y yo. Ahora tengo trece años y medio, y aprendí muchas cosas, entre otras que los tipos que gritan y castigan e insultan son en el fondo unos pobres diablos. Pero entonces yo era mucho más chico y no lo sabía. Mirta no lo sabe siquiera ahora, pero ella es tres años menor que yo, y sé que a veces en las noches se despierta llorando. Es el miedo. ¿Usted alguna vez tuvo miedo? A Mirta siempre le parece que el Viejo va a aparecer borracho y que se va a quitar el cinturón para pegarle.

Notas léxicas
[1] dos calles de Montevideo, Uruguay

Todavía no se ha acostumbrado a la nueva situación. Yo, en cambio, he tratado de acostumbrarme. Usted apareció hace un año y medio, pero el Viejo se emborrachaba desde hace mucho más, y no bien agarró ese vicio nos empezó a pegar a los tres. A Mirta y a mí nos daba con el cinto, duele bastante, pero a mamá le pegaba con el puño cerrado. Porque sí nomás, sin mayor motivo: porque la sopa estaba demasiado caliente, o porque estaba demasiado fría, o porque no lo había esperado despierta hasta las tres de la madrugada, o porque tenía los ojos hinchados de tanto llorar. Después, con el tiempo, mamá dejó de llorar. Y no sé cómo hacía, pero él pegaba, ella ni siquiera se mordía los labios, no lloraba, y eso al Viejo le daba todavía más rabia. Ella era consciente de eso, y sin embargo prefería no llorar. Usted conoció a mamá cuando ella ya había aguantado y sufrido mucho, pero sólo cuatro años antes (me acuerdo perfectamente) todavía era muy linda y tenía buenos colores. Además era una mujer fuerte. Algunas noches, cuando por fin el Viejo caía estrepitosamente[2] y de inmediato empezaba a roncar, entre ella y yo lo levantábamos y lo llevábamos hasta la cama. Era pesadísimo, y además aquello era como levantar un muerto. La que hacia casi toda la fuerza era ella. Yo apenas si me encargaba de sostener una pierna, con el pantalón todo embarrado y el zapato marrón con los cordones sueltos. Usted seguramente creerá que el Viejo toda la vida fue un bruto. Pero no. A papá lo destruyó una porquería que le hicieron. Y se la hizo precisamente un primo de mamá, ése que trabaja en el Municipio. Yo no supe nunca en qué consistió la porquería, pero mamá disculpaba en cierto modo los arranques del Viejo porque ella se sentía un poco responsable de que alguien de su propia familia lo hubiera perjudicado en aquella forma. No supe nunca qué clase de porquería le hizo, pero la verdad era que papá, cada vez que se emborrachaba, se lo reprochaba[3] como si ella fuese la única culpable. Antes de la porquería, nosotros vivíamos muy bien. No en cuanto a plata, porque tanto yo como mi hermana nacimos en el mismo apartamento (casi un conventillo) junto a Villa Dolores, el sueldo de papá nunca alcanzó para nada, y mamá siempre tuvo que hacer milagros para darnos de comer y comprarnos de vez en cuando alguna tricota[4] o algún par de alpargatas.[5] Hubo muchos días en que pasamos hambre (si viera qué feo es pasar hambre), pero en esa época por lo menos había paz. El Viejo no se emborrachaba, ni nos pegaba, y a veces hasta nos llevaba a la matinée.[6] Algún raro domingo en que había plata. Yo creo que ellos nunca se quisieron demasiado. Eran muy distintos. Aun antes de la porquería, cuando papá todavía no tomaba, ya era un tipo bastante alunado.[7] A veces se levantaba al medio día y no le hablaba a nadie, pero por lo menos no nos pegaba ni la insultaba a mamá. Ojalá hubiera seguido así toda la vida. Claro que después vino la porquería y él se derrumbó, y empezó a ir al boliche[8] y a llegar siempre después de medianoche, con un olor a grapa[9] que apestaba. En los últimos tiempos todavía era peor, porque también se emborrachaba de día y ni siquiera nos dejaba ese respiro. Estoy seguro de que los vecinos escuchaban todos los gritos, pero nadie decía nada, claro, porque papá es un hombre grandote y le tenían miedo. También yo le tenía miedo, no sólo por

---

[2] con mucho ruido   [3] le echaba la culpa   [4] suéter   [5] zapatillas, zapatos pobres y baratos   [6] función (de una película) de la mañana o de las primeras horas de la tarde   [7] loco   [8] cantinucha, bar de baja categoría   [9] bebida alcohólica

Literatura
Consagrada.

mí y por Mirta, sino especialmente por mamá. A veces yo no iba a la escuela, no para hacer la rabona,[10] sino para quedarme rondando la casa, yo siempre temía que el Viejo llegara durante el día, más borracho que de costumbre, y la moliera a golpes. Yo no la podía defender, usted ve lo flaco y menudo que soy, y todavía entonces lo era más, pero quería estar cerca para avisar a la policía. ¿Usted se enteró de que ni papá ni mamá eran de ese ambiente?[11] Mis abuelos de uno y otro lado, no diré que tienen plata, pero por lo menos viven en lugares decentes, con balcones a la calle y cuartos de baño con bidet y bañera. Después que pasó todo, Mirta se fue a vivir con mi abuela Juana, la madre de papá, y yo estoy por ahora en casa de mi abuela Blanca, la madre de mamá. Ahora casi se pelearon por recogernos, pero cuando papá y mamá se casaron, ellas se habían opuesto a ese matrimonio (ahora pienso que a lo mejor tenían razón) y cortaron las relaciones con nosotros. Digo nosotros, porque papá y mamá se casaron cuando yo ya tenía seis meses. Eso me lo contaron una vez en la escuela, y yo le reventé la nariz al Beto, pero cuando se lo pregunté a mamá, ella me dijo que era cierto. Bueno, yo tenía ganas de hablar con usted, porque (no sé qué cara va a poner) usted fue importante para mí, sencillamente porque fue importante para mamá. Yo la quise bastante, como es natural, pero creo que nunca pude decírselo. Teníamos siempre tanto miedo, que no nos quedaba tiempo para mimos[12]. Sin embargo, cuando ella no me veía, yo la miraba y sentía no sé qué, algo así como una emoción que no era lástima, sino una mezcla de cariño y también de rabia por verla todavía joven y tan acabada, tan agobiada por una culpa que no era la suya, y por un castigo que no se merecía. Usted a lo mejor se dio cuenta, pero yo le aseguro que mi madre era inteligente, por cierto bastante más que mi padre, creo, y eso era para mí lo peor: saber que ella veía esa vida horrible con los ojos bien abiertos, porque ni la miseria ni los golpes ni siquiera el hambre consiguieron nunca embrutecerla.[13] La ponían triste, eso sí. A veces se le formaban unas ojeras casi azules, pero se enojaba cuando yo le preguntaba si le pasaba algo. En realidad, se hacía la enojada. Nunca la vi realmente mala conmigo. Ni con nadie. Pero antes de que usted apareciera, yo había notado que cada vez estaba más deprimida, más sola. Tal vez fue por eso que pude notar mejor la diferencia. Además, una noche llegó un poco tarde (aunque siempre mucho antes que papá) y me miró de una manera distinta, tan distinta que me di cuenta de que algo sucedía. Como si por primera vez se enterara[14] de que yo era capaz de comprenderla. Me abrazó fuerte, como con vergüenza, y después me sonrió. ¿Usted se acuerda de su sonrisa? Yo sí me acuerdo. A mí me preocupó tanto ese cambio, que falté dos o tres veces al trabajo (en los últimos tiempos hacía el reparto de un almacén) para seguirla y saber de qué se trataba. Fue entonces que los vi. A usted y a ella. Yo también me quedé contento. La gente puede pensar que soy un desalmado, y quizá no esté bien eso de haberme alegrado porque mi madre engañaba a mi padre. Puede pensarlo. Por eso nunca lo digo. Con usted es distinto. Usted la quería. Y eso para mí fue algo así como una suerte. Porque ella se merecía que la quisieran. Usted la quería, ¿verdad que sí? Yo lo vi muchas veces y estoy casi seguro. Claro que al Viejo también trato de comprenderlo. Es difícil, pero trato. Nunca lo pude odiar, ¿me

---

[10] fumarme la clase, no asistir a la escuela   [11] vecindario, barrio   [12] cariños, afecto   [13] convertirla en una bestia (bruta)   [14] se diera cuenta

entiende? Será porque, pese a lo que hizo, sigue siendo mi padre. Cuando nos pegaba, a Mirta y a mí, o cuando arremetía contra mamá, en medio de mi terror yo sentía lástima. Lástima por él, por ella, por Mirta, por mí. También la siento ahora, ahora que él ha matado a mamá y quién sabe por cuánto tiempo estará preso. Al principio, no quería que yo fuese, pero hace por lo menos un mes que voy a visitarlo a Miguelete[15] y acepta verme. Me resulta extraño verlo al natural, quiero decir sin encontrarlo borracho. Me mira, y la mayoría de las veces no me dice nada. Yo creo que cuando salga, ya no me va a pegar. Además, yo seré un hombre, a lo mejor me habré casado y hasta tendré hijos. Pero a mis hijos no les pegaré, ¿no le parece? Además, estoy seguro de que papá no habría hecho lo que hizo si no hubiese estado tan borrado. ¿O usted cree lo contrario? ¿Usted cree que, de todos modos, hubiera matado a mamá esa tarde en que, por seguirme y castigarme a mí, dio finalmente con ustedes dos? No me parece. Fíjese que a usted no le hizo nada. Sólo más tarde, cuando tomó más grapa que de costumbre, fue que arremetió contra mamá. Yo pienso que, en otras condiciones, él habría comprendido que mamá necesitaba cariño, necesitaba simpatía, y que él en cambio sólo le había dado golpes. Porque mamá era buena. Usted debe saberlo tan bien como yo. Por eso, hace un rato, cuando usted se me acercó y me invitó a tomar un capuchino[16] con tostadas,[17] aquí en el mismo café donde se citaba con ella, yo sentí que tenía que contarle todo esto. A lo mejor usted no lo sabía, o sólo sabía una parte, porque mamá era muy callada y sobre todo no le gustaba hablar de sí misma. Ahora estoy seguro de que hice bien. Porque usted está llorando, y, ya que mamá está muerta, eso es algo así como un premio para ella, que no lloraba nunca. ✳

[15] cárcel de Montevideo   [16] bebida de café expreso, leche caliente y canela   [17] pan tostado; pan dulce recalentado

✔ *En el Cuaderno C10.10, C10.11, C10.12, C10.13 y C10.14 (La comprensión) se hallan las actividades que corresponden a las secciones anteriores.*

Capítulo 11

Arrieros somos y
en el camino andamos

Objetivos

En este capítulo...

- leerás un ensayo sobre los profesores universitarios y las diferentes maneras de ser profesor y luego lo comentarás basándote en tu experiencia como estudiante.

- empezarás a estudiar los conceptos más básicos de la gramática del español.

- te enterarás del significado de los términos *oración*, *cláusula*, *sujeto* y *predicado*.

- aprenderás a identificar las palabras que son verbos.

- entenderás para qué sirve el verbo.

- aprenderás a identificar las palabras que son sustantivos.

- entenderás para qué sirven los sustantivos.

- te divertirás mucho leyendo una verdadera obra maestra cómica.

Tema y expresión

El tema: *Profesores: Los buenos y los malos*

Lee con atención la siguiente historia.

Esta composición fue escrita por Fernando González, el estudiante de ingeniería de El Paso, Tejas. Todavía tiene 20 años y aún asiste a la misma universidad.

He pasado casi toda mi vida en escuelas, comenzando con el kínder, así que creo que ya sé algo de la educación. Además, ya sé distinguir entre profesores buenos y profesores malos. En lo personal ya he tenido de los dos tipos, además de muchos que no eran ni lo uno ni lo otro.

¿Cómo se sabe si un profesor es bueno o malo? ¿Qué hacen los buenos que no hacen los malos? Para comenzar, los profesores buenos realmente saben la materia que enseñan; dominan de forma total todo lo que les toca enseñar en la clase que tomas con ellos. No hay nada peor que un maestro que no sabe la materia o la sabe sólo a medias. Casi de inmediato te das cuenta si el maestro sabe más que el alumno: le haces una pregunta inteligente y él te la contesta mal o con muy pocas ganas. Pero no basta que el profesor domine la materia que imparte. El dominio de la materia es una cosa y el saber enseñártela es otra. Hay profesores que saben mucho más que tú y hasta saben más que el mismo libro de texto, pero cuando llega el momento de contestarte una pregunta o de explicarte qué significa una parte especialmente difícil del texto, simplemente no pueden: pierden el hilo, usan un vocabulario demasiado técnico, se confunden, se enredan, tropiezan y saltan de un tema a otro como salta de rama en rama un pajarito.

Todos los profesores buenos que he tenido desde el primer año de la escuela primaria hasta este mismo semestre tenían una sola cosa en común: sabían **comunicarse** con el alumno. ③ ¿Qué quiere decir "comunicarse"? Significa esto: que el maestro sepa en cualquier momento que sus estudiantes están entendiendo lo que él trata de explicarles. Si el maestro es bueno, siempre sabe si sus palabras les "entran" a los alumnos o no; y si no les entran, pues de inmediato sabe resolver el problema empleando otras palabras o usando otra manera de explicarles la materia. Desde este punto de vista, toda clase buena no es más que una especie de ④ **conversación** entre el maestro y los alumnos. Cualquier actividad que se realice en la sala de clase—desde la conferencia hasta el ejercicio práctico—tiene que ser acto comunicativo, o sea, diálogo. En particular pueden ser riesgosas las conferencias porque lo típico de ellas es que el maestro habla y los alumnos escuchan. Pero hay mil maneras de convertir en acto comunicativo o diálogo una simple conferencia. Un maestro que tenía el año pasado hacía eso a las mil maravillas: siempre interrumpía su propia conferencia para hacerles preguntas a sus estudiantes. Pero eran preguntas atinadas que iban directamente al grano. Y las preguntas imprevistas del maestro tienen otra ventaja: ¡no permiten que los estudiantes se duerman!

En general, casi todos los maestros que he tenido han sido buenos o semi buenos. Me han tocado muy pocos que de veras eran malos. Pero nunca voy a olvidarme de un maestro que tuve hace un par de años que realmente se pasó de malo y entró en el reino de los espantosos. Era profesor de historia. Nunca llegaba a tiempo y siempre nos dejaba salir antes de la hora. Se confundía en todo momento. A lo mejor sabía la materia pero de ninguna manera la sabía explicar. Tenía una sola respuesta a cualquier pregunta que le hacíamos y era: "Búscalo en el libro". Yo saqué una 'A' en ese curso pero no me sentí orgulloso de haberla sacado porque a todos—absolutamente todos—les daba aes. Ni siquiera leía nuestros exámenes sino que se limitaba a escribir "sobresaliente" en todos ellos. Y lo peor de todo es que la mayoría de las veces llegaba un poco borracho a la clase. Pero como el tipo ya tenía *tenure* o sea permanencia académica, no había manera de sacarlo de ahí. Simplemente lo teníamos que aguantar, cosa fácil de hacer porque ni siquiera pasaba lista y casi todos faltábamos semanas enteras. Ni había que leer el libro porque, como dije, a todos nos daba 'A'. Quizás hubiera sido una persona muy amable fuera del salón de clase pero nadie quería conocerlo mejor por la sencilla razón de que el tipo nunca se bañaba y nunca se cambiaba de ropa.

La expresión

Actividad 11.1   Preguntas sobre El tema.   Contesta las siguientes preguntas.

1. ¿Cuántos años lleva Fernando asistiendo a escuelas? ¿En qué año está este semestre?
2. Según Fernando, ¿cómo sabes si el maestro es bueno o malo?

3. ¿Por qué no basta que el maestro domine la materia que imparte?

4. Según Fernando, ¿qué significa "comunicarse" con el alumno?

5. Desde el punto de vista de la enseñanza, ¿por qué son particularmente riesgosas las conferencias?

6. ¿Cómo se puede convertir en acto comunicativo una conferencia?

7. y 8. ¿Cómo era en lo personal el maestro de historia que tuvo Fernando? ¿Cómo era en lo profesional?

9. ¿Por qué no se sintió orgulloso Fernando de sacar una 'A' en la clase de historia?

✔ *En el Cuaderno C11.1 se halla la actividad que corresponde a las secciones anteriores.*

Forma y función

Introducción a la gramática: La oración, la cláusula, el sujeto, el predicado

La oración: Toda **oración** empieza con una letra mayúscula (*A, B, C, D,* etc., en vez de *a, b, c, d,* etc., que son las letras minúsculas). Además, toda oración termina en cualquiera de los siguientes signos de puntuación:

> . [punto]
> ... [puntos suspensivos]
> ? [signo de interrogación]
> ! [signo de admiración]

Las oraciones *no* terminan con comas (,), con puntos y comas (;) o con dos puntos (:).

La cláusula: Muchas oraciones contienen por lo menos una **cláusula.** La **cláusula** es cualquier combinación de palabras en la que hay un **sujeto** y un **predicado.** Algunas oraciones tienen más de una cláusula.

El sujeto: ¿Qué es un **sujeto**? Examinemos estas tres funciones del sujeto: (1) El sujeto determina la forma del verbo. (2) El sujeto es el "tema" de la cláusula, el tópico principal del cual estamos hablando. (3) Muchos sujetos también hacen la acción de la cláusula.

1. **El sujeto determina la forma verbal (del verbo):**

   Eduviges se parece mucho a su bisabuela.

   SUJETO   VERBO

   A *Eduviges* sólo le puede acompañar una forma verbal como *parece;* no le puede acompañar ninguna otra forma verbal, por ejemplo *parezco, pareces, parecemos, parecen;* ninguna de las siguientes oraciones es correcta:

   *Eduviges se parezco mucho a su bisabuela.

   *Eduviges se pareces mucho a su bisabuela.

   *Eduviges se parecemos mucho a su bisabuela.

   *Eduviges se parecen mucho a su bisabuela.

Como se aprende en el capítulo 12, un sujeto como *Eduviges* se dice ser de la **tercera persona singular** gramatical y una forma verbal como *parece* de la tercera persona singular gramatical también. Si el sujeto es de la tercera persona singular, la forma verbal lo tiene que ser también. De igual manera, un sujeto de primera persona singular pide una forma verbal que sea de primera persona singular, uno de segunda persona singular informal pide una forma verbal que sea de la misma persona, y así sucesivamente. Esta relación obligatoria entre sujetos y verbos se llama **concordancia**.

2. **El sujeto es el "tema" de la cláusula, el tópico principal del cual estamos hablando.**

> Mario mató a más de medio millón de marcianos.

Aquí lo principal es quién hizo lo que se hizo. Fue Mario quien lo hizo. La acción misma es, por supuesto, *mató*, y el resultado de esa acción es la muerte de más de medio millón de marcianos.

3. **Muchos sujetos también hacen la acción de la cláusula.**

> Mario mató a más de medio millón de marcianos.

Ya sabemos que la acción fue la de matar y que fue hecha por Mario. Basta con que identifiquemos cuál ha sido la acción y quién la hizo para poder identificar el sujeto, que en este caso es Mario.

Importa saber que algunos verbos no son verbos de acción: los sujetos que a ellos les corresponden no hacen la acción de la cláusula porque no hay acción en ella. Siguen dos ejemplos:

> Mario ya *está* muy cansado.

(La forma verbal *está* implica estado o posición, no acción.)

> Mario *es* todo un héroe.

(La forma verbal *es* expresa equivalencia en este sentido: "Mario" = ['equivale a'] "todo un héroe". No expresa acción alguna.)

El sujeto no se tiene que limitar a una sola palabra. Puede contener hasta cuatro, cinco o más palabras, como indican los siguientes ejemplos:

[**sujeto de una sola palabra:**] <u>Mario</u> mató a más de medio millón de marcianos.

[**sujetos de más de una palabra:**] <u>Mario y Manuel</u> mataron a más de medio millón de marcianos.

<u>Mi hermano Mario y su mejor amigo Manuel</u> mataron a muchos.

<u>Varios de los alumnos más agresivos e intrépidos de la clase de español del profesor Pérez</u> llegaron tarde.

Muchas veces el sujeto no se ve porque se suprime. Se suprime porque la forma verbal nos dice cuál es el sujeto y por eso no hay que poner sujeto. Sin embargo, este **sujeto suprimido**

sigue estando presente en el sentido siguiente: siempre puede ponerse otra vez; siempre puede reinstituirse. Examinemos los siguientes ejemplos:

> **[sujeto suprimido:]** Mataron a más de medio millón de marcianos, ¿verdad?
>
> **[sujeto suprimido reinstituido {puesto otra vez}:]** <u>Mario y Manuel</u> mataron a medio millón de marcianos, ¿verdad?

Muchos sujetos se encuentran al principio de la cláusula, pero otros se encuentran, o al final de la cláusula o en otra posición. Siguen ejemplos:

> **[sujeto que se encuentra al principio:]** <u>Mario</u> me mandó un miligramo de mota.
>
> **[sujeto que se encuentra al final:]** Me mandó un miligramo de mota <u>Mario</u>.
>
> **[sujeto que se encuentra en otra parte:]** Me mandó <u>Mario</u> un miligramo de mota.

El predicado: El **predicado** es simplemente el resto de la cláusula. Todo lo que no sea sujeto es predicado. El corazón de todo predicado es el verbo. Hay predicados que constan de una sola palabra: el verbo. Examinemos los siguientes ejemplos:

<u>Antonio</u> <u>cantó</u>.   <u>María Elena</u> <u>protestó</u>.

  SUJETO   PREDICADO = VERBO   SUJETO   PREDICADO = VERBO

Otros predicados, en cambio, contienen más que el verbo mismo:

Jorge <u>cantó</u> <u>varias canciones</u>.

     VERBO   OBJETO DIRECTO

Jorge cantó varias canciones <u>magníficamente</u>.

                          ADVERBIO

Jorge cantó varias canciones magníficamente <u>en la sala chica</u>.

                                   FRASE PREPOSICIONAL

Jorge cantó varias canciones magníficamente en la sala chica <u>la semana pasada</u>.

                                           FRASE NOMINATIVA

Jorge cantó varias canciones magníficamente en la sala chica la semana pasada <u>ante un público entusiasta</u>.

FRASE PREPOSICIONAL

✔   *En el Cuaderno C11.2 se halla la actividad que corresponde a las secciones anteriores.*

Introducción a la gramática: El verbo

Un *verbo* es cualquier palabra que puede conjugarse. ¿Qué significa "conjugarse"? Una definición simplista de esa palabra es: "conjugarse" quiere decir "jugar con" el verbo. ¿Qué nos motivaría a "jugar con" un verbo? Lo haríamos para producir todas las formas que tiene. Una definición más sofisticada es: **la conjugación verbal es una lista de formas verbales que cambian según los pronombres o sustantivos que les correspondan como sujetos.** Un tipo de sujeto produce una forma verbal, otro tipo produce otra forma verbal.

La siguiente lista es un ejemplo de la conjugación verbal. Aquí se conjuga el verbo *ir* en todos sus tiempos sencillos (que todavía no identificamos).

iré	iremos	iría	iríamos	voy	vamos	vaya	vayamos
irás		irías		vas		vayas	
irá	irán	iría	irían	va	van	vaya	vayan
fui	fuimos	iba	íbamos	fuera	fuéramos		
fuiste		ibas		fueras			
fue	fueron	iba	iban	fuera	fueran		

Cada forma verbal conjugada tiene su propio sujeto. El sujeto puede ser un pronombre—los pronombres de sujeto son *yo, tú, Ud., él, ella, nosotros, Uds., ellos, ellas*—o puede ser cualquiera de los miles y miles de sustantivos que hay: *mi vecino, este perro, un gato, la profesora, el señor presidente, las trabajadoras domésticas, la ciencia de la comunicación,* y así sucesivamente. Según las reglas de la concordancia entre sujetos y formas verbales, el único pronombre sujeto que puede corresponder a una forma verbal como *voy* es *yo,* el único que puede corresponder a *vas* es *tú,* los únicos que pueden corresponder a *va* son *Ud., él* y *ella,* etc.

¿Cómo se sabe si la palabra es verbo? A veces una misma palabra puede ser un verbo en una ocasión y no serlo en otra. Examinemos las palabras *caso, deseo, como* y *baile.*

El <u>caso</u> es que yo me <u>caso</u> mañana.
SUSTANTIVO   VERBO

<u>Deseo</u> que todos obedezcan mi <u>deseo</u>.
VERBO   SUSTANTIVO

¿<u>Cómo</u> que <u>como</u> <u>como</u> si fuera puerco?
PRONOMBRE INTERROGATIVO   VERBO   ADVERBIO

Cuando yo la <u>beso</u>, ella responde con otro <u>beso</u>.
VERBO   SUSTANTIVO

No queremos que en ese baile baile ella.

SUSTANTIVO   VERBO

Para comprobar si se trata de un verbo, hay que determinar si la palabra en cuestión va acompañada de un sustantivo o de un pronombre o (en el caso de los sujetos suprimidos) si puede ir acompañada de uno. En la primera oración ("El *caso* es que yo me *caso* mañana"), no puede haber duda sobre cuál de las dos *caso* es el verbo: en "yo me *caso*", está presente el pronombre sujeto *yo*, y hay concordancia entre este pronombre sujeto y la forma verbal conjugada. Lo que es más, la cláusula "*yo me caso*" fácilmente se presta a una conjugación como la siguiente, en la que están involucrados todos los demás pronombres sujeto (**pro suj**):

pro suj	forma verbal
El caso es que yo	me caso.
El caso es que tú	te casas.
El caso es que Ud.	se casa.
El caso es que él	se casa.
El caso es que ella	se casa.
El caso es que nosotros	nos casamos.
El caso es que Uds.	se casan.
El caso es que ellos	se casan.
El caso es que ellas	se casan.

En cambio, el primer *caso*—el *caso* de "El caso es que ..."—no permite ese tipo de sustitución, como la siguiente conjugación imposible demostrará.

*Yo caso es que yo me caso.

*Tú caso es que yo me caso.

*Ud. caso es que yo me caso.

*Nosotros caso es que yo me caso.

*Ellas caso es que yo me caso.   (etc.)

✔ *En el Cuaderno C11.3 y C11.4 se hallan las actividades que corresponden a las secciones anteriores.*

Introducción a la gramática: El sustantivo

Un **sustantivo** es cualquier palabra que (1) puede pluralizarse (pasar de singular a plural), (2) puede ser modificada por determinantes, adjetivos, cuantificadores y números y (3) puede emplearse en construcciones posesivas. Examinemos cada una de estas características por separado.

1. **Los sustantivos pueden pluralizarse.** Lo singular es "uno solo", lo plural es "más de uno". Si la palabra en cuestión es sustantivo, puede convertirse de singular en plural, agregándole (la mayoría de las veces) **-s** o **-es** al final. Siguen varios ejemplos.

singular	plural
libro	libros
perro	perros
cárcel	cárceles
pared	paredes
taxi	taxis
manatí	manatíes

2. **Los sustantivos pueden ser modificados por determinantes, adjetivos, cuantificadores y números.** La palabra *modificado* se refiere a todo lo que "rodea" al sustantivo en su misma frase. (La **frase** es la unidad gramatical que es más chica que la cláusula. El típico sujeto de una cláusula contiene una frase nominativa cuyo corazón es el sustantivo. El típico predicado de una cláusula contiene una frase verbal cuyo corazón es el verbo. Los predicados también suelen contener sus propias frases nominativas cuyos corazones son, otra vez, sustantivos.) La frase nominativa—la de los sustantivos—puede tener varios elementos que modifican al sustantivo y están relacionados con él. Siguen varios ejemplos.

[sustantivo modificado por determinante:]

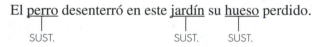

El <u>perro</u> desenterró en este <u>jardín</u> su <u>hueso</u> perdido.
    SUST.   SUST. SUST.

(Hay tres tipos de determinantes: los **artículos**—que además de *el* son *los, la, las, un, unos, una, unas*; los **demostrativos**—que además de *este* son *estos, esta, estas, ese, esos, esa, esas, aquel, aquellos, aquella, aquellas*—y los **posesivos**—que además de *su(s)* son *mi(s), tu(s) y nuestro(s) / nuestra(s).*)

[sustantivo modificado por adjetivo o cuantificador:]

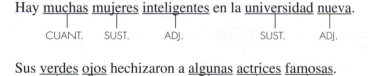

Hay <u>muchas</u> <u>mujeres</u> <u>inteligentes</u> en la <u>universidad</u> <u>nueva</u>.
   CUANT.   SUST.   ADJ.   SUST.   ADJ.

Sus <u>verdes</u> <u>ojos</u> hechizaron a <u>algunas</u> <u>actrices</u> <u>famosas</u>.
   ADJ. SUST.   ADJ.   SUST.   ADJ.

(Los adjetivos describen; los cuantificadores indican cantidad. Hay relativamente pocos cuantificadores—*mucho, muchos, mucha, muchas; poco, pocos, poca, pocas; varios, varias; algún, algunos, alguna, algunas* son cuantificadores, entre otros—y miles y miles de adjetivos, desde *abajeño* y *abandonado* hasta *zumbón* y *zurdo*.)

[sustantivo modificado por número:]

Tres tigres tristes tragaron treinta y cuatro toneladas de trigo.

    NUM.   SUST.   NUM.   SUST.   SUST.

(El número cardinal—el que se usa al contar de uno en adelante [*uno, dos, tres, cuatro,* etc.]—siempre va antes del sustantivo que modifica. Los números ordinales también van antes, a menos que formen parte de títulos reales.)

Estos estudiantes están en el cuarto año de estudios médicos.

Abd al-'Aziz ben Musa Primero fue el primer rey musulmán de Andalucía.

3. **El sustantivo puede emplearse en construcciones posesivas.** Lo posesivo indica "de quién es" una cosa. La típica construcción posesiva es de una frase que empieza con la preposición *de:* "el libro *de* la vecina", "la manzana *de* mamá", "el avioncito *de* Julio", etc. El que posee—el poseedor—o es sustantivo (*la vecina, mamá*) o es nombre propio ("Julio"). (Los nombres propios son, por supuesto, nombres de personas y se escriben siempre con letra mayúscula: *el doctor Juan Ramón Gutiérrez Candelaria, la señora Dulce María Ávila Montes de Sandoval Zúñiga, el respetadísimo doctor Carlos Corral.*) Siguen ejemplos.

Ya vendimos la casa de esa cliente.

                                   SUST.

La pluma de mi tía está en el escritorio del jardinero.

                    SUST.   SUST.

La constitución de los Estados Unidos fue aprobada en 1788.

                    NOMBRE PROPIO

✔ *En el Cuaderno C11.5 y C11.6 se hallan las actividades que corresponden a las secciones anteriores.*

Texto y comprensión
Luis Fernando Ramos, *Bodas de rancho*

El maestro Ramos, nacido en Ciudad Juárez, Chihuahua, México, es profesor de español e inglés como segundo idioma en El Paso, Tejas y Ciudad Juárez. Luego de escribir una tesis sobre "La violencia y lo sagrado en tres obras de Rafael Alberti", obtuvo su maestría en Letras Hispánicas de la University of Texas-El Paso en 1993. Actualmente se dedica a la enseñanza de lenguas.

Actividad 11.2   Preguntas preliminares para contestar en voz alta y por escrito.

1. En estos tiempos, ¿por qué se casa la gente? ¿Por qué hay bodas? ¿Para qué sirve casarse?

2. ¿A cuántas bodas has asistido tú a lo largo de los años? ¿Cuál fue la más memorable? ¿La más aburrida?

3. ¿Piensas tener una boda enorme, una boda chica, o simplemente vas a casarte en una ceremonia civil sin nada de celebración ni fiesta? ¿Qué es lo que motiva tu decisión?

4. ¿Cuáles son las principales diferencias entre la típica boda de la gente hispana/latina y la típica boda de la gente de otras culturas como, por ejemplo, la anglosajona?

5. ¿Qué diferencias existen entre la vida urbana (la de la gran ciudad) y la vida del campo (la del rancho)? ¿Has vivido tú en ciudades? ¿En ranchos? ¿Qué estilo de vida prefieres y por qué?

El texto

Lee con atención el siguiente relato.

Bodas de rancho

Cuando yo era chico mi madre me deleitaba[1] contándome las anécdotas de las bodas de rancho a las que ella asistió en los años cuarenta. "En los ranchos", me decía ella entusiasmada, "cuando una pareja se casaba, toda la gente de la población asistía. Era una fiesta que duraba toda una semana; los padres de los novios mataban varios animales para darles de comer a los invitados, y las varias bandas de músicos tocaban las veinticuatro horas para que las parejas bailaran y bailaran, hasta que éstas se cansaban y se iban a dormir, para regresar a la fiesta al día siguiente a comer, tomar y bailar, y así hasta que los novios se despedían de todos y salían a su viaje de bodas, o se iban al rancho del novio".

De las varias bodas urbanas[2] a las que he asistido yo, recuerdo haber visto por cerca—sólo visto, puesto que casi nunca nos sirvieron—pequeños platos de cartón embarrados con frijoles, algún tipo de pasta, y pollo, pollo y más pollo. De las bebidas y de la cerveza no me puedo quejar. (Nada más eso me faltaba: que aparte de hambreados, secos. Además, sólo se requería darle alguna propina al mesero para que éste no se olvidase de nosotros, y asunto arreglado.) En cuanto a la música de las bodas de ciudad, podríamos decir que, restando el tiempo para descansar que los músicos tomaban entre tanda y tanda,[3] el baile del dólar, el brindis de los novios, y el lanzamiento de ramo y liguero, venían a ser algo así como dos horas de baile. Por eso, cuando mi mujer me invitó la semana pasada a una boda de rancho

Notas léxicas

[1] entretenía, daba gusto   [2] de la ciudad, metropolitano   [3] turno, período de trabajo

a pocas horas de camino, no tomé mucho tiempo para darle el sí. Ya me imaginaba en ese banquete atorándole a la comilona, con los músicos tocando sin parar, y yo bailando hasta el cansancio.

Con lo que no conté fue con las incomodidades que iba a sufrir de principio a fin. Para empezar, el pueblo donde era la boda no contaba con camino pavimentado; era conveniente pues, para la seguridad de nuestros automóviles, viajar en autobús. ¡Pero qué autobús! No lo digo por el primero que hizo su parada y nos dejó en plena carretera donde sólo había una casita vieja de adobe que funcionaba como garita aduanal. No. Fue el que, después de una hora de espera bajo el implacable sol del desierto del norte de México apareció rodeado de una nube mezcla de polvo caliente y un humo con olor a dísel quemado.

Era uno de esos autobuses foráneos[4] que hacía como treinta años no veía en las carreteras decentes, y que a punta de puros jales lo mantenían aún en movimiento. El exterior era lo de menos, pero no puedo decir lo mismo del interior. Al subir, estaba el chofer sentado en un asiento tan viejo como él, listo para transformar los boletos que tenía en la mano en dinero contante y sonante: a veinte mil pesos antiguos cada uno por un trayecto[5] de veinte minutos de duración. Se notaba inmediatamente que ese señor era el chofer, el mecánico, el boletero, y muy posiblemente el dueño y gerente general de la compañía "Transportes 'El Rápido'".

Una vez desembolsado el dinero, tratamos mi mujer y yo de agarrar los asientos menos destruidos, ya que éstos estaban en tan desastroso estado, que no era posible recargar la espalda en ellos sin correr el peligro de caer con todo y respaldo en las piernas del pasajero de atrás. Pero lo peor eran los resortes que no permitían sentarse en postura decente; estaba tan desgarrado el asiento, que aquéllos salían al aire impunemente[6] obligándome a poner entre el asiento y yo el maletín del video con riesgo a descomponerlo.

La calle principal del pueblito no tenía muchos atractivos para turistas como yo, ya hecho al molde norteamericano: las calles las constituían básicamente viejas casas con el adobe al aire, y casas más recientes hechas de ladrillos forrados[7] con mezcla y pintadas de diversos colores. Parecía como si toda la gente estuviese en la boda, ya que únicamente los perros andaban en la calle. Al llegar a lo que podría considerarse el centro, lugar donde el chofer nos bajó, encontramos por fin un pequeño hotel, un restaurante y una licorería. Afortunadamente la casa de la novia estaba bastante cerca de ahí y llegamos caminando en quince minutos.

Por lo que se veía el festejo había empezado en la mañana, cuando los novios contrajeron nupcias en la única iglesita del pueblo: la música se escuchaba en el patio, y las caras de la gente que entraba y salía de la casa acusaban[8] ya los efectos de la fiesta. Una vez pasados los saludos de rigor entre los familiares de mi mujer y nosotros, nos acomodaron en uno de los pequeños cuartos de la casa para podernos bañar y cambiar de ropa, para después reunirnos con el resto de los invitados.

---

[4] forastero, que viene de fuera   [5] viaje, ruta   [6] sin que nadie los castigue   [7] cubiertos, tapados
[8] mostraban

A estas alturas,[9] mi espíritu optimista sufría los estragos[10] del hambre; eran casi las cuatro de la tarde y aún no había comido. Mi estómago ya no me permitía pensar en otra cosa más que en él y para él. Me recordaba, por ejemplo, que una de las razones de haber salido de mi agradable rutina era devorar los platillos de las bodas de rancho. Así que me bañé, me enfundé en mi traje de tres piezas lo más rápido que pude, y me planté en el improvisado comedor tratando de recobrar mi felicidad.

Mi hambruna me hizo notar que, o ésta era la hora de comer aquí, o toda la gente había esperado mi llegada para sentarse y ocupar todos los asientos disponibles. El hecho es que solamente encontré media silla desocupada entre las quince largas mesas ubicadas en el patio y el interior de la casa; sin pensarlo más, mi vacío estómago me impulsó a ocuparla. Estaban tan apretujadas las gentes en las sillas, que hube de deslizarme entre gente y sillas lo más decentemente que pude y sentarme de medio lado, como arrimando el hombro a la mesa, ya que mi vecino de la izquierda ocupaba en el planeta el lugar de tres; su generosa anatomía se desparramaba[11] flácidamente hacia los lados de la silla que ocupaba, abarcando también una buena porción de la mía. La incómoda postura me obligó a comer con una sola mano. Éramos un total de veinte gentes sentadas en un lugar donde normalmente debería haber sólo doce. Pero el hambre no conoce reglas de urbanidad,[12] así que me olvidé de ellas como quien olvida un adorno innecesario.

Mientras esperaba que me sirvieran mi platillo, traté de ejercitar el aparato digestivo con las botanitas que rondaban por la mesa. "¿Podría usted pasarme los chicharroncitos por favor, señora? Gracias. ¿Qué tal si me alcanza usted la salsita de árbol joven? Muy agradecido. Disculpe señora de rojo, ¿podría acercarme las tostaditas? Muy amable." No sé si por la relatividad del tiempo o porque los encargados de atender las mesas detectaron mi voraz apetito, el hecho es que al poco rato tuve ante mí un plato de cartón rebosante de un oloroso guisado de carne de res en chile chipotle, acompañado de frijoles refritos graneados con queso ranchero, y una canastita con tortillas de maíz recién hechas. ¡Qué delicia!

Mientras consumía mi tercer platillo, consistente en unos tamalitos de puerco en chile colorado, noté que los progresos urbanos ya habían tocado significativamente la vida rural: los platos de cartón, los cubiertos de plástico, las servilletas y vasos desechables eran una muestra de ello. Además, la música que se escuchaba en el patio y que amenizaba[13] el banquete no procedía de músicos de carne y hueso, sino de un tornamesa con dos enormes bocinas puestas a todo volumen, tocando canciones de Vicente Fernández, los Tigres del Norte, Thalía, Luis Miguel y, aunque ustedes no lo crean, música de *rap*. Para terminar de dar un extraño toque al ambiente campirano,[14] andaban varias personas con cámaras de video en mano—incluyendo a mi esposa—que, como moscas alrededor de las mesas, se paseaban tratando de captar el mejor perfil de los comensales.[15] "¡Cómo han cambiado los tiempos!", hubiera expresado mi madre al ver las nuevas bodas de rancho. Pero a la fiesta y a mí aún nos

[9] en este momento, ahora   [10] daños   [11] esparcía, ocupaba mucho espacio   [12] cortesía   [13] hacía ameno y placentero   [14] campesino, ranchero   [15] personas que comen en el mismo banquete que uno

faltaba otro evento importante: el baile de boda, el cual iba a ser en el único salón del pueblo. Y ahí me encontré con situaciones que mi madre no se hubiera imaginado.

Después de terminado el banquete, cosa que sucedió alrededor de las siete de la noche, los comensales empezaron a trasladarse al salón de baile. Como andábamos a pie, tuvimos que esperar a un familiar de mi mujer para llegar ahí.

Mientras llegaba el momento de la partida decidí caminar un poco alrededor de la casa y fue cuando vi, a través de la ventana de uno de los cuartos, un incidente que no tomé en cuenta hasta avanzada la noche. Los novios parecían discutir entre sí; ella lloraba tapándose la cara con sus manos enguantadas, mientras él la sacudía por los hombros como pretendiendo reprimirla[16] por algo. En ese momento pensé que el novio empezaba a tomar en serio su papel de esposo y ponía en práctica los consejos que, según decía mi madre ocurría en los ranchos, les daban los padres a sus hijos: tratar a las mujeres con severidad y sólo de vez en cuando con ternura; hacerles entender que ellos eran los machos, los amos, los que mandaban, y ellas las sumisas que obedecían sin replicar.

Eran como las ocho de la noche cuando entramos al salón. Los novios se habían quedado un rato más en la casa de la novia, así que decidimos trasladarnos en la troca[17] de uno de sus hermanos.

Mientras los invitados esperábamos el arribo de los novios, el salón empezó a llenarse de gente y la pista de parejas. La música no era esta vez producto de un tornamesa, sino de un conjunto traído desde San Antonio, Tejas. No sé si fue el poderoso equipo de la banda o la vieja instalación del salón, pero el caso es que durante la primera tanda varias canciones fueron interrumpidas por defectos eléctricos. Las parejas, al escuchar los primeros compases de los corridos norteños, empezaban a girar cual trompos alrededor de la pista. Pero al minuto la música y las luces del salón se iban, dejando en su lugar una oscuridad con olorcito a cable quemado, y una rechifla[18] por parte de los asistentes. La única solución fue desconectar las guitarras eléctricas, sustituyéndolas los músicos por unas acústicas que sacaron no sé de dónde.

Para las diez de la noche el salón se encontraba repleto de invitados. Los novios todavía no aparecían, pero la gente, alegre por el baile y la bebida, aún no demandaban con insistencia su presencia. En lo particular me sentía un poco aburrido. El tumulto que bailaba en la pista no permitía el ingreso de una pareja más, y yo no pretendía arriesgarme a ser apretujado por la marabunta[19] danzante. Sólo me quedaba ver desde mi mesa cómo ese remolino humano pasaba frente a mí taconeando la canción en turno. Por cierto, noté que el vestuario de los habitantes del rancho también había cambiado con el tiempo. Según mi madre, los hombres vestían para estas ocasiones pantalón de mezclilla,[20] camisa blanca con chaleco y corbata vaquera, botas de piel y una tejana.[21] Las mujeres se ponían vestidos largos de encaje, con su

---

[16] castigarla y detenerla   [17] camión, camioneta, *truck*   [18] silbido sarcástico   [19] migraciones masivas de hormigas legionarias que lo devoran todo   [20] *blue jeans*   [21] sombrero de fieltro de copa alta terminada en punta

pelo largo adornado con listones de colores y zapatos de tacón. El cambio no se notaba tanto en los hombres como en las mujeres. Éstas, como puestas de acuerdo, traían el cabello bastante corto, como las mujeres de ciudad que trabajan en oficinas de nueve a cinco y no tienen tiempo para peinarse. Además, las faldas largas de encaje habían desaparecido dejando en su lugar unas minifaldas que quitaban el hipo.

Para las once de la noche, al ver que los novios no llegaban, los rumores empezaron a rondar las mesas de los invitados. Por la izquierda llegó uno en voz de una mujer regordeta que no ocultaba sus ansias de propagarlo: "Fíjense que Fulanito[22] me dijo que el novio estaba muy enfermo y por eso quería casarse lo más pronto posible, para poder dejar el rancho a un hijo suyo y no a sus parientes. A lo mejor ya se murió y por eso no han llegado". Por la derecha corría otro de distinto color: "Menganita sabe que el novio tiene una niña con otra mujer. A lo mejor la novia ya se dio cuenta y está pidiéndole el divorcio al macho ese, antes de perder su virginidad con un sinvergüenza". Por angas o por mangas,[23] pero el hecho era que los novios no aparecían. Ya unos de los padrinos habían salido rumbo a la casa de la novia para ver el porqué de la tardanza, y el hermano con quien habíamos llegado al baile nos había abandonado por la misma razón. Eran las once y media de la noche, y el salón lo cerraban a las dos de la mañana. Quedaban solamente dos horas y media para cubrir la ceremonia de entrega, el brindis, el baile del dólar y todo lo demás.

La noticia la trajo al salón el propio padre de la novia como a la una de la mañana: su hija había sido raptada por un ex novio despechado. Lamentaba mucho lo sucedido, pero deseaba que la gente siguiera con la fiesta. Así que los músicos recibieron órdenes de continuar con la música.

En la mesa donde nos encontrábamos fuimos los únicos que permanecimos sentados. No porque no quisiéramos retirarnos del lugar, sino porque no conocíamos a nadie que nos diera un aventón a la casa de la novia. Los familiares de mi mujer poco a poco se habían estado retirando del salón. Afortunadamente, cuando estábamos decididos a pedirles a los músicos que nos llevaran al hotel del pueblo, mi mujer encontró a unas primas que nos llevaron de regreso a la casa de la novia.

La casa estaba hecha un caos.[24] Gente llorando y gritando llenaba ahora un lugar que horas atrás había sentido la alegría de una boda. Pero el honor de la casa había sido mancillado por una hija deshonesta, y los familiares sufrían las consecuencias. El padre, que no había salido en persecución del raptor a causa de su avanzada edad, trataba de sacarles información a las sirvientas que supuestamente habían visto el suceso. Pero las versiones que daban se encontraban divididas: unas decían que la novia había sido raptada por el criminal, y que lo habían visto con una pistola en la mano. Sin embargo, otras las desmentían diciendo que la novia se había fugado con el ex novio; la habían oído insistir con anterioridad que prefería

---

[22] (Fulano, Zutano y Mengano:) persona(s) cuyo(s) nombre(s) se desconoce(n) o se calla(n)   [23] por la razón que sea, por cualquier razón desconocida   [24] desorden, loquera

huir con su antiguo enamorado que vivir por el resto de sus días con alguien a quien no quería, ya que la casaban contra su voluntad, simplemente porque sus padres así lo ordenaban. Mientras tanto, los familiares continuaban haciendo partido por una y otra versión sin ponerse de acuerdo.

Me hubiera gustado mucho saber qué pasó con el novio, pero a estas alturas lo que más me interesaba era dormir. La jornada había sido muy larga y llena de incidentes, y había acabado con mis energías. Además, realmente no sabía qué pensar de la situación. No conocía ni al novio, ni a la novia, ni a los familiares de éstos; por lo tanto no podía tomar partido ni dar mis opiniones. Así que decidí buscar alguna cama desocupada lo más lejos del barullo[25] y le hablé a mi mujer, quien coincidió con mi postura,[26] y nos dormimos en el acto.

Finalmente amanecimos en una casa que no había dormido. La gente, con voces roncas de cansancio, aún continuaba con las disputas por decidir si la novia había sido raptada o se había fugado con el ex novio. Mientras tanto yo, disimuladamente, me acerqué al menudo que hervía en la cocina y me serví con la cuchara del hambre. Me supo delicioso. Ya después del segundo plato le pregunté a una señora dónde y a qué hora podía coger el camión de regreso. No sentía ningún deseo de permanecer por más tiempo en esa casa, ni saber lo que sucedió con los novios.

Rumbo a la parada del camión, para que mi mujer no pensara que todo había sido un desastre, le confesé que la boda me había parecido muy concurrida, y que la comida había estado exquisita.

[25] ruidajo, confusión   [26] opinión

✔ *En el Cuaderno C11.7, C11.8, C11.9 y C11.10 (La comprensión) se hallan las actividades que corresponden a las secciones anteriores.*

Capítulo 12

A quien madruga, Dios le ayuda

Objetivos

En este capítulo...

- aprenderás a leer y escribir sobre carreras y profesiones.

- darás tu propia opinión con respecto a cómo te va en tu carrera.

- seguirás aprendiendo mucho sobre la gramática española, por ejemplo:

  • los pronombres personales de sujeto.

  • la persona y el número de pronombres y formas verbales.

  • la persona y el número de los sustantivos de sujeto.

- tendrás un buen repaso del acento escrito (pero esta vez en español).

- leerás uno de los cuentos más renombrados de la literatura hispanoamericana.

- comentarás ese cuento, dando tus propias opiniones.

Tema y expresión

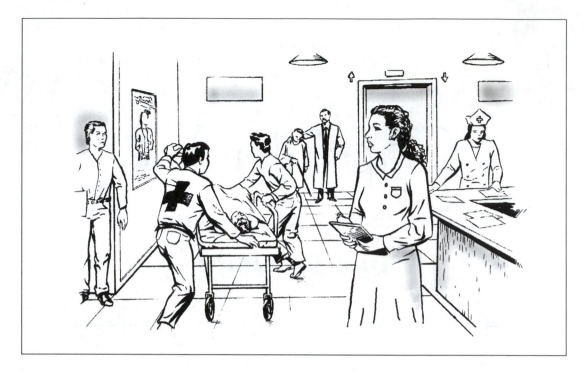

El tema: *¿Escogí bien? Ojalá que esta carrera me sea útil.*

Lee con atención la siguiente narración.

Habla Marisela Suárez, nuestra dominicana de 19 años que estudia en el Hunter College de Nueva York.

Ya estoy en mi segundo año de enfermería. Me gradué a tiempo de la preparatoria, entré a tiempo en Hunter y aquí me tienen estudiando para enfermera. Casi siempre estoy tan ocupada con mis estudios y mi trabajo que no me queda tiempo para dudar de mi decisión de escoger la enfermería como carrera, o sea, *major*. Pero de vez en cuando me quedo con la duda: ¿escogí bien? ¿De veras quiero ser enfermera? ¿Tengo el valor necesario para una carrera tan exigente como lo es la enfermería? ¿Voy a poder terminarla y con éxito? ¿Me espera un buen trabajo cuando termine mis estudios?

Vamos a retroceder unos años. Mis padres querían que terminara la preparatoria, eso sí, pero mamá no deseaba que siguiera estudiando. "Ya estudiaste 12 años, Marisela. ¿No crees que eso sea suficiente? ¿Todavía no tienes lo que necesitas para conseguirte un buen trabajo en alguna parte?" En cambio papá, como trabaja fuera de casa, entendía que una cosa es un trabajo y otra cosa es una profesión. Papá sí quería que me metiera en algo que tuviera futuro y que fuera un poco más estable que un simple puestecito del cual te botan de la noche a la mañana si no le caes bien al gerente o si hay una disminución temporal en el número de clientes. "¿Por qué no estudias para médico, Marisela?", me preguntó papá. Bueno, yo quiero mucho a mi papi pero, ¡en eso sí reveló que es quijotesco y soñador! Mami quería que buscara un puestecito de dependiente en una tienda o de camarera en un restaurante, papi insistía en que me hiciera médico, pero la verdad es que ninguno de los dos tiene mucha experiencia fuera de lo suyo. Mamá siempre se ha dedicado a sus labores como la buena ama de casa que es, y papá lleva años trabajando en el mismo puesto en el almacén de una enorme tienda de departamentos aquí en Manhattan. Hasta a mi novio Vicente le cae mal que yo quiera tener una profesión. "Oye chica, ¿no crees que lo que gano yo en el taller sea suficiente para mantenernos a los dos y a nuestros hijos una vez que estemos casados?" Pero yo insistí, y al fin de cuentas tuvo que tolerar mi decisión, aunque sé que a la hora de la hora no le cae bien; en la familia de él, sólo Roberto (el mayor de sus hermanos) es profesionista y muchos de sus parientes creen que el que quiera tener una profesión es un "vendido" a quien le da vergüenza ser quién es y venir de dónde viene.

¿Por qué, pues, escogí la carrera de enfermería si nadie me la recomendó y si no había nadie en la familia que hubiera trabajado en eso? La razón es muy sencilla: ¡a mí me gustan muchísimo los hospitales! A mí de niña me fascinaban las telenovelas de hospitales. Es cierto que aprendí mucho inglés en la escuela y jugando con las niñas que lo hablaban en casa como mi amiga la jamaicana, pero creo que donde más inglés aprendí fue viendo telenovelas de médicos, enfermeras y hospitales cuando mamá me permitía ver los canales en inglés. ¡Qué dramatismo! ¡Qué emoción! ¡Qué manera más intensa de vivir! Además—y por qué no confesarlo—soy algo extrovertida y entrometida: me gusta meterme en vidas ajenas y por eso me gusta atender a la gente. Y en un hospital—o así creía yo—siempre pasan cosas emocionantes. A través de los años, varios parientes de nosotros se han internado en el hospital—adonde van más es al hospital Bellevue, que pertenece al gobierno y es uno de los más grandes del país—y yo los visitaba de muy buena gana. "¡Qué dedicada, qué cumplida, qué simpática y qué buena nieta/hija/ahijada/hermana/sobrina/prima es esta niña!", decían siempre mis parientes. Creo que pensarían otra cosa de mí si se dieran cuenta del verdadero motivo de esas visitas ...

Bueno, admito ser soñadora (como papi), entrometida (como *todos* los de mi familia) y algo adicta al drama humano, pero también tengo mi lado práctico. A los catorce años fui y hablé con la asesora de mi escuela—y debido a los recortes en el presupuesto municipal había una sola para cada mil alumnos—y le pregunté qué era exactamente lo que tenía que hacer para prepararme para la enfermería. Y tuve la buena fortuna de que la asesora tenía una hermana que ya llevaba más de veinte años trabajando como enfermera en uno de los mejores hospitales, así que estaba bastante bien enterada de cómo era la preparación académica para tal carrera. La asesora, pues, recomendó que estudiara biología, química, física (excepto que ya no daban física debido a que muy pocos alumnos se interesaban en ella) y sobre todo matemáticas, en particular álgebra, geometría y cálculo. Al principio yo no sabía si podría soportar tanta rigurosidad académica, pero le puse muchas ganas, hice lo que pude y salí bien.

No tardé mucho tiempo en descubrir que la carrera de enfermería es bien rigurosa. Hay que tomar muchas clases de biología, química, microbiología y matemáticas además de los requisitos generales que todo estudiante toma como historia, ciencias políticas, ciencias sociales, lenguas, etc. Una vez que se entra plenamente en la carrera misma, hay que tomar más de 60 horas de crédito de clases especializadas como patofisiología y farmacodinámica más una docena de cursos técnicos y a la vez muy prácticos. (Por ejemplo, hay un curso que se llama—y aquí traduzco del inglés—"La enfermería con relación a madres y familias durante el período de la maternidad".) Hay que pasar muchas horas en hospitales y clínicas observando y ayudando a enfermeras prácticas, enfermeras registradas y hasta a los mismos médicos.

Como ya le he entrado bastante a mi carrera, puedo preguntarme: ¿Me gusta la enfermería tanto como creía que me iba a gustar? Pues, sí y no. Al principio era como si yo misma ya formara parte de un gran elenco de telenovela de hospitales: médicos, enfermeras y pacientes con todo el dramatismo humano que yo deseaba. Pero después de un semestre de eso me desperté de mi sueño dorado. Ya empecé a darme cuenta de que el trabajar en hospitales y clínicas es tan arduo como cualquier otro trabajo o hasta más arduo que lo que se hace en otras profesiones. Trabajar de enfermera es muy duro físicamente; yo me quedo totalmente rendida después de un día de "aprendizaje y práctica" en un hospital. Y voy a pasar el resto de mi vida profesional así. A lo mejor me inscribo en uno de esos gimnasios y levanto muchas pesas para entrar en forma. Si voy a tener éxito como enfermera, voy a necesitar muchos músculos, mucha resistencia y mucha fuerza física.

Otro dolor de cabeza es el eterno problema del dinero. Sin andarme por las ramas, mi papá apenas gana lo absolutamente necesario para pagar la renta y el transporte público y comprar un poco de ropa. Para la comida dependemos mucho de las famosas estampillas de comida, o sea, *food stamps*. Nunca hemos tenido coche. Bueno, en una ciudad tan densamente poblada como Nueva York un coche hasta estorba porque nunca hay donde estacionarlo y si tienes uno te lo roban o destrozan en seguida. Y el metro es muy rápido aunque no muy cómodo. Así que para pagar mi carrera tengo que depender mucho de préstamos estudiantiles y becas y subvenciones además de lo que gano en mi trabajo. Desafortunadamente no me pueden ayudar papá y mamá con la matrícula, pero por supuesto no me cobran ni un centavo para la vivienda (huelga decir que voy a vivir en el apartamento con ellos hasta que me case) ni para la comida. Aún así, tengo que estar siempre pendiente de lo que gasto. Sólo voy al cine cuando me invita Vicente.

¿Voy a poder terminar la carrera? Cuando me gradúe, ¿para algo me habrán servido tantos años de estudio y dedicación? ¿Voy a conseguir una buena posición en un buen hospital o en una buena clínica? ¿Voy a estar feliz? ¿Vicente todavía querrá que yo sea su esposa o ya se habrá ido con otra? ¿Voy a tener tiempo para dedicárselo a mis hijos si Dios me los quiere dar? Lo único que de veras sé es que aún estoy contenta de estarme preparando para enfermera. Me conozco lo suficiente para reconocer que me volvería loca si trabajara de camarera en un restaurante.

La expresión

Actividad 12.1   Preguntas sobre El tema.   Contesta las siguientes preguntas.

1. ¿Cuáles son algunas de las preguntas que Marisela se hace con respecto a su selección de carrera?

2. Cuando estaba Marisela para graduarse de la preparatoria, ¿qué le aconsejó su madre? ¿Y su padre?

3. ¿A qué se dedican los padres de Marisela?

4. ¿Qué piensa el novio de Marisela de su decisión de estudiar para enfermera? ¿Qué piensan los parientes de él de la gente que tiene profesión?

5. ¿Por qué escogió Marisela la carrera de enfermería?

6. ¿Desde cuándo empezaron a gustarle los hospitales y por qué?

7. ¿Qué pensaron sus parientes cuando los visitaba de muy buena gana en el hospital?

8. ¿Qué le aconsejó la asesora que estudiara para prepararse para la carrera de enfermería? ¿Por qué estaba tan bien informada al respecto?

9. ¿Qué le gusta y qué no le gusta a Marisela de su carrera?

10. ¿Hasta qué punto le ayudan sus padres en la carrera? ¿Por qué no podrían ayudarle un poco más?

✔ *En el Cuaderno C12.1 se halla la actividad que corresponde a las secciones anteriores.*

Forma y función

Los pronombres personales de sujeto

El **pronombre** sustituye al sustantivo, reemplazándolo en la frase. La misma palabra **pronombre** nos dice eso: **pro** ('en lugar de') + **nombre** ('sustantivo'). El proceso de sustitución queda claro al realizarse las siguientes sustituciones:

Juan
Él } dice que no quiere ir.

Aquí el sustantivo nombre propio *Juan* es sustituido por el pronombre personal de sujeto *él*. Siguen más ejemplos del fenómeno:

Las cuatro muchachas
Ellas } comieron ya.

Gonzalo y yo
Nosotros } decidimos que no queríamos comer más.

Los **pronombres** se clasifican según la función que tienen. Si el pronombre es el sujeto de su cláusula, dicho pronombre se llama **pronombre de sujeto**. En cambio, si el pronombre es el objeto de una preposición o si es cualquier otro tipo de objeto, se llama **pronombre objeto** (de preposición, reflexivo, indirecto o directo según el caso; los pronombres objeto se estudiarán en el capítulo 17). Como todos los pronombres de sujeto se refieren casi siempre a personas, su nombre completo es **pronombres personales de sujeto**. La siguiente tabla los presenta.

PRONOMBRES PERSONALES DE SUJETO

personas	*singulares*	*plurales*
primera	*yo*	*nosotros, nosotras*
segunda familiar	*tú*	
segunda formal	*usted (Ud.)*	*ustedes (Uds.)*
tercera masculina	*él*	*ellos*
tercera femenina	*ella*	*ellas*

Los pronombres personales de sujeto se dividen en dos grupos según su **número**—singulares o plurales—y en tres grupos según su **persona**: primera, segunda y tercera. Además, los pronombres personales de sujeto de la segunda persona se dividen en dos grupos (familiares y formales) y los de la tercera persona en otros dos (masculinos y femeninos).

Respecto al **número**, el término **singular** se refiere a 'uno solo' y el término **plural** a 'más de uno'.

El concepto de **persona** es un poco más complicado. El concepto de la **persona** empieza con uno mismo. Así que la **primera persona**—yo en singular y *nosotros/nosotras* en plural—es uno mismo desde su propio punto de vista; la **segunda persona**—*tú* y *Ud.* en singular, *Uds.* en plural—es la persona con la que yo hablo; y la **tercera persona**—*él, ella* en singular, *ellos, ellas* en plural—son las personas o las cosas de las que se está hablando. Resumiendo:

primera: uno mismo
segunda: **con** la que hablo
tercera: **de** la que hablo

La diferencia entre la **segunda persona singular** <u>familiar</u> (*tú*) y la **segunda persona singular** <u>formal</u> (*Ud.*) es una diferencia de **familiaridad** que tú observas todos los días al hablar. A algunas personas les hablas "de tú"—les dices: "¿Cómo estás tú?" en vez de, "¿Cómo está Ud.?"—mientras que a otras personas les hablas "de Ud.": les dices, "¿Cómo está Ud.?" y no, "¿Cómo estás tú?"

La diferencia entre los dos tipos de tercera persona—los **masculinos** y los **femeninos**—se basa en el género: ella y ellas sólo se refieren a seres humanos femeninos o a cosas o conceptos que son de género femenino (por ejemplo, *la casa, la cárcel*), mientras que *él* y *ellos* se refieren a seres humanos masculinos, a seres humanos de ambos géneros o a cosas o conceptos que son de género masculino (por ejemplo, *el libro, el almacén*).

Hay dos pronombres personales de sujeto que aquí no se presentaron: *vosotros/vosotras* y *vos*. *Vosotros* y *vosotras*—pronombre personal de sujeto de segunda persona familiar **plural**—se emplean profusamente entre españoles; los hispanoamericanos, en cambio, no los usan. *Vos*—pronombre personal de sujeto de segunda personal familiar **singular**—se usa en lugar de *tú* en la Argentina, el Uruguay, Costa Rica, Nicaragua, Honduras y El Salvador y se usa conjuntamente con *tú* en Guatemala, Chile y el Ecuador.

Los pronombres personales de sujeto y las formas verbales

Al igual que ocurre con los pronombres personales de sujeto, las formas verbales corresponden estrictamente a sus respectivos descriptores de persona, número, grado de familiaridad y género. Una forma verbal como *hablas*, por ejemplo, sólo admite como pronombre personal de sujeto a *tú: tú hablas* (y nunca **él hablas* o **nosotros hablas* o **yo hablas,* etc.). A continuación se presentan todos los pronombres personales de sujeto conjuntamente con algunas de las formas verbales que les corresponden.

PRONOMBRES PERSONALES DE SUJETO CON FORMAS VERBALES

personas	*singulares*	*plurales*
primera	[yo] hablo	[nosotros] hablamos
segunda familiar	[tú] hablas	
segunda formal	[Ud.] habla	[Uds.] hablan
tercera masc.	[él] habla	[ellos] hablan
tercera fem.	[ella] habla	[ellas] hablan

Como el pronombre personal de sujeto *Ud.* tuvo sus orígenes en una frase nominativa de tercera persona singular (*Vuestra Merçed*), el pronombre *Ud.* siempre toma formas verbales que son de tercera persona también: *habla* (al igual que *él habla, ella habla*) en vez de *hablas* (que corresponde sólo al pronombre *tú*).

Los sustantivos de sujeto y las formas verbales

Aquí la regla de uso es muy sencilla: todos los sustantivos de sujeto son de tercera persona (ya sea singular o plural). A continuación se presenta una brevísima lista de sustantivos de sujeto más las formas verbales que les corresponden.

SUSTANTIVO DE SUJETO	FORMA VERBAL
tercera persona singular	
el enorme lobo malo	**soplará** todo el día
la vaca lechera	**gruñe y protesta**
mi mamá	**prepara** unos ricos tamales en la cocina
el maestro	**rabió** contra sus alumnos
la niña consentida	**rogaba** que le comprara lo que **quería**

los enormes lobos malos	**soplarán** todo el día
las vacas lecheras	**gruñen y protestan**
las señoras del rancho	**preparan** unos ricos tamales en la cocina
los maestros	**rabiaron** contra sus alumnos
las niñas consentidas	**rogaban** que les comprara lo que **querían**

✔ *En el Cuaderno C12.2, C12.3, C12.4 y C12.5 se hallan las actividades que corresponden a las secciones anteriores.*

Repaso completo de la acentuación escrita

La información que en seguida se presenta ya se presentó con anterioridad en el capítulo 3, pero en inglés y de una forma más escueta. En este capítulo, lo presentado expande lo que ya aprendiste a la vez que repite no sólo los conceptos básicos sino también los detalles más importantes. Lo que es más, el contenido de los ejercicios correspondientes y muchos de los ejemplos—esta vez más sofisticados—son distintos de los del capítulo 3; pero como es repaso y no introducción, estos ejercicios son más cortos.

Colocación del acento tónico

Para saber colocar los acentos escritos, hay que entender cuál es la sílaba que lleva el acento tónico. Aun cuando la palabra tenga nueve o hasta diez sílabas, en la gran mayoría de las palabras españolas sólo una sílaba recibe el acento tónico.

La sílaba que recibe el acento tónico es la que tiene la vocal que recibe la mayor "fuerza" de la voz. A veces el acento tónico se indica mediante un tono ascendente, a veces por el crecimiento de amplitud, y otras veces por ambos factores. Siempre puede hallarse el acento tónico si se escucha detenidamente la pronunciación correcta de la palabra. Por ejemplo, el acento tónico de *montones* cae en la penúltima sílaba, y el de *avergonzar* en la última.

En español siempre se cuentan las sílabas de derecha a izquierda, o sea, del final al principio: la última, la penúltima, la antepenúltima, la preantepenúltima, etc. Así que una palabra como *montones* se analiza como sigue:

mon	*to*	*nes*
antepenúltima	penúltima	última

✔ *En el Cuaderno C12.6, C12.7 y C12.8 se hallan las actividades que corresponden a las secciones anteriores.*

Tipo de palabras según la sílaba tónica y el uso del acento escrito

PALABRAS SOBRESDRÚJULAS

Las **sobresdrújulas** llevan el acento tónico en la cuarta (o hasta en la quinta) sílaba desde la última. Todas las sobresdrújulas son palabras compuestas que constan de dos o más palabras juntadas en una sola. Todas las sobresdrújulas se escriben con acento.

Ejemplos:

...		5	4	3	2	1
		com	prán	do	me	la
	cas	tí	gue	se	me	lo

PALABRAS ESDRÚJULAS

Posición del acento tónico: **antepenúltima sílaba**

¿Acento escrito? sí, siempre se usa

Ejemplos:

...		3	2	1
ca	*tá*	lo	go
li	*mí*	tro	fe
	hí	ga	do
	má	xi	mo
ri	*dí*	cu	lo

✔ *En el Cuaderno C12.9 se halla la actividad que corresponde a la sección anterior.*

PALABRAS LLANAS

Posición del acento tónico: **penúltima sílaba**

¿Acento escrito? si la palabra termina en una consonante que no sea **n** o **s**

Ejemplos:

...	...		2	1
			cés	ped
			cár	cel
		Gon	*zá*	lez
me	mo		*rán*	dum
			Fé	lix
		in	*mó*	vil

Este tipo de palabra, en la que el acento tónico recae en la penúltima sílaba, se llama **llana** o **grave**. Los dos términos quieren decir exactamente lo mismo. De aquí en adelante se usará el término **llana**. Recuerda: las **llanas** solamente se escriben con acento si terminan en consonante que no sea **n** o **s**. (Las consonantes de uso más frecuente son: **d l m r y z**.)

✔ *En el Cuaderno C12.10 se hallan las actividades que corresponden a la sección anterior.*

A quien madruga, Dios le ayuda　　**155**

Posición del acento tónico: **última sílaba**

¿Acento escrito? sólo si la palabra termina en vocal, en **n** o en **s**

Ejemplos:

...		
	2	1
re	sin	**tió**
com	pren	**dí**
	ca	**fé**
in	ten	**ción**
in	te	**rés**
	ma	**má**
	bam	**bú**

Este tipo de palabra, en la que el acento tónico cae en la última sílaba, se llama **aguda**. Recuerda: las **agudas** solamente se escriben con acento si terminan en vocal, en **n** o en **s**.

✔ *En el Cuaderno C12.11 se halla la actividad que corresponde a la sección anterior.*

Reglas prácticas sacadas de lo anterior

1. Pronuncia la palabra; luego ...
2. Decide si es **sobresdrújula**, **esdrújula**, **llana** o **aguda**; luego ...
3. Escribe la palabra; luego ...
4. Mira la letra en la que termina; luego ...
5. Consulta el siguiente esquema:

Termina en esta letra:	Esta sílaba es tónica:	¿Lleva acento?
vocal, **n, s**	la última	**sí**
cualquier consonante que no sea **n, s**	la última	no
vocal, **n, s**	la penúltima	no
cualquier consonante que no sea **n, s**	la penúltima	**sí**
cualquier letra	la antepenúltima	**sí**
cualquier letra	la preantepenúltima	**sí**

En resumen:

1. Todas las sobresdrújulas y todas las esdrújulas llevan acento.
2. Las llanas llevan acento si terminan en una consonante que no sea **n** o **s**.
3. Las agudas llevan acento si terminan en vocal, **n** o **s.**

✔ *En el Cuaderno C12.11 se halla la actividad que corresponde a la sección anterior.*

Reglas prácticas para ciertas clases de palabras agudas

Palabras que terminan en -ín en singular: Con la excepción de la palabra *mitin,* todas las polisilábicas terminadas en -*ín* se escriben con acento porque son **agudas que terminan en n.**

jardín   afín   violín   chapulín   Benjamín   latín   patín   calcetín

Palabras que terminan en -ión en singular: Todas las muchísimas polisilábicas que terminan en -*ión* se escriben con acento si son singulares porque también son **agudas que terminan en n.**

acción   administración   afirmación   alternación   ambición

aplicación   apreciación   asociación   aspiración   atracción

avión   conexión   crucifixión   cuestión   digestión   pasión

La pluralización de las palabras que terminan en -ín, -ión: Las formas plurales de estas palabras nunca se escriben con acento, porque **al pluralizarse ya son palabras llanas que terminan en s.** Siguen ejemplos.

jardines   acciones   violines   administraciones   chapulines

ambiciones   patines   aplicaciones   calcetines   asociaciones

La misma regla vale para otras palabras que terminan en **-n** o **-s** en singular y que son agudas: al pluralizarse, pierden el acento escrito porque ya son llanas. Siguen ejemplos:

adiós → adioses   almacén → almacenes   francés → franceses   interés → intereses

algún → algunos   balcón → balcones   inglés → ingleses   jardín → jardines

✔ *En el Cuaderno C12.12 y 12.13 se hallan las actividades que corresponden a las secciones anteriores.*

Los adverbios que terminan en -mente

Éstas son generalmente palabras compuestas que constan de un adjetivo, por ejemplo *fácil* o *tonta,* seguido del sufijo **-mente.**

fácilmente   tontamente   claramente   rápidamente,   útilmente

inteligentemente   supuestamente   ridículamente

Si la primera palabra de la combinación—el adjetivo—ya lleva acento escrito, éste se mantiene al combinarse con **-mente** para formar el adverbio.

fácil + mente = fácilmente

rápida + mente = rápidamente

Pero si la primera palabra de la combinación *no* lleva acento escrito, no se le agrega el acento escrito al adverbio.

tonta + mente = tontamente

clara + mente = claramente

✔ *En el Cuaderno C12.14 se halla la actividad que corresponde a las secciones anteriores.*

Los acentos que se usan para separar diptongos

(Esta materia se presentó por primera vez en el capítulo 1.)

A cada **diptongo íntegro** le corresponde un **antidiptongo**. Los diptongos íntegros son 14 y los antidiptongos son 14 también. El diptongo íntegro es siempre de una sola sílaba, mientras que el antidiptongo es siempre de dos sílabas. A continuación se presentan, con ejemplos, los 14 diptongos íntegros y los 14 diptongos quebrados:

DIPTONGOS ÍNTEGROS		ANTIDIPTONGOS	
ie	cielo	íe	ríe
ei/ey	reina, rey	eí	reí
ia	piano	ía	María
ai/ay	paisano, hay	aí	aísla
io	idiota	ío	tío
oi/oy	oigo, voy	oí	oímos
ue	cuento	úe	actúe
eu	deuda	eú	reúne
ua	cuanto	úa	grúa
au	jaula	aú	maúlla
uo	cuota	úo	continúo
ou	estadounidense	oú	finoúgrio
iu	ciudad	íu	teníu
ui	cuidado	úi	flúido

Los diptongos íntegros se mantienen como tal aún cuando llevan acento escrito en la vocal abierta, o sea en la **e/o/a** (o en la **i** de **ui**).

ié	Ciérrame la puerta.
éi	Péinate.
iá	maniático
ái	Tráigamelo.
ió	diócesis
ói	Óigame.
ué	Tuércele el cuello al cisne del plumaje dorado.
uí	Cuídate mucho.

✔ *En el Cuaderno C12.15 y C12.16 se hallan las actividades que corresponden a las secciones anteriores.*

El uso del acento escrito para diferenciar ciertas palabras monosilábicas de otras

de/dé   el/él   mas/más   mi/mí   se/sé   si/sí   te/té   tu/tú

Todas estas palabras son monosilábicas (de una sola sílaba). Aunque las dos palabras de cada par se pronuncian de la misma manera, cada una tiene un significado distinto. Se usa el acento escrito para indicar esta diferencia de significado. Las que llevan el acento escrito son las que llevan el acento tónico en el grupo fónico al pronunciarse.

de (preposición): Es el libro *de* Antonio.

dé (del verbo *dar*): Quiero que Ud. me **dé** cincuenta pesos.

el (determinante artículo definido masculino singular): No trae **el** libro.

él (pronombre personal de sujeto de tercera persona singular masculina): **Él** lo tiene.

mas (conjunción que se limita a la poesía o al lenguaje formal): "Y con niebla borrada / Capri se pierde entre confusos lejanos: / **Mas** también el crepúsculo volando / Va en pos de ti, y al mar y tierra y cielo / La noche amortajando ..." (*El sol poniente,* El Duque de Rivas, 1791-1865)

más (adverbio intensificador): El **más** atrevido de la familia me pidió una vez **más** que le diera **más** dinero y **más** comida. (REGLA PRÁCTICA: Casi siempre lleva acento escrito la palabra **más**, ya que **mas** ['pero'] tiene un uso muy restringido.)

mi (determinante posesivo): "¿Qué le ha pasado a **mi** vieja?", gritó angustiado el ancianito.

mí (pronombre personal objeto de preposición): Es a **mí** a quien hablan, no a ti.

se (pronombre personal reflexivo, etc.): Roberto **se** levantó y **se** vistió.

sé (primera persona singular del presente de indicativo de *saber*): Yo **sé** lo que **sé**, y lo que **sé** es que no **sé** nada.

sé (mandato familiar afirmativo de *ser*): **Sé** bueno, hijito, y pórtate como Dios manda.

si (conjunción): **Si** te portas bien te doy un peso.

sí (adverbio afirmativo): Esta vez **sí** me porté bien, mamá.

sí (pronombre personal reflexivo objeto de preposición): Todo lo quiere para **sí** mismo.

te (pronombre personal objeto directo e indirecto de segunda persona singular familiar): Ya **te** he dicho mil veces que **te** quiero.

té (la bebida): No le gusta el café sino el **té**.

tu (determinante posesivo): ¡**Tu** abuela con zapatos de tenis!

tú (pronombre personal de sujeto de segunda persona singular familiar): **Tú** nunca me has gustado.

Además de los pares anteriores, hay dos pares adicionales que se incluyen en esta sección aún cuando no son monosilábicos sino bisilábicos. Se incluyen aquí porque su contraste se parece al de los pares monosilábicos. Se trata de **solo/sólo** y **aun/aún**.

solo (adjetivo): Siempre estás **solo** y nunca sales. ¿Qué te pasa?

sólo (adverbio; significa *solamente*): El adicto a drogas **sólo** piensa en su adicción.

aun (*hasta* [nótese que ni *aun* ni *hasta* llevan acento escrito]): Ella andaba descalza **aun** en pleno invierno.

aún (*todavía* [nótese que las dos palabras se acentúan]): **Aún** no sé lo que voy a hacer este verano, pero en cuanto lo sepa te diré.

✔ *En el Cuaderno C12.17 se halla la actividad que corresponde a la sección anterior.*

Texto y comprensión

Horacio Quiroga, *A la deriva*

Uruguayo de nacimiento (1878), Horacio Quiroga vivió una vida retirada en las selvas argentinas del Chaco y Misiones hasta su muerte a los sesenta años (1938). Su éxito literario se basa en varios libros de relatos breves donde se tratan temas de la selva, de los animales, de la gente ruda y de la violencia. Es uno de los cuentistas más destacados del mundo de habla hispana y es reconocido mundialmente.

Actividad 12.2   Preguntas preliminares para contestar en voz alta y por escrito.

1. ¿Controlamos nosotros la naturaleza, o la naturaleza nos controla a nosotros? Comenta y da ejemplos.

2. ¿Qué se entiende por "la naturaleza"? ¿En qué consiste? ¿Cómo se manifiesta la naturaleza?

3. ¿Por qué es peligroso andar descalzo, hasta en las partes más civilizadas?

4. ¿Cuáles son los animales que más miedo nos inspiran? ¿A qué se debe esa peligrosidad en cada instancia? ¿Qué hacemos para protegernos de ellos?

El texto

Lee con atención el siguiente cuento.

A la deriva

El hombre pisó algo blanduzco,[1] y en seguida sintió la mordedura en el pie. Saltó adelante, y

Notas léxicas

[1] blando, no firme

al volverse, con un juramento, vio a una yararacusú[2] que, arrollada[3] sobre sí misma, esperaba otro ataque.

El hombre echó una veloz[4] ojeada[5] a su pie, donde dos gotitas de sangre engrosaban[6] dificultosamente, y sacó el machete de la cintura. La víbora vio la amenaza y hundió más la cabeza en el centro mismo de su espiral; pero el machete cayó de plano, dislocándole[7] las vértebas.

El hombre se bajó hasta la mordedura, quitó las gotitas de sangre y durante un instante contempló. Un dolor agudo nacía de los dos puntitos violeta y comenzaba a invadir todo el pie. Apresuradamente se ligó[8] el tobillo con su pañuelo y siguió por la picada[9] hacia su rancho.

El dolor en el pie aumentaba, con sensación de tirante abultamiento, y de pronto el hombre sintió dos o tres fulgurantes[10] puntadas[11] que, como relámpagos, habían irradiado[12] desde la herida hasta la mitad de la pantorrilla.[13] Movía la pierna con dificultad; una metálica sequedad de garganta,[14] seguida de sed quemante, le arrancó un nuevo juramento.

Llegó por fin al rancho y se echó de brazos sobre la rueda de un trapiche.[15] Los dos puntitos violeta desaparecían ahora en la monstruosa hinchazón del pie entero. La piel parecía adelgazada y a punto de ceder,[16] de tensa. Quiso llamar a su mujer, y la voz se quebró en un ronco arrastre de garganta reseca. La sed lo devoraba.

"¡Dorotea!", alcanzó a lanzar en un estertor.[17] "¡Dame caña!"[18] Su mujer corrió con un vaso lleno, que el hombre sorbió en tres tragos. Pero no había sentido gusto alguno.

"¡Te pedí caña, no agua!", rugió de nuevo. "¡Dame caña!"

"¡Pero es caña, Paulino!", protestó la mujer, espantada.

"¡No, me diste agua! ¡Quiero caña, te digo!"

La mujer corrió otra vez, volviendo con la damajuana.[19] El hombre tragó uno tras otro dos vasos, pero no sintió nada en la garganta.

"Bueno, esto se pone feo", murmuró entonces, mirando su pie, lívido[20] y ya con lustre[21] gangrenoso.[22] Sobre la honda ligadura del pañuelo la carne desbordaba[23] como monstruosa morcilla.[24]

Los dolores fulgurantes se sucedían[25] en continuos relampagueos y llegaban ahora a la

---

[2] víbora (nombre indio)   [3] hecha rollo   [4] rápida   [5] vista   [6] se hacían más grandes   [7] quebrándole   [8] se amarró   [9] camino angosto en el monte   [10] de dolor muy vivo   [11] punzadas, dolores agudos   [12] salido en todas direcciones   [13] parte carnosa de la pierna entre el pie y la rodilla   [14] sentía la boca seca y con sabor a metal   [15] molino   [16] romperse   [17] con respiración ronca   [18] bebida fermentada, aguardiente de caña   [19] botellón grande   [20] morado, de color rojo oscuro   [21] brillo   [22] parecía que tenía gangrena   [23] salía por los dos lados   [24] tripa de cerdo rellena con sangre cocida   [25] seguían unos a otros

ingle.[26] La atroz sequedad de garganta, que el aliento[27] parecía caldear[28] más, aumentaba a la par.[29] Cuando pretendió[30] incorporarse,[31] un fulminante[32] vómito lo mantuvo medio minuto con la frente apoyada en la rueda de palo.

Pero el hombre no quería morir, y descendiendo hasta la costa subió a su canoa. Sentóse en la popa[33] y comenzó a palear[34] hasta el centro del Paraná.[35] Allí la corriente del río, que en las inmediaciones del Iguazú[36] corre seis millas, lo llevaría antes de cinco horas a Tacurú-Pacú.

El hombre, con sombría energía, pudo efectivamente llegar hasta el medio del río; pero allí sus manos dormidas dejaron caer la pala[37] en la canoa, y tras un nuevo vómito—de sangre esta vez—dirigió una mirada al sol, que ya trasponía[38] el monte.

La pierna entera, hasta medio muslo, era ya un bloque deforme y durísimo que reventaba la ropa. El hombre cortó la ligadura y abrió el pantalón con su cuchillo: el bajo vientre[39] desbordó hinchado, con grandes manchas lívidas y terriblemente dolorosas. El hombre pensó que no podría jamás llegar él solo a Tacurú-Pacú y se decidió a pedir ayuda a su compadre Alves, aunque hacía mucho tiempo que estaban disgustados.

La corriente del río se precipitaba[40] ahora hacia la costa brasileña, y el hombre pudo fácilmente atracar.[41] Se arrastró por la picada en cuesta arriba; pero a los veinte metros, exhausto,[42] quedó tendido de pecho.

"¡Alves!", gritó con cuanta fuerza pudo; y prestó oído en vano.

"¡Compadre Alves! ¡No me niegues este favor!", clamó de nuevo, alzando la cabeza del suelo.

En el silencio de la selva no se oyó un solo rumor. El hombre tuvo aún valor para llegar hasta su canoa, y la corriente, cogiéndola de nuevo, la llevó velozmente a la deriva.[43]

El Paraná corre allí en el fondo de una inmensa hoya,[44] cuyas paredes, altas de cien metros, encajonan[45] fúnebremente[46] el río. Desde las orillas, bordeadas de negros bloques de basalto,[47] asciende[48] el bosque, negro también. Adelante, a los costados,[49] detrás, la eterna muralla[50] lúgubre[51] en cuyo fondo el río arremolinado[52] se precipita en incesantes[53] borbollones[54] de agua fangosa.[55] El paisaje es agresivo y reina en él un silencio de muerte. Al atardecer, sin embargo, su belleza sombría y calma cobra[56] una majestad única.

---

[26] donde se une el muslo de la pierna al cuerpo   [27] respiración   [28] calentar   [29] a la vez   [30] trató, intentó   [31] ponerse de pie   [32] que estalla como explosión   [33] parte de atrás de un barco   [34] remar   [35] río que separa al Brasil del Paraguay y después se une al río Uruguay para formar el Río de la Plata   [36] una de las cascadas más notables del mundo que parte del río Iguazú, afluente del Paraná   [37] el remo   [38] ocultaba, escondía   [39] panza, abdomen   [40] se apresuraba, se movía rápidamente   [41] arrimarse a tierra   [42] muy cansado   [43] ya sin rumbo, sin dirección fija   [44] parte profunda   [45] están como dentro de un cajón   [46] con tono relacionado a la muerte   [47] roca volcánica negra   [48] sube   [49] lados   [50] pared alta, protectora   [51] que inspira tristeza   [52] formando remolinos   [53] que no paran   [54] agua como cuando está hirviendo   [55] llena de lodo   [56] adquiere, toma

El sol había caído ya cuando el hombre, semitendido[57] en el fondo de la canoa, tuvo un violento escalofrío. Y de pronto, con asombro enderezó pesadamente la cabeza: se sentía mejor. La pierna le dolía apenas, la sed disminuía, y su pecho, libre ya, se abría en lenta inspiración.

El veneno comenzaba a irse, no había duda. Se hallaba casi bien, y aunque no tenía fuerzas para mover la mano, contaba con la caída del rocío para reponerse del todo. Calculó que antes de tres horas estaría en Tacurú-Pacú.

El bienestar[58] avanzaba, y con él una somnolencia[59] llena de recuerdos. No sentía ya nada ni en la pierna ni en el vientre. ¿Viviría aún su compadre Gaona en Tacurú-Pacú? Acaso viera también a su ex patrón míster Dougald y al recibidor del obraje.[60]

¿Llegaría pronto? El cielo, al poniente,[61] se abría ahora en pantalla de oro, y el río se había coloreado[62] también. Desde la costa paraguaya, ya entenebrecida,[63] el monte dejaba caer sobre el río su frescura crepuscular[64] en penetrantes efluvios[65] de azahar[66] y miel silvestre. Una pareja de guacamayos[67] cruzó muy alto y en silencio hacia el Paraguay.

Allá abajo, sobre el río de oro, la canoa derivaba velozmente, girando[68] a ratos sobre sí misma ante el borbollón de un remolino. El hombre que iba en ella se sentía cada vez mejor, y pensaba entre tanto en el tiempo justo que había pasado sin ver a su ex patrón Dougald. ¿Tres años? Tal vez no, no tanto. ¿Dos años y nueve meses? Acaso. ¿Ocho meses y medio? Eso sí, seguramente.

De pronto sintió que estaba helado hasta el pecho. ¿Qué sería? Y la respiración también ...

Al recibidor de maderas de míster Dougald, Lorenzo Cubilla, lo había conocido en Puerto Esperanza un Viernes Santo ... ¿Viernes? Sí, o jueves. El hombre estiró lentamente los dedos de la mano.

"Un jueves ... "

Y cesó de respirar.

✔ *En el Cuaderno C12.18, (La comprensión) C12.19, C12.20 m C.12.21 y C12.22 se hallan las actividades que corresponden a las secciones anteriores.*

---

[57] medio acostado   [58] sensación buena   [59] ganas de dormir   [60] taller   [61] oeste   [62] llenado de color   [63] obscurecida   [64] con la luz del sol poniente   [65] emisiones   [66] flor del naranjo   [67] pájaros de cuerpo rojo, pecho azul y verde   [68] dando vueltas

Capítulo **13**
Según siembres, así recogerás

Objetivos

En este capítulo…

■ te informarás de una disputa familiar sobre unos planes matrimoniales.

■ compartirás con la clase tus opiniones sobre un tema controvertido.

■ continuarás con el estudio de la gramática del español, en particular:

- el infinitivo verbal.

- las tres conjugaciones verbales y sus tiempos sencillos.

- la regularidad verbal.

- las formas de la primera persona plural del presente de indicativo.

■ leerás otro relato de vanguardia (esta vez la puertorriqueña) que trata otro tema controvertido.

■ darás tus opiniones con respecto a este tema y otros parecidos.

Tema y expresión

El tema: *Voy a casarme con un extranjero*

Lee con atención la siguiente narración.

Habla Rebeca González de El Paso, Tejas. Ella es la hermana mayor de Fernando González. Rebeca tiene un año más que Fernando y trabaja en una tienda. No es estudiante y no cursa la presente materia; por lo tanto, su decisión de escribir la composición ha sido voluntaria. Dice que quiere justificarse y explicar su propio punto de vista.

Cuando habló de mí en otro capítulo mi hermano Fernando, que apenas tiene un año menos que yo, se limitó a mencionar a una "hermana mayor, Rebeca, que a veces vive con nosotros", es decir, en casa de papá y mamá. Esto es completamente típico del muy conformista de mi hermano, siempre listo como todos los de mi familia a criticar todo lo que hago y con quien lo hago. Fernando, igual que papá y mamá, cree que soy una especie de monstruo porque he cometido el pecado más horrendo que puede cometer la mujer latina: no vivir continuamente en el seno de la familia hasta que se case y monte su propia casa. "Rebeca la rebelde" me llaman todos. ¡Cómo se escandalizaron—padres, tíos, abuelos, primos, sobrinos, ahijados, compadres, comadres, etc.—cuando decidí vivir fuera de casa en mi propio apartamento el año pasado! Algunos pusieron el grito en el cielo, otros lloraron a escondidas, pero todos—absolutamente todos—se opusieron ferozmente a mi decisión. ¡Una mujer sola! ¡Una soltera rodeada de hombres solos! ¡Una malcriada que no respeta a sus padres! ¡Una maldadosa que va camino a la perdición! Y, ¿por qué decidí mudarme a un apartamento que, dicho sea de paso, apenas estaba a dos millas de la casa de mis padres? Insisto en que la razón era muy sencilla: ya estaba harta de compartir una recámara de tamaño mediano con mis dos hermanas menores, Verónica y Margarita, por mucho que las quiera y por mucho que me lleve perfectamente bien con ellas.

Pero ahora acabo de escandalizar todavía más a mis queridos parientes: justamente hoy les dije que voy a casarme con un extranjero.

Conocí a Günther hace tres años en un baile que se celebró en Fort Bliss, la base militar de nuestra ciudad. (Permítanme explicarles por qué se encuentra en una base militar de los Estados Unidos una persona que se llama Günther Dieckelmann y que es miembro de las fuerzas armadas de la República Federal Alemana. Gracias a un tratado internacional, ha habido tropas alemanas en Fort Bliss desde los años sesenta. A los alemanes les encanta El Paso y algunos optan por establecerse aquí después de su período de servicio tan pronto como se lo permita el gobierno de ellos y el nuestro.) Yo acababa de graduarme de la preparatoria e iba a empezar a trabajar como dependiente en la sección de joyas de la tienda de departamentos más grande de la ciudad. De ninguna manera quería continuar con mis estudios. ¡Ya me traía tanto maestro, tanto libro y tanta escuela! Y además me encantan las joyas y soy muy buena vendedora. En sólo tres años me han ascendido a jefa de mi sección.

No puedo decir que lo de Günther y yo fue amor a primera vista. No. Pero sí me produjo una buena impresión a mí y yo a él. Bailamos unas tres o cuatro veces y—cosa más original—me pidió el número de teléfono. Sin embargo, tardó un mes en llamarme y yo llegaba a creer que ya se había olvidado de mí. Bueno, pues, empezamos a salir y ya a los dos meses éramos novios, o así se nos hacía a nosotros, porque una cosa es que tú creas que tienes cierta relación con un hombre y otra cosa bien distinta es que la acepten tus dichosos parientes. Y, ¡cómo no la aceptaron mis dichosos parientes! ¡La bronca que se armó la noche que por fin accedí a las exigencias de mis progenitores y les presenté a Günther! Claro, papá, mamá, el muy conformista de Fernando y la muy chismosa de mi hermana Verónica por lo menos tuvieron la bondad de posponer la batalla hasta que yo regresé a casa de nuestra cita. Creo que habíamos ido al cine. Estaba tan nerviosa que ni siquiera me acuerdo de lo que vimos. A continuación resumo lo dicho por ellos además de mis propias reacciones entre corchetes:

MAMÁ: ¿Cómo puedes salir con un hombre y mucho más con un soldado si apenas lo acabas de conocer? [Mamá, si lo conocí hace un par de meses y ya hemos salido siete veces.] ¿Qué sabes de él? ¿A poco has conocido a su familia? ¿A poco sabes cómo es su gente? [Mamá, Günther es de Alemania y su familia vive en Leipzig. ¿Cómo los voy a conocer si ellos no pueden venirse para acá y yo no puedo irme para allá?]

PAPÁ: Todo el mundo sabe que esos soldados—y sobre todo si son extranjeros—quieren una sola cosa. [Papá, ¿qué cree Ud. que soy? ¿A poco no tengo educación? ¿A poco soy una cualquiera? {Gritos y llantos por todos lados.}] No, pues mira, Rebeca, ésos se vienen aquí a pasar el rato y a los dos o tres años regresan a sus países para no volver jamás. ¿Y qué esperas de un extranjero que apenas habla un poco de inglés y no habla español para nada? [Pero papá, si sólo lleva un año aquí.] ¿Tú crees que un tipo así se va a integrar a nuestra familia?

FERNANDO: Siempre has sido así, Becky. No te conformas con nada ni con nadie. *Nothing is ever good enough for you.* Andas con ese mocoso para presumir nomás. Crees que eres superior a todos y por eso siempre has soñado con tener un novio güero y... [¿Y quién te crees tú, maldito panzón condenado, con todo lo que comes y con todo lo que dices que estudias sin que te hayas sacado ni una sola 'A' en todo el año? Tú eres el pinchi consentido de la familia. Papá y mamá siempre te han preferido a ti desde que naciste. Yo ... tú ... {más gritos y llantos}] ...

VERÓNICA [que sólo tenía catorce años en aquel entonces]: Lo que a ti te pasa es que eres una frívola y si tienes inteligencia no la usas. ¡La de novios que tú tuviste en el *high school*! ¿A poco no te conformas con ninguno de ellos? ¡Ni siquiera los recuerdas! ¿Por qué dejaste de salir con Andy, con Beto, con Carlitos, con Charlie, con David, con Eddie, con Freddy, con Germán, con... ? [¡Pinchi chismosa condenada! ¡Ya me las pagarás, escuincle maldita!]

Bueno, pues, con el tiempo todo aparentó tranquilizarse un poco, pero aún hay tensión y todavía hay muchos asuntos sin resolver. Por ejemplo, ahí está el problema de la religión. Günther es protestante evangélico—creo que aquí sería lo que llamamos *Lutheran,* o sea luterano—y nosotros somos católicos. Además, en un tiempo fui bastante religiosa y todavía me gusta ir a misa sobre todo en los días festivos. Soy muy devota de la Virgen de Guadalupe. Otra cuestión es en dónde acabaríamos por vivir. A mí me gustaría vivir en Alemania—dicen que todo es extremadamente pintoresco con pueblos muy antiguos y monumentos y castillos de la Edad Media y gente que lleva esos trajes típicos que ves en las fotos—pero Günther preferiría quedarse aquí en El Paso. ¡A mí ya me trae El Paso; quiero conocer el mundo y respirar aires nuevos! Otro asunto pendiente es que Günther realmente no tiene profesión aparte de su entrenamiento de soldado. Le aseguro que puede trabajar de cualquier cosa (una vez que se haga ciudadano). A mi modo de ver las cosas, lo más importante es que estemos juntos y que nos queramos mucho. El amor resuelve muchos problemas, ¿no creen Uds.?

La expresión

Actividad 13.1   Preguntas sobre El Tema.   Contesta las preguntas siguientes.

1.   ¿Por qué todos le llaman "Rebeca la Rebelde" a Rebeca González?

2.   ¿Cómo se lleva Rebeca con sus hermanos? ¿Con cuál de ellos se lleva peor? ¿Por qué?

3.   ¿Cómo se llama el novio de Rebeca y dónde y cuándo lo conoció?

4.   ¿Por qué hay tropas alemanas emplazadas en una base militar de los Estados Unidos?

5.   ¿A qué se dedica Rebeca? ¿Por qué no continuó con sus estudios?

6.   ¿Cómo reaccionó la familia de Rebeca después de que ella le presentó a Günther?

7.   ¿Qué piensa el papá de Rebeca de los soldados extranjeros?

8. ¿Por qué quiere Rebeca tener a una persona como Günther como novio, según la opinión de Fernando?

9. ¿Cómo ve Verónica a su hermana y por qué?

10. ¿Dónde quiere vivir Rebeca y dónde preferiría vivir Günther?

✔ *En el Cuaderno C13.1 se halla la actividad que corresponde a las secciones anteriores.*

Forma y función

En el capítulo 11, el término lingüístico **verbo** se definió así: "Un **verbo** es 'cualquier palabra que puede conjugarse'.... 'Conjugarse' quiere decir 'jugar con' el verbo." ¿Por qué 'jugamos con' un verbo? Lo hacemos para producir todas sus diferentes formas. Sigue una definición más sofisticada: la conjugación verbal es una lista de formas verbales que cambian según los pronombres o sustantivos que les corresponden como sujetos.

En el presente capítulo vamos a estudiar tres cosas: (1) el infinitivo verbal, (2) los infinitivos y sus formas y (3) los tiempos sencillos de las tres conjugaciones.

El infinitivo verbal

Las formas verbales que terminan en **-r** llevan el nombre de **infinitivos**. Hay tres clases o grupos de infinitivos; los ilustramos a continuación con varios de los muchos verbos que sirven de ejemplo:

-ar (hablar, comprar, cantar, andar, tratar, manejar, matar, abrazar)

-er (comer, vender, aprender, vencer, coser, conocer, saber, meter)

-ir (vivir, reír, introducir, escribir, admitir, sentir, rendir, prescindir)

Cada uno de estos tres grupos se llama "**conjugación**". Los verbos cuyos infinitivos terminan en **-ar** pertenecen a la **primera conjugación**. Si terminan en **-er**, pertenecen a la **segunda conjugación**. Si terminan en **-ir**, pertenecen a la **tercera conjugación**.[1]

Es fácil saber cuál es el infinitivo de una forma verbal: empezamos con cualquier forma sencilla del verbo en una oración como la siguiente: *Yo lo coloco aquí.* Luego, nos cambiamos a una oración en la que el uso del infinitivo es obligatorio, por ejemplo, *Yo lo voy a colocar aquí.* En este caso el cambio es de *coloco* —la forma conjugada— a *colocar* (el infinitivo).

✔ *En el Cuaderno C13.2 y C13.3 se hallan las actividades que corresponden a las secciones anteriores.*

---

[1]Obviamente la palabra **conjugación** tiene dos usos técnicos y especializados: (1) la lista de todas las formas de un verbo (así que puede hablarse de "la conjugación del verbo *sentir* en el tiempo pretérito") y (2) los tres grupos o clases en los que se organizan todos los infinitivos del idioma (así que puede hablarse de "los verbos de la primera conjugación, los de la segunda conjugación y los de la tercera"). Sólo el contexto determina de qué uso se trata en cada instancia.

LAS FORMAS NORMATIVAS DE LOS INFINITIVOS

Las formas **normativas** son las formas correctas, las que la Real Academia de la Lengua dice que debemos usar. A veces hay una diferencia entre la forma popular de un infinitivo y la forma normativa. (La forma popular es la usada por las personas que desconocen las formas normativas. No deben usarse las formas populares en el español escrito.) Por ejemplo, si indicaste en la Actividad C13.2 que la forma conjugada *escribiste* viene de *escriber*, *escrebir* o *escreber*, pusiste una de las varias formas populares del infinitivo de este verbo. La forma normativa y correcta del verbo es *escribir*.

La lista siguiente contrasta la forma normativa de 38 infinitivos con sus formas populares correspondientes.

forma normativa	*forma(s) popular(es)*	*forma normativa*	*forma(s) popular(es)*	*forma normativa*	*forma(s) popular(es)*
acordar	acuerdar	entender	entiender	perder	pierder
acostar	acuestar	enterrar	entierrar	probar	pruebar, prebar
ahorrar	horar, horrar	escribir	escriber,	querer	quierer
almorzar	almuerzar		escrebir,	recordar	recuerdar
avergonzar	avergüenzar		escreber	seguir	siguir
caer	cae, cai, cayer	forzar	fuerzar	sentar	sientar
cegar	ciegar	jugar	juegar	sentir	sientir
cerrar	cierrar	llover	lluever	sonar	suenar
colgar	cuelgar	morir	murir, muerir	soñar	sueñar
costar	cuestar	mostrar	muestrar	temblar	tiemblar
decir	dicir, dicer	mover	muever	tener	tiener
despedir	despidir	negar	niegar	volar	vuelar
devolver	devuelver	pedir	pidir	volver	vuelver
dormir	durmir				

Muchas de estas formas populares se parecen a sus formas conjugadas correspondientes; de ahí que *tiener* derive de *tiene*, *recuerdar* de *recuerda*, etc. En general puede decirse que el infinitivo español **no** incluye el diptongo; de los aproximadamente 10,000 infinitivos españoles, sólo 900 contienen diptongos en sus formas normativas (por ejemplo, *amueblar*, *encuerar*, *inquietar*). Tal vez el único verbo de uso frecuente cuyo infinitivo tiene diptongo sea *arriesgar*.

✔ *En el Cuaderno C13.4 y C13.5 se hallan las actividades que corresponde a las secciones anteriores.*

Los tiempos sencillos de las tres conjugaciones

LA PRIMERA CONJUGACIÓN

A continuación se presentan todas las formas conjugadas de los siete tiempos sencillos de un verbo regular de la primera conjugación (-**ar**).

REGRESAR

(1) FUTURO

	singular	plural
1ª persona	[yo] regresaré	[nosotros] regresaremos
2ª persona [familiar]	[tú] regresarás	
2ª persona [formal] 3ª persona masc./fem.	[Ud./él/ella] regresará	[Uds./ellos/ellas] regresarán

(Para ahorrar espacio y tiempo ya no se repetirán los pronombres personales de sujeto ni los descriptores de formalidad. De aquí en adelante, pues, la "2ª persona" se entenderá como "familiar" nomás [*tú*] y la "3ª persona" incluirá la 2ª persona formal [*Ud.*].)

	(2) CONDICIONAL		(5) PRETÉRITO	
	singular	plural	singular	plural
1ª persona	regresaría	regresaríamos	regresé	regresamos
2ª persona	regresarías		regresaste	
3ª persona	regresaría	regresarían	regresó	regresaron
	(3) PRESENTE DE INDICATIVO		**(6) IMPERFECTO DE INDICATIVO**	
1ª persona	regreso	regresamos	regresaba	regresábamos
2ª persona	regresas		regresabas	
3ª persona	regresa	regresan	regresaba	regresaban
	(4) PRESENTE DE SUBJUNTIVO		**(7) IMPERFECTO DE SUBJUNTIVO**	
1ª persona	regrese	regresemos	regresara	regresáramos
2ª persona	regreses		regresaras	
3ª persona	regrese	regresen	regresara	regresaran

✔ *En el Cuaderno C13.6 y C13.7 se hallan las actividades que corresponden a las secciones anteriores.*

LA SEGUNDA CONJUGACIÓN

A continuación se presentan las formas conjugadas de los siete tiempos sencillos de un verbo regular de la segunda conjugación (-**er**). La primera forma corresponde al descriptor "1ª persona singular" y así sucesivamente.

VENDER

(1) FUTURO			(5) PRETÉRITO	
venderé	venderemos		vendí	vendimos
venderás			vendiste	
venderá	venderán		vendió	vendieron
(2) CONDICIONAL			**(6) IMPERFECTO DE INDICATIVO**	
vendería	venderíamos		vendía	vendíamos
venderías			vendías	
vendería	venderían		vendía	vendían
(3) PRESENTE DE INDICATIVO			**(7) IMPERFECTO DE SUBJUNTIVO**	
vendo	vendemos		vendiera	vendiéramos
vendes			vendieras	
vende	venden		vendiera	vendieran
(4) PRESENTE DE SUBJUNTIVO				
venda	vendamos			
vendas				
venda	vendan			

✔ *En el Cuaderno C13.8 se hallan las actividades que corresponden a la sección anterior.*

LA TERCERA CONJUGACIÓN

A continuación se presentan todas las formas conjugadas de los siete tiempos sencillos de un verbo regular de la tercera conjugación (-**ir**). Se entenderá que la primera forma en presentarse corresponde al descriptor "1ª persona singular" y así sucesivamente.

VIVIR

(1) FUTURO			(5) PRETÉRITO	
viviré	viviremos		viví	vivimos
vivirás			viviste	
vivirá	vivirán		vivió	vivieron
(2) CONDICIONAL			**(6) IMPERFECTO DE INDICATIVO**	
viviría	viviríamos		vivía	vivíamos
vivirías			vivías	
viviría	vivirían		vivía	vivían

Continúase

vivo	vivimos
vives	
vive	viven

viva	vivamos
vivas	
viva	vivan

viviera	viviéramos
vivieras	
viviera	vivieran

✔ *En el Cuaderno C13.9 se halla la actividad que corresponde a la sección anterior.*

Análisis de los verbos regulares en sus siete tiempos sencillos

Según un análisis simplificado, toda forma verbal tiene dos partes: **raíz** y **terminación.**

En un verbo regular, la raíz nunca cambia; lo que cambia es la terminación, que se altera según la persona, el número y el tiempo.

La **raíz de un verbo** es lo que queda cuando le quitamos al infinitivo las dos últimas letras—las que representan la terminación del infinitivo. De modo que del infinitivo *regresar* se saca la terminación **ar** y queda la raíz **regres**.

En el caso de cinco de los siete tiempos, es la **raíz** a la que se le agregan todas las terminaciones de persona/número/tiempo.

TIEMPO	RAÍZ	TERMINACIONES
p.i.	regres	o
	regres	as
	regres	a
	regres	amos
	regres	an
p.s.	regres	e
	regres	es
	regres	e
	regres	emos
	regres	en
pret.	regres	é / aste / ó / amos / aron
i.i.	regres	aba / abas / aba / ábamos / aban
i.s.	regres	ara / aras / ara / áramos / aran

En los dos tiempos restantes, es el **infinitivo entero** al que se le agregan las terminaciones.

TIEMPO	INFINITIVO	TERMINACIONES
futuro	regresar	é / ás / á / emos / án
cond.	regresar	ía / ías / ía / íamos / ían

✔ *En el Cuaderno C13.10 se halla la actividad que corresponde a la sección anterior.*

Formas normativas y populares de la primera persona plural del presente de indicativo

En el español normativo, existe una diferencia—aun cuando sea una sola—entre las formas de la segunda conjugación y las de la tercera. La diferencia se puede notar en el siguiente esquema.

-**er** (comer)		-**ir** (vivir)	
como	com*e*mos	vivo	viv*i*mos
comes		vives	
come	comen	vive	viven

Según las reglas normativas, -***i*mos** es la terminación que corresponde a la primera persona plural de los verbos de la tercera conjugación, mientras que en los verbos de la segunda conjugación se usa -***e*mos** para dicha persona y número. En cambio, el español popular no distingue entre las dos conjugaciones excepto en el infinitivo mismo, y se usa la terminación -**emos** en ambas conjugaciones: *vendemos, abremos, salemos, vivemos,* etc.

El propósito de la actividad siguiente es de familiarizar al estudiante con las formas normativas de la primera persona plural del presente de indicativo de los verbos de la tercera conjugación.

✔ *En el Cuaderno C13.11 se halla la actividad que corresponde a la sección anterior.*

Texto y comprensión

Carmen Lugo Filippi, *Notas para un obituario*

La maestra Carmen Lugo Filippi nació en 1940 en Ponce, Puerto Rico. Es profesora de francés en la Universidad de Puerto Rico (Río Piedras). La presente selección, de la literatura puertorriqueña de vanguardia, es de la colección *Vírgenes y mártires (cuentos)* (1983), que redactó conjuntamente con Ana Lydia Vega.

Actividad 13.2. Preguntas preliminares para contestar en voz alta y por escrito.

1. ¿Qué es el racismo? ¿De dónde nace y cómo se hace? ¿Existe únicamente en los Estados Unidos o se encuentra también en otras (o en todas) partes del mundo? ¿Qué ejemplos de racismo has visto tú con tus propios ojos?

2. ¿El racismo puede eliminarse o por lo menos controlarse, o está destinado a perdurar para siempre? ¿Debe combatirse con la propaganda y los controles gubernamentales, vencerse por el esfuerzo individual o colectivo, o los dos métodos a la vez?

3. ¿Qué sabes de las diferencias que hay en cuanto a los orígenes étnicos de la población de los países de habla española? ¿En qué se diferencian, por ejemplo, países como la Argentina, Bolivia, Colombia, México, el Perú, Chile, Cuba, la República Dominicana, Puerto Rico, El Salvador, Guatemala, Nicaragua, Honduras y España?

4. ¿Qué otros tipos de prejuicio hay aparte de los raciales? ¿En qué partes del mundo se dan? ¿Qué guerras recientes tuvieron sus orígenes en desacuerdos raciales, religiosos, lingüísticos o de otro tipo?

5. ¿Dónde está Puerto Rico? ¿Qué sabes de su historia? ¿Qué es Puerto Rico políticamente?

El texto

Lee con atención el siguiente relato.

Notas para un obituario

"Sea precisa, no divague,[1] responda sí o no."

"Responder sí o no, responder sí o no, ¿cree usted que es tan fácil?, y luego ¿cómo pretende que sea precisa con todo lo que me ha pasado?, ya he dicho cuanto sabía, con pelos y señales, no sé si me ha quedado algo en el tintero pero he tratado de recordarlo todo, desde que puse los pies en esta isla, ¡por qué no nos quedaríamos en París!, ya se lo he dicho una y mil veces, soy la más interesada en que se aclare[2] este asunto vergonzoso, porque desde que deshonraron a Nounouche y se atrevieron a escribirme todas estas porquerías paso las noches preocupadísima, ¡un verdadero horror!, no puedo dormir, pobre Nounouche, tan linda, tan inteligente y cariñosa, ¡tanto que me esmeré[3] en su educación!, fíjese nomás que hasta la matrícula[4] en el Institut de la Rue du Dour, un año, oiga usted, un año pagando una matrícula carísima porque es un sitio muy especializado y ya sabe usted que en esos lugares los *droits d'inscription* suben muchísimo, así sólo se matriculan los de cierta clase, claro que a ella se la notaba en seguida que era lo que era, aquí sin embargo no conseguí ni una sola institución de la calidad del Institut, ¡señor, qué ambiente estupendo, qué instructores gentiles,[5] *quelle finesse!*, dígame si no es cierto, usted que conoce París se habrá dado cuenta de la diferencia, nada más ver ..."

"Seamos breves, ¿en qué año llegó usted a la isla y por qué?

"No sé qué relación tiene esa pregunta con el caso de Nounouche, ¡qué horror!, pues ya le expliqué que ..."

"Responda ..."

Notas léxicas

[1] no se ande por las ramas   [2] resuelva   [3] cuidé   [4] inscripción (en un colegio o instituto)   [5] finos

"Bueno, no llegué sola, sino con mi marido y mis dos hijos, entonces ellos ..."

"¿En qué año y por qué?"

"No se impaciente, señor, comprenda mi estado de nervios, no puedo hilar[6] bien las ideas, a veces me es difícil recordar, creo que fue en el sesenta, cuando Ginette tenía unos siete años y Paul cinco y a mi marido le habían ofrecido un puesto en la Facultad de Humanidades, así que decidimos no regresar a Montevideo[7] y probar fortuna en el trópico, siempre nos había atraído el clima, si llego a saber que era tan caluroso, pero ya podrá imaginarse las ideas que una se hace de las Antillas—Martinique, Guadeloupe,[8] Haití—,[9] creí que sería fácil encontrar mucamas,[10] sirvientes ¿sabe?, porque fíjese que en Montevideo yo tenía servicio,[11] aunque no lo crea, se conseguía barato en la década del cincuenta, ahora no sé cómo estarán las cosas pues no hemos vuelto por allá en diez años, con la inseguridad que hay, y luego tantos golpes de estado y asesinatos, nomás ver lo que pasa en la Argentina, un verdadero horror,[12] por eso nos gusta aquí, se está seguro, ustedes deben dar gracias a Dios que pueden ir a Estados Unidos cuando les viene en gana y además no hay que darle vueltas que el dólar es una moneda estable y no como el peso que parece una veleta,[13] es decir que ..."

"No entiendo nada, ¿venía usted de París o de Montevideo?"

"No sé por qué no entiende, si está clarísimo, nos marchamos de Montevideo a París en el cincuenta y siete porque mi marido iba a hacer su doctorado de troisième cycle[14] y yo iba a cursar unos seminarios de la Sorbonne[15] sin matricularme, como se dice allá *en qualité d'auditeur libre*, ¿entiende?, ¡nunca olvidaré aquellas seis soberbias conferencias sobre el romanticismo!, ¡qué estilo el de aquel profesor!, una dicción lo que se dice perfecta, no hay nada como el acento parisino en boca de un catedrático de la Sorbonne, yo estudié en un colegio francés en Montevideo y siempre la Madre Angélique nos decía <<Ce qui n'est pas clair n'est pas français et celui qui ne prononce pas bien n'est pas Parisien>>,[16] graciosísima la madre con su rima nasalizada, pero volviendo a lo que decía, después que mi marido terminó el grado le ofrecieron una cátedra en Río Piedras, el mismísimo decano lo contrató, porque ha de saber usted que Jacques es un occidentalista reconocido, conoce al dedillo la literatura grecorromana[17] y tal parece que aquí necesitaban especialistas como él, por eso aceptamos muy entusiasmados, yo conseguí un trabajo por las mañanas en el consulado francés, ya ve

---

[6] desarrollar, relacionar   [7] capital de Uruguay   [8] islas caribeñas que pertenecen a Francia
[9] antigua colonia francesa que se independizó en 1804, convirtiéndose en la primera república de negros africanos del Nuevo Mundo   [10] criadas   [11] gente que trabajaba de sirvientes en mi casa   [12] Aquí se refiere a la gran inestabilidad política que experimentaron Uruguay y Argentina entre los años 1966 y 1983. En ambos países se apoderó del gobierno una junta militar derechista.   [13] instrumento que indica la dirección del viento   [14] (francés) Ph.D., doctorado   [15] localizada en París, es la más famosa de todas las universidades francesas   [16] (francés) "Lo que no está claro no es francés, y el que no pronuncia bien no es de París"   [17] de la Grecia y Roma de sus varios períodos clásicos

usted que domino la lengua a perfección, y también me dediqué a dar clases en un colegio católico, así que todo marchaba bien, pues nos mudamos a un departamento[18] fabuloso, muy bien situado, con vista al mar, en un vecindario estupendo, lo cierto es que todos estábamos felices, Ginette sobre todo, que iba al College ¿sabe?, y en seguida se hizo de un lindo grupo de amiguitas, de manera que ...”

“¿Cuándo comenzó Nounouche a vivir con ustedes?”

“¡Pobre Nounouche, qué porquería le han hecho!, un verdadero horror, esas taradas[19] merecen la guillotina[20] o algo peor, se lo advierto señor, ¡qué espanto!, ustedes tienen que estar alertas con tipas como ésas, son una verdadera chusma aunque vistan de poliéster[21] y vayan a la universidad, con esas caritas de inocencia engañan a cualquiera, pero sepa usted que son comunistas, unas izquierdistas peligrosas, yo las conozco bien pues he tenido ya experiencia con esa gente, siempre me acordaré de mayo del sesenta y ocho[22] en el Quartier Latin,[23] usaban la misma táctica, y no me equivoco ni me engañan aunque se disfracen de intelectuales y diz que de defensoras de los obreros. A otro perro con ese hueso, ¡pitucas de porra!,[24] perdone señor mi exaltación, pero ...”

“Brevedad, señora, brevedad, ¿cuándo llegó Nounouche a la isla?”

“Fue después del sesenta y ocho, fíjese, habíamos vuelto a París porque mi marido disfrutaba por fin de un destaque[25] y como nos encanta tanto Europa decidimos alquilar un lindo departamento en París, carísimo por cierto, pero qué íbamos a hacer, hay que pagar por los buenos gustos, ¿no cree?, fue entonces cuando Ginette se encariñó de Nounouche y como era tan regia y tenía tanta clase decidimos enviarla al Institut de la Rue du Dour, y no nos arrepentimos porque recibió una educación realmente estupenda, le enseñaron millones de cosas y cuando la trajimos acá todos los amigos se fascinaron con ella, les encantaba sobre todo su nombre, Ginette y yo le hablábamos siempre en francés para que no se le olvidara, si le decía <<Viens t'asseoir, ma chérie>>,[26] ella enseguida obedecía, a veces le recitaba poemas de Verlaine[27] y me miraba pensativa y estoy segura de que me entendía, vaya que sí nomás ver cuando la llamaba diciéndole: <<Mignonne, allons nous promener>>,[28] entonces se presentaba al instante, aunque lo mejor era cuando sintonizaba Radio París, había que ver cómo bailaba cada vez que oía música de acordeón, creo que se acordaba de nuestros paseos por el Pont des Arts, nos deteníamos en la Rive Gauche a escuchar la música que venía de los barquitos, sabe usted de los *péniches*,[29] o là là!, ¡qué tiempos aquellos!, pero ahora ¿qué nos queda?, casi nada porque al único lugar que puedo sacarla es al parquecito del condominio, si

---

[18] apartamento   [19] víboras   [20] (*guillotine*) máquina usada en Francia para cortarles la cabeza a los condenados a muerte   [21] *polyester* (tela artificial en base de nilón)   [22] mes y año en que estalló en Francia una revuelta violenta de estudiantes, obreros e izquierdistas en contra del gobierno de Charles de Gaulle, quien a duras penas pudo mantenerse en el poder   [23] tradicional barrio de los estudiantes en París   [24] prostitutas malditas   [25] año sabático, licencia   [26] (francés) "Ven a sentarte, querida"   [27] poeta francés del siglo XIX   [28] (francés) "Chiquita, vamos a dar un paseo"   [29] (francés) barcos de canal

la viera pasearse tan regia, tan feliz, aunque de ahí mismo vienen todas nuestras desgracias, se lo aseguro, porque a ese mismo parquecito iban estas tipas de vez en cuando, yo las observaba, fumaban y discutían casi siempre de política, por eso no permitía que Ginette bajara a mezclarse con esa gente, una nunca sabe quién es quién, entiéndame que no es según se ha dicho por ahí, yo nunca he prohibido a mis hijos mezclarse con puertorriqueños, eso es falso, me calumnian[30] esas comunistas, lo puede comprobar usted, Ginette tenía varias amiguitas puertorriqueñas en el College, chicas encantadoras de muy buena familia, lo que sucede es que esas tres taradas son envidiosas y calumniadoras, me quieren enemistar con los condómines[31] y hacerles creer que soy racista, no sé de dónde sacan esa mentira, pero fui bien tonta al conversarles en el parquecito, nunca debí rebajarme, aunque quién puede adivinar en esos casos, y todo fue porque escuché a dos de ellas recitar poemas en francés, se las tiraban de muy avispadas las muy cretinas,[32] lo cierto era que tenían un acento del Midí[33] espantoso, un verdadero horror, aunque hablaban con fluidez, por eso les pregunté dónde habían estudiado y me dijeron que habían pasado una temporada en Pau,[34] imagínese ese horrible acento de los Pirineos,[35] también comentaron que tenían unos amigos haitianos[36] con quienes practicaban a menudo y entonces les aconsejé que viajaran a París a mejorar esa dicción y les hablé del peligro del créole,[37] aunque creo que ellas parecían no entender porque me miraban y se sonreían, la verdad es que las chicas me parecieron bastante particulares aunque debo hacer constar que nunca fueron descorteses, sólo que me hacían muchas preguntas y al principio no me di cuenta de adónde querían llevarme, por eso les contestaba sinceramente pero después me dio la impresión de que trataban de ridiculizarme porque se cruzaban miradas y me largaban unas risitas sospechosas, así que corté enseguida y llamé a Nounouche, le juro que ahí mismo tuve una corazonada, eso lo heredé de mi padre, que en paz descanse, a menudo tengo presentimientos, no sé si me entiende, lo cierto es que puedo calar hondo sin explicarme cómo, por eso cuando las vi de nuevo ni siquiera las saludé, estaba segura que eran ellas, las muy bagres[38] con caras de malandra[39] y ropas de pituca,[40] perdóneme, sólo de recordarlas allí sentadas con los dos haitianos, qué asco, se me revuelve la bilis,[41] a esos dos los conocía ya porque me los habían presentado en una dégus-tation[42] en l'Alliance,[43] quizás por eso se atrevieron a saludarme y sentarse frente a mí para decir sólo pavadas, mientras que las muy cretinas largaban sus risitas, claro está. Nounouche la pobre ni se enteraba, estaba tan atenta, imagínese que esas bestias le hablaban francés y le

---

[30] acusan sin razón, desacreditan   [31] vecinos del condominio   [32] se creían mucho esas idiotas   [33] el sur de Francia   [34] ciudad del extremo sur de Francia, cerca de Lourdes   [35] cordillera (montañas) que forma la frontera entre España y Francia   [36] de Haití (ver nota 9)   [37] la lengua del pueblo haitiano, una combinación de vocablos derivados o recombinados del francés y un orden de palabras en parte de origen africano o de formación nueva   [38] feas y antipáticas   [39] pícara   [40] ramera, prostituta   [41] líquido viscoso y amargo, segregado por el hígado, que ayuda a la digestión   [42] (francés) fiesta donde se reúne la gente a probar vino o cualquier manjar fino   [43] (francés) l'Alliance Française (La Alianza Francesa) (organización mundial de amantes de la lengua francesa; patrocina eventos culturales y fomenta el aprendizaje y el uso de dicho idioma)

hacían carantoñas,[44] pero había algo en el tono que me fastidiaba, una especie de sorna,[45] no sé bien, creo que era aquella manera vulgar de decirle a mi Nounouche <<Mais non, ma bêtasse, mais non, voyons, elle est fâchée, la petite Française?>>,[46] y eso me sacaba de quicio ...”

“Al grano, ¿qué pasó?”

“Ya usted lo sabe, no precisa que se lo repita, Nounouche desapareció un día no se sabe cómo, aunque estoy segura que entraron al departamento por el balcón y me la secuestraron, es la única explicación, pero si sólo se hubieran contentado con eso, pobrecita, ¡cómo la dejaron esos tarados al cabo de dos meses!, un verdadero horror, le repito que no tengo la menor duda de que esta violación es por causas políticas porque todos ellos andan en el comunismo y ...”

“¿Cuándo y cómo encontró a Nounouche?”

“Por favor, ya describí la escena y me es muy doloroso recordarlo porque allí también estaban las notas amenazantes en un lenguaje obsceno y vulgar, un verdadero asco señor, esa noche llegamos del cine a eso de las once, aún ignoramos cómo entraron, es un verdadero misterio porque esta vez la puerta del balcón estaba cerrada, pero allí estaba Nounouche en mi cuarto con el otro, ¡qué horror, una verdadera mugre,[47] se lo juro!, y al verlos di un grito, mi marido y Ginette acudieron enseguida, me muero de vergüenza, no quiero acordarme, Nounouche
estaba echada en la alfombra, pobrecita, ya le pesaba demasiado el vientre, el perro sarnoso[48] tenía pintado en el lomo no sé qué imbecilidad,[49] algo así como sato o satus portoricensis,[50] y Nounouche llevaba un cartelito ...”

“¿Qué decía ese cartelito?, recuerde bien ...”

“Una cochinada, una vulgaridad, le he dicho que son chusma, me niego a repetir esa porquería, además estaba en francés y ...”

“Repítalo ...”

“Comprendo que su deber es saberlo todo, pero me da bochorno[51] repetirlo, más aún cuando usted sabe francés y podría pensar que ...”

“Repítalo ...”

“Ya que insiste, conste que sólo lo hago por colaborar, ¡qué bochorno!, cada palabra se me grabó, fue tanta la impresión cuando leía aquel asco de <<M’man, pardonne-moi mais j’ai baisé avec un Portoricain>>.[52]

---

[44] caricias   [45] burla, sarcasmo   [46] (francés) ”Ay no, perrita mía, ay no, a ver, ¿te sientes ofendida, mi francesita?”   [47] asco, porquería   [48] con la enfermedad de la piel que tipifica a los perros mal cuidados   [49] estupidez   [50] (latín) sátiro puertorriqueño. (En la mitología griega y latina, el sátiro es un semidiós muy lascivo que está siempre listo para el sexo.)   [51] vergüenza   [52] (francés) ”Mamá, perdóname, pero he tenido relaciones sexuales con un puertorriqueño.”

"No entiendo su vergüenza, ¿acaso <<baiser>> no significa besar?"

"Bien se ve que usted es una persona culta y que conoce el buen francés, no esa basura pueblerina,[53] pero ese verbo lo usa el vulgo ¿entiende? para el acto de la copulación, ¡ah, pero eso no es lo peor!, creo que no le he dicho de lo que escribieron en la pared de la habitación con mi propio creyón, una espantosa amenaza que no me deja dormir, y eso sí que lo debe saber para que mande arrestar a esas rameras[54] y a sus cómplices[55] porque le aseguro que la honra de mi Ginette corre peligro y a usted y a los suyos los hago responsables de lo que puede pasarle a mi ..."

"Repita exactamente la amenaza ..."

"Otra cochinada, bien se ve que conocen el argot del bajo mundo, eso deben habérselo enseñado los dos negros de Haití, no tengo la menor duda, tome nota, si quiere le deletreo porque usted me ha dicho que escribe francés bien, así que ..."

"No, dígamelo en español."

"Yo no traduzco esas porquerías, además todo eso se oye horrible en castellano, hágalo usted si quiere, cómo voy yo a traducir <<Ma choune, arrête tes conneries ou ta môme sera la prochaine>> ..."

"Dígame entonces si eso se traduciría: Chocha mía, deja tus pendejadas o tu nena será la próxima, ¿cierto o falso?"

"¡Concha, concha!,[56] pero calle, qué vergüenza, un verdadero espanto, hasta en puertorriqueño suena horrible, siempre tan sucio todo aquí, siempre todo tan desecrable que una quisiera volar y nunca más ver esta isla que se alimenta de mugre y vulgaridades, aun cuando se quería estar bien y no dejarse fastidiar de nadie, porque nosotros nunca hemos querido sino la paz y la concordia y el bienestar general de los humanos, ya ve usted que mi marido y yo nos hemos sacrificado por más de diez años y aquí nadie nos agradece lo que hemos hecho por la educación, por la familia, por la ley y el orden, por ..."

"Sea precisa, no divague, responda sí o no ..."

"Responder sí o no, responder sí o no, ¿cree usted que es tan fácil?"

---

[53] que habla la chusma   [54] prostitutas   [55] personas que ayudan en los crímenes de otros   [56] (que lo que quiere decir *choune* no es "chocha" ['vieja y senil'] sino *concha,* manera muy vulgar de referirse a las partes íntimas de la mujer)

✔ *En el Cuaderno C13.12, C13.13, C13.14, C13.15 y C13.16 (La comprensión) se hallan las actividades que corresponden a las secciones anteriores.*

Capítulo **14**

No hay rosas sin espinas ni atajo sin trabajo

Objetivos

En este capítulo…

- descubrirás cómo tuvo éxito en la vida un señor que al empezar no tenía nada.

- escribirás sobre la gente que tú conoces que ha tenido éxito.

- seguirás tus estudios de la gramática del español, y en particular del verbo:

  - los verbos irregulares en sus tiempos sencillos.

  - la diptongación en el verbo.

  - los cambios de vocal en el verbo.

  - la adición de sonidos consonánticos a la raíz del verbo.

  - los cambios puramente ortográficos en los verbos.

  - los verbos que son irregulares en el imperfecto de indicativo.

  - los verbos que son irregulares en el pretérito.

  - el acento escrito y las formas verbales.

- leerás un cuento (esta vez escrito por una mexicoamericana de Chicago) que ofrece una versión sorprendente de la realidad.

- comentarás este cuento por escrito.

Tema y expresión

El tema: *Yo he tenido éxito en la vida*

Lee con atención el siguiente ensayo.

Escribe Marisela Suárez, nuestra estudiante de enfermería de Nueva York.

La maestra nos ha pedido que escribamos una composición sobre cualquier persona—ya sea pariente, amigo o conocido—que haya tenido éxito en la vida. Bueno, una tía está a punto de tener éxito como directora de escuela en el barrio Washington Heights de Manhattan, pero como ella misma ya ha hablado de su vida en el capítulo 9, voy a concentrarme en alguien más. Casi todos mis parientes son inmigrantes más o menos recientes y ninguno ha tenido más éxito que el de la sobrevivencia además de un poco de progreso económico y social. (El año pasado, por ejemplo, nos mudamos papá, mamá, mis hermanos y yo de un apartamento chico del cuarto piso de nuestro edificio a uno más grande del segundo piso. Ya no hay tanta escalera que subir y ya hay más espacio que ocupar.) Así que como no puedo hablar de parientes, voy a hablar de amigos o conocidos. Y en este caso no sólo hablo *de* un conocido sino *con* un conocido: el hermano de mi novio Vicente Lláñez. Él se llama Roberto Lláñez. Nuestra conversación se reproduce a continuación.

MARISELA: Buenos días, don Roberto. ¿Cómo amaneció Ud.?

diálogo

ROBERTO: Dormido y en cama, Marisela. [Risas.] Pero Mari, tenemos tres o cuatro años de conocernos y aunque yo ya tengo 47 años todavía no soy un vejestorio. Creo que debemos tutearnos, ¿no? Además, a lo mejor en un par de años, si te casas con mi hermano Vicente, yo ya seré tu cuñado; y nosotros los puertorriqueños estamos tan impuestos al tuteo como Uds. los dominicanos, sobre todo en familia.

MARISELA: Bueno, como tú quieras, don Roberto.

R: ¡¿*Don* Roberto?! Ay Mari, por favor deja eso de "don". *That's for guys in the Mafia!* [Más risas, con un poco de nerviosismo.] Como yo te llamo 'Mari', ¿por qué no me llamas tú 'Beto'?

M: Bueno, don Beto ... digo, Beto, así está bien.

R: Así que, ¿de qué se trata? ¿Me dijiste que querías entrevistarme o algo? ¿Se trata de compilar datos sobre abogados pobres y agotados?

M: Ay no, qué va, es todo lo contrario, Beto. La maestra nos mandó escribir sobre una persona que haya tenido éxito en la vida y esa persona eres tú. De modo que ...

R: Tener éxito en la vida, tener éxito en la vida. Bueno, Mari, no sé si lo mío sea una especie de éxito o por lo contrario un tipo de sobretiempo permanente, pero como todos los abogados soy un poco egoísta así que con mucho gusto te hablo de mi vida hasta que te mueras de cansancio.

M: Vicente me dice que aparte de ser abogado también eres contador público. ¿Cómo sucedió eso? Háblame de tu carrera de cabo a rabo.

R: De cabo a rabo. Bueno, no me gustó nada el *high school* ni el *junior high*. Sabrás que asistí a la preparatoria del barrio, a la misma de la que te graduaste tú, ¿verdad? Pues en aquel entonces mis famosos triunfos eran siempre de índole negativa, como: no me junté con ninguna pandilla (aunque tenía buenas relaciones con todas; por eso aún estoy vivo), no me dejé seducir por las drogas, no me hice alcohólico, y a pesar de que no me gustaba mi vida para nada, no me tiré del último piso del ya desaparecido World Trade Center ni me lancé al East River desde el Brooklyn Bridge. Lo único que me gustaba en la escuela eran las matemáticas. Desde chico, siempre había tenido bastante talento para el cálculo mental y para todo lo relacionado con lenguas, en particular para hablar y escribir. Aún cuando nací en Puerto Rico, de tan sólo llegar a Nueva York a los cinco años ya sabía inglés, o así parecía, y nunca me he olvidado del español como a algunos les ha pasado. Era un talento que tenía que esconder, porque nadie en absoluto me apoyaba y muchos me llamaban "maricón" porque me gustaba leer. Mis padres a duras penas me permitían quedarme en la escuela hasta que me graduara; mil veces hubieran preferido que me saliera tan pronto como cumpliera los 16 años, como han hecho todos mis hermanos menos Vicente, que es el más chico, y empezara a ganar dinero para ayudar a la familia. Papá quería que lo acompañara a trabajar en el taller. Mamá sólo quería que contribuyera al presupuesto familiar. De ninguna manera me hubieran permitido solicitar el ingreso a una escuela élite como la Bronx High School of Science.

Lo que me salvó fue—aunque tú no lo creas—la guerra de Vietnam. Me gradué del *high school* en 1972. Aún existía *the draft* (que en español se traduce curiosamente como 'llamamiento a filas'), y enseguida me llamaron a filas. Hacia 1972, ya había tanta oposición a esa guerra que algunos de mis amigos, o se escaparon a otros países o empezaron a vivir una vida clandestina o quemaron públicamente en violentas manifestaciones sus tarjetas de llamamiento a filas y en dos horas ya habían ido a dar a la cárcel. A lo mejor el ejército me habría convertido en carne de cañón, si no hubiera sido por mi talento para las matemáticas y los idiomas. Antes de empezar a entrenarme en el arte de quitarle la vida al enemigo, le dio al ejército por hacerme un examencito dizque de inteligencia o quién sabe cuántos. Y a pesar de mi mala preparación académica, allí estaba la prueba de la superioridad de mi materia gris. Bueno, al fin de cuentas el ejército sí acabó por mandarme a Vietnam, pero sólo después de meterme en un curso de contabilidad que duró dos meses, otro de francés—Vietnam había sido colonia francesa y todavía muchos hablaban francés—y también otro de vietnamita que apenas duró uno. Así que en 1973 regresé de la guerra como contador incipiente, francófono corriente (el francés es bastante parecido al español), con algo de vietnamita y—lo más importante—vivo. Pasé un año más en el ejército, pero ya en los Estados Unidos: me mandaron a una base militar de San Antonio. Fui también a la universidad de esa ciudad donde tomé una cantidad de cursos, sobre todo de contabilidad. En 1974 volví a Nueva York pero nadie se fiaba de mí y nadie quería hablar conmigo ("Tú como todos los veteranos de Vietnam eres un loco drogadicto y además un mataguaguas, o sea, *babykiller*; no quiero tener nada que ver contigo; vete a pasear"). Ni papá y mamá querían saber de mis experiencias; pensaban que les iba a hablar de puras matanzas y bombardeos y pueblitos incendiados cuando en realidad les quería hablar de la contabilidad. Bueno, me dije, si así están las cosas más vale que viva solo y me dedique a lo mío. Como disponía de la ayuda financiera del gobierno, o sea la *G.I. Bill*, y como quería quedarme en Nueva York, me inscribí en Queens College, encontré un pequeño apartamento en el barrio hispano de Jackson Heights del *borough* de Queens, trabajé 30 horas a la semana de recepcionista y traductor en el bufete de un abogado, y en dos años y medio me gradué con título en contabilidad. ¡Ya era contador!

Pero casi nadie me quiso contratar. Solicité trabajo en cada una de las grandes empresas de contabilidad (las *Big Eight*, como las llamaban) y nada. Nunca sabré si fue porque no querían contratar a puertorriqueños o porque mi promedio de notas, o sea *grade point average*, no era muy alto. De todos modos tuve que conformarme con trabajar en una pequeña compañía de contadores en el Queens Boulevard. La firma se llamaba "Schlomowitz and Feingold"; yo era el único hispano. Aunque sí me apreciaban porque podía comunicarme en español con la población latina de Queens que aumentaba de año en año (empezaba a haber muchos colombianos). Trabajaba más de 50 horas por semana y realmente no me pagaban lo que merecía. Por lo tanto, después de cinco años con Schlomowitz and Feingold—yo ya tenía 28 años—decidí tratar de cambiarme de profesión, sobre todo antes de que se me acabara la ayuda del gobierno. Solicité entrada en Columbia University Law School que según muchos es la facultad de derecho más prestigiosa de la ciudad, y ... ¡me aceptaron! Como Columbia está en la calle 116 del West Side de Manhattan y es de difícil acceso para quienes viven en Queens, me cambié a un apartamento aún más pequeño de la calle 109. De 1982 a 1985 mi vida consistía en esto: estudiar leyes, trabajar por horas para una firma de contadores que estaba cerca de la universidad, y de vez en cuando comer y dormir. Esta vez saqué buenas notas y me gradué entre el vigésimo quinto por ciento más alto—*the top 25 percent*—de mi clase. Cuatro meses después aprobé el *New York State Bar Exam*, o sea el examen estatal de abogados, y me puse a ... solicitar trabajo otra vez. Ya no quería trabajar de contador; ya me traía tanto impuesto y tanta deducción y tanto formulario. Solicité en todos los bufetes más prestigiosos y más *wasp*, o sea anglosajones, de la ciudad y hasta dos de ellos me ofrecieron trabajo (y no de conserje). Pero yo ya sabía lo que quería y lo que no quería, y lo que no quería era formar parte de una gran masa de abogadillos que están en feroz competencia los unos contra los otros y que, tras seis años de tener que trabajar por lo menos 75 horas por semana (y no te estoy mintiendo, Mari), menos de la mitad se recibe de socios en la firma. No señores. Por eso opté por regresar a mi querido *borough* de Queens, donde yo ya soy el socio principal en una firma de 12 abogados que está localizada en el Queens Boulevard—parece que de allí no voy a salir nunca—a solo tres cuadras de la famosa Schlomowitz and Feingold. Es una firma que hace de todo: casos criminales, divorcios, testimonios, disputas de propiedad, accidentes, acusaciones de discriminación, asuntos de inmigración... Cada día hay algo nuevo y estoy muy contento con lo que hago. De vez en cuando doy clases de contabilidad y/o derecho mercantil en el Queens College. Y ya no vivo en apartamentos chiquititos sino en un condominio acomodado que estoy acabando de pagar.

Mi único problema es que con tanto trabajo no he tenido mucho tiempo para la vida social. Tuve novia hace 14 años—Carmelita, una hermosa colombiana de Jackson Heights—pero el noviazgo no duró mucho; ella siempre decía que mi verdadera novia era la abogacía. Desde entonces salgo con alguna chica que otra pero de ahí no pasa. Y ahora no sé si quiera tener familia o no. Mis parientes siempre me echan eso en cara cuando los veo (que no es todos los días; todavía siento el mal trato con el que me recibieron al regresar de la guerra): "¿Para cuándo te casas? Si no te casas, nunca estarás feliz. No es normal que un hombre sano no se case. No te casas porque aún no te has recuperado de la guerra de Vietnam" y así por el estilo. Pero claro, ¡todos están *muy* contentos de tener un abogado en la familia!

La expresión

Actividad 14.1   Preguntas sobre El tema.   Contesta las preguntas siguientes.

1.   ¿Cómo trata Marisela a Roberto y cómo reacciona él a ese trato?

2.   ¿En qué sentido "tuvo éxito" Roberto en la preparatoria?

3.   ¿Para qué dos cosas tenía talento Roberto de chico?

4.   ¿Qué dos cosas importantes le pasaron a Roberto en 1972? ¿Cuál fue la más importante y por qué?

5.   ¿Qué tipo de prueba le hizo el ejército a Roberto y cuáles fueron las consecuencias de ella? ¿A qué se dedicó en Vietnam?

6. ¿Cómo fue recibido Roberto cuando regresó a Nueva York en 1974?

7. ¿Qué estudió Roberto en la universidad y dónde encontró trabajo después de graduarse?

8. Después de varios años, Roberto cambió de carrera. ¿A qué se cambió y por qué lo hizo?

9. ¿Por qué no quiso aceptar ninguna de las ofertas de los grandes bufetes de Nueva York? ¿Qué hizo en vez de aceptarlas?

10. Roberto está más o menos contento con su carrera, pero ¿de qué se queja y por qué?

✔ *En el Cuaderno C14.1 se halla la actividad que corresponde a las secciones anteriores.*

Forma y función

Los verbos irregulares en sus tiempos sencillos

No todos los verbos son irregulares en todos los tiempos sencillos. Los hay que son irregulares en casi todos y los hay que apenas lo son en sólo uno de ellos. La presente sección simplifica bastante la irregularidad verbal pero de todas maneras presenta lo esencial.

Irregularidades de los tiempos presentes

LAS DIPTONGACIONES E → IE, O → UE

La **e** cambia a **ie** en cuatro de las cinco formas de ciertos verbos en los dos tiempos presentes. A continuación se presenta la conjugación de varios verbos en esos tiempos.

PENSAR	EMPEZAR	MANIFESTAR	RECOMENDAR
presente de indicativo			
pienso	empiezo	manifiesto	recomiendo
piensas	empiezas	manifiestas	recomiendas
piensa	empieza	manifiesta	recomienda
pensamos	empezamos	manifestamos	recomendamos
piensan	empiezan	manifiestan	recomiendan
presente de subjuntivo			
piense	empiece	manifieste	recomiende
pienses	empieces	manifiestes	recomiendes
piense	empiece	manifieste	recomiende
pensemos	empecemos	manifestemos	recomendemos
piensen	empiecen	manifiesten	recomienden

El cambio **e → ie** en la última vocal de la raíz de estos verbos sólo ocurre cuando el acento tónico cae en dicha vocal. En las formas de la primera persona plural—*pensamos, pensemos, empezamos, empecemos, manifestamos, manifestemos, recomendamos, recomendemos*—el acento tónico no cae en la vocal **e** de la última sílaba de la raíz sino en la vocal **a** de la terminación. Por eso no hay diptongación en esas formas.[1]

El cambio **o → ue** es idéntico al cambio **e → ie**, excepto que las letras son otras. Afecta a las mismas cuatro personas, y por las mismas razones.

VOLVER	RECORDA	DESCONSOLAR
presente de indicativo		
v**ue**lvo	rec**ue**rdo	descons**ue**lo
v**ue**lves	rec**ue**rdas	descons**ue**las
v**ue**lve	rec**ue**rda	descons**ue**la
volvemos	recordamos	desconsolamos
v**ue**lven	rec**ue**rdan	descons**ue**lan
presente de subjuntivo		
v**ue**lva	rec**ue**rde	descons**ue**le
v**ue**lvas	rec**ue**rdes	descons**ue**les
v**ue**lva	rec**ue**rde	descons**ue**le
volvamos	recordemos	desconsolemos
v**ue**lvan	rec**ue**rden	descons**ue**len

✔ *En el Cuaderno C14.2, C14.3, C14.4 y C14.5 se hallan las actividades que corresponden a las secciones anteriores.*

LA CERRAZÓN VOCÁLICA E → I, O → U

En algunos verbos de la tercera conjugación, el cambio **e→i** ocurre al conjugarse en los tiempos presentes.

---

[1] En la conjugación popular de estos verbos, el cambio radical afecta a las cinco formas porque el acento tónico se mantiene en la raíz a lo largo de toda la conjugación. De ahí que se den: **pienso, piensas, piensa, piénsamos** y **piensan**. En efecto se trata de una regularización de la conjugación mediante una analogía con las características dominantes de la misma. También son afectados los verbos en los que la raíz cambia de **o→ue** (**recuérdamos**, etc.).

PEDIR	REPETIR	PEDIR	REPETIR
presente de indicativo		*presente de subjuntivo*	
pido	repito	pida	repita
pides	repites	pidas	repitas
pide	repite	pida	repita
pedimos	repetimos	pidamos	repitamos
piden	repiten	pidan	repitan

Hay verbos como **sentir** que producen las dos cosas—la diptongación y la cerrazón vocálica—en la misma conjugación.

sentir

siento,   sientes,   siente,   sentimos,   sienten (*pres. de indicativo*)

sienta,   sientas,   sienta,   sintamos,   sientan (*pres. de subjuntivo*)

✔ *En el Cuaderno C14.6 se halla la actividad que corresponde a la sección anterior.*

CAMBIO ORTOGRÁFICO MÁS ADICIÓN DEL SONIDO /k/

Hay unos cien verbos que cuando se les agrega el sonido /k/ al final de la raíz necesitan un cambio ortográfico (**c → z**) para indicar que el sonido sibilante /s/ se conserva. El nuevo sonido /k/ se representa con la letra c. Este cambio afecta a la primera persona singular del presente de indicativo y a todas las formas del presente de subjuntivo. El cambio aparece a continuación.

AGRADECER

agradezco	**agradezca**
agradeces	**agradezcas**
agradece	**agradezca**
agradecemos	**agradezcamos**
agradecen	**agradezcan**

Los siguientes verbos de uso frecuente son afectados por el cambio.

engrandecer	desconocer	parecer
aparecer	envejecer	pertenecer
conocer	merecer	producir
conducir	obedecer	reconocer
crecer	ofrecer	seducir
desaparecer	padecer	traducir

LA ADICIÓN DEL SONIDO /g/

Hay diez verbos de uso frecuente en los que se agrega el sonido /g/ a la raíz de la primera persona singular del presente de indicativo y a todas las formas del presente de subjuntivo.

caer:	**caigo**, caes, cae ... ;	**caiga, caigas, caiga, caigamos, caigan**
decir:	**digo**, dices, dice ... ;	**diga, digas, diga, digamos, digan**
hacer:	**hago**, haces, hace ...;	**haga, hagas, haga, hagamos, hagan**
oír:	**oigo**, oyes, oye ... ;	**oiga, oigas, oiga, oigamos, oigan**
poner:	**pongo**, pones ... ;	**ponga, pongas, ponga, pongamos, pongan**
salir:	**salgo**, sales ... ;	**salga, salgas, salga, salgamos, salgan**
tener:	**tengo**, tienes ...;	**tenga, tengas, tenga, tengamos, tengan**
valer:	**valgo**, vales ... ;	**valga, valgas, valga, valgamos, valgan**
venir:	**vengo**, vienes ... ;	**venga, vengas, venga, vengamos, vengan**

LA ADICIÓN DE LA LETRA Y

La **y** se agrega al final de la primera persona singular del presente de indicativo de los siguientes verbos.

dar:	**doy**, das, da, damos, dan
estar:	**estoy**, estás, está, estamos, están
haber:	**hay**
ir:	**voy**, vas, va, vamos, van
ser:	**soy**, eres, es, somos, son

También se agrega una **y** al final de la raíz de cuatro de las formas del presente de indicativo y a todas las formas del subjuntivo, de los verbos cuyos infinitivos terminan en **-uir** (como *atribuir, contribuir, distribuir, incluir, influir, destruir* y *sustituir*). Sigue un ejemplo.

CONCLUIR

concluyo	**concluya**
concluyes	**concluyas**
concluye	**concluya**
concluimos	**concluyamos**
concluyen	**concluyan**

CAMBIOS MISCELÁNEOS

Sólo la primera persona del presente de indicativo es irregular en los dos verbos que aparecen a continuación.

CABER	SABER
presente de indicativo	
quepo	**sé**
cabes	sabes
cabe	sabe
cabemos	sabemos
caben	saben
presente de subjuntivo	
quepa	**sepa**
quepas	**sepas**
quepa	**sepa**
quepamos	**sepamos**
quepan	**sepan**

CAMBIOS PURAMENTE ORTOGRÁFICOS PARA PRESERVAR UN SONIDO

1. El cambio **c→z**

   CONVENCER

   convenzo, convences, convence, convencemos, convencen
   convenza, **convenzas**, **convenza**, **convenzamos**, **convenzan**
   Siguen este modelo *ejercer, torcer, vencer* y otros.

2. El cambio **g→j**

   ESCOGER

   escojo, escoges, escoge, escogemos, escogen
   escoja, **escojas**, **escoja**, **escojamos**, **escojan**
   Siguen este modelo *acoger, coger, corregir, dirigir, elegir, exigir, fingir, proteger, recoger, restringir, surgir* y otros.

3. El cambio **gu→g**

   SEGUIR

   sigo, sigues, sigue, seguimos, siguen
   siga, **sigas**, **siga**, **sigamos**, **sigan**
   Siguen este modelo *conseguir, distinguir, perseguir, proseguir* y otros.

✔ *En el Cuaderno C14.7 se halla la actividad que corresponde a las secciones anteriores.*

Irregularidades del tiempo imperfecto de indicativo

El imperfecto de indicativo es el más regular de todos los tiempos. Sólo hay tres verbos que no son regulares en este tiempo.

ir: iba, ibas, iba, íbamos, iban

ser: era, eras, era, éramos, eran

ver: veía, veías, veía, veíamos, veían

Todos los demás verbos son absolutamente regulares en el imperfecto de indicativo.[2] La regularidad consiste en la adición de la terminación **-ba** a la raíz de los verbos de la primera conjugación, y la adición de **-ía** a la de los verbos de la segunda y tercera conjugación. Por ejemplo:

regresar: regresaba, regresabas, regresaba, regresábamos, regresaban

comer: comía, comías, comía, comíamos, comían

✔   *En el Cuaderno C14.8 y C14.9 se hallan las actividades que corresponden a las secciones anteriores.*

Irregularidades del tiempo pretérito y del imperfecto de subjuntivo

Repasaremos las formas **regulares** de los pretéritos e imperfectos de subjuntivo.

PRETÉRITOS E IMPERFECTOS DE SUBJUNTIVO REGULARES

La primera conjugación

El pretérito regular de la primera conjugación funciona así: raíz del verbo + **-é / aste / ó / amos / aron**.

Ejemplo: hablé, hablaste,[3] habló, hablamos, hablaron

El imperfecto de subjuntivo regular de la primera conjugación funciona así: raíz del verbo + **-ara / aras / ara / áramos / aran**.

Ejemplo: hablara, hablaras, hablara, habláramos, hablaran

---

[2] En el español popular, existe la tendencia a usar formas irregulares del imperfecto en ciertos verbos de uso frecuente. Ejemplos: *caer* → **caiba**, *traer* → **traiba**, *poder* → **pudía / puedía**, *decir* → **dicía / dijía**. En el español normativo los imperfectos de estos verbos son totalmente regulares: *caía, traía, podía, decía* ...

[3] Las formas normativas de la segunda persona singular informal del pretérito no tienen *s* final. Pero las dos formas populares —por ejemplo, *hablastes, hablates*— sí la tienen. El uso de la primera de estas formas populares —*hablastes, dijistes, comprastes, fuistes, vinistes, ordenastes*, etc.— está muy extendido en la sociedad actual. Hasta puede decirse que es la forma preferida del habla coloquial. Sin embargo, el español escrito (que se basa siempre en el uso normativo) no lo admite a menos que el escritor procure imitar el lenguaje coloquial en citas directas.

La segunda conjugación y la tercera conjugación

No hay diferencia de formas entre estas dos conjugaciones en los dos tiempos indicados. El pretérito regular de la segunda y tercera conjugación funciona así: raíz del verbo + -**í** / **iste** / **ió** / **imos** / **ieron**.

Ejemplo: comí, comiste, comió, comimos, comieron

El imperfecto de subjuntivo regular de la segunda y tercera conjugación funciona así: raíz del verbo + -**iera** / **ieras** / **iera** / **iéramos** / **ieran**.

Ejemplo: comiera, comieras, comiera, comiéramos, comieran

LAS DOS CLASES DE IRREGULARIDAD EN EL PRETÉRITO/IMPERFECTO DE SUBJUNTIVO

Irregularidades de tercera persona solamente

Sólo las terceras personas —tanto la singular como la plural— son afectadas por estos cambios que se dividen en tres grupos:

1. Nuevas raíces con **i** o con **u**.

PEDIR (LA NUEVA RAÍZ ES **PID**)	
pretérito	*imperfecto de subjuntivo*
pedí	pidiera
pediste	pidieras
pidió	pidiera
pedimos	pidiéramos
pidieron	pidieran

Nótese el parecido entre ***pidier*on** (3ª pl. del pretérito) y todas las formas del imperfecto de subjuntivo: éstas también empiezan con ***pidier***-. Regla general: todas las formas de todos los imperfectos de subjuntivo se basan en la 3ª pl. del pretérito.

MORIR (LA NUEVA RAÍZ ES **MUR**)	
pret.	morí, moriste, murió, morimos, murieron
i. de sub.	muriera, murieras, muriera, muriéramos, murieran

Como *pedir* se conjugan los siguientes verbos de uso frecuente, además de otros: *advertir, corregir, despedir, elegir, herir, invertir, medir, preferir, referir, rendir, repetir, seguir, sentir, servir, sugerir, vestir.*

Como *morir* se conjuga *dormir.*

2. La **y** sustituye a la **i**.

	LEER
pret.	leí
	leíste
	le**y**ó (en vez de *leió*)
	leímos
	le**y**eron (en vez de *leieron*)
i. de sub.	le**y**era, le**y**eras, le**y**era, le**y**éramos, le**y**eran

Como **leer** se conjugan los siguientes verbos de uso frecuente más muchos verbos de la segunda conjugación cuyas raíces terminan en vocal (es decir: **-eer, -aer, -oer**) y cualquier verbo de la tercera conjugación cuyo infinitivo termine en **-uir** u **-oír**.

Ejemplos: *caer, concluir, creer, oír, sustituir, influir, huir, constituir*

3. Desaparece la vocal de la raíz.

	REÍR
pret.	reí
	reíste
	rió (en vez de *reió*)
	reímos
	rieron (en vez de *reieron*)
i. de sub.	riera, rieras, riera, riéramos, rieran

Como **reír** se conjuga también *sonreír*.

IRREGULARIDADES QUE AFECTAN TODAS LAS PERSONAS

En estos verbos, todas las personas son afectadas por los cambios. Estos pretéritos e imperfectos de subjuntivo son de tres grupos:

1. Raíz nueva con **u**. Sigue un ejemplo:

	PONER (LA RAÍZ **PON**→**PUS**)
pret.	**pus**e
	pusiste
	puso
	pusimos
	pusieron
i. de sub.	**pus**iera, **pus**ieras, **pus**iera, **pus**iéramos, **pus**ieran

Como **poner** se conjugan todos sus derivados como *componer, descomponer, disponer, exponer, oponer, proponer* y otros.

Otros verbos de uso frecuente que tienen raíces nuevas con **u** se presentan a continuación.

andar: anduve, anduviste, anduvo, anduvimos, anduvieron
anduviera, anduvieras, anduviera, anduviéramos, anduvieran

caber: cupe, cupiste, cupo, cupimos, cupieron
cupiera, cupieras, cupiera, cupiéramos, cupieran

estar: estuve, estuviste, estuvo, estuvimos, estuvieron
estuviera, estuvieras, estuviera, estuviéramos, estuvieran

haber: hube, hubiste, hubo, hubimos, hubieron
hubiera, hubieras, hubiera, hubiéramos, hubieran

poder: pude, pudiste, pudo, pudimos, pudieron
pudiera, pudieras, pudiera, pudiéramos, pudieran

saber: supe, supiste, supo, supimos, supieron
supiera, supieras, supiera, supiéramos, supieran

tener: tuve, tuviste, tuvo, tuvimos, tuvieron
tuviera, tuvieras, tuviera, tuviéramos, tuvieran

Como **tener** se conjugan todos sus derivados como *abstener, contener, detener, entretener, mantener, obtener, retener* y otros.

2. Raíz nueva con **i.** Sigue un ejemplo:

QUERER (LA RAÍZ **QUER→QUIS**)

pret.	**quis**e
	quisiste
	quiso
	quisimos
	quisieron
i. de sub.	**quisiera**, **quisieras**, **quisiera**, **quisiéramos**, **quisieran**

Otros verbos de uso frecuente que tienen raíces nuevas con **i** aparecen a continuación.

hacer: hice, hiciste, hizo, hicimos, hicieron
hiciera, hicieras, hiciera, hiciéramos, hicieran

Como **hacer** se conjugan en el pretérito e imperfecto de subjuntivo todos sus derivados como *deshacer, rehacer* y *satisfacer.* Obsérvese el cambio ortográfico en la forma **hizo**: la **c** se transforma en **z** para mantener el mismo sonido ante la **o**.

venir: vine, viniste, vino, vinimos, vinieron
viniera, vinieras, viniera, viniéramos, vinieran

3. Raíz nueva con **j**. Sigue un ejemplo:

DECIR (LA RAÍZ **DEC**→**DIJ**)

---

pret.	**dij**e
	dijiste
	dijo
	dijimos
	dijeron

Nótese que es **dijeron** y no *dijieron*, forma que se usa en el español popular. En el español normativo, la **i** de **-ieron** es eliminada por la **j** anterior si la raíz es irregular. Esto afecta también las formas del imperfecto de subjuntivo.

i. de sub.   **dij**era, **dij**eras, **dij**era, **dij**éramos, **dij**eran

Otros verbos de uso frecuente que tienen raíces nuevas con **j** aparecen a continuación.

conducir: conduje, condujiste, condujo, condujimos, condujeron
condujera, condujeras, condujera, condujéramos, condujeran

Como **conducir** se conjugan todos los verbos cuyos infinitivos terminen en -**ducir**: *traducir, deducir, reducir, seducir, inducir, producir, introducir*.

traer: traje, trajiste, trajo, trajimos, trajeron
trajera, trajeras, trajera, trajéramos, trajeran

Como **traer** se conjugan todos los derivados del mismo como *atraer, abstraer, substraer, distraer, extraer*.

PRETÉRITOS E IMPERFECTOS DE SUBJUNTIVOS ESPECIALES: **DAR**, **IR**, **SER**

Las formas pret./i. de sub. de **ir** y **ser** son idénticas.

pret.	fui, fuiste, fue, fuimos, fueron
i. de sub.	fuera, fueras, fuera, fuéramos, fueran

Las formas de **dar** revelan un simple cambio de conjugación, de la primera a la segunda.

pret.	di, diste, dio, dimos, dieron
i. de sub.	diera, dieras, diera, diéramos, dieran

✔ *En el Cuaderno C14.10 y C14.11 se hallan las actividades que corresponden a las secciones anteriores.*

LA IRREGULARIDAD ORTOGRÁFICA EN EL PRETÉRITO

Éstos son los principales cambios ortográficos que se manifiestan en el tiempo pretérito. Todos ocurren ante la letra **e**. Como afectan la primera persona singular exclusivamente, no ocurren en el imperfecto de subjuntivo.

1. **c→qu** (para conservar el sonido de /k/)

atacar: **ataqué**, atacaste, atacó, atacamos, atacaron

Todos los verbos cuyos infinitivos terminan en **-car** presentan este cambio ante la letra **e**. Entre los más frecuentes están: *abarcar, acercar, aplicar, arrancar, buscar, calificar, comunicar, chocar, dedicar, destacar, educar, explicar, fabricar, indicar, marcar, pescar, picar, practicar, publicar, replicar, sacar, secar, tocar.*

2. **z→c** (para conservar el sonido de /s/)

empezar: **empecé**, empezaste, etc.

Todos los verbos cuyos infinitivos terminan en **-zar** manifiestan este cambio ante la letra **e**. Entre los más frecuentes figuran: *abrazar, almorzar, alzar, analizar, avergonzar, comenzar, cruzar, deslizar, enlazar, esforzar, familiarizar, finalizar, forzar, garantizar, gozar, lanzar, organizar, realizar, rechazar, rezar, tropezar.*

3. **g→gu** (para conservar el sonido de /g/)

llega: **llegué**, llegaste, etc.

Todos los verbos cuyos infinitivos terminan en **-gar** necesitan este cambio ante la letra **e.** Entre estos verbos figuran: *agregar, ahogar, alargar, apagar, castigar, cegar, colgar, encargar, entregar, jugar, juzgar, negar, obligar, pagar, pegar, regar, rogar, tragar.*

4. **gu→gü** (para conservar los sonidos de /gw/)

averiguar: **averigüé**, averiguaste, etc.

Todos los verbos cuyos infinitivos terminan en **-guar** necesitan este cambio ante la **e.** Entre ellos figuran: *fraguar, apaciguar, santiguar.*

✔   *En el Cuaderno C14.12 se halla la actividad que corresponde a las secciones anteriores.*

El acento escrito y las formas verbales

El acento se usa para diferenciar formas presentes de formas pretéritas.

llame ≠ llamé: "¿Quieres que lo <u>llame</u>?" "No, yo ya lo <u>llamé</u>."

llamo ≠ llamó: "Yo siempre lo <u>llamo</u> a él, pero ayer él me <u>llamó</u> a mí."

Las formas **llame, llamo** son del tiempo **presente**. Las formas **llamé, llamó** son del tiempo **pretérito**. Las formas presentes son llanas que terminan en vocal; por eso no se acentúan por escrito. Las formas pretéritas son agudas que terminan en vocal; por eso sí se acentúan por escrito. El acento escrito, pues, distingue la forma del presente de la forma del pretérito.

Aquí tienes otros ejemplos.

acabar:	acabe/acabé, acabo/acabó
ayudar:	ayude/ayudé, ayudo/ayudó
bailar:	baile/bailé, bailo/bailó
comprar:	compre/compré, compro/compró
contestar:	conteste/contesté, contesto/contestó
echar:	eche/eché, echo/echó
enseñar:	enseñe/enseñé, enseño/enseñó
entrar:	entre/entré, entro/entró
escuchar:	escuche/escuché, escucho/escuchó
esperar:	espere/esperé, espero/esperó
faltar:	falte/falté, falto/faltó
ganar:	gane/gané, gano/ganó
gozar:	goce/gocé, gozo/gozó
guardar:	guarde/guardé, guardo/guardó
levantar:	levante/levanté, levanto/levantó
llamar:	llame/llamé, llamo/llamó
llegar:	llegue/llegué, llego/llegó
llorar:	llore/lloré, lloro/lloró
mirar:	mire/miré, miro/miró
necesitar:	necesite/necesité, necesito/necesitó
olvidar:	olvide/olvidé, olvido/olvidó
pagar:	pague/pagué, pago/pagó
pasar:	pase/pasé, paso/pasó
presentar:	presente/presenté, presento/presentó
quedar:	quede/quedé, quedo/quedó
quitar:	quite/quité, quito/quitó
saltar:	salte/salté, salto/saltó
tomar:	tome/tomé, tomo/tomó

✔ *En el Cuaderno C14.13 y C14.14 se hallan las actividades que corresponden a las secciones anteriores.*

Texto y comprensión

Chencha Sánchez de García, *El pastel de tres leches*

Ésta es la primera narrativa que publica la señora Sánchez de García, nacida cerca de Guadalajara, Jalisco, República Mexicana, en 1942. Desde 1962 reside en la calle Blue

Island, en el barrio Pilsen de Chicago, Illinois, Estados Unidos. Allí es madre de 15 hijos, abuela de 51 nietos, bisabuela de 22 bisnietos y tatarabuela de tres tataranietos. Es ama de casa y se dedica a sus labores y a su numerosa familia. En su pueblo apenas cursó[1] el primer año de primaria, pero ya estando en Chicago se perfeccionó en el arte de escribir cuentos por medio de asiduas[2] lecturas variadas.

Actividad 14.2.   Preguntas preliminares para contestar en voz alta y por escrito.

1.   ¿Qué forma tiene la Muerte? ¿La has visto en alguna ocasión? ¿Cómo la han pintado a través de los siglos? ¿Qué papel desempéna la Muerte en las diferentes culturas hispánicas? ¿Qué nombres se le ha dado a la Muerte en las culturas latinas?

2.   ¿Cuáles son los postres más renombrados en las diferentes culturas hispánicas? Nombra todos los que conozcas. ¿Cuál te gusta más y por qué? ¿Desde cuándo lo sabes hacer?

3.   ¿Es mejor que un anciano enfermo viva en casa de un hijo, o conviene más que se interne en un asilo? Explícate.

El texto

Lee con atención el siguiente relato.

El pastel de tres leches

Jesusita Martínez de Venegas ya estaba hasta las cachas de[3] la Muerte. ¿Por qué—se lo preguntaba repetidamente durante los últimos siete años—la Muerte no podría comportarse de una manera racional, lógica, inteligente y prudente? Jesusita acababa de cumplir los 54 años cuando de repente se enviudó. Su esposo Adalberto nunca había estado enfermo ni un solo día. Pero ya de una vez, ¡cataplum!, ahí estaba, muerto de un paro cardíaco[4] en el piso del vestuario[5] del club deportivo, de recién acabado de jugar su partido de basquetbol de siempre. Pero el problema principal ya no era el pobre difunto de Adalberto ni aún los años de purgatorio y soledad que siguieron a su muerte. Lo que de veras había amargado tanto la existencia de Jesusita durante estos últimos siete años eran las constantes dificultades de su suegra doña Dolores. Al fallecer su hijo del infarto precipitado, ya tenía doña Dolores 80 años de edad y ya se le empezaba a deteriorar[6] la salud. Y ¡qué deterioro! ¿Existía alguna enfermedad que doña Dolores desconociera? La artritis, la bronquitis, las cataratas, la

Notas léxicas

[1] estudió   [2] perseverantes   [3] estaba hasta aquí con, ya no podía más con   [4] infarto, ataque al corazón
[5] parte donde la gente se viste   [6] empeorar

difteria, la elefantiasis, la fiebre aftosa, la gangrena; a la pobre de doña Dolores ya le habían dado todas. Pero lo que de veras le tenía preocupada a Jesusita respecto a su suegra era la siempre temida enfermedad de Alzheimer, el "azote[7] de los ya entraditos en años", como lo llamaba la gente. Ya se hacía "muy olvidadiza" la pobre hacia la fecha de la muerte de Adalberto, y en efecto la pobrecita nunca comprendió plenamente que su idolatrado[8] hijo, que siempre había sido el más consentido, de veras estaba muerto. Al principio preguntaba por él sin cesar, y con el tiempo Jesusita aprendió a resolver el problema asegurándole que a Adalberto lo habían detenido "en Milwaukee por cuestiones de negocios" pero que él volvería "mañana o pasado" y que acababa de telefonear ese mismo día "para decirle lo mucho que la quería". Eso siempre le hacía feliz a doña Dolores.

Doña Dolores se había instalado en la casa de Jesusita y Adalberto dos años antes de la muerte de éste, y al principio no había problemas: la señora grande tenía su propia recámara y su propio baño en la parte de atrás de la casa y hasta podía ayudarle a Jesusita en la cocina de vez en cuando. Pero después de la muerte de Adalberto se empeoró la enfermedad de Alzheimer y Jesusita se vio obligada a contratar a una enfermera de día para vigilar[9] a doña Dolores de 8 a 5. (Para suplementar el poco dinero que la compañía de seguros le pagó a Jesusita cuando murió Adalberto, Jesusita se había ido a trabajar llevando la contabilidad de los libros en una oficina de bienes raíces.)[10] Y luego llegó el momento en que la pobre suegrita enferma se volvió tan demente[11]—y a veces tan violenta, a pesar de su artritis y de todos los demás achaques[12]—que Jesusita simplemente insistió que por lo menos una de sus tres hijas estuviera presente en la casa de las 5 a la medianoche "para ayudar tantito con Abuela". Pero esas vigilias les costaban mucho trabajo a Cecilia, Judith y Hermenegilda, ya que cada una de las tres tenía su propia familia de que ocuparse y además vivían bastante retirado,[13] para allá para el condado de DuPage.[14] Y lo que es más, las tres trabajaban no sólo dentro sino también fuera de la casa, Cecilia de enfermera, Judith de maestra y Hermenegilda de trabajadora social.

De modo que por fin contrató Jesusita a otra enfermera "de turno nocturno", lo cual casi agotó por completo su cuenta corriente.[15]

Pero aún con esta ayuda adicional, ya casi no podía con doña Dolores, quien para aquel entonces se había enloquecido por completo. Finalmente Jesusita se dio por vencida: vendió la casa que tenía e instaló a su suegra en el mejor asilo para ancianos que podía costear[16] con el dinero percibido por la venta de la casa más lo recibido del Seguro Social y el Medicare que la señora grande tenía. El asilo no era precisamente el número uno de la zona metropolitana de Chicago, pero tenía que soportarlo. Por dos años Jesusita visitó a doña

---

[7] latigazo [8] adorado [9] cuidar, observar [10] propiedades particulares (casas y otros edificios)
[11] enloquecida, fuera de sí [12] indisposiciones, enfermedades [13] lejos [14] condado suburbano de la zona metropolitana de Chicago [15] el dinero que tenía en una cuenta en el banco [16] pagar (un gasto)

Dolores todos los días aunque sólo fuera para comprobar el estado de su salud. La pobre de doña Dolores ya no reconocía a nadie y pasaba sus días durmiendo o peleándose con las enfermeras, quienes a duras penas[17] la aguantaban. Y después llegó el momento cuando la pobre de doña Dolores ya no peleaba con nadie puesto que había perdido el habla, ya no podía caminar y casi se le había olvidado cómo comer a pesar de los mejores esfuerzos de Jesusita de persuadirla a que ingiriera "nomás una cucharadita de este delicioso caldito de pollo, querida suegrita".

Pero por fin todo acabó. A las 9:57 p.m. del cuatro de enero, cesó[18] de respirar la señora Dolores. Jesusita se encontraba al lado del lecho de la moribunda cuando la Muerte entró en la habitación. Apenas se parecía a como la venían pintando y dibujando desde los albores de la historia. Para comenzar, no traía la hoz.[19] Para continuar, no era ni vieja ni flaca sino todo lo contrario: se parecía a cualquier abogado cuarentón y bien nutrido que tomaba güisqui en el coche comedor del tren que lo llevaba a la casa cercana al club campestre de Lake Forest[20] después de haber pasado el día trabajando en el piso cincuenta de cualquier rascacielos del centro. Había una sola manera de saber realmente quién era la Muerte: su transparencia[21] física era completa y total. Su transparencia era tal, que sólo se veía su etérea figura; su gran cuerpo redondo no era sino un bosquejo. Pero la Muerte sí era mortífera:[22] le costó menos de un segundo ponerle fin a la vida de doña Dolores, pasando su mano rechoncha por encima de la demacrada[23] cara de la pobre, y ahí sanseacabó. Sin embargo, aún no era el final de la historia para la sufridísima yerna de doña Dolores, ya que Jesusita tenía una cuenta que ajustar con la huesuda. "Pero óigame Ud., Muerte. ¿No se da cuenta de todos los avances de la medicina moderna y de lo mucho que le cuesta a la gente morirse hoy en día? *Get a life!* Si nosotros los seres humanos nos aferramos[24] en seguir inventando nuevas maneras de prolongarnos la existencia, pues a la Muerte le ha de tocar inventar nuevas maneras de acortárnosla. ¿Se le hace a Ud. que mi pobre suegra la pasó de carnaval[25] estando demente e inmovilizada por años y años? ¿No se da Ud. cuenta de que yo a los 61 años ya dependo de manera total de mis sobrecargadísimas hijas, de sus esposos clasemedieros, de mis nietos jóvenes y del gobierno del estado de Illinois y de los Estados Unidos? ¡Ya es hora de que aprenda Ud. a acelerar el proceso de la muerte, pinchi atrasada!"

La Muerte se puso de acuerdo. "Yo comparto su dolor, Sra. Jesusita. Pero ya sabe que soy perro de un solo truco."

"Pues ¿qué le parece la idea de regresar por mí cuando yo ya esté lista para sus servicios; pongamos por ejemplo de aquí en unos quince años, a menos de que le eche un telefonazo antes?"

---

[17] difícilmente   [18] paró, dejó   [19] instrumento cortante que sirve para segar   [20] uno de los suburbios más elegantes de las afueras de Chicago   [21] condición de un objeto que deja pasar la luz y hasta ver a través de él   [22] que trae la muerte   [23] extremadamente enflaquecida   [24] insistimos   [25] se divirtió en grande

"¡N'ombre! Es mucho más fácil asesinar a alguien que no tiene tantos años. Mire lo rápido que le quité la vida a su esposo. Bueno, pues, creo que voy a matarla a Ud. ahora mismo."

Actuando muy a la carrera, Jesusita metió la mano en la gran bolsa café que siempre traía y sacó un pastel bien envuelto que tenía pensado regalarles a las enfermeras de turno como una especie de mordida. "Muerte, sé lo muerta que está de cansancio después de trabajar todo el día tanto, y me imagino que ni siquiera ha tenido la oportunidad de cenar. Así que por lo menos puedo ofrecerle un pedazote grandotote de este pastelote de tres leches. Nomás lavo este plato que era de mi suegra y se lo sirvo."

En el acto empezó a hacérsele agua la boca a la Muerte. "Pues ¿cómo demonios sabía que tenía hambre? Y no hay *nada* que me guste más que un buen pedazo de pastel de tres leches con helado de vainilla." La Muerte se relamió y rápidamente devoró el pedazo de pastel con las dos bolas de rico helado de vainilla que de manera misteriosa habían aparecido al agitarse la mano Jesusita. "¿Otra porción, Muerte?" "Pos yo creo que sí", contestó la huesuda. "Y no sé de dónde haya sacado ese helado pero de a tiro[26] que está para chuparse los dedos." Acompañaban al segundo pedazote de pastel —que era el doble de grande que el primero— *tres* bolas de nieve. "Ay qué ricooooooo", jadeó La Muerte. "¿Tantitito más, Muertecita de mi alma?", dijo Jesusita. "Pos estoy de régimen y de veras no *debo*", contestó La Muerte, cayéndosele la baba, "¡pero el pastel y la nieve son *tan* ricos que simplemente no puedo decir que no!" Jesusita le extendió la tercera porción, tan grande y tan reterrica como las anteriores. Y la *cuarta* porción y la *quinta* porción, hasta que el transparente perfil corporal de La Muerte se había ensanchado mucho más allá de los brazos de la silla. El molde de pastel ya estaba como si alguien lo hubiera lamido y el envase del helado se veía limpio del todo.

Bruscamente se puso de pie Jesusita, arrejuntó sus pertenencias y empezó a salir de la habitación. Al ver esto, La Muerte dio un gemido bajito. "Pero ¿cuándo la voy a ver otra vez, querida señora?" "Más bien quiere decir que cuándo va a ver otra vez mi pastel de tres leches." "Bueno, este, pues, estuvo riquísimo, pero es a Ud. y no el pastel lo que ... digo, este, maldito sea, ya no me salen las palabras. Lo que estoy tratando de decir es que creo que le estoy agarrando cariño." Jesusita sonrió. "¿La puedo ver otra vez lo antes posible?", preguntó la Muerte. "¡Pues seguro que sí, Muerte!" "Hábleme Ud. de tú, por favor, y yo me llamo Rogelio." "Y a mí me hablarás de tú también, querido Rogelio." "¡Sí sí sí! Lo que tú me digas, mi adorada Jesusita. Pero dime por favor dónde te puedo localizar." "Pues claro que sí, Muertecita de mi vida. Vivo en un apartamento de sótano en el 2234 al sur de la Calle Damen, cerca de la Cermak,[27] y mi número de teléfono está en la guía. ¿Me caerás de visita de vez en cuando, Rogelio?"

---

[26] realmente   [27] calles localizadas en el barrio de Pilsen de Chicago

Y así empezó una larga y placentera relación entre La Muerte y la Sra. Jesusita que se basaba en las magníficas artes culinarias[28] de la misma. La Muerte le salvaría la vida a la Jesusita mientras a ésta le duraran fuerzas mentales y físicas para cocinar y hornear. Pero tan pronto como se le acabaran dichas fuerzas, Jesusita podría contar con Rogelio —ya endeudado de por vida— de hacerle un favorcito más.

[28] de la cocina

✔ *En el Cuaderno C14.15, C14.16, C14.17, C14.18, C14.19 y C14.20 se hallan las actividades que corresponden a las secciones anteriores.*

Capítulo **15**

Al buen entendedor, pocas palabras

Objetivos

En este capítulo…

- leerás un tema escrito que trata de los idiomas que se hablan en el mundo.

- escribirás acerca de tu experiencia con los idiomas.

- continuarás tu examinación de la gramática del español, sobre todo de:
  - las oraciones de más de una cláusula.
  - la cláusula matriz y la cláusula subordinada.
  - las tres categorías de la cláusula subordinada.
  - los tres usos del modo subjuntivo.
  - las formas del presente de subjuntivo.
  - las formas del imperfecto de subjuntivo.

- examinarás uno de los cuentos más admirados de la literatura del Caribe.

- comentarás los temas que el cuento sugiere.

Tema y expresión

El tema: *Lenguas, lenguas y más lenguas*

Lee con atención el siguiente texto.

El profesor de Fernando González da una pequeña conferencia sobre las lenguas del planeta.

Bueno, alumnos, ayer me preguntaron cuántos idiomas se hablan en este planeta. Después de la clase, fui a la biblioteca e hice mis investigaciones. Aquí tienen la respuesta a esa pregunta e información adicional respecto a la vida y la muerte de las lenguas en general.

Hoy en día se hablan alrededor de 6,800 lenguas distintas. Pero 3,400 de estas lenguas, o sea la mitad, se encuentran en peligro porque son habladas por menos de 10,000 personas, número mínimo que se considera absolutamente crítico para que una lengua no corra el riesgo de morirse. Debido a eso, todos los años se mueren diez lenguas. (Un idioma 'se muere' cuando deja de existir la última persona que lo habla. De los 6,800 idiomas, hay 184 que actualmente están a punto de morirse porque cada uno tiene menos de diez personas que lo hablan.) Esto significa que de aquí a diez años ya habrán muerto cien idiomas más y el que dé esta misma clase de aquí a cien años tendrá que darles la siguiente información a sus estudiantes: 'Hoy en día se hablan alrededor de 5,800 lenguas distintas.'

Una de las razones por las que tantos idiomas chiquititos corren el riesgo de morirse o, de hecho, se mueren es porque la gente que los habla se ve obligada a hablar o va adquiriendo el gusto de hablar otro idioma que tiene más hablantes, en particular cualquiera de los ocho grandes idiomas imperialistas del planeta. A continuación los voy a nombrar y a su lado voy a poner el número aproximado de personas que los hablan.

(En el pizarrón el maestro escribe:)

RANGO	IDIOMA	NÚMERO DE PERSONAS QUE LO HABLAN
1	chino (mandarín)	1,200,000,000
2	inglés	478,000,000
3	hindi	437,000,000
4	español	399,000,000
5	ruso	284,000,000
6	árabe	225,000,000
7	portugués	184,000,000
8	francés	125,000,000

Se les llama 'imperialistas' a estos ocho idiomas porque su exorbitante expansión se ha debido por lo menos en parte a la conquista militar de tierras, es decir, a la adquisición de imperios a la fuerza. Por ejemplo, en los primeros capítulos de este texto hemos leído algo sobre la historia de la expansión del idioma español a través de las conquistas que hizo España en varios continentes. Lo mismo se puede decir de los chinos del pueblo *jan*, de los ingleses y sus conquistas en todos los continentes, de los hindúes (que originalmente no eran naturales de la India) y de los rusos, los árabes (que en sus orígenes no eran sino una de las muchas tribus de la península arábiga), los portugueses y los franceses.

(La conferencia del maestro la interrumpe una alumna que tiene una pregunta urgente que hacerle:)

VERÓNICA FLORES: Oiga, maestro, ¿cuántos idiomas habla Ud.?

EL MAESTRO: Bueno, Vero, yo sólo sé hablar corrientemente español e inglés, pero también tengo nociones del francés que estudié en la universidad y de un poco de portugués que aprendí cuando estuve en el Brasil el año pasado para el carnaval.

VERÓNICA: Y, ¿cuántos idiomas diferentes **puede** hablar una persona?

EL MAESTRO: Hay un solo caso documentado de un señor que llegó a dominar alrededor de 75 idiomas. Era de México D.F. y era profesor de lenguas. (Dirigiéndose a la clase:) ¿Cuántos idiomas quisieran hablar **Uds.**?

FERNANDO GONZÁLEZ: Yo bastantes problemas tengo con hablar dos, maestro. (Los demás asienten con la cabeza.)

EL MAESTRO: Y, ¿cuántos idiomas creen Uds. que **debe** hablar una persona educada?

FERNANDO GONZÁLEZ: Bueno, maestro, los que hablamos aquí en la frontera, o sea, inglés y español, así que mi respuesta es: dos nomás.

EL MAESTRO: Pero Fernando, el mundo es mucho más grande que la frontera entre Estados Unidos y México. Y aún así, no todos los que viven en la frontera hablan las dos lenguas. Por ejemplo, hay personas que viven en El Paso sin hablar español y hay aún más gente que reside aquí que no habla inglés. De modo que ...

LUCHO GUERRA (quien le habla a escondidas a un amigo): Como el menso del Fernando ese, que no habla ni el uno ni el otro.

FERNANDO (quien oye lo que Lucho acaba de susurrar): No es por nada que te llames "Lucho" y que te apellides "Guerra". Si la buscaste pues, ya la hallaste. (La clase se ríe con cierta nerviosidad.)

LUCHO: ¡N'ombre! Yo nomás te lo dije sin ofender, pa' que vieras que eres tan menso que ni hablar sabes.

FERNANDO: El que no sabe hablar ni tiene madre eres tú, gran ...

EL MAESTRO (quien rápidamente interrumpe a Fernando): Este, pues, miren Uds., tengo una sugerencia: ¿por qué no continuamos esta fascinante discusión por escrito? Así que pónganse todos Uds. a escribir una breve composición sobre las diferentes cuestiones de la lengua. En su propia composición, pueden contestar preguntas como las que siguen u otras que estén relacionadas a las mismas. (El maestro escribe las siguientes cinco preguntas en el pizarrón. Éstas son las preguntas que tú mismo/a contestarás en la Actividad 15.1 que se presenta a continuación.)

La expresión

Actividad 15.1   Preguntas sobre El tema.   Contesta las siguientes preguntas.

1. ¿Qué tan bilingüe eres? ¿Qué idioma hablas mejor: el inglés o el español, o hablas igualmente bien los dos? ¿Qué idioma aprendiste primero? ¿A qué edad aprendiste a hablar el segundo idioma y dónde lo aprendiste a hablar? Cuenta brevemente la historia de tu vida lingüística.

2. ¿Qué idioma predomina en tu familia? ¿Qué idioma prefieren hablar tus padres? ¿Tus abuelos? ¿Qué idioma se habla más en el barrio donde vives? ¿Qué idioma se habla más donde trabajas? ¿Qué idioma se habla más en el pueblo, la ciudad y/o la región donde vives?

3. ¿Cuál es la mejor manera de enseñar una lengua? ¿Qué método de enseñanza de lenguas utilizaron para enseñarte a ti el idioma que desconocías cuando eras más joven? Según tu experiencia, ¿quiénes aprenden mejor otro idioma, los jóvenes o los adultos? ¿A qué se deberá?

4. ¿Qué opinas del dicho que dice: "Si eres bilingüe, vales por dos"? ¿Crees que las personas bilingües tienen más oportunidades en la vida, o crees que el saber dos idiomas o más es una gran pérdida de tiempo? ¿Cuáles son exactamente las oportunidades que tienen las personas bilingües o multilingües que no tienen las monolingües?

5. Además del inglés y el español, ¿qué otros idiomas hablas? ¿Cómo y dónde los aprendiste? ¿Qué otros idiomas te gustaría aprender y por qué? ¿Qué otro(s) idioma(s) estás estudiando este semestre? ¿Cómo te va en esos estudios?

✔ *En el Cuaderno C15.1 se halla la actividad que corresponde a las secciones anteriores.*

Forma y función

La oración de más de una cláusula

Como ya aprendimos en el capítulo 11, una **cláusula** es cualquier combinación de palabras que tenga **sujeto** y **predicado** propios. También aprendimos allí que el **sujeto** es el que determina la forma del verbo, el que hace la acción y/o el que constituye el tema de la cláusula. El capítulo 11 también nos enseñó que el **predicado** tiene por corazón el **verbo**, con o sin complementos adicionales como **adverbios**, **frases preposicionales**, **objetos directos** o **indirectos**. A continuación reproducimos las oraciones del capítulo 11 que ejemplifican estos conceptos.

Eduviges se parece mucho a su bisabuela.

SUJETO   VERBO

Mario mató a más de medio millón de marcianos.

SUJETO = TEMA DE LA CLÁUSULA Y EL QUE HACE LA ACCIÓN DE LA MISMA

Mario ya está muy cansado.

SUJETO = TEMA DE LA CLÁUSULA Y EL QUE IMPLICA ESTADO O POSICIÓN
SUJETO = UNA SOLA PALABRA

Mi hermano Mario y su mejor amigo Manuel mataron a unos marcianos.

SUJETO = MÁS DE UNA SOLA PALABRA

_____ mataron a unos marcianos.

SUJETO SUPRIMIDO (PODRÍA SER EL DE LA ORACIÓN ANTERIOR)

Mario mató a más de medio millón de marcianos.

PREDICADO (VERBO "MATÓ" MÁS COMPLEMENTO)

Antonio <u>cantó</u> <u>varias canciones.</u>

PREDICADO = VERBO + OBJETO DIRECTO

Antonio <u>cantó</u> <u>varias canciones</u> <u>magníficamente</u>.

PREDICADO = VERBO + OBJETO DIRECTO + ADVERBIO

Antonio <u>cantó</u> <u>varias canciones</u> <u>magníficamente</u> <u>en la sala grande</u>.

PREDICADO = VERBO + OBJETO DIRECTO + ADVERBIO + FRASE PREPOSICIONAL

La cláusula matriz

En las oraciones de más de una cláusula, la **cláusula matriz** suele ser la primera y es siempre la que introduce y controla el resto de la oración. Examinemos las oraciones siguientes.

<u>Silvia dice</u> que Beatriz es una chismosa.

<u>Mis suegros nos regalarán una mansión</u> cuando ya tengamos diez hijos.

<u>Margarita quiere</u> que su novio se vaya a pasear.

La cláusula matriz y la cláusula subordinada

En las oraciones de más de una cláusula, la **cláusula subordinada** suele ser la segunda. Siempre es la que es introducida y controlada por la otra cláusula, o sea, la cláusula matriz. En las siguientes oraciones la cl-subordinada está subrayada.

Margarita quiere <u>que su novio se vaya a pasear</u>.

Margarita sabe <u>que su novio ya no la quiere.</u>

Margarita saldrá de la casa <u>cuando acabe la tarea.</u>

Margarita siempre sale de la casa<u> cuando acaba la tarea.</u>

La cl-subordinada siempre empieza con una **conjunción**. Las conjunciones subordinadoras de uso más frecuente son *que* o cualquier otra palabra + *que*, como por ejemplo *antes de que*, a*unque, con tal que, hasta que, para que, porque, sin que,* etc. Las conjunciones subordinadoras también pueden ser *como, cuando, en cuanto, mientras, según o tan pronto como*. Algunas de estas palabras también pueden ser pronombres relativos que a su vez empiezan cláusulas subordinadas.

Si la cláusula empieza con conjunción, a lo mejor es la subordinada aún cuando sea la primera:

<u>Cuando acabe la tarea</u>, Margarita saldrá de la casa.

<u>Hasta que dejes de fumar</u>, ya no voy a ir contigo a fiestas.

Las tres categorías de la cláusula subordinada

Hay tres categorías de cl-subordinada. Son: (1) las nominativas, (2) las adjetivales y (3) las adverbiales.

Si la cl-subordinada es nominativa, o sea "de sustantivos", se encuentra detrás de un verbo donde también puede encontrarse un sustantivo. Y como los sustantivos y las cl-subordinadas se encuentran en la misma posición, decimos que son "nominativas" todas las cláusulas que en esta posición se encuentren. Miremos estos ejemplos:

Sandra quiere dinero.

> **sustantivo**
>
> amor y comprensión.
>
> **dos sustantivos**
>
> un perrito de lanas.
>
> **otro sustantivo con frase preposicional**
>
> que sus padres la comprendan.
>
> **cl-subordinada con sujeto y verbo propios**
>
> que todos le hagan caso.
>
> **cl-subordinada con sujeto y verbo propios**

Sandra me dice mentiras grotescas.

> **sustantivo más adjetivo**
>
> la verdad a medias.
>
> **sustantivo con frase preposicional**
>
> que no hay mal que por bien no venga.
>
> **cl-subordinada con sujeto y verbo propios**
>
> que coma en el restaurante nuevo.
>
> **cl-subordinada con sujeto, verbo y fr-prep**

Si la cl-subordinada es adjetival, dicha cl-subordinada se encuentra después de un sustantivo y no después de un verbo. Dicha cláusula hace las veces de adjetivo: modifica, describe y/o limita el sustantivo que está antes. Veamos estos ejemplos:

1. Sustantivo (*perro*) modificado por adjetivo (*feroz, inteligente*)

Beto necesita un perro feroz.

> **adjetivo** (que modifica a *perro*)
>
> inteligente
>
> **adjetivo** (que modifica a *perro*)

2. Sustantivo (*perro*) modificado por una **cl-subordinada adjetival**

Beto necesita un perro que sea feroz.

> **cl-subordinada con sujeto/verbo propios.**
>> (El sujeto es el pronombre relativo *que*.)

que tenga inteligencia.

> **cl-subordinada con sujeto/verbo propios.**
>> (El sujeto es el pronombre relativo *que*.)

Si la cl-subordinada es adverbial, dicha cl-subordinada funciona como adverbio porque la cláusula contesta todas las preguntas típicamente adverbiales como, por ejemplo, *¿cuándo?, ¿por cuánto tiempo?, ¿hasta cuándo?, ¿dónde?, ¿adónde?, ¿de dónde?, ¿hasta qué punto?, ¿para qué?, ¿por qué?* y así sucesivamente. Examinemos estos ejemplos:

Elenita comerá muy temprano.

> **adverbio que contesta "¿Cuándo?"**

de tres a cuatro.

> **frase preposicional con función adverbial que contesta la pregunta, "¿Por cuánto tiempo?"**

en casa.

> **frase preposicional con función adverbial que contesta la pregunta, "¿Dónde"?**

antes de que sean las seis.

> **cl-subordinada que contesta "¿Cuándo?"**

después de que termine la tarea.

> **cl-subordinada que contesta "¿Cuándo?"**

para que no se muera de hambre.

> **cl-subordinada que contesta "¿Para qué?"**

✔ *En el Cuaderno C15.2 se halla la actividad que corresponde a las secciones anteriores.*

¿Cuándo se usa el subjuntivo?

El típico hispanohablante **ya sabe** cuándo se usa el subjuntivo y cuándo se usa el indicativo. Ya domina la distinción entre el subjuntivo y el indicativo a los seis años. Ya sabe, por ejemplo, que las siguientes dos oraciones no quieren decir la misma cosa:

Vamos a la playa aunque llueve. [indicativo]

Vamos a la playa aunque llueva. [subjuntivo]

Sin embargo, el contraste indicativo/subjuntivo necesita estudiarse porque es posible que no todos los hispanohablantes lo dominen por completo. Por eso, será de gran ayuda entender exactamente qué es lo que motiva el uso del subjuntivo y qué no.

Éstos son los tres motivos del uso del subjuntivo: (1) la persuasión (cuando persuadimos a alguien para que haga algo), (2) la duda (cuando no sabemos si algo existe) y (3) el comentario personal (cuando reaccionamos ante algo que pasa).

Si en la cláusula matriz hay persuasión/duda/comentario personal, va a haber subjuntivo en la cláusula subordinada. Pero si no hay persuasión ni duda ni reacción personal en la cl-matriz, no hay subjuntivo sino indicativo en la cl-subordinada.

Uso del subjuntivo con verbos de persuasión

Si la motivación del subjuntivo es la persuasión, hay gato encerrado ... bueno, no es gato, sino **mandato subordinado**. Un **mandato** es lo que le decimos a una persona cuando queremos que haga algo. (Los mandatos también se llaman 'imperativos' u 'órdenes'.) Veamos estos ejemplos.

> **Mandato:** Cómprame una soda.
>
> **Mandato subordinado:** Quiero que me compres una soda.
> **verbo (*compres*) en subjuntivo**

> **Mandato:** Díganles la verdad.
>
> **Mandato subordinado:** Quiero que les digan la verdad.
> **verbo (*digan*) en subjuntivo**

Cuando no hay mandato, no hay subjuntivo en la cláusula subordinada, como se puede ver en la oración siguiente:

> **No hay mandato:**
>
> Este año me compran un carro de lujo.
>
> **Oración con cláusula subordinada cuyo verbo va en indicativo:**
> Yo sé que me compran un carro de lujo.
> **verbo (*compran*) en indicativo**

Uso del subjuntivo con verbos de duda

Si el motivo del subjuntivo es la duda, la cláusula subordinada puede ser nominativa, adjetival o adverbial. Ya se ve que esta motivación es muy popular. Pero si falta la motivación de la duda, sale el indicativo en vez del subjuntivo. Examinemos las siguientes oraciones:

> Todos nosotros dudamos que Ileana hable náhuatl.
>
> **cl-matriz: verbo (*dudamos*) que expresa duda**
>
> **cl-subordinada: cl-nominativa con un verbo (*hable*) que está en subjuntivo**

> Todos nosotros sabemos que Ileana habla náhuatl.
>
> **cl-matriz: verbo (*sabemos*) que no expresa duda**
>
> **cl-subordinada: cl-nominativa con un verbo (*habla*) que está en indicativo**

> Tú no crees que Miguelito me entienda.
>
> **cl-matriz: adverbio + verbo (*no crees*) que expresan duda**
>
> **cl-subordinada: cl-nominativa con un verbo (*entienda*) que está en subjuntivo**

Tú sí crees <u>que Miguelito me entiende</u>.

cl-matriz: adverbio + verbo (*sí crees*) que no expresan duda

cl-subordinada: cl-nominativa con un verbo (*entiende*) que está en indicativo

Busco un chofer <u>que no quiera ganar más de $1000 por mes</u>.

cl-matriz: sustantivo (*chofer*) aún no encontrado en la cl-subordinado (y que por eso hay duda respecto a su existencia)

cl-subordinada: cl-adjetival con un verbo (*quiera*) que está en subjuntivo

Ya tengo un chofer <u>que no quiere ganar más de $1000 por mes</u>.

cl-matriz: sustantivo (*chofer*) descrito en la cl-subordinada

cl-subordinada: cl-adjetival con un verbo (*quiere*) que está en indicativo

Vamos a comer <u>cuando lleguen nuestros abuelos</u>.

cl-matriz que expresa duda (ya que aún no se sabe cuándo llegarán los abuelos si es que llegan)

cl-subordinada: cl-adverbial con un verbo (*lleguen*) que está en subjuntivo

Siempre comemos <u>cuando llegan nuestros abuelos</u>.

cl-matriz que no expresa duda (ya que lo de comer a determinada hora es cosa de "siempre")

cl-subordinada: cl-adverbial (*llegan*) que está en indicativo

Vamos a la playa <u>aunque llueva</u>.

cl-matriz cl-subordinada: cl-adverbial con un verbo (*llueva*) que va en subjuntivo (porque aún no se sabe si va a llover y por eso hay duda)

Vamos a la playa <u>aunque llueve</u>.

cl-matriz cl-subordinada: cl-adverbial con un verbo (*llueve*) que está en indicativo (porque en este momento está lloviendo)

Uso del subjuntivo con expresiones de comentario personal

Si la motivación del subjuntivo es el comentario personal de un hecho, la categoría de la cl-subordinada es siempre nominativa. Este tipo del subjuntivo reúne estas dos características siempre: (1) la cl-subordinada declara un hecho (algo que es verdad o que la gente cree que es verdad); (2) la cl-matriz comenta de manera personal ese hecho. (Las más de las veces el comentario personal expresa una emoción.) Examinemos los siguientes ejemplos.

¡<u>Qué triste</u> <u>que tu tía se muera</u>!

cl-matriz: el que habla expresa su comentario personal

cl-subordinada: el hecho es que la tía se está muriendo

Siento mucho que pierdas el tiempo en cosas inútiles.

cl-matriz: el que habla expresa un comentario personal

cl-subordinada: el hecho es que tú gastas el tiempo en cosas inútiles

Si no hay comentario personal en la cl-matriz, no va a haber subjuntivo en la cl-subordinada.

Acabo de oír que tu tía se muere.

Yo ya sé que pierdes el tiempo en cosas inútiles.

¿Cuántos tiempos subjuntivos hay en total?

Hay ocho. Dos de los tiempos sencillos y seis de los tiempos compuestos son subjuntivos. En lo que sigue se presenta una lista que contrasta el modo subjuntivo con el modo indicativo en todos los tiempos. (Recuerda que los tiempos presente de indicativo, imperfecto de indicativo y pretérito se estudiaron en el capítulo 14, los tiempos presente de subjuntivo e imperfecto de subjuntivo se estudian en el presente capítulo, y los tiempos futuro y condicional se estudiarán—junto con los tiempos compuestos—en el capítulo 16.)

Tiempos sencillos

INDICATIVOS	SUBJUNTIVOS
futuro	
condicional	
presente de indicativo	presente de subjuntivo
imperfecto de indicativo	imperfecto de subjuntivo
pretérito	

Esta tabla quiere decir que los tiempos futuro, condicional y pretérito son indicativos exclusivamente, mientras que los tiempos presente e imperfecto tienen dos modos cada uno: el modo indicativo y el modo subjuntivo. Se interpretan de igual manera las tres tablas siguientes.

Tiempos compuestos

LOS PERFECTOS

INDICATIVOS	SUBJUNTIVOS
futuro perfecto	
condicional perfecto	
presente perfecto de indicativo	presente perfecto de subjuntivo
pluscuamperfecto de indicativo	pluscuamperfecto de subjuntivo
pretérito perfecto	

LOS PROGRESIVOS

INDICATIVOS	SUBJUNTIVOS
futuro progresivo	
condicional progresivo	
presente progresivo de indicativo	presente progresivo de subjuntivo
imperfecto progresivo de indicativo	imperfecto progresivo de subjuntivo
pretérito progresivo	

LOS PERFECTOS PROGRESIVOS ("p.p.")

INDICATIVOS	SUBJUNTIVOS
futuro p.p.	
condicional p.p.	
presente p.p. de indicativo	presente p.p. de subjuntivo
pluscuamperfecto prog. de indicativo	pluscuamperfecto prog. de subjuntivo
pretérito p.p.	

✔ En el Cuaderno C15.3 se halla la actividad que corresponde a las secciones anteriores.

¿Cuáles son las formas del subjuntivo?

Las formas del presente de subjuntivo

Puesto que ya sabes las formas del presente de indicativo, formas que aprendiste en el capítulo 14, las del presente de subjuntivo se te van a hacer fáciles. Típicamente son las mismas raíces pero con otras terminaciones.

A continuación vamos a repasar las formas del presente de indicativo de los tres verbos regulares modelos, comparándolas con las formas correspondientes del presente de subjuntivo.

1ªconjugación	2ªconjugación	3ªconjugación
hablar	comer	vivir

PRESENTE DE INDICATIVO		
hablo	como	vivo
hablas	comes	vives
habla	come	vive
hablamos	comemos	vivimos
hablan	comen	viven

PRESENTE DE SUBJUNTIVO

habl<u>e</u>	com<u>a</u>	viv<u>a</u>
habl<u>e</u>s	com<u>a</u>s	viv<u>a</u>s
habl<u>e</u>	com<u>a</u>	viv<u>a</u>
habl<u>e</u>mos	com<u>a</u>mos	viv<u>a</u>mos
habl<u>e</u>n	com<u>a</u>n	viv<u>a</u>n

Están subrayadas las **vocales temáticas**, o sea, las que quedan inmediatamente a la derecha de la raíz misma. Si el tiempo es el presente de **indicativo**, la vocal temática es casi siempre la misma que la de la raíz del infinitivo. Pero si el tiempo es el presente de **subjuntivo**, la vocal temática es la otra: en vez de **a** es **e**, o al revés (en vez de **e** es **a**).

De los aproximadamente 10,000 verbos del español, unos 1,850 son irregulares en los dos tiempos presentes. Si el verbo es irregular en el presente de indicativo, lo es también en el presente de subjuntivo. Con sólo seis excepciones, es la primera persona singular del presente de indicativo que determina la irregularidad de un verbo en el presente de subjuntivo. Veamos unos ejemplos.

INFINITIVO	1.SG. DEL PRESENTE DE INDICATIVO	PRESENTE DE SUBJUNTIVO
pensar	pienso	piense, pienses, piense, pensemos, piensen
volver	vuelvo	vuelva, vuelvas, vuelva, volvamos, vuelvan
pedir	pido	pida, pidas, pida, pidamos, pidan
caer	caigo	caiga, caigas, caiga, caigamos, caigan
decir	digo	diga, digas, diga, digamos, digan
hacer	hago	haga, hagas, haga, hagamos ...
oír	oigo	oiga, oigas, oiga ...
poner	pongo	ponga, pongas ...
salir	salgo	salga, salgas ...
tener	tengo	tenga, tengas ...
traer	traigo	traiga, traigas ...
valer	valgo	valga, valgas ...
venir	vengo	venga, vengas ...
caber	quepo	quepa, quepas ...
seguir	sigo	siga, sigas ...
conocer	conozco	conozca, conozcas ...

Si la irregularidad consiste en una diptongación de la vocal radical (p. ej. <u>pensar</u>: *pienso →
piense, pienses* ...), la irregularidad no afecta a la primera persona plural

(*pensamos; pensemos*). Todas las demás irregularidades afectan a todas las personas incluyendo la primera persona plural.

Los seis verbos que no se conforman a la regla que relaciona la primera persona singular del presente de indicativo con la irregularidad de las formas subjuntivas son los siguientes.

INFINITIVO	PRESENTE DE INDICATIVO	PRESENTE DE SUBJUNTIVO
dar	doy ...	dé, des, dé, demos, den
estar	estoy, estás, está, estamos, están	esté, estés, esté, estemos, estén
haber	he, has, ha, hemos, han	haya, hayas, haya, hayamos, hayan
ir	voy, vas, va, vamos, van	vaya, vayas, vaya, vayamos, vayan
saber	sé ...	sepa, sepas, sepa, sepamos, sepan
ser	soy, eres, es, somos, son	sea, seas, sea, seamos, sean

Como se ve a continuación, la irregularidad también puede ser ortográfica. En el caso del verbo *escoger*, por ejemplo, la **g** se cambia a **j**—*escojo → escoja, escojas, escoja, escojamos, escojan*—frente a las vocales **o, a**. Entre las otras irregularidades ortográficas están las que salen en negrilla:

convencer	**convenzo**	**convenza, convenzas** ...
tocar	toco	**toque, toques** ...
pagar	pago	**pague, pagues** ...
averiguar	averiguo	**averigüe, averigües** ...
rezar	rezo	**rece, reces** ...

Todos los verbos cuyos infinitivos terminan en *-car* se comportan como *tocar,* todos los terminados en *-gar* son como *pagar,* todos los que terminan en *-guar* son como *averiguar,* y todos los que terminan en *-zar* se comportan como *rezar.*

✔ *En el Cuaderno C15.4, C15.5, C15.6, C15.7, C15.8 y C15.9 se hallan las actividades que corresponden a las secciones anteriores.*

Las formas del imperfecto de subjuntivo

Este tiempo funciona exactamente como el presente de subjuntivo, pero en el pasado. Cuando la cl-matriz de una oración se cambia del tiempo presente a un tiempo pasado, el tiempo de la cl-subordinada cambia también. Veamos estos ejemplos:

Presente: <u>Quiero</u> que me <u>compres</u> un carro nuevo.

Pasado: <u>Quería</u> que me <u>compraras</u> un carro nuevo.

Presente:	<u>Necesitan</u> una señora que <u>sepa</u> cuidar niños.	
Pasado:	<u>Necesitaban</u> una señora que <u>supiera</u> cuidar niños.	

Presente:	<u>Es</u> una lástima que <u>estés</u> enfermo.	
Pasado:	<u>Era</u> una lástima que <u>estuvieras</u> enfermo.	

El imperfecto de subjuntivo se usa exactamente como se usa el presente de subjuntivo. (Véanse las páginas 214-216 del presente capítulo.) A veces, sin embargo, el imperfecto de subjuntivo se usa en otros entornos en los que el presente de subjuntivo no se emplea. Por ejemplo, tras la frase **como si** hay que usar el imperfecto de subjuntivo.

Él no es mexicano pero habla **como si** lo <u>fuera</u>.

Ganamos menos de cien dólares por semana pero vivimos **como si** <u>ganáramos</u> más de $1000.

Esos individuos están aquí por cortesía de nuestro gobierno, pero se portan **como si** <u>estuvieran</u> en su propio país.

Como ya sabes las formas del pretérito, formas que aprendiste en el capítulo 14, las formas del imperfecto de subjuntivo se te van a hacer fáciles. En términos específicos, cualquier forma del imperfecto de subjuntivo se saca de la **tercera persona plural del pretérito**. Examinemos el proceso.

VERBOS REGULARES

VERBO	3.PL. PRETÉRITO	IMPERFECTO DE SUBJUNTIVO
hablar	hablaron	hablara
		hablaras
		hablara
		habláramos
		hablaran
comer	comieron	comiera
		comieras
		comiera
		comiéramos
		comieran
vivir	vivieron	viviera
		vivieras
		viviera
		viviéramos
		vivieran

VERBOS IRREGULARES

VERBO	3.PL. PRETÉRITO	IMPERFECTO DE SUBJUNTIVO
andar	anduvieron	anduviera
		anduvieras
		anduviera
		anduviéramos
		anduvieran
caber	cupieron	cupiera, cupieras ...
caer	cayeron	cayera, cayeras ...
conducir	condujeron	condujera, condujeras ...[1]
creer	creyeron	creyera, creyeras ...
dar	dieron	diera, dieras ...
decir	dijeron	dijera, dijeras ...
dormir	durmieron	durmiera, durmieras ...
estar	estuvieron	estuviera, estuvieras ...
haber	hubieron	hubiera, hubieras ...
hacer	hicieron	hiciera, hicieras ...
ir/ser	fueron	fuera, fueras ...
leer	leyeron	leyera, leyeras ...
morir	murieron	muriera, murieras ...
oír	oyeron	oyera, oyeras ...
pedir	pidieron	pidiera, pidieras ...
poder	pudieron	pudiera, pudieras ...
poner	pusieron	pusiera, pusieras ...
querer	quisieron	quisiera, quisieras ...
reír	rieron	riera, rieras ...
saber	supieron	supiera, supieras ...
seguir	siguieron	siguiera, siguieras ...
sustituir	sustituyeron	sustituyera, sustituyeras ...
tener	tuvieron	tuviera, tuvieras ...
traer	trajeron	trajera, trajeras ...
venir	vinieron	viniera, vinieras ...

[1] También tienen sus formas populares aquellos verbos irregulares que como *conducir, decir* o *traer* tienen una raíz que termina en la letra "j". En el español popular, *conducir* se conjuga *condujiera, condujieras ...* , *decir dijiera, dijieras ...* y *traer trajiera, trajieras ...* La forma prescriptiva siempre descarta la "i": *condujera, condujeras ...* , *dijera, dijeras ...* , *trajera, trajeras ...*

Es de notarse que en la mayoría de los dialectos del español las formas del imperfecto de subjuntivo terminan en *-ra* (más las terminaciones personales).

-ara, -aras, -ara, -áramos, -aran (verbos de la 1ª conjugación)

-iera, -ieras, -iera, -iéramos, -ieran (verbos de la 2ª y de la 3ª conj.)

Sin embargo, en algunos dialectos—mayormente los de España—se emplea también la terminación *-se* para marcar el imperfecto de subjuntivo.

-ase, -ases, -ase, -ásemos, -asen (1ª conjugación)

-iese, -ieses, -iese, -iésemos, -iesen (2ª y 3ª conjugaciones)

✔ *En el Cuaderno C15.10, C15.11 y C15.12 se hallan las actividades que corresponden a las secciones anteriores.*

El subjuntivo en los tiempos compuestos

Los seis tiempos compuestos subjuntivos se estudiarán en el capítulo 16. Por el momento, basta con presentarlos brevemente sin explicación.

TIEMPOS PERFECTOS

presente perfecto de subjuntivo: haya hablado, hayas hablado ...
pluscuamperfecto de subjuntivo: hubiera hablado, hubieras hablado ...

TIEMPOS PROGRESIVOS

presente progresivo de subjun.:   esté hablando, estés hablando ...
imperfecto progresivo de subjun.:   estuviera hablando, estuvieras hablando ...

TIEMPOS PERFECTOS PROGRESIVOS

presente perfecto progresivo de subjuntivo: haya estado hablando, hayas estado hablando ...

pluscuamperfecto progresivo de subjuntivo: hubiera estado hablando, hubieras estado hablando ...

Texto y comprensión

El texto: Pablo de la Torriente Brau, *Último acto*

Nacido en Puerto Rico a finales del siglo XIX, Pablo de la Torriente Brau se dedicó desde joven al periodismo y al reportaje de actualidades políticas y sociales. Pronto se destacó por sus agudas observaciones del corazón humano tanto como de las condiciones laborales del Caribe. Se trasladó a Cuba en los años veinte y murió en 1936. De toda su obra, *Último acto* es el cuento más conocido.

Actividad 15.2   Preguntas preliminares para contestar en voz alta y por escrito.

1. ¿Qué es lo que se entiende por *celos*? ¿Qué cosas pueden motivar los celos?

2. ¿Quiénes se ponen más celosos: los hombres o las mujeres? ¿Por qué?

3. ¿Qué papel puede jugar el destino en la vida humana? ¿Controlamos nuestro destino o somos controlados por él? Proporciona ejemplos personales de tu propia vida.

4. ¿Crees que eres capaz de matar a otros seres humanos? ¿Por qué razones? Sé específico.

5. ¿Por qué es (o por qué *no* es) importante que la gente defienda su honra contra quienes la violan?

6. ¿Para qué sirve el azúcar? ¿Es un nutriente valioso? ¿Lo usas tú? ¿Para qué lo usas?

Lee con atención el siguiente cuento.

Último acto

En el ángulo del patio, allí donde se alzaba la palma real, el hombre esperaba. La noche profunda y silenciosa lo envolvía todo. Sólo el mugido[1] del ingenio[2] disfrazaba a lo lejos de un ruido monótono el silencio. Su traje azul obscuro lo convertía en sombra. Sus antebrazos poderosos, velludos, manchados por la grasa, apenas si se distinguían. Estaba inmóvil.[3] Esperaba.

Aquél era su patio y aquélla era su casa, pero en la medianoche llena de frío él esperaba. Dentro del amplio bolsillo, junto con un puñado de estopa,[4] su mano ruda de hombre de las máquinas estrujaba[5] el papel, hallado casualmente sobre una mesa de la oficina, hacía apenas una hora, cuando fue a hacer una consulta al Ingeniero Jefe. Había visto un sobre[6] dirigido a su mujer. Estaba abandonado sobre la mesa, lo había cogido y ahora estaba detrás de la palma, a la hora de la cita trágica. El papel decía: "Esta noche está de guardia en la casa de máquinas tu marido y a las doce iré de todas maneras ... " "De <u>todas</u> maneras" estaba subrayado. Era el Administrador del Ingenio quien lo firmaba. Él sólo había tenido tiempo para correr del batey[7] a su casa y apostarse[8] en el fondo del patio. Todavía su cerebro estaba turbio[9] de sorpresa, de cólera y de humillación. Detrás de la palma él sólo era un hombre, es decir, una fiera.[10]

Y poco antes de las doce apareció el otro. Empinándose[11] por sobre la cerca, su cabeza oteó[12]

Notas léxicas

[1] ruido parecido al de una vaca   [2] las máquinas de la plantación de caña de azúcar   [3] sin moverse
[4] tela gruesa   [5] apretaba   [6] cubierta que encierra la carta, *envelop*   [7] espacio que ocupan las fábricas en un ingenio   [8] estarse, colocarse, pararse   [9] revuelto, agitado   [10] animal salvaje   [11] poniéndose sobre las puntas de los pies para ver mejor   [12] escudriñó, observó fijamente

medrosamente[13] el patio y la noche. Luego, con cuidados infinitos, saltó. Venía con camisa de kaki. Pegado a la cerca se estuvo un rato escuchando los rumores de la noche, el estruendo[14] de su corazón precipitado ... (Desde detrás de la palma los dos ojos de acero que lo espiaban llegaron a esta conclusión despreciativa:[15] "¡Si es un cobarde ... !") Fue avanzando con cuidado y llegó hasta la misma palma ... Es extraño, pero no percibió el silencio tumultuoso del enemigo ... sin embargo, sólo el espesor[16] de la palma real los separaba ...

Fue todo rápido, eléctrico. La mano de acero del hombre de las máquinas apresó su garganta y ahogó el espanto terrible. Y el bárbaro golpe lo dejó en el acto sin sentido. El hombre de las máquinas, rudo y violento, no tuvo la paciencia que se había propuesto y ahora estaba de pie, un rato quieto, inmóvil, como la sombra de un tronco, cuando pensó: "Si no he podido hablar con él, hablaré con ella". Y le pegó una patada brutal al caído, dirigiéndose a la casa ... Iba con la silenciosa e invisible velocidad de un gato negro.

Cerca ya de la puerta del fondo, se detuvo. Un raro miedo lo había paralizado. Por un momento le asaltó la extraña emoción perturbadora[17] de que él era en realidad el amante, que era a él a quien ella esperaba. Y el corazón se le agitó con perversa esperanza y tuvo el miedo del burlador.[18]

Pero llegó a la puerta. Se puso a escuchar y no se oía nada. Sin embargo, sintió qué cerca estaba de ella. Hizo una suave presión sobre la puerta y a su débil quejido,[19] dentro de la casa, respondió con su característico balanceo...[20] Pensó sordamente: "¡Lo esperaba!" Y la rabia lo hizo proyectar con furia el amplio hombro hasta hacer saltar el pestillo[21] de la puerta ...

Pero, antes de llegar a dos pasos, sintió el balazo en el cuerpo y la voz de ella que decía: "Canalla, te lo dije ... "

A su "¡ah!" de dolor y de sorpresa ella llenó un espacio de silencio y de asombro. Luego, cuando encendió corriendo la luz, él vio su cara cuajada[22] de una pena inaudita ...[23] Arrodillada estaba a su lado y decía: "¿Por qué, por qué?" sin comprender nada todavía. Pero ya su rostro, con el balazo en el cuerpo, comenzaba a ser alegre, alegre, como la cara de un niño que mejora.

Más que el disparo, la angustia de la voz le había disipado[24] todas las sospechas. Avergonzado y feliz, le extendió el papel y se quedó mudo. Y ella lo vio y le gritó, con la duda más llena de dolor aún:

---

[13] con miedo   [14] tremendo ruido   [15] desfavorable, negativa   [16] el grueso   [17] que trastorna, que molesta mucho   [18] libertino, conquistador de muchas mujeres   [19] queja, protesta   [20] movimiento de ir y venir   [21] cerrojo con el que se asegura una puerta   [22] asombrada   [23] terrible, horrible   [24] hecho desaparecer

"Pero, ¿lo leíste todo? ¿Viste lo que le contesté?" Y desdoblando el papel le dijo: "Mira, mira ... "

El papel decía con su letra: "Canalla, no insista; si se atreve a venir, lo mato".

Y la cara del hombre se iba poniendo cada vez más pálida, pero cada vez era más clara su sonrisa bajo el llanto inconsolable[25] de la mujer arrodillada.

[25] que no tenía consolación

✔ *En el Cuaderno C15.13, C15.14, C15.15 y C15.16 (La comprensión) se hallan las actividades que corresponden a las secciones anteriores.*

Capítulo **16**

Antes que te cases, mira lo que haces

Objetivos

En este capítulo...

- leerás y comentarás otro tema controvertido y a la vez actual y eterno.

- continuarás con tu estudio de la gramática del español, en particular:

  - el tiempo futuro.

  - el tiempo condicional.

  - las oraciones hipotéticas.

  - los tiempos compuestos (los perfectos, los progresivos).

- leerás uno de los cuentos más reconocidos de la literatura mexicana.

- presentarás tus opiniones sobre la temática de este cuento.

Tema y expresión

El tema: *Cásate y monta casa: La mujer de hoy y la mujer de siempre*

Lee con atención la siguiente narración.

Esta composición fue escrita por Marisela Suárez para su clase de español en Hunter College, Nueva York.

A mí también me han pedido que escriba una composición sobre un tema controvertido: la profesora quiere que hablemos de "la mujer de hoy y la mujer de siempre". En vez de presentar dos puntos de vista radicalmente distintos, yo me voy a limitar a un solo punto de vista, el de mi abuela Rosa, la mamá de mamá, porque casi todos los de mi familia, y en particular las mujeres, dicen que están de acuerdo con la manera de pensar de ella. Pero como podrán imaginarse Uds. después de leer la composición, yo en lo personal no estoy completamente de acuerdo con las ideas de Abuela, sobre todo en algunos particulares. Pero voy a dejar que Uds. mismos adivinen qué es lo que sí me gusta de lo que dice Abuela y qué es lo que no me gusta. Bueno, ahora dejemos que les hable Abuela.

Yo soy María del Rosario Navarrete de Castillo, pero todos me llaman "Rosa", "doña Rosa",

"Madre Rosa" o "Abuela Rosa". Nací y fui educada en Oviedo de la República Dominicana, de donde salí con mi esposo, Tomás Manuel, hace unos años porque ya la mayor parte de nuestra familia se encontraba aquí en Nueva York y era importante que los cabeza de familia estuvieran cerca de sus hijos, nietos y futuros bisnietos.

Mi querida nieta Marisela me pide que hable sobre "la mujer de hoy y la mujer de siempre" y lo hago con todo gusto porque yo francamente no estoy *nada* conforme con lo que pasa a nuestro alrededor. Por la televisión y la prensa de mi país yo ya sabía algo de las terribles cosas que estaban pasando en los Estados Unidos antes de venirnos para acá, y por eso don Tomás y yo nos opusimos de forma absoluta a que mi hija Gladys y mi yerno Julio Suárez se cambiaran de Santo Domingo a estas tierras. (Claro, el pobre de Julio proviene de una familia de menos recursos y de menor categoría que la nuestra, y será por eso por lo que no tuvo mucho éxito económico antes de emigrar a Estados Unidos.) Por desgracia, sin embargo, más pudo ese poderoso caballero que es don Dinero que el sentido común y el respeto a las buenas costumbres y los valores tradicionales. Ahora, quién sabe si mi familia esté contenta de haberse venido para acá.

Mi filosofía con respecto a la mujer es muy sencilla: que se case y monte casa. La mujer nace para una sola cosa: ser madre y esposa (y después con el favor de Dios, abuela y hasta bisabuela). La biología y la fisonomía determinan tanto el destino del hombre como el de la mujer. La mujer no tiene la misma musculatura que el hombre; no tiene la misma capacidad para levantar bultos y objetos pesados. Pero la mujer sí tiene algo que el hombre no tiene y es la capacidad de procrear y de dar a luz a hijos, además de ese gran cariño y ese gran amor de madre que hace de toda mujer una reluciente representante de la belleza. Desde los quince años—bueno, hoy en día desde hasta los catorce o aún los trece—la mujer está físicamente dispuesta a ser madre. Ese deseo de ser madre es una cosa que afecta a todas las mujeres de todos los tiempos y de todas las tierras, aún a esas mujeronas tan raras que andan sueltas por el barrio vecino al nuestro—el Greenwich Village que lo llaman—y que nunca van acompañadas por hombres pero que a la hora de la hora son tan necesitadas como cualquier otra mujer de ser madres. (Me he enterado por mi comadre Celia que tiene más tiempo aquí que algunas de esas mujeronas hasta van a clínicas donde las embarazan artificialmente por medio de tubos y quién sabe qué más cosas. ¡Qué escándalo y qué degeneración!)

Bueno, pues, si el destino de la mujer es ser madre, y como la mujer no es tan fuerte como el hombre para las cosas superficiales de la vida como lo son las guerras, el levantamiento de pesas y el comercio, para cumplir con su destino la mujer necesita quien la proteja, quien la cuide y quien la mantenga. Y ésos son los papeles del hombre: proteger, cuidar y mantener a la mujer y a su familia. Entonces, ¿para qué tanta escuela y para qué tanta educación si la mujer siempre termina casándose y teniendo hijos? Aquí en Estados Unidos hay muchas oportunidades educativas y eso es bueno hasta cierto punto para los hombres pero no para las mujeres. La mujer de hoy en día sí necesitará saber leer y escribir y aprender los pocos cálculos matemáticos que usará como ama de casa, por ejemplo, al ir a las tiendas; pero aparte de eso no necesitará nada más. Y otra cosa a la que me opongo totalmente es la educación mixta, o sea, tener a niños y niñas en la misma escuela. La educación mixta es tolerable, si no recomendable, hasta los once años de edad, pero a partir de ahí, ¡olvídense, señores! Lo mejor es el sistema educativo de los tiempos de mamá, la abuela de mis hijos, que en paz descanse: que la muchacha se eduque aparte en escuelas de monjas por seis años—de seis a once inclusive—, que después se dedique a aprender en casa las artes domésticas hasta que celebre su quinceañera, y que entonces se case a los quince, a los dieciséis o máximo a los diecisiete con un pretendiente que la familia apruebe. (Yo misma me casé a los dieciséis.) Si una señorita aún no está casada para los dieciocho años, todos la consideran una quedada; ya no es probable que se case, y vale más que piense seriamente en hacerse monjita, dedicándose al servicio de Dios y al de la gente. Y una cosa más: otra razón por la que las mujeres deben casarse entre los quince y los diecisiete años es para que no se les escapen los mejores hombres. Si la mujer no se casa hasta los dieciocho años, ya una de sus "amigas" le habrá robado el hombre que le era destinado. Y el que me venga a decir que no existe la competencia matrimonial entre mujeres es un pobre tonto que no sabe nada de la vida. Sin embargo, aquí en este país tan rico de dinero pero tan pobre de valores morales, la mujer está obligada a continuar con su educación—y si la escuela es del gobierno, tiene que asistir a escuelas mixtas—hasta que cumpla dieciséis o diecisiete años. ¡No me extraña que de esas escuelas tantas muchachas salgan embarazadas! El deseo y el destino de la mujer es sentirse atraída al hombre y a tener hijos, y eso se manifiesta cuando le empieza a bajar la regla. ¿De qué se maravillan los gringos, pues, si hay tanto embarazo entre muchachas solteras en las escuelas públicas? Si lo que quiere la mujer es casarse y tener hijos, ¡que se case y que los tenga, pues! Y además, que sea virgen al casarse para así darle ese regalo a su esposo y probar que no es una cualquiera. Y que no me vengan a mí con lo de que 'la mujer moderna tiene que tener una carrera, tiene que ser abogada o doctora o mujer de negocios o maestra'. Yo por ser madre de doce hijos les puedo asegurar que el ser madre y esposa es toda una carrera *full-time*.

Y otra cosa con la que no estoy nada conforme es el control de la natalidad. Es contrario a la naturaleza que la mujer (y el hombre) no acepte con los brazos abiertos a todos los hijos que Dios le quiera dar. Si la mujer se casa, por ejemplo, a los dieciséis años, puede dar a luz por primera vez a los diecisiete y luego una vez cada doce meses por veinticinco años más. ¿Y qué hay de malo en eso? Antes había familias así. No estoy de acuerdo con los que creen que mientras menos hijos mejor cuidado y más atención individual. La mujer, si es mujer, debe ser fuerte, compasiva, abnegada, sumisa y cariñosa y tener bastante amor para todos sus hijos. Además, mientras más grande sea la familia, más pueden ayudarse unos a otros, así que las hijas mayores pueden ayudarle a su mamá haciendo de "madrecitas" de los hijos menores para de esa manera ir aprendiendo cómo ser madres ellas mismas. Otros argumentan que la familia numerosa tiende más hacia la pobreza, pero como dice el dicho, "Donde comen tres comen cuatro, donde comen cuatro comen cinco y donde comen cinco comen seis." Lo que es más, los hijos varones pueden empezar a trabajar fuera de la casa a los nueve o diez años para así contribuir al presupuesto familiar aprendiendo cómo es la vida fuera del seno de la familia. No hay nada malo en que el hijo varón venda cosas en la calle, por ejemplo, o que todos los hijos—hembras y machos—trabajen en el campo o en una tienda de la que es dueño su papá o algún pariente. Y hay otra cosa que les quiero preguntar a aquellas madres que se toman pastillas anticonceptivas y usan otras mugres que están expresamente prohibidas por la iglesia: ¿qué pasa si tienes sólo dos hijos y luego, cuando cumples los 40 y no puedes concebir más, se te muere uno (o, peor todavía, se te mueren ambos)? Los hijos son como una póliza de seguros: mientras más hijos tengas, más posible es que al morirte tú misma, morirás rodeada de hijos. También es cierto que si tienes sólo un hijo, éste pronto se convierte en un apapachado consentido que nunca aprenderá a compartir las cosas; en cambio si tienes muchos hijos, forzosamente aprenden a compartir porque no les queda otra y así tendrán mejores modales y serán mejor educados y más finos y corteses. Otra manera de conceptualizar a los hijos es que son como la lotería: por mucho que quieras y eduques y cuides a tus hijos, algunos nacen malos de carácter y no hay nada que puedas hacer para enderezarlos por el buen camino; así que más vale que tengas todos los que puedas porque la ley de la suerte determinará que si unos nacen malos, otros nacerán buenos. Como dice otro dicho, "Los hijos son el oro del pobre" y así los entiendo yo: el destino determina que la gente sea pobre pero el pobre vencerá al destino teniendo a todos los hijos que pueda porque es posible que algunos tengan éxito y te ayuden cuando ya seas viejo.

La expresión

Actividad 16.1 Preguntas sobre El tema. Contesta las siguientes preguntas.

1. ¿Por qué inmigró a Nueva York la abuela Rosa con su esposo? ¿Está contenta ella de haberlo hecho?

2. ¿Para qué nace la mujer, según la abuela Rosa?

3. ¿Qué determina el destino de la mujer, según la abuela?

4. ¿Qué es lo que afecta a todas las mujeres de todas las tierras y de todos los tiempos, según Abuela Rosa? ¿Por qué lo hace?

5. Según la abuela, ¿cuál es el papel más importante del hombre en la vida?

6. ¿Qué piensa la abuela del sistema educativo de los Estados Unidos? ¿Qué representa, según ella, el mejor de todos los sistemas educativos para la mujer?

7. Si la mujer no se casa para los dieciocho años, ¿a qué debe dedicarse?

8. ¿Cómo influye la competencia entre "amigas" en la necesidad de que la mujer se case joven, según la abuela?

9. ¿Por qué se opone la abuela al control de la natalidad?

10. ¿En qué sentido son los hijos "una póliza de seguros", según la abuela?

✔ *En el Cuaderno C16.1 se halla la actividad que corresponde a las secciones anteriores.*

Forma y función

Los tiempos futuro y condicional

El tiempo futuro

Hay dos tiempos futuros: (1) el futuro sintético y (2) el futuro perifrástico.

El **futuro sintético** se forma agregando las terminaciones *–é, –ás, –á, –emos, –án* al infinitivo entero, si el verbo es regular. Si no es regular en el futuro, estas mismas terminaciones se agregan a una versión cambiada del infinitivo. Siguen varios ejemplos.

FUTURO SINTÉTICO REGULAR	FUTURO SINTÉTICO IRREGULAR
regresar	*decir*
regresaré	diré
regresarás	dirás
regresará	dirá
regresaremos	diremos
regresarán	dirán

Este futuro sintético tiene dos funciones. Por un lado, se usa para referirse a sucesos futuros, es decir, lo que todavía no pasa.

> Mañana **saldré** de esta ciudad. **Compraré** un pasaje de ida y vuelta y **estaré** en Madrid a las ocho de la mañana del día siguiente.

Por otro lado, se usa para expresar algo que probablemente va a pasar o que a lo mejor es cierto.

> Ya **serán** las cuatro.

El **futuro perifrástico** se forma combinando el infinitivo del verbo léxico con las formas conjugadas de *ir* en el tiempo presente de indicativo más la preposición *a*.

ir a + verbo léxico en infinitivo

voy a regresar	voy a decir
vas a regresar	vas a decir
va a regresar	va a decir
vamos a regresar	vamos a decir
van a regresar	van a decir

El futuro perifrástico se emplea para referirse a eventos o estados futuros, o sea, lo que todavía no pasa.

> Mañana **voy a salir** de esta ciudad. **Voy a comprar** el pasaje de ida y vuelta y **voy a estar** en Madrid a las ocho de la mañana del día siguiente.

El tiempo condicional

Este tiempo se ha descrito como "el futuro en el pasado". Muchas veces se usa para hablar en el pasado de algo que aún no pasa y que, por eso, aún es "futuro". Examinemos los siguientes ejemplos, a los que acompañan traducciones al inglés que nos ayudarán a entender mejor el contraste.

Presente (cl-matriz) / futuro (cl-subordinada):

Jaime **dice** que **lavará** los trastes en dos horas.

Jaime **says** he **will wash** the dishes in two hours.

Pasado (cl-matriz) / condicional (cl-subordinada):

Jaime **dijo** que **lavaría** los trastes en dos horas.

Jaime **said** he **would wash** the dishes in two hours.

El **condicional** se forma agregando las terminaciones *–ía, –ías, –ía, –íamos, –ían* al infinitivo entero si el verbo es regular. Si no es regular en el condicional, las mismas terminaciones se agregan a una versión cambiada del infinitivo. Siguen varios ejemplos.

CONDICIONAL REGULAR	CONDICIONAL IRREGULAR
regresar	*decir*
regresaría	diría
regresarías	dirías
regresaría	diría
regresaríamos	diríamos
regresarían	dirían

Las formas del futuro y del condicional: los verbos irregulares

La gran mayoría de los verbos son regulares en el futuro y el condicional. Los pocos irregulares se dividen en tres grupos. Lo importante es lo que le pasa al infinitivo cuando cambia.

1. El infinitivo **pierde una letra** al convertirse en la base de una forma futura o condicional.

haber → habr: habré, habrás, habrá, habremos, habrán
habría, habrías, habría, habríamos, habrían

querer → querr: querré, querrás ...
querría, querrías ...

poder → podr: podré, podrás ...
podría, podrías ...

saber → sabr: sabré, sabrás ...
sabría, sabrías ...

Siguen ejemplos del uso de estas formas en un contexto:

Mañana **habrá** un grandioso baile en el famoso bar Un Ratito.
Si aún viviera mi querido marido, no **habría** tantos problemas aquí.

Querrás abandonar tus estudios de medicina, pero no te lo permito.
Si tuvieras tiempo, ¿**querrías** acompañarme en mi viaje a Europa?

¿Me **podrás** hacer un favor?
¿Me **podrías** decir dónde queda la biblioteca?

Mañana sí **sabré** decirte la respuesta, pero por el momento no.
Si estudiaras un poco más, **sabrías** contestar las preguntas.

2. El infinitivo pierde una vocal y luego agrega una *d:*

poner → **pondr**:	pondré, pondrás ...
	pondría, pondrías ...
salir → **saldr**:	saldré, saldrás ...
	saldría, saldrías ...
tener → **tendr**:	tendré, tendrás ...
	tendría, tendrías ...
valer → **valdr**:	valdré, valdrás ...
	valdría, valdrías ...
venir → **vendr**:	vendré, vendrás ...
	vendría, vendrías ...

Siguen ejemplos del uso de estas formas en un contexto:

¿Dónde **pondrán** el nuevo edificio?
Si hubiera más espacio, lo **pondrían** aquí en el centro.

Mañana **saldrán** para las Islas Vírgenes.
Si tuviera dinero, **saldría** ahorita mismo para las Islas Vírgenes.

El mes que viene **tendremos** que buscar un nuevo apartamento.
No **tendríamos** que salir de éste si no hubieran subido la renta.

¿Cuánto **valdrá** un Hispano-Suiza de 1930 de aquí en diez años?
Te apuesto a que **valdría** más que un diamante.

¿A qué hora **vendrás**?
Vendría a las seis si pudiera, pero no me va a ser posible venir.

3. El infinitivo **pierde dos letras** y no agrega nada.

decir → **dir**:	diré, dirás ...
	diría, dirías ...

hacer → har: haré, harás …

haría, harías …

¿Me **dirás** por qué te dejaste colgar de un árbol?
Te **diría** la verdad si la supiera, pero no la sé.

Haré todo lo que pueda por él.
Le dije que **haría** todo lo que pudiera por él.

✔ *En el Cuaderno C16.2, C16.3, C16.4 y C16.5 se hallan las actividades que corresponden a las secciones anteriores.*

Oraciones hipotéticas: combinaciones del imperfecto de subjuntivo y del condicional en una sola oración

Estos dos tiempos se usan en una sola oración para expresar lo hipotético. ¿Qué es "lo hipotético"? Es cuando primero se plantea una posibilidad y después se plantea la consecuencia de realizarse esa posibilidad. Veamos las siguientes oraciones.

1. Si **tuviera** $40,000, me **compraría** un Cadillac de lujo.[1]
   imperfecto de subjuntivo   condicional

   La posibilidad:
      (No tengo esos $40,000, pero si los tuviera...)
   La consecuencia de realizarse esa posibilidad:
      (... me compraría un Cadillac de lujo [con ese dinero].)

2. Si **vendiéramos** el rancho, **podríamos** vivir felices en el pueblo.
   imperfecto de subjuntivo   condicional

   La posibilidad:
      (Aún no vendemos el rancho, pero de hacerlo ...
   La consecuencia de realizarse esa posibilidad:
      ...viviríamos felices en el pueblo y, ¡adiós rancho!)

✔ *En el Cuaderno C16.6 se halla la actividad que corresponde a las secciones anteriores.*

---

[1] En el español coloquial se expresa con frecuencia lo hipotético mediante el uso del tiempo imperfecto de subjuntivo en las **dos** cláusulas, tanto en la matriz como en la subordinada: "Si tuviera $40,000, me comprara un cadillac de lujo." El español popular da un paso más empleando en ambas cláusulas el imperfecto de indicativo: "Si tenía $40,000, me compraba un Cadillac de lujo." En el presente libro de texto con preferencia se empleará la construcción prescriptiva que en estas páginas se acaba de presentar.

Los tiempos compuestos

Cada forma de un tiempo compuesto siempre tiene **dos palabras o más.** En cambio, cada forma de un tiempo sencillo consta de una sola palabra. Miremos los siguientes ejemplos.

UN TIEMPO SENCILLO

presente de indicativo: yo **digo**

                            tú **dices**

                            Ud. (etc.) **dice**

UN TIEMPO COMPUESTO

presente perfecto de indicativo:

yo **he dicho**

tú **has dicho**

Ud. (etc.) **ha dicho**

Los tiempos compuestos que aquí se estudian se dividen en dos grupos grandes: los tiempos **perfectos** y los tiempos **progresivos.**

Al igual que hay siete tiempos sencillos, hay 21 tiempos compuestos.[2] A continuación se repasan los nombres de los tiempos sencillos y se ejemplifica cada uno de ellos.

Los siete tiempos sencillos

LOS DOS FUTUROS

futuro: *hablaré, hablarás, hablará, hablaremos, hablarán*
condicional: *hablaría, hablarías, hablaría, hablaríamos, hablarían*

LOS DOS PRESENTES

presente de indicativo: *hablo, hablas, habla, hablamos, hablan*
presente de subjuntivo: *hable, hables, hable, hablemos, hablen*

---

[2] Este texto sólo presenta los tiempos compuestos perfectos y progresivos; no presenta los perfectos progresivos, que son una combinación de los dos anteriores, a saber: **he estado escribiendo, habrían estado manejando.**

imperfecto de indicativo: *hablaba, hablabas, hablaba, hablábamos...*
imperfecto de subjuntivo: *hablara, hablaras, hablara, habláramos...*
pretérito: *hablé, hablaste, habló, hablamos, hablaron*

Estos mismos términos—a veces con ciertos cambios—se usan para describir los tiempos compuestos como se verá a continuación.

Los siete tiempos perfectos

futuro perfecto: *habré hablado, habrás hablado, habrá hablado, habremos hablado, habrán hablado*

condicional perfecto: *habría hablado, habrías hablado, habría hablado, habríamos hablado, habrían hablado*

presente perfecto de indicativo: *he hablado, has hablado, ha hablado, hemos hablado, han hablado*

presente perfecto de subjuntivo: *haya hablado, hayas hablado, haya hablado, hayamos hablado, hayan hablado*

pluscuamperfecto de indicativo: *había hablado, habías hablado, había hablado, habíamos hablado, habían hablado*

pluscuamperfecto de indicativo: *hubiera hablado, hubieras hablado, hubiera hablado, hubiéramos hablado, hubieran hablado*

pretérito perfecto: *hube hablado, hubiste hablado, hubo hablado, hubimos hablado, hubieron hablado*

Los tiempos perfectos: Formación y uso

Para formar un tiempo perfecto, se empieza con (1) una forma conjugada del verbo auxiliar **haber** y se continúa con (2) el participio pasado del verbo léxico. Siguen varios ejemplos.

¿Cuántos kilómetros **has andado**?
　　　　　　　　　　　1　　2

(En esta oración, [1] **has** es la segunda persona familiar del presente de indicativo del verbo auxiliar *haber* y [2] **andado** es el participio pasado del verbo léxico *andar*.)

¿Qué me **han comprado**?
　　　　　1　　　2

Aquí **hemos vivido** desde 1990.
　　　　1　　　2

El ladrón no me **había hecho** nada.
　　　　　　　　1　　2

Ya **habrían llegado** cuando empezó a llover.
　　1　　　2

Si no **hubieras** **insistido,** no lo **habría** **invitado.**

$$\underset{1}{\text{hubieras}}\quad\underset{2}{\text{insistido}}\qquad\underset{1}{\text{habría}}\quad\underset{2}{\text{invitado}}$$

La gran mayoría de los verbos léxicos tienen participios pasados regulares. Todos los participios pasados de los verbos de la primera conjugación son regulares y se forman de la siguiente manera.

hablar → hablado

comprar → comprado

pensar → pensado

Los verbos de la segunda y tercera conjugación que tienen participios pasados regulares forman esos participios de la siguiente manera.

comer → comido

pedir → pedido

Sin embargo, hay quince verbos importantes que tienen p. pas. irregulares. Sus participios terminan en **-to**...

abrir → **abierto**	morir → **muerto**
cubrir → **cubierto**	poner → **puesto**
describir → **descrito**	resolver → **resuelto**
devolver → **devuelto**	romper → **roto**
escribir → **escrito**	ver → **visto**
freír → **frito**	volver → **vuelto**

... o en **-cho**:

decir → **dicho**

hacer → **hecho**[3]

satisfacer → **satisfecho**

Cuando la raíz de un verbo de la segunda o tercera conjugación termina en una vocal, se escribe **-ído** con acento.

traer → **traído**

oír → **oído**

reír → **reído**

---

[3] La forma **hecho**—p. pas. de **hacer**— suena exactamente como **echo**, que es la primera persona singular del presente de indicativo de **echar**. Compárense estas dos oraciones: *He hecho todo.* = 'I've done everything.' *Lo echo todo.* = 'I throw everything out.' Y la palabra **echó** tiene por supuesto un tercer significado, el de la tercera persona singular del pretérito: *Lo echó todo.* = 'He threw everything out.'

¿Cómo y para qué se usan los tiempos perfectos en español?

En términos generales, todos se usan como sus equivalentes en inglés y para los mismos propósitos. Examinemos las siguientes equivalencias.

ESPAÑOL	INGLÉS
Ha caminado más de diez millas.	He **has walked** more than ten miles.
Yo **he hecho** muchas cosas.	I **have done** a lot of things.
Yo **había hecho** muchas cosas.	I **had done** a lot of things.
Ya **habrán salido** para Bogotá.	They **will have left** already for Bogotá.
Ya **habrían salido** para Bogotá si no **hubiera llegado** el huracán.	They **would have left** already for Bogotá if the hurricane **hadn't arrived.**

En lo que sigue, nos enfocamos en los tiempos perfectos que más se usan.

Presente perfecto de indicativo

Este tiempo lleva las formas del presente de indicativo de **haber** más el participio pasado del verbo léxico.

he
has
ha ⎫
hemos ⎬ + <u>el participio pasado del verbo léxico</u>
han ⎭   (hablado, comido, vivido, abierto, dicho, etc.)

A continuación se presentan varios ejemplos de este tiempo en el contexto de un pequeño relato.

Otro episodio de Daniel el Travieso

"Pero mamá, si yo no **he hecho** nada", dijo el pobre Daniel.

"¡Cómo que no **has hecho** nada! ¡Mira todo lo que **ha pasado**! **Has quebrado** mis dos lámparas favoritas. **Has manchado** el nuevo sofá con la tinta negra. **Has pintado** en las paredes, ¡pintura roja en paredes amarillas! **Has comido** toda la sandía que yo guardaba para la comida y **has dejado** restos en todas partes. Y para colmo de calamidades, al gato lo **has metido** en el horno, **has prendido** el gas, y el pobre animalito se nos **ha muerto** ya. ¡Ya no sé qué hacer contigo, Daniel! Se me **ha acabado** la paciencia. ¡Ya veo que nos **hemos equivocado** en traerte al mundo! ¡Ni tus propios hermanitos **han podido** aguantarte desde que naciste! ¡Esto ya es el colmo!"

Pluscuamperfecto de indicativo

Este tiempo usa las formas del imperfecto de indicativo de **haber** más el participio pasado del verbo léxico.

había		
habías		
había	+	el participio pasado del verbo léxico
habíamos		(hablado, comido, vivido, abierto, dicho, etc.)
habían		

A continuación se presentan varios ejemplos de este tiempo en el contexto de otro pequeño relato.

De cómo Daniel el Travieso se disculpó ante Mamá

"Pero mamá, yo no me **había portado** mal en todo el día hasta que me arañó el gato, quien tiene la culpa de todo. **Había acabado** mi tarea como Ud. me dijo. Claro, se me **había escapado** alguna que otra gota de tinta del tintero que **había ido** a dar en la pared pero eso no **había sido** mi culpa. Y **había tratado** de recoger al gato pa' llevarlo pa' fuera porque el condenado animal ya **había empezado** a maullar, pero cuando por fin lo **había capturado** se me escapó y quebró la lámpara él solito. Y yo no **había probado** ni un bocadito de la sandía antes de las once pero cuando ya la **había esperado** dos horas y como ya me **había dicho** que regresaría pronto, ya no **había podido** esperar más y me di por vencido. ¡Así que la culpa también es de Ud.!"

Los otros tiempos perfectos

Estos tiempos se usan relativamente poco en el lenguaje coloquial, aunque con cierta frecuencia en el lenguaje culto. De ahí que se presentan a fin de que se reconozcan en la lectura.[4]

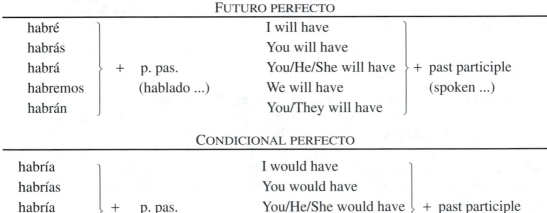

FUTURO PERFECTO

habré			I will have	
habrás			You will have	
habrá	+	p. pas.	You/He/She will have	+ past participle
habremos		(hablado ...)	We will have	(spoken ...)
habrán			You/They will have	

CONDICIONAL PERFECTO

habría			I would have	
habrías			You would have	
habría	+	p. pas.	You/He/She would have	+ past participle
habríamos		(hablado ...)	We would have	(spoken ...)
habrían			You/They would have	

---

[4] Aquí no se presentará el séptimo tiempo perfecto, el pretérito perfecto (**hube hablado, hubiste hablado,** etc.), por considerarse de uso exclusivamente literario y aun de poca frecuencia dentro de la literatura contemporánea.

PRESENTE PERFECTO DE SUBJUNTIVO

haya		I (should) have	
hayas		You (should) have	
haya	+ p.pas. (hablado ...)	You/He/She (should) have	+ past participle (spoken ...)
hayamos		We (should) have	
hayan		You/They (should) have	

Los siguientes son ejemplos del uso de este tiempo.

Puedes irte a pasear con tal de que ya **hayas hecho** la tarea.

Va en avión a menos que ya **haya cambiado** de opinión.

PLUSCUAMPERFECTO DE SUBJUNTIVO

hubiera		I had / I ought to have	
hubieras		You had ...	
hubiera	+ p.pas. (hablado ...)	You/He/She had ...	+ past participle (spoken ...)
hubiéramos		We had ...	
hubieran		You/They had ...	

Los siguientes son ejemplos del uso de este tiempo.

Hubiéramos sacado al gato en vez de dejarlo solo con Daniel.

Si **hubieras cuidado** más al gato, no se habría muerto en el horno.

✔ *En el Cuaderno C16.7 y C16.8 se hallan las actividades que corresponden a las secciones anteriores.*

Los tiempos progresivos: Formación y uso

Al igual que los tiempos perfectos, hay siete tiempos progresivos.

LOS FUTUROS

futuro progresivo: *estaré hablando, estarás hablando, estará hablando, estaremos hablando, estarán hablando*

condicional progresivo: *estaría hablando, estarías hablando, estaría hablando, estaríamos hablando, estarían hablando*

LOS PRESENTES

presente progresivo de indicativo: *estoy hablando, estás hablando, está hablando, estamos hablando, están hablando*

Antes que te cases, mira lo que haces   **237**

presente progresivo de subjuntivo: *esté hablando, estés hablando, esté hablando, estemos hablando, estén hablando*

LOS PASADOS

imperfecto progresivo de indicativo: *estaba hablando, estabas hablando, estaba hablando, estábamos hablando, estaban hablando*

imperfecto progresivo de subjuntivo: *estuviera hablando, estuvieras hablando, estuviera hablando, estuviéramos hablando, estuvieran hablando*

pretérito progresivo: *estuve hablando, estuviste hablando, estuvo hablando, estuvimos hablando, estuvieron hablando*

Para formar un tiempo progresivo, se empieza con (1) una forma conjugada del verbo auxiliar **estar** y se continúa con (2) el gerundio del verbo léxico. Siguen varios ejemplos.

¿Qué **estás haciendo?**
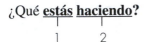
    1   2

En esta oración, **estás** es la segunda persona familiar del presente de indicativo del verbo auxiliar *estar* y **haciendo** es el gerundio del verbo léxico *hacer.*

Estoy tratando de entender la gramática española.
  1   2

En ese momento **estábamos preparando** una rica barbacoa.
     1   2

Estuvo lloviendo por cosa de quince minutos pero después paró.
  1   2

Ya **estarán durmiendo** después de haber manejado 15 horas.
  1   2

La gran mayoría de los verbos léxicos tienen gerundios regulares. Todos los gerundios de los verbos de la primera conjugación son regulares y se forman de la manera siguiente.

hablar   → hablando
comprar → comprando
pensar   → pensando

Los verbos de la segunda y tercera conjugación que tienen gerundios regulares forman esos gerundios de la siguiente manera.

comer   → comiendo

vender   → vendiendo

Sin embargo, hay unos 17 verbos importantes que gerundios irregulares. A veces la irregularidad se da en la raíz del gerundio.

advertir	→ **advirtiendo**	morir	→ **muriendo**
convertir	→ **convirtiendo**	pedir	→ **pidiendo**
decir	→ **diciendo**	seguir	→ **siguiendo**
divertir	→ **divirtiendo**	servir	→ **sirviendo**
dormir	→ **durmiendo**	venir	→ **viniendo**
elegir	→ **eligiendo**	vestir	→ **vistiendo**

Otras veces se da entre la raíz y la terminación.

caer   → **cayendo**

creer   → **creyendo**

ir   → **yendo**

oír   → **oyendo**

traer   → **trayendo**

Hay tantos tiempos progresivos como hay tiempos perfectos, o sea, un total de siete. Se ejemplifican a continuación.

FUTURO PROGRESIVO

estaré
estarás
estará   +   gerundio del verbo léxico
estaremos   (hablando, comiendo, viviendo ...)
estarán

CONDICIONAL PROGRESIVO

estaría
estarías
estaría   +   gerundio del verbo léxico
estaríamos   (hablando, comiendo, viviendo ...)
estarían

PRESENTE PROGRESIVO DE INDICATIVO

estoy
estás
está   } +   gerundio del verbo léxico
estamos   (hablando, comiendo, viviendo ...)
están

PRESENTE PROGRESIVO DE SUBJUNTIVO

esté
estés
esté   } +   gerundio del verbo léxico
estemos   (hablando, comiendo, viviendo ...)
estén

IMPERFECTO PROGRESIVO DE INDICATIVO

estaba
estabas
estaba   } +   gerundio del verbo léxico
estábamos   (hablando, comiendo, viviendo ...)
estaban

IMPERFECTO PROGRESIVO DE SUBJUNTIVO

estuviera
estuvieras
estuviera   } +   gerundio del verbo léxico
estuviéramos   (hablando, comiendo, viviendo ...)
estuvieran

PRETÉRITO PROGRESIVO

estuve
estuviste
estuvo   } +   gerundio del verbo léxico
estuvimos   (hablando, comiendo, viviendo ...)
estuvieron

✔ *En el Cuaderno C16.9 y C16.10 se hallan las actividades que corresponden a las secciones anteriores.*

Texto y comprensión

El Texto: Elena Poniatowska, *La casita de sololoi*[1]

Novelista, crítica, periodista y redactora, Elena Poniatowska nació en 1933 en París. Es hija de un conde polaco y una señora mexicana de muy buena familia; ha vivido en México desde 1943. Contribuye a periódicos y revistas y da conferencias en Europa, Estados Unidos e Hispanoamérica. Es autora de media docena de novelas afamadas como *Hasta no verte, Jesús mío* (1962), *Los cuentos de Lilus Kikus* (1967), *Gaby Brimmer* (1969), *Querido Diego, te abraza Quela* (1978) y *Flor de lis* (1988). Además ha escrito biografías y comentarios, entre los cuales se destaca *La noche de Tlatelolco* (1971), que habla de la masacre de unas 300 personas que protestaban en la Ciudad de México durante los Juegos Olímpicos. La presente historia viene de su colección de cuentos *De noche vienes*.

Actividad 16.2   Preguntas preliminares para contestar en voz alta y por escrito.

1. ¿Estás casado tú? ¿Has estado casado alguna vez? ¿Estás pensando en casarte en un futuro próximo? Háblanos de tus experiencias de casado o de las experiencias de otras personas que tú conoces.

2. Según todo lo que tú has experimentado de casado (o según todas las cosas de las que te has venido dando cuenta a través de los años), ¿qué piensas del matrimonio y de la vida en familia?

3. ¿Debe permitirse el divorcio? ¿Por qué sí o por qué no?

4. ¿Por qué surgen las relaciones adúlteras? ¿Deben tolerarse o deben suprimirse a como dé lugar? Si al esposo se le permite una relación extramatrimonial, ¿deben permitírseles tales relaciones a la esposa también, o debe haber una moral para los hombres y otra para las mujeres? ¿Por qué sí o por qué no?

5. ¿Cómo son los niños típicos en realidad: unos ángeles inocentes, tiernos y obedientes, unos diablos recién sacados del infierno, o qué? Basándote en tus propias experiencias, cuéntanos cómo es el niño típico.

6. ¿Cómo nos afectan y hasta nos controlan los anuncios comerciales que vemos en la televisión, que escuchamos en la radio y que leemos en revistas y periódicos? ¿Les prestas mucha atención, o no les haces caso alguno?

Lee con atención el siguiente relato.

La casita de sololoi[1]

"Magda, Magda, ven acá."

Oyó las risas infantiles en la sala y se asomó por la escalera.

Notas léxicas

[1] (pronunciación popular de *celuloide;* la referencia es al celuloide de las películas)

"Magda, ¿no te estoy hablando?"

Aumentaron las risas burlonas o al menos así las escuchó.

"Magda, ¡sube inmediatamente!"

Salieron a la calle—pensó—esto sí que ya es demasiado, y descendió de cuatro en cuatro la escalera, cepillo en mano. En el jardín las niñas seguían correteándose[2] como si nada, el pelo de Magda volaba casi transparente a la luz del primer sol de la mañana, un papalote[3] tras de ella, eso es lo que era, un papalote leve, quebradizo. Gloria en cambio, con sus chinos cortos[4] y casi pegados al cráneo parecía un muchacho y Alicia nada tenía del país de las maravillas: sólo llevaba puesto el pantalón de su pijama arrugadísimo entre las piernas y seguramente oliendo a orines. Y descalza, claro, como era de esperarse.

"¿Que no entienden? Me tienen harta."

Se les aventó encima. Las niñas se desbandaron, la esquivaban[5] entre gritos. Laura fuera de sí alcanzó a la del pelo largo y delgado y con una mano férrea[6] prendida a su brazo la condujo de regreso a la casa y la obligó a subir la escalera.

"¡Me estás lastimando!"

"Y ¿tú crees que a mí no me duelen todas tus desobediencias?" En el baño la sentó de lado sobre el excusado. El pelo pendía lastimero sobre los hombros de la niña. Empezó a cepillarlo.

"¡Mira nada más cómo lo tienes de enredado!"

A cada jalón la niña metía la mano, retenía una mecha impidiendo que la madre prosiguiera, había que trenzarlo, si no, en la tarde estaría hecho una maraña de nudos. Laura cepilló con fuerza: "¡Ay, ay mamá, ya, me duele!" La madre siguió, la niña empezó a llorar, Laura no veía sino el pelo que se levantaba en cortinas interrumpidas por nudos; tenía que trozarlo[7] para deshacerlos, los cabellos dejaban escapar levísimos quejidos, chirriaban como cuerdas que son atacadas arteramente[8] por el arco pero Laura seguía embistiendo[9] una y otra vez, la mano asida al cepillo, las cerdas bien abiertas abarcando una gran porción de cabeza, zas, zas, zas, a dale y dale sobre el cuero cabelludo. Ahora sí, en los sollozos de su hija, la madre percibió miedo, un miedo que sacudía los hombros infantiles y picudos. La niña había escondido su cabeza entre sus manos y los cepillazos caían más abajo, en su nuca, sobre sus hombros. En un momento dado pretendió escapar, pero Laura la retuvo con un jalón definitivo, seco, viejo, como un portazo y la niña fue recorrida por un escalofrío. Laura no supo en qué instante la niña volteó a verla y captó su mirada de espanto que la acicateó[10] como una espuela a través de los párpados, un relámpago rojo que hizo caer los cepillazos desde quién sabe dónde,

---

[2] corriendo los unos tras los otros   [3] cometa, volantín   [4] cabello corto   [5] la evitaban, huían de ella
[6] de hierro   [7] dividirlo en secciones   [8] inteligentemente, con destreza   [9] atacando   [10] animó, incitó

desde todos estos años de trastes sucios y camas por hacer y sillones desfundados,[11] desde el techo descascarado: proyectiles de cerda negra y plástico rosa transparente[12] que se sucedían con una fuerza inexplicable, uno tras otro, a una velocidad que Laura no podía ni quería controlar, uno tras otro zas, zas, zas, zas, ya no llevaba la cuenta, el pelo ya no se levantaba como cortina al viento, la niña se había encorvado totalmente y la madre le pegaba en los hombros, en la espalda, en la cintura. Hasta que su brazo adolorido, como un aspa[13] se quedó en el aire y Laura sin volverse a ver a su hija bajó la escalera corriendo y salió a la calle con el brazo todavía en alto, su mano coronada de cerdas de jabalí.[14]

Entonces comprendió que debía irse.

***

Sólo al echarse a andar, Laura logró doblar el brazo. Un músculo jalaba a otro, todo volvía a su lugar y caminó resueltamente, si estaba fuera de sí no se daba cuenta de ello, apenas si notó que había lágrimas en su rostro y las secó con el dorso de la mano sin soltar el cepillo. No pensaba en su hija, no pensaba en nada. Debido a su estatura sus pasos no eran muy largos; nunca había podido acoplarse[15] al ritmo de su marido cuyos zancos[16] eran para ella desmesurados. Salió de su colonia[17] y se encaminó hacia el césped verde de otros jardines que casi invadían la banqueta protegidos por una precaria barda de juguetería. Las casas, en el centro del césped, se veían blancas, hasta las manijas de la puerta brillaban al sol, cerraduras redondas, pequeños soles a la medida exacta de la mano, el mundo en la mano de los ricos. Al lado de la casa impoluta,[18] una réplica en pequeño con techo rojo de asbestolit:[19] la casa del perro, como en los "House Beautiful", "House and Garden", "Ladies' Home Journal"; qué casitas tan cuquitas,[20] la mayoría de las ventanas tenían persianas de rendijas verdes de ésas que los niños dibujan en sus cuadernos, y las persianas le hicieron pensar en Silvia, en la doble protección de su recámara.

"Pero si por aquí vive." Arreció el paso. En un tiempo no se separaban ni a la hora de dormir puesto que eran "roommates". Juntas hicieron el High School en Estados Unidos. ¡Silvia! Se puso a correr, sí, era por aquí en esta cuadra, no en la otra, o quizás allá al final de la cuadra a la derecha, qué parecidas eran todas estas casas con sus garajes a un lado, su casita del perro y sus cuadriláteros[21] de césped fresco, fresco como la pausa que refresca. Laura se detuvo frente a una puerta verde oscuro brillantísimo y sólo en el momento en que le abrieron recordó el cepillo y lo aventó cerdas arriba a la cuneta,[22] al agua que siempre corre a la orilla de las banquetas.

[11] sillones sin funda, sin cubierta   [12] "cerda negra y plástico rosa … ": Se refiere al cepillo que la madre tiene en la mano   [13] brazo de molino   [14] mamífero paquidermo parecido al cerdo   [15] unirse, acomodarse   [16] pasos de palo alto (que usan los payasos en el circo)   [17] barrio, vecindad   [18] completamente limpia y sin mancha   [19] una especie de asbesto (material de construcción)   [20] lindas, chulas, bonitas   [21] polígono de cuatro lados   [22] zanja al lado de una calle

***

"Yo te había dicho que una vida así no era para ti, una mujer con tu talento, con tu belleza. Bien que me acuerdo cómo te sacabas los primeros lugares en los 'Essay Contests'. Escribías tan bonito. Claro, te veo muy cansada y no es para menos con esa vida de perros que llevas, pero un buen corte de pelo y una mascarilla[23] te harán sentirte como nueva, el azul siempre te ha sentado, hoy precisamente doy una comida y quiero presentarte a mis amigos, les vas a encantar, ¿te acuerdas de Luis Morales? Él me preguntó por ti mucho tiempo después de que te casaste y va a venir, así es de que tu te quedas aquí, no, no, tú aquí te quedas, lástima que mandé al chofer por las flores pero puedes tomar un taxi y yo más tarde, cuando me haya vestido te alcanzaré en el salón de belleza. Cógelo Laurita, por favor ¿que no somos amigas? Laura yo siempre te quise muchísimo y siempre lamenté tu matrimonio con ese imbécil, pero a partir de hoy vas a sentirte otra, anda Laurita, por primera vez en tu vida haz algo por ti misma, piensa en lo que eres, en lo que han hecho contigo."

Laura se había sentido bien mirando a Silvia al borde de su tina de mármol. Qué joven y lozana[24] se veía dentro del agua y más cuando emergió para secarse exactamente como lo hacía en la escuela, sin ningún pudor,[25] contenta de enseñarle sus músculos alargados, la tersura[26] de su vientre, sus nalgas duras, el triángulo perfecto de su sexo, los nudos equidistantes de su espina dorsal, sus axilas rasuradas, sus piernas morenas a fuerza de sol, sus caderas eso sí un poquitito más opulentas pero apenas. Desnuda frente al espejo se cepilló el pelo, sano y brillante. De hecho todo el baño era un anuncio; enorme, satinado como las hojas del "Vogue", las cremas aplíquese en pequeños toquecitos con la yema de los dedos en movimientos siempre ascendentes, almendras dulces, conservan la humedad natural de la piel, aroma fresco como el primer día de primavera, los desodorantes en aerosol, sea más adorable para él, el herbalessence verde que contiene toda la frescura de la hierba del campo, de las flores silvestres, los ocho cepillos de la triunfadora, un espejo redondo amplificador del alma, algodones, lociones humectantes,[27] secadorpistola[28]—automática—con tenaza[29]—cepillo—dos peines, todo ello al alcance de la mano, entorno a la alfombra peluda y blanca, osa, armiño desde la cual Silvia le comunicó: "A veces me seco rodando sobre ella, por jugar y también para sentir." Laura sintió vergüenza al recordar que no se había bañado, pensó en la vellonería[30] enredada de su propio sexo, en sus pechos a la deriva, en la dura corteza de sus talones; pero su amiga, en un torbellino un sin fin de palabras verdadero rocío de la mañana, toallitas limpiadoras, suavizantes, la tomó de la mano y la guió a la recámara y siguió girando frente a ella envuelta a la romana en su gran toalla espumosa, suplemento íntimo, benzal para la higiene femenina, cuídese, consiéntase, introdúzcase, lo que sólo nosotras sabemos: las sales, la toalla de mayor absorbencia, lo que sólo nosotras podemos darnos, y Laura vio sobre

[23] tratamiento cosmético que consiste en ponerle una pequeña máscara de barro a la cara   [24] fresca, vigorosa, robusta   [25] modestia   [26] brillantez, resplandor   [27] que humedecen   [28] *blowdryer* para secar el cabello   [29] *curling iron* para rizar el cabello   [30] lana de carnero (en un sentido figurado)

la cama, una cama anchurosa que sabía mucho de amor, un camisón de suaves abandonos ¡qué cursi,[31] qué ricamente cursi!, y una bata hecha bola, la charola del desayuno, el periódico abierto en la sección de Sociales. Laura nunca había vuelto a desayunarse en la cama, es más la charola yacía arrumbada[32] en el cuarto de los trebejos.[33] Sólo le sirvió a Gloria cuando le dio escarlatina y la cochina mocosa siempre se las arregló para tirar su contenido sobre la sábana. Ahora, al bajar la escalera circular también hollywoodense[34]—miel sobre hojuelas—de Silvia, recordaba sus bajadas y subidas por otra, llevándole la charola a Gloria, pesada por toda aquella loza[35] de Valle de Bravo tan estorbosa que ella escogió en contra de la de melamina y plástico que Beto proponía. ¿Por qué en su casa estaban siempre abiertos los cajones, los roperos también, mostrando ropa colgada quién sabe cómo, zapatos apilados al aventón?[36] En casa de Silvia, todo era etéreo, bajaba del cielo.

En la calle, Laura caminó para encontrar un taxi, atravesó de nuevo su barrio y por primera vez se sintió superior a la gente que pasaba junto a ella. Sin duda alguna había que irse para triunfar, salir de este agujero, de la monotonía tan espesa como la espesa sopa de habas que tanto le gustaba a Beto. Qué grises y qué inelegantes le parecían todos, qué tristemente presurosos.[37] Se preguntó si podría volver a escribir como lo hacía en el internado,[38] si podría poner todos sus sentimientos en un poema por ejemplo, si el poema sería bueno, sí, lo sería, por desesperado, por original, Silvia siempre le había dicho que ella era eso: o-ri-gi-nal, un buen tinte de pelo haría destacar sus pómulos[39] salientes, sus ojos grises deslavados a punta de calzoncillos, sus labios todavía plenos, los maquillajes hacen milagros. ¿Luis Morales? Pero claro, Luis Morales tenía una mirada oscura y profunda, oriental seguramente y Laura se sintió tan suya cuando la tomó del brazo y estiró su mano hacia la de ella para conducirla en medio del sonido de tantas voces—las voces siempre la marearon—, a un rincón apartado ¡ay Luis, qué gusto me da! sí soy yo, al menos pretendo ser la que hace años enamoraste ¿van a ir en grupo a Las Hadas[40] el próximo weekend? pero claro que me encantaría, hace años que no veleo,[41] en un barco de velas y a la mar me tiro, adentro y adentro y al agua contigo, sí Luis me gusta asolearme, sí Luis, el daikiri[42] es mi favorito, sí Luis, en la espalda no alcanzo, ponme tú el sea-and-ski, ahora yo a ti, sí Luis, sí ...

Laura pensaba tan ardientemente que no vio los taxis vacíos y se siguió de largo frente al sitio de alquiler indicado por Silvia. Caminó, caminó, sí, podría ser una escritora, el poema estaba casi hecho, su nombre aparecería en los periódicos, tendría su círculo de adeptos[43] y hoy en la comida, Silvia se sentiría orgullosa de ella porque nada de lo de antes se le había olvidado, ni las rosas de talle larguísimo, ni las copas centellantes, ni los ojos que brillan de placer, ni el

---

[31] *tacky,* que presume de fino sin serlo   [32] arrinconada   [33] utensilios (literalmente; en un sentido figurado 'el cuarto de atrás')   [34] estilo Hollywood (o sea 'de película')   [35] platos, tazas, jícaras etc. para el uso doméstico   [36] con lo de arriba abajo, con lo de dentro fuera   [37] que tenían mucha prisa
[38] escuela cuyos alumnos viven en residencias estudiantiles localizadas en el mismo campus   [39] huesos de las mejillas   [40] un centro turístico costero de México   [41] navegar en barco de vela   [42] bebida alcohólica de ron, azúcar y jugo de limón   [43] partidarios que la apoyarían

champagne, ~~ni la espalda~~ de los hombres dentro de sus trajes bien cortados, tan distinta a la espalda enflanelada y gruesa que Beto le daba todas las noches, un minuto antes de desplomarse[44] y ~~dejar escapar~~ el primer ronquido, el estertor, el ruido de vapor que echaba: locomotora vencida que se asienta sobre los rieles al llegar a la estación.

De pronto, Laura vio muchos trenes bajo el puente que estaba cruzando; sí, ella viajaría, seguro viajaría, Iberia,[45] el asiento reclinable, la azafata[46] junto a ella ofreciéndole un whisky, qué rico, qué sed, el avión atravesando el cielo azul como quien rasga una tela, así cortaba ella las camisas de los hijos, el cielo rasgado por el avión en que ella viajaría, el concierto de Aranjuez en sus oídos, España, agua, tierra fuego, desde los techos de España encalada y negra, en España los hombres piropean[47] mucho a las mujeres ¡guapa! qué feo era México y qué pobre y qué oscuro con toda esa hilera de casuchas negras, apiñadas[48] allá en el fondo del abismo, los calzones en el tendedero, toda esa vieja ropa cubriéndose de polvo y hollín y tendida a toda esa porquería de aire que gira en torno a las estaciones de ferrocarril, aire de diesel, enchapopotado,[49] apestoso, qué endebles[50] habitaciones, cuán frágil la vida de los hombres que se revolcaban allá abajo mientras ella se dirigía al Beauty Shop del Hotel María Isabel pero ¿por qué estaba tan endiabladamente lejos el salón de belleza? Hacía mucho que no se veían grandes extensiones de pasto con casas al centro, al contrario: ni árboles había. Laura siguió avanzando, el monedero[51] de Silvia fuertemente apretado en la mano, primero el cepillo, ahora el monedero. No quiso aceptar una bolsa, se había desacostumbrado, le dijo a su amiga, sí claro, se daba cuenta que sólo las criadas usan monedero, pero el paso del monedero a la bolsa lo daría después, con el nuevo peinado. Por lo pronto había que ir poco a poco, recuperarse con lentitud como los enfermos que al entrar en convalecencia dan pasos cautelosos para no caerse. La sed la atenazó[52] y al ver un Sanborn's[53] se metió, al fin Ladies Bar, en la barra sin más pidió un whisky igual al del Iberia, qué sed, sed, saliva, semen, sí, su saliva ahora seca en su boca se volvería semen, crearía al igual que los hombres, igual que Beto quien por su solo falo y su semen de ostionería[54] se sentía Tarzán, el rey de la creación, Dios, Santa Clos, el señor presidente, quién sabe qué diablos Quién, qué sed, qué sed, debió caminar mucho para tener esa sed y sentir ese cansancio pero se le quitaría con el champú de cariño, y a la hora de la comida sería emocionante ir de un grupo a otro, reírse, hablar con prestancia del libro de poemas a punto de publicarse, el azul le va muy bien, el azul siempre la ha hecho quererse a sí misma, ¿no decía el siquiatra en ese artículo de *Kena*[55] que el primer indicio de salud mental es empezar a quererse a sí mismo? Silvia le había enseñado sus vestidos azules. El segundo whisky le

---

[44] caerse sin vida y conocimiento, dormirse inmediatamente   [45] línea aérea nacional de España
[46] aeromoza, auxiliar de vuelo   [47] adulan, cumplimentan   [48] apretadas, arrejuntadas   [49] nublado
suciamente   [50] frágiles, débiles, de poca resistencia   [51] portamonedas, semi-bolsa para la moneda
[52] torturó   [53] gran cadena mexicana de tiendas-restaurante   [54] tienda o puesto donde venden ostiones
[55] revista para mujeres que se publica en México

sonrojó a Laura las mejillas, al tercero descansó y un gringo se sentó junto a ella en la barra y le ofreció la cuarta copa. "Y eso que no estoy peinada" pensó agradecida. En una caballeriza extendió las piernas, para eso era el asiento de enfrente ¿no? y se arrellanó.[56] "Soy libre, libre de hacer lo que me dé la gana."

Ahora sí el tiempo pasaba con lentitud y ningún pensamiento galopaba dentro de su cabeza. Cuando salió del Sanborn's estaba oscureciendo y ya el regente había mandado prender las larguísimas hileras de luz neón del circuito interior. A Laura le dolía el cuerpo, y el brazo en alto, varado[57] en el aire llamó al primer taxi, automáticamente dio la dirección de su casa y al bajar le dejó al chofer hasta el último centavo que había en el monedero. "Tome usted también el monedero." Pensó que el chofer se parecía a Luis Morales o a lo que ella recordaba que era Luis Morales. Como siempre, la puerta de la casa estaba emparejada y Laura tropezó con el triciclo de una de las niñas, le parecieron muchos los juguetes esparcidos en la sala, muchos y muy grandes, un campo de juguetes, de caminar entre ellos le llegarían al tobillo. Un olor de tocino invadía la estancia y desde la cocina vio los trastes apilados en el fregadero. Pero lo que más golpeó a Laura fue su retrato de novia parada junto a Beto. Beto tenía unos ojos fríos y ella los miró con frialdad y le respondieron con la misma frialdad. No eran feos pero había en ellos algo mezquino,[58] la rechazaban y la desafiaban a la vez, sin ninguna pasión, sin afán,[59] sin aliento; eran ojos que no iban a ninguna parte, desde ese sitio podía oír lo que anunciaba Paco Malgesto[60] en la televisión, los panquecitos Bimbo, eran muy delgadas las paredes de la casa, se oía todo y al principio Laura pensó que era una ventaja porque así sabría siempre dónde andaban los niños. Casi ninguno volvió la cabeza cuando entró al cuarto de la televisión imantados como estaban por el Chavo del 8.[61] El pelo de Magda pendía lastimero y enredado como siempre, la espalda de Beto se encorvaba abultadísima en los hombros—hay hombres que envejecen allí precisamente, en el cuello, como los bueyes—, Gloria y Alicia se habían tirado de panza sobre la alfombra raída[62] y manchada, descalzas, claro. Ninguno pareció prestarle la menor atención. Laura entonces se dirigió a la recámara que nadie había hecho y estuvo a punto de aventarse con todo y zapatos sobre el lecho nupcial que nadie había tendido, cuando vio un calcetín en el andén y sin pensarlo lo recogió y buscó otro más abajo y lo juntó al primero: "¿Serán el par?" Recogió el suéter de Jorgito, la mochila de Quique, el patín de Betito, unos pañales impregnados con el amoniaco de orines viejos y los llevó al baño a la canasta de la ropa sucia; ya a Alicia le faltaba poco para dejar los pañales y entonces esa casa dejaría de oler a orines; en la tina vio los patos de plástico de Alicia, el buzo[63] de Jorgito, los submarinos, veleros y barcos, un jabón multicolor e informe compuesto por todos los pedazos de jabón que iban sobrando y se puso a tallar el aro de mugre que sólo a ella le preocupaba. Tomó los cepillos familiares en el vaso dentífrico y los enjuagó; tenían pasta acumulada en la base. Empezó a subir y bajar la

---

[56] se extendió en el asiento con toda comodidad   [57] detenido   [58] avaro, miserable   [59] deseo, ganas   [60] locutor mexicano   [61] personaje de la televisión mexicana   [62] desgastada   [63] hombre que trabaja sumergido en el agua

escalera tratando de encontrarle su lugar a cada cosa. ¿Cómo pueden amontonarse en tan poco espacio tantos objetos sin uso, tanta materia muerta? Mañana habría que aerear los colchones, acomodar los zapatos, cuántos; de fútbol, tenis, botas de hule, sandalias, hacer una lista, el miércoles limpiaría los roperos, sólo limpiar los trasteros de la cocina le llevaría un día entero, el jueves la llamada biblioteca en que ella alguna vez pretendió escribir e instalaron la televisión porque en esa pieza se veía mejor, otro día entero para remendar suéteres, poner elástico a los calzones, coser botones, sí, remendar esos calcetines caídos en torno a los tobillos, el viernes para ...

Beto se levantó, fue al baño, sin detenerse siquiera a cerrar bien la puerta orinó largamente y al salir, la mano todavía sobre su bragueta, Laura sostuvo por un instante la frialdad de su mirada y su corazón se apretó al ver el odio que expresaba. Luego dio media vuelta y arrió de nuevo su cuerpo hacia el cuarto de la televisión. Pronto los niños se aburrirían y bajarían a la cocina: "Mamá, a medio día casi no comimos." Descenderían caracoleando, ya podían oírse sus cascos en los peldaños, Laura abriría la boca para gritar pero no saldría sonido alguno, buscaría con qué defenderse, trataría de encontrar un cuchillo, algo para protegerse pero la cercarían: "Mamá, quiero un huevo frito y yo hotcakes y yo una sincronizada y yo otra vez tocino", levantarían hacia ella sus alientos de leche, sus manos manchadas de tinta y la boca de Laura se desharía en una sonrisa y sus dedos hechos puño, a punto de rechazarlos, engarrotados[64] y temblorosos se abrirían uno a uno jalados por los invisibles hilos del titiritero,[65] lenta, blandamente, oh qué cansinamente.[66]

---

[64] entumecidos   [65] fantochero, volatinero, saltimbanquero   [66] lentamente; disminuido por el cansancio

✔ *En el Cuaderno C16.11, C16.12 y C16.13 (La comprensión) se hallan las actividades que corresponden a las secciones anteriores.*

Capítulo **17**

Barriga llena, corazón contento

Objetivos

En este capítulo…

- leerás un ensayo sobre el eterno tema de las vacaciones y lo comentarás.

- aprenderás la diferencia entre las tres voces del español:
    - la activa.
    - la pasiva.
    - la media.

- estudiarás las formas del verbo **ir** y las asociarás con la preposición **a**, que muchas veces las acompaña.

- compararás la preposición **a** con la forma verbal **ha**.

- examinarás los pronombres objeto (los complementos directos, indirectos y reflexivos).

- leerás y comentarás un cuento argentino sobre lo bien que pueden terminar algunos divorcios.

Tema y expansión

El tema: *De vacaciones*

Lee con atención el siguiente ensayo.

Ésta es otra composición que ha sido escrita por Fernando González para su clase de español, a petición del profesor.

A mí sí me gustan las vacaciones. Bueno, ¿a quién no le van a gustar?, pero en mi propio caso me gustan tanto porque a través de los años casi nunca he tenido unas vacaciones verdaderas. En general, para mí la palabra "vacaciones" sólo significa que no hay escuela, ya que casi no hay días libres en el trabajo excepto los días feriados como Labor Day (Día del Trabajo), Thanksgiving (Día de Acción de Gracias), Navidad y Año Nuevo en los que todo el mundo descansa. Sin embargo, me acuerdo muy bien de las vacaciones que de niño tomé una vez con mi familia. Fuimos a California cuando yo tenía diez años porque existía la oportunidad de quedarnos en la casa de la familia de un hermano de mamá. Aún no habían nacido ni Mague ni Panchito, así es de que sólo éramos seis—papá, mamá, Rebeca, que es mi hermana mayor, Vero mi hermana menor, Beto, que en aquel entonces era un niño llorón de dos años, y yo—y todos cabíamos en el carrito que papá tenía. Mi tío Rolando Robles (el hermano de mamá) vivía con mi tía Rosa y sus dos hijas Raquel y Rachel (que eran cuatas, o sea gemelas, y que sólo tenían siete años entonces) en Pico Rivera, un suburbio de Los Ángeles que está localizado a unas doce millas al sureste del centro de la ciudad. Mi tío trabajaba para una enorme fábrica de automóviles que había en Pico Rivera; como ganaba muy buena "lana" (dinero) y además era medio tradicionalista, no quería que mi tía trabajara fuera de casa; ella a su vez estaba encantada de no tener que salir a trabajar porque se divertía mucho yendo de compras, cocinando y cuidando a las cuatas. Mis tíos tenían una casa de ésas típicamente californianas en las que más parecían importar la yarda y el patio y los árboles frutales que lo que había en su interior, porque el interior era muy poca cosa: apenas tres recámaras y cada una más pequeña que la otra. Mis tíos dormían en lo que llamaban "la recámara de los señores" en la que a duras penas cabía un lecho matrimonial. Cada una de las cuatas tenía su propia recámara pero con la llegada de nosotros Rachel tuvo que cambiarse a la recámara de Raquel a fin de que mamá y papá tuvieran donde "planchar oreja" o sea dormir ... en una cama sola en la que apenas cabía la pequeña de Rachel. Nosotros los chamacos nos teníamos que acomodar a como diera lugar. Rebeca dormía en el sofá y a Vero la metieron en la recámara de Raquel que ya era la de Rachel también. Y como daba la casualidad de que las tres tenían exactamente la misma edad, ninguna se durmió en tres noches seguidas y ya estaban tan cansadas las tres que durante el resto de nuestra semana de vacaciones lo único que hacían era dormir. Al niño llorón de Beto lo pusieron en un catre en la sala junto al sofá para que Rebeca pudiera cuidarse de él si se despertaba, cosa que hizo tres o cuatro veces todas las noches. A mí, en cambio, me exiliaron de la casa a otro catre que instalaron por debajo de las estrellas en el patio entre el naranjo y el limonero. Qué bueno que en California no llueve en el verano. Pero sí puede hacer calor, sobre todo mientras más lejos estés de la costa (y la costa más próxima a Pico Rivera es la playa de Long Beach, a unas 18 millas), así que yo me pasé las siete noches sudando y respirando puro esmog. A lo mejor algún día me pega un cáncer del pulmón y voy a demandar a mis tíos por haberme metido al aire libre. (No me crean.)

Bueno, pues, como estábamos en California, había que hacer mucho turismo. Yo en aquel entonces era muy aficionado al beisbol y quería que me llevaran a ver un partido de los L.A. Dodgers en su estadio. También quería que me llevaran al Magic Mountain y a Disneylandia y a la playa (porque nunca antes había visto el mar). En cambio, mi hermana Rebeca sólo quería ver Hollywood y los estudios donde se hacían las películas. Mamá, por su parte, quería pasar todo el día en Beverly Hills "de compras", aunque sólo traía cincuenta dólares en su bolsa y eso para gastarlo en comida para nosotros. Mi hermana Vero también había oído hablar de Disneylandia y Magic Mountain pero al poco rato se dejó convencer por sus primitas que eso era "para niños chiquitos" y prefirió jugar a las muñecas en la recámara de ellas. Papá por su lado sólo quería quedarse sentado en un sillón reclinable en el patio echándose "unas frías" (cervezas) con mi tío Rolando, porque él también estaba de vacaciones y le caía muy bien papá. Una sola vez salió papá de la casa (o mejor dicho, del patio) de mis tíos y eso cuando tío Rolando insistió en sacarlo a conocer la fábrica de automóviles donde él trabajaba. "Allí te consigo un buen jalecillo, cuñado", le dijo tío Rolando a papá, pero papá le dijo que estaba muy contento con el "jalecillo", o sea el trabajo que tenía en El Paso, y no quería cambiarse a una ciudad con tanta gente y tanto tráfico como lo es Los Ángeles.

Después de recorrer un poco la fábrica, los dos acabaron con unos cuates de tío Rolando en una cantina en el Rosemead y de ahí no salieron hasta que tía Rosa le echó un telefonazo a la dueña del bar, a quien conocía, y los amenazó con quién sabe cuántos si no regresaban a la casa luego luego.

Total, lo único que logré ver de todo lo que quería visitar fue la playa. Un día nos llevaron mis tíos en su camioneta a todos nosotros (excepto a papá, que se quedó en casa dizque para vigilarla) a la playa de Long Beach. De Pico Rivera agarramos la supercarretera 605 y en menos de una hora llegamos. (El problema no era la distancia—ya les había dicho que se trataba de unas 18 millas nomás—sino el hecho de que no podíamos ir muy rápido porque el tráfico era muy espeso y había que parar a cada rato.) Nos estacionamos en el Ocean Boulevard y de ahí bajamos a la playa. ¡Qué emoción! ¡Por fin vi el agua del mar! ¡Por fin vi ballenas y tiburones y peces espada y sirenas y barcos de piratas y submarinos y transatlánticos! Bueno, no tanto, pero sí vimos, aunque de lejos, el famoso barco transatlántico "Queen Mary" que allí tienen atracado. Yo quería entrar, pero mamá me dijo: "No m'ijo, tú andas en traje de baño y no llevas ropa decente, así que no te van a dejar subir". Pero, ¡había que ver la clase de "ropa" que llevaba la gente en aquella playa! Vi a unas chicas que andaban en unos trajes de baño que si los hubiera visto la abuela de la muchacha dominicana que escribió la composición del capítulo anterior, o habría puesto el grito en el cielo o se habría muerto de susto. Yo en aquel entonces, mil veces prefería el beisbol a las chicas; pero iba aprendiendo, y esa playa me dio una buena lección.

Así que el lunes de la semana siguiente, ya nos habíamos despedido de todo y tíos y ya andábamos de regreso a El Paso. Papá manejaba, mamá hablaba de todo lo que pudiera haber comprado en Beverly Hills, Rebeca se quejaba de no haber visto ni a una sola estrella de cine, yo hablaba del tiburón que por poco me arranca la pierna derecha, Vero hablaba de las muñecas de Raquel y Rachel, Beto lloraba, y ya empezaban a desaparecer en el horizonte los *freeways*, el esmog, las palmas y los árboles frutales de la tierra del ensueño. Y desde aquella lejana semana de hace diez años, no he tenido ni una sola vacación que sea digna de tal nombre. Pero tan pronto como terminen las clases me iré, ¡de vacaciones! Iré a Nueva York, donde seré delegado estudiantil en un congreso patrocinado por una asociación de ingenieros. Esta vez no iré en carro sino en avión, y no voy acompañado por padres y hermanos sino solo, y no voy como mocoso aficionado a deportes sino como todo el profesionista que casi soy. Imagínense Uds.: ¡Nueva York! ¿Quién sabe cómo me irá allí y a quién conoceré?

La expresión

Actividad 17.1   Preguntas sobre El tema.   Contesta a las siguientes preguntas.

1.   En general, ¿qué significa para Fernando la palabra "vacaciones" y por qué?

2.   ¿Por qué fueron los González de vacaciones a California—y no a otra parte—hace diez años?

3.   ¿Cómo era la casa de los tíos de Fernando? Descríbela.

4. ¿Dónde tuvo que dormir Fernando y por qué?

5. ¿Qué cosas turísticas querían ver las hermanas de Fernando?

6. ¿A qué partes querían ir los demás miembros de su familia?

7. ¿Por qué salió por fin de la casa el papá de Fernando y qué "aventura" tuvo?

8. ¿Qué es lo que sí vio Fernando una vez que estaba en la playa de Long Beach?

9. ¿Por qué no permitió la mamá de Fernando que hiciera un recorrido del transatlántico "Queen Mary"?

10. ¿Adónde va Fernando—y esta vez sí de vacaciones—tan pronto como termine el semestre? ¿Para qué va a ese lugar?

✔ *En el Cuaderno C17.1 se halla la actividad que corresponde a las secciones anteriores.*

Forma y función

La voz activa y la voz pasiva

Primero definamos y/o repasemos unos términos:

— el **actor** es el que hace la acción

— el **verbo** puede expresar acción

— el **sujeto gramatical** es el que determina la forma del verbo

— el **objeto directo** es el primer recipiente de la acción del verbo

Siguen varios ejemplos de lo anterior.

1. El terremoto destruirá las tres ciudades.

    ACTOR COMO SUJETO GRAMATICAL   VERBO/ACCIÓN   OBJETO DIRECTO

2. Miguel de Cervantes escribió *El Quijote*.

    ACTOR COMO SUJETO GRAMATICAL   VERBO/ACCIÓN   OBJETO DIRECTO

Decimos que estas dos oraciones están en **voz activa** porque el actor (*el terremoto, Miguel de Cervantes*) es también el sujeto gramatical.

Pero si el objeto directo se convierte en sujeto gramatical, la oración resultante está en **voz pasiva.** Examinemos estos ejemplos.

3. Las tres ciudades serán destruidas por el terremoto.

    OBJETO DIRECTO COMO SUJETO GRAMATICAL   VERBO/ACCIÓN   ACTOR EN FRASE PREPOSICIONAL

4. *El Quijote* fue escrito por Miguel de Cervantes.

    OBJETO DIRECTO COMO SUJETO GRAMATICAL   VERBO/ACCIÓN   ACTOR EN FRASE PREPOSICIONAL

Toda oración de voz pasiva siempre tiene los siguientes cuatro elementos: (a) el objeto directo como sujeto gramatical; (b) una forma conjugada del verbo **ser** (_serán destruidas, fue escrito_); (c) un participio pasado (_destruidas, escrito_) que funciona como adjetivo y que concuerda en persona y número con el sujeto gramatical, y (d) una frase preposicional que empieza con **por** y en la que se halla el actor.

Estos cuatro elementos se identifican a continuación.

El Quijote fue escrito por Miguel de Cervantes.

    (A)   (B)   (C)   (D)

La relación en español entre voz activa y voz pasiva es idéntica a la relación en inglés entre estas dos voces.

Don Quijote was written by Miguel de Cervantes.

    (A)   (B)   (C)   (D)

✔ _En el Cuaderno C17.2 y C17.3 se hallan las actividades que corresponden a las secciones anteriores._

La voz media

Después de la voz **activa** y la voz **pasiva** que acabamos de estudiar, la **voz media** es la tercera de las tres voces que tiene el español. (El inglés tiene sólo dos: _active voice_ y _passive voice_. En inglés no hay equivalente inmediato de la voz media del español.)

Lo más importante de la voz media es esto: **la voz media no tiene actor**. Consta del verbo, el objeto directo como sujeto gramatical y un elemento nuevo: la palabra **se** como partícula. Veamos los siguientes ejemplos.

1.   Se destruirán las tres ciudades.

        SE PARTÍCULA   VERBO/ACCIÓN   OBJETO DIRECTO COMO SUJETO GRAMATICAL

(En la oración no se menciona para nada el terremoto. Simplemente no hay "actor" ni "agente" ni nada por el estilo.)

2.   Se escribió _El Quijote_.

        SE PARTÍCULA   VERBO/ACCIÓN   OBJETO DIRECTO COMO SUJETO GRAMATICAL

(En la oración número 2 no se menciona para nada a Miguel de Cervantes. Es como si el _El Quijote_ se escribiera solo.)

En una oración de voz media, decimos que el objeto directo—_las tres ciudades, El Quijote_—es el sujeto gramatical porque determina la persona y el número del verbo. Si el objeto directo/sujeto gramatical va en tercera persona singular, el verbo irá en tercera persona singular; si el objeto directo/sujeto gramatical va en tercera persona plural, el verbo irá así también.

3.   Se escribió un libro.

SE PARTÍCULA   VERBO/ACCIÓN QUE VA   OBJETO DIRECTO/SUJETO GRAMATICAL
                     EN SINGULAR   QUE ESTÁ EN SINGULAR

4.   Se escribieron muchos libros.

SE PARTÍCULA   VERBO/ACCIÓN QUE   OBJETO DIRECTO/SUJETO GRAMATICAL QUE
                     VA EN PLURAL   ESTÁ EN PLURAL

✔   *En el Cuaderno C17.4 se halla la actividad que corresponde a la sección anterior.*

El verbo *ir*

Ir es uno de los verbos más frecuentes del español. Lo has usado desde la infancia, así que no es difícil de por sí. Pero puede ser difícil relacionar sus tiempos verbales con el infinitivo mismo, dado que la mayor parte de sus formas no se parecen al infinitivo en cuanto a las letras que las integran.

Para acordarse de las irregulares del verbo **ir**, basta aprender la siguiente fórmula.

     V   F   I

V es la primera letra de todas las formas de los tiempos presentes de **ir** (*indicativo:* voy, vas, va, vamos, van; *subjuntivo:* vaya, vayas, vaya, vayamos, vayan) y también del mandato directo afirmativo que corresponde a **tú: vete.**

F es la primera letra de las formas del **pretérito** y del **imperfecto de subjuntivo** del verbo (*pretérito:* fui, fuiste, fue, fuimos, fueron; *imperfecto de subjuntivo:* fuera, fueras, fuera, fuéramos, fueran).

I es la primera letra de todos los demás tiempos y de otras formas.

Futuro:	iré, irás, irá, iremos, irán
Condicional:	iría, irías, iría, iríamos, irían
Imperfecto de indicativo:	iba, ibas, iba, íbamos, iban
Participio pasado:	ido (he ido, has ido ... había ido, habías ido ...)
Gerundio:	yendo (aquí la **i** se convierte en **y**): estoy yendo ... estaba yendo ...

✔   *En el Cuaderno C17.5 se halla la actividad que corresponde a la sección anterior.*

La preposición *a* después del verbo *ir*

¿Cuál es la palabra que hay que escribir en los siguientes espacios en blanco?

1. ¿Qué vas _____ tomar?

2. ¿Qué van _____ hacer?

3. ¿Qué va _____ necesitar?

4. ¿Qué va _____ agarrar?

Es, por supuesto, la preposición[1] **a**. Pero muchas veces nos olvidamos de ponerla donde tiene que ir por la sencilla razón de que no se oye como palabra separada. Por ejemplo, en la oración ...

> ¿Qué va a agarrar?

... la **a** se usa tres veces seguidas y al leerse en voz alta, se funden las tres **a**es en un solo sonido, un /a:/ largo; así que no se oyen las tres como tres sonidos separados sino como un solo sonido largo.

> /ké-bá:-ga-řár/

De ahí que muchas personas que hablan español correctamente escriben incorrectamente *¿Qué va agarrar?* y hasta *¿Qué va garrar?*

¿Cómo resolvemos este problema? Lo resolvemos siguiendo esta regla: Entre cualquier forma del verbo **ir** y cualquier infinitivo que le sigue, hay que escribir la preposición **a**, aun cuando no suene como sonido separado.

Ejemplos: ¿Va **a** abandonar la casa?

¿Iba **a** ayudar a su vecino?

Mañana irá **a** Arizona.

No quiero que vaya **a** Albuquerque.

Se ha ido **a** Arecibo.

✔ *En el Cuaderno C17.6 y C17.7 se hallan las actividades que corresponden a la sección anterior.*

---

[1]Las preposiciones—las llamadas "palabras chicas"—sirven para indicar una relación entre dos entidades. La relación puede ser de tiempo, de espacio, de causa o de muchas otras cosas. Las preposiciones sencillas más comunes son *a, ante, bajo, con, contra, de, desde, durante, en, entre, excepto, hacia, hasta, mediante, para, por, salvo, según, sin, sobre* y *tras*. Las preposiciones compuestas—las de más de una palabra—son *a causa de, a excepción de, a fuerza de, a pesar de, a través de, acerca de, además de, alrededor de, antes de, cerca de, concerniente a, conforme a, contrario a, (por) debajo de, delante de, dentro de, después de, (por) detrás de, en cuanto a, en vez de, en virtud de, (por) encima de, enfrente de, frente a, fuera de, lejos de, junto a, luego de, por causa de, por medio de, por razón de, respecto a, tocante a* y alguna otra.

La preposición *a* ante ciertos pronombres objeto

¿Con qué palabra deben llenarse los siguientes espacios en blanco?

1. _____ mí me gusta fumar.

2. _____ nadie le convienen los cigarrillos.

3. Pero _____ mí, ¿qué me importa eso?

4. Más me interesan _____ mí los placeres de la vida.

5. ¿_____ ti te parece bien irte matando nada más por unos cuantos momentos de placer?

6. _____ ninguno de nosotros los fumadores nos preocupan esas tonterías.

7. Además, _____ todos nos toca morir, ¿verdad?

Es, por supuesto, la preposición **a.** Compara las siguientes dos oraciones.

Incorrecto: *Pero mí, ¿qué me importa eso?

Correcto: Pero a mí, ¿qué me importa eso?

Regla: Hay que poner la preposición **a** delante de **mí, ti, Ud., él, ella, nosotros, Uds., ellos** o **ellas** cuando son objetos de ciertos verbos como los siguientes.

Convenir:	**A ti** no te conviene eso.
Faltar:	**A mí** me falta tiempo.
Gustar:	Le gustan más **a ella** los azules.
Importar:	No le importa nada **a él.**
Interesar:	**A nosotros** nos interesa mucho la política.
Parecer:	Ya te dije que **a mí** me parece ridícula la idea.
Preocupar:	**A ellos** les tiene muy preocupados su conducta.
Tocar:	Y ahora le toca **a Ud.**

Es bastante difícil acordarse de la preposición **a** cuando debe estar entre la tercera persona singular de **faltar / gustar / importar / interesar / preocupar / tocar** y cualquier palabra que comience con el sonido /a/ porque los tres sonidos de /a/ se juntan al hablar; por eso no nos damos cuenta de su presencia. Examinemos los siguientes ejemplos.

El dinero le impor**ta a A**ndrés más que nada.

/el-di-né-ro-leim-pór-ta:n-drés-más-ke-ná-da/

Le gus**ta a A**nacleto andar en bicicleta.

/le-gús-ta:-na-klé-to-an-dá-ren-bi-si-klé-ta/

✔ *En el Cuaderno C17.8 y C17.9 se hallan las actividades que corresponden a la sección anterior.*

La preposición *a* versus la forma verbal *ha*

Las palabras **a** y **ha** se pronuncian exactamente igual. Sin embargo, son totalmente diferentes en cuanto a su uso y su significado. No se deben confundir en la escritura.

Ha es una forma del verbo **haber**. Es la tercera persona singular del tiempo presente de indicativo del verbo, y se usa mayormente en el presente perfecto de indicativo.

> Esperanza me **ha** dicho que ya tiene novio.

> Magdalena se **ha** hecho muy rica.

También se usa **ha** como verbo cuando va seguido de la palabra **de**.

> Dicen que **ha de** venir mañana, pero no lo creo.

> Arturo **ha de** haber hecho el trabajo ya, ¿no crees?

Así que **ha** se usa siempre como VERBO ante el participio pasado o ante **de** + infinitivo.

Todos los demás usos del sonido /a/ se escriben **a**—sin la **h**—y ninguno es verbo sino preposición. Siguen varios ejemplos.

> **A** mí se me hace que ...
> Se lo van a dar **a** Gilberto, no **a** María.
> Te veo **a** las doce en punto.
> ¿**A**dónde vas **a** ir? ¿Al zoológico del Bronx **a** pasear?
> ¿**A** quién se lo ha dicho?
> **A** la señora la siguieron **a** toda velocidad y por fin la alcanzaron.
> **A** ver qué pasa mañana en la junta de las diez.

✔ *En el Cuaderno C17.10 se halla la actividad que corresponde a la sección anterior.*

Los pronombres objeto

Ya se presentaron los pronombres de sujeto (véase el capítulo 12). En la presente sección se estudiarán los **pronombres objeto**. Los compararemos los unos a los otros a la vez que los relacionaremos con los pronombres de sujeto equivalentes.

Los nombres y las funciones de los pronombres objetos aparecen a continuación.

Objetos de preposiciones

Funciones: Son gobernados por preposiciones como *a, ante, contra, de, desde, hacia, hasta, para, por, sin* y *sobre* (entre muchas) que van antes de ellos.

Ejemplos: Este helado es **para mí.**
Salieron **sin él.**

Objetos directos

Funciones: Son los primeros en recibir la acción del verbo.

Ejemplos: Ellos **lo** quieren vender pronto.
Tú no **nos** viste ayer en el centro pero nosotros **te** vimos a ti.

Objetos indirectos

Funciones: Son los segundos en recibir la acción del verbo.

Ejemplos: Mis padres **le** van a regalar un carro nuevo.
¿Por qué no **nos** dio una 'A' en el examen?

Objetos reflexivos

Funciones: Son la misma persona que el sujeto.

Ejemplos: Yo **me** levanté a las siete y media.
Tú **te** levantaste un poco más tarde.

A continuación se presenta la tabla de todos los pronombres objeto. (Empieza con los pronombres de sujeto del capítulo 12, a fin de que se entienda la relación que existe entre unos y otros.)

LOS PRONOMBRES OBJETO

SUJETOS		OB. DE PREP.		OB. DIR.		OB. INDIREC.	
yo	nosotros/nosotras	mí	nosotros/nosotras	me	nos	me	nos
tú		ti		te		te	
Ud.	Uds.	Ud.	Uds.	lo/la	los/las	le/se	les/se
él	ellos	él	ellos	lo	los	le/se	les/se
ella	ellas	ella	ellas	la	las	le/se	les/se

OBJETOS REFLEXIVOS

me	nos
te	
se	se
se	se
se	se

1. Los pronombres objeto que corresponden a **Ud.** son **lo/la**. Es decir, el pronombre objeto es **lo** si **Ud.** es masculino pero es **la** si **Ud.** es femenino. Miremos estos ejemplos.

> Buenos días, don **Miguel.** ¿Cómo está **Ud.**? Hace mucho que no **lo** veo.
>
> Buenos días, doña **Celia.** ¿Cómo está **Ud.**? Hace mucho que no **la** veo.

Lo mismo vale con respecto a los que corresponden a **Uds.**, o sea, **los** y **las.** Miremos los siguientes ejemplos.

> Buenos días, **muchachos.** ¿Cómo están **Uds.**? Hace mucho que no **los** veo.
>
> Buenos días, **muchachas.** ¿Cómo están **Uds.**? Hace mucho que no **las** veo.

2. ¿Qué significa lo siguiente: **le/se**, **les/se**? Significa que los objetos indirectos **le** y **les** se cambian a **se** cuando el objeto directo siguiente también empieza con **l**. El español no permite estas ocho combinaciones: *le lo, *les lo, *le los, *les los, *le la, *les la, *le las, *les las. Por eso, los objetos indirectos **le** y **les** se cambian a **se**.

Ejemplos: *No **le lo** voy a dar. ⟶ No **se lo** voy a dar.

                 ***Les las** prometo para mañana. ⟶ **Se las** prometo para mañana.

3. Las cuatro palabras **lo / los / la / las** no son siempre pronombres objetos. Muchas veces las tres últimas—**los**, **la** y **las**—son artículos definidos que en inglés significan *the* (véase el capítulo 18). Otras veces las cuatro palabras se combinan con la palabra **que** para formar pronombres relativos: **los que, la que, las que, lo que**.[2] A continuación se presentan varias reglas prácticas para que se reconozcan estas cuatro palabras como pronombres objeto directo (OD) cuando se usan como tal.

Si es pronombre OD, tiene las siguientes traducciones al inglés:

lo	you, him, it
los	you, them
la	you, her, it
las	you, them

Si es artículo definido, su traducción al inglés es *the*.

---

[2]La palabra **lo** se usa también como lo que algunos califican de "artículo neutro" en frases como éstas: (1) *lo útil de esta lección*, (2) *lo necesarias que son estas lecciones*.

Si es parte de un pronombre relativo, su traducción al inglés puede ser *the one who* o *the ones who* además de *those who* o *what*.

Ejemplos:		
Lo voy a desheredar.	I'm going to disinherit **him.**
Uds. **la** merecen.	You deserve **it.**
Se **las** voy a quitar.	I'm going to take **them** away from you.
Los viste en el centro.	You saw **them** downtown.
Algunas de **las** vacas estaban comiéndo**las**, pero **las** otras no **las** querían comer.	Some of **the** cows were eating **them** but **the** other ones didn't want to eat **them.**

4. Si los pronombres objeto directo, indirecto o reflexivos siguen al infinitivo, al gerundio o al mandato directo afirmativo, pueden o deben unirse a dichas formas verbales. El resultado es una sola palabra compuesta. Algunas de estas palabras compuestas necesitan acentuarse por escrito por ser esdrújulas o sobresdrújulas.

después del *mandato directo afirmativo:* ¡**Cállate** ya de una vez!

después del *infinitivo:* Voy a **traerle** una pizza.
   (También "Le voy a traer una pizza.")

después del *gerundio:* Ya están **llamándonos**.
   (También "Ya nos están llamando.")

5. **Con + mí** y también **con + ti** y **con + sí** dan lugar a palabras nuevas únicas que son: **conmigo, contigo** y **consigo.**

✔ *En el Cuaderno C17.11, C17.12, C17.13, C17.14 y C17.15 se hallan las actividades que corresponden a las secciones anteriores.*

Texto y comprensión

El texto: Silvina Bullrich, *El divorcio*

La argentina Silvina Bullrich (1915-1992) fue autora de varias novelas—*Los burgueses* (1964), *Mañana digo basta* (1968), *Los despiadados* (1978)—y también de una colección de cuentos, *Historias inmorales* (1965), de donde viene la presente selección. Una de las características más destacadas de su obra es el profundo y penetrante análisis sicológico de la realidad argentina, en este caso de las clases sociales más acomodadas de una época—de principios del siglo XX hasta los años sesenta—cuando la Argentina era uno de los países más ricos del mundo. La presente selección tiene lugar en Buenos Aires, que con más de once millones de habitantes contiene la tercera parte de la población del país.

Actividad 17.2   Preguntas preliminares para contestar en voz alta y por escrito.

1. ¿Estás a favor o en contra del divorcio? ¿Crees que el divorcio debe prohibirse totalmente o debe ser accesible a todos y en cualquier momento? Explica tu punto de vista.

2. ¿Qué es lo que motiva a la gente a divorciarse? Haz una lista de todas las posibles causas del divorcio.

3. En algunos países se ha hablado seriamente de permitir que un adolescente o hasta un niño se "divorcie" de sus padres y que les ponga demandas por lo que alega ser el maltrato. ¿Qué piensas tú de tal sugerencia? ¿Adónde iría a vivir un niño "divor-ciado"? ¿De qué viviría?

4. Hay dos alternativas al divorcio: la poligamia, donde el hombre puede tener todas las esposas que quiera sin necesidad de divorciarse de ninguna de ellas; o la poliandria, donde la mujer puede tener varios esposos al mismo tiempo. ¿Qué te parecen esos regímenes alternativos? ¿Sabes de sitios donde se practican hoy en día?

Lee con atención el siguiente cuento.

El divorcio

Las primeras noches me despertaba sobresaltado, corría hasta la puerta de mi cuarto, pegaba la oreja a la madera y trataba de oír. Si no lo lograba abría la puerta tratando de no hacer ruido y me deslizaba descalzo sobre la alfombra deshilachada[1] del corredor. Después, ya ni siquiera me despertaba o si eso ocurría ponía la cabeza bajo la almohada para no oír y volver a dormirme. Total ya sabía lo que se decían. Siempre lo mismo, no sé por qué lo repetían tanto, ya debían saberlo de memoria, lo mismo que yo: Sos[2] un canalla ... Y vos* una egoísta, una frívola, no te importa más que de vos misma. ¡Quién habla! un hombre incapaz de cumplir con sus deberes más elementales ... ¡Deberes! Vos te atrevés[2] a hablar de deberes ...

A veces mi nombre aparecía en medio de los reproches: Ni siquiera por Pancho fuiste capaz de disimular ... Dejá[2] a Pancho en paz, no tiene nada que ver con esto. Es tu hijo. Eso está por verse. Canalla ... ya que creés eso andate[2] y dejanos[2] en paz. Si me voy me llevo al

Notas léxicas

[1] que tiene pedazos de hilo que se desprenden de la alfombra   [2] sos = eres; vos = tú; atrevés = atreves; dejá = deja; creés = crees; andate = ándate; dejanos = déjanos. En la Argentina, el Uruguay, casi toda Centroamérica y en parte en Chile, Ecuador y Colombia el pronombre personal de sujeto tú es sustituido por vos. Las formas verbales correspondientes son distintas en los tiempos presentes, ya que el acento tónico pasa de la raíz del verbo a la vocal temática. En algunos verbos la forma que corresponde a vos es bastante distinta, por ejemplo, *sos* = *eres*.

---

*En la Argentina, el Uruguay y la mayoría de los países de la América Central, el pronombre personal *tú* es sustituido por *vos*, que tiene el mismo significado.

chico. Antes te mato, Pancho se queda conmigo ... Una ola de orgullo me recorría; pese al desinterés que parecían sentir mis padres por mí a lo largo del día, mi importancia se acrecentaba[3] en forma descomunal al llegar la noche y las discusiones. Otras veces, en lugar de referirse a mí mencionaban el departamento,[4] el auto, los dos grabados de Picasso,[5] las copas de baccarat.[6]

Después de esas tormentas que duraron unos meses se estableció el silencio. En el ínterin[7] habían separado los cuartos. Papá y mamá apenas se hablaban. Por eso la primera discusión violenta me sorprendió de nuevo: Llevate las copas, las alfombras, lo que quieras, gritaba mamá, pero andate y dejame en paz. No oí la respuesta de papá. Volví a la cama y pensé aunque se fueran los dos, yo apenas me daría cuenta. Los veía cada vez menos y yo para ellos era casi transparente. Cuando me empeñaba[8] en hacer notar mi presencia sólo conseguía un: dejame en paz, estoy ocupado; o un: andate, ¿no ves que me duele la cabeza? Los muebles envejecían sin que nadie los retapizara, yo comía solo con platos cascados[9] y vasos disparejos.[10] Mi taza de desayuno era celeste[11] y el platillo color ocre[12] con hojas de parra verdes. A mí no me importaba pero Miss Ann[13] me lo hizo notar varias veces y lo comentaba con la mucama,[14] que a su vez le pedía tazas nuevas a mamá. No vale la pena, total para el chico ... decía mamá, y yo tambaleaba[15] entre la seguridad de la importancia que me concedían en las grescas[16] nocturnas y la falta de miramientos[17] de que me rodeaba durante el día. Lo importante es que no le falte nada, decía mamá, y la heladera[18] estaba siempre llena de grandes trozos de lomo,[19] de fruta, de dulce de leche y de huevos frescos. Mi ropa era buena y Miss Ann forraba[20] cuidadosamente mis libros de clase con papel azul.

No sé exactamente el día en que papá se fue de casa. Era en verano. Yo estaba en la estancia[21] con los abuelos y a la vuelta, cuando pregunté por papá, mamá me dijo: ya no vive en casa. Después comentó con mis tíos Quique y Elena: Este chico me preocupa, hace ocho días que ha vuelto y recién[22] hoy pregunta por su padre, ni se dio cuenta de su ausencia o es medio retardado o es monstruosamente descariñado,[23] creo que no quiere a nadie. Yo me quedé pensando si en verdad no quería a nadie. Hice un largo examen de conciencia y no llegué a ninguna conclusión. Sin embargo, poco a poco empecé a sentir la falta de papá. ¿Qué era mejor, ese silencio obstinado, esa ausencia constante de mi madre, o las escenas de antes del verano?

---

[3] crecía   [4] apartamento   [5] (1881-1973) Famosísimo pintor español cuya obra abarca y domina todos los distintos estilos del arte de las primeras siete décadas del siglo XX.   [6] copas de gran renombre y altísimo prestigio   [7] mientras tanto   [8] insistía   [9] viejos y rajados   [10] revueltos, de diferentes estilos   [11] azul celeste   [12] amarillo rojizo   [13] nombre de la institutriz inglesa de la casa. (Las institutrices inglesas—mitad maestras particulares para niños chiquitos, mitad niñeras/cuidaniños—estaban muy de moda entre los argentinos de la clase alta.)   [14] criada, trabajadora doméstica   [15] vacilaba   [16] peleas, riñas   [17] atención, consideración   [18] el refrigerador   [19] carne   [20] cubría   [21] hacienda, finca de campo   [22] sólo, nada más   [23] que no le tiene cariño a nadie

Porque mamá ya no estaba nunca en casa. Lo malo es que también se fue Miss Ann. Yo ya tenía diez años, iba medio pupilo[24] al colegio y hubiera sido absurdo guardar en casa a una institutriz inglesa. Mamá me explicó eso en forma serena[25] y racional, le di la razón. Mamá tenía razón en todo, pero nada de lo que ella decía me convencía. Quizá haya dos razones, quizá lo importante no sea tener razón sino ser convincente. De todos modos yo no discutía nunca.

Mis días empezaron a deslizarse como entre nubes, como en el cine cuando se corta el sonido. Yo era un fantasma insignificante que no llamaba la atención de nadie con mi traje gris o mi guardapolvo[26] gris.

No estás nunca en tu casa, dijo mi abuelo una tarde que vino de visita. Mamá se echó a llorar, dijo que su vida era demasiado triste para que se la amargaran[27] más, que estaba sola a los treinta años, sola como un perro, agregó. No tanto, dijo abuelo, nos tienes a nosotros y a Pancho. Mamá replicó que ellos vivían casi todo el año en el campo y no eran ninguna compañía, y si no se iban a Europa. Eso es verdad, dijo abuelo. Y Pancho, continuó mamá, tiene su vida, va al colegio, al campo de deportes, los domingos sale con otros chicos, no voy a sacrificarlo para que me acompañe. Abuelo meneó la cabeza. Yo tenía ganas de gritarle que me pasaba las horas enteras solo, que me moría de miedo de noche y ella no volvía hasta la madrugada, que los domingos hubiera preferido salir con ella que con Marcos o con Roberto que decían porquerías[28] y no iban nunca al cine al que nos mandaban, porque las vistas de aventuras "son para chicos", y se colaban[29] en los cines donde daban vistas prohibidas para menores,[30] y después me hacían correr para llegar a tiempo a la salida del "Capitán Blood" o del "Hijo del Zorro". Pero no decía nada de miedo a que mamá me diera un bife.[31]

Rosa me despertaba temprano y luego volvía a la cocina a prepararme el desayuno. Yo tenía que hacer esfuerzos sobrehumanos para no volver a dormirme; me lavaba apenas porque el agua no estaba del todo caliente a esa hora; tomaba unos sorbos de chocolate hirviendo y salía corriendo de la casa silenciosa.

Mi único placer era arrastrarme un rato alrededor de mamá, de noche, cuando se vestía para salir. Pero era un rato muy corto, porque en seguida alguien avisaba por teléfono que bajara, que habían salido a buscarla, o una bocina impaciente se atrevía a desafiar las leyes municipales.[32]

Los domingos, los días de fiesta, me sentía aun más desdichado. Mamá parecía ir siempre a lugares mágicos, se vestía como una actriz de cine con pantalones de colores vivos y blusas floreadas, ponía una o dos mallas[33] en un bolsón de rafia;[34] por si acaso, llevaba una

---

[24] que pasaba las noches de entre semana (días laborables) en su escuela de internos (*boarding school*)
[25] tranquila   [26] blusón que se usa para no manchar o ensuciar el resto de la ropa   [27] hicieran más amarga (áspera, afligida)   [28] chistes soeces y sucios   [29] entraban sin permiso   [30] niños menores de edad   [31] me pegara   [32] (En Buenos Aires se prohibía pitar el claxon del auto.)   [33] trajes de baño
[34] bolsa de paja

tricota.[35] Antes de salir se cercioraba[36] sobre mi programa: ¿Tenía dinero? ¿A qué hora vendrá Roberto? Rosa nos haría un almuerzo espléndido. Otras veces me recordaba que papá vendría a buscarme, le encargaba a Rosa que vigilara mi peinado, mis manos y mis uñas, que me obligara a ponerme el traje azul y los zapatos nuevos, si no papá para mortificarla[37] diría que yo siempre andaba hecho un zaparrastroso. Papá venía a buscarme con una sonrisa estereotipada[38] en los labios. ¿Adónde querés almozar? No sé, contestaba yo siempre, y eso enfurecía a papá, que quería darme todos los gustos. Este chico es idiota, pensaba, y yo sentía su pensamiento. Para no equivocarse me llevaba a un lugar lujoso; se alegraba cuando yo pedía el plato más caro del menú; eso tranquilizaba su conciencia. Después íbamos al fútbol o al cine, según el tiempo. Una vez me llevó al polo, un domingo de lluvia al Colón[39] para que empezara a oír cosas lindas y no me criara como un salvaje, porque lo que es tu madre ... Y no terminaba la frase. A veces invitaba a Marcos o a Roberto o a algún otro chico del colegio y nos dejaba solos durante un largo rato y se iba a conversar con gente amiga de él. Un día me preguntó: ¿Cuántos años tenés ... doce? No, cumplí once hace tres meses y medio. Ah, entonces sos muy chico. ¿Para qué? Para mujeres. No contesté. ¿Te gustan las mujeres? arriesgó. No sé, le dije. Y él me pegó un bife. Perdoname, no sé lo que me pasó, me dijo, es cierto que sos todavía demasiado chico. Yo tenía los ojos llenos de lágrimas. El año que viene te pongo pantalones largos y te llevo al Maipo...[40] para empezar, me dijo. Yo sonreí.

Cuando me dijeron que papá se había casado no me importó mucho. En realidad mi vida no cambió, la única ventaja que percibí fue terminar con esas destempladas[41] tardes de domingo. Papá y Angélica se fueron a Europa. A menudo, a la vuelta del colegio, me encontraba con tarjetas postales a mi nombre y hasta cartas en sobre cerrado, cosa que realzó[42] mi importancia ante mis ojos y creó en mi vida un nuevo interés: mirar la correspondencia. Hasta entonces daba por sentado[43] que nada era para mí, pero en lo sucesivo sabía que era probable ver mi nombre claramente escrito bajo la palabra "señor" en un sobre liviano con el borde rojo y azul.

Al principio pensé que ese casamiento podía mortificar a mamá y con el tacto pudoroso y piadoso[44] de los niños evité el tema. Sin embargo la vida empezaba a demostrarme que casi todos los conceptos aprendidos eran erróneos. Mamá nunca había estado más alegre. Sus amigas la llamaban para felicitarla y todas le decían: estarás contenta, ahora se casó José Luis, tenés todos los derechos, él se casó primero. Ya no puede sacarte el chico.

[35] suéter [36] hacía preguntas [37] darle vergüenza [38] artificial y forzada [39] famosísimo teatro de ópera de Buenos Aires [40] teatro de variedades (*burlesque show*) [41] desagradables [42] hizo crecer [43] suponía [44] la decencia natural

Pese a mis largas soledades, mi importancia crecía. Yo era indiscutiblemente un objeto valioso y a veces oía mi nombre unido a las palabras "rapto", Brasil, Perú, y el nombre de otros chicos zarandeados[45] por sus padres por diversos países del continente. Pero la verdad es que mi destino se anunciaba más sedentario.[46] Nadie me raptaba. Papá recorría el mundo sin mí, aunque en sus tarjetas anunciaba futuras aventuras marítimas perdidas en un lejano horizonte: Hawai es un paraíso, la próxima vez ya hemos pensado con Angélica en traerte con nosotros. Hong Kong: En cuanto seas bachiller[47] te regalaré un viaje por estos parajes soñados[48] (Papá nunca fue muy original para escribir, no hay motivo para culparlo, no pretende ser escritor). París: Esta ciudad es el regalo que te tengo preparado para tus veinte años. Nueva York: En cuanto te recibas de ingeniero te prometo mandarte a perfeccionarte a este país maravilloso, donde la técnica[49] está mil años adelantada respecto a nosotros.

Una noche mamá se quedó a comer conmigo, cosa inusitada.[50] A los postres, después de transparentes circunloquios,[51] me anunció su proyecto de volver a casarse: "Creo que es para tu bien, Pancho. Necesitas un padre." "Con uno me basta" le dije sin maldad. "Necesitas un hogar." "Eso es verdad" dije. Pero ya sentía que mi opinión no influiría en lo más mínimo en mi madre, siempre segura en sus decisiones.

Después las cosas se nublaban un poco en mi recuerdo. Sé que papá llegó, me invitaron a su casa. Había un almuerzo delicioso, vaciaron valijas[52] semiabiertas y me entregaron tricotas inglesas, corbatas italianas, pelotas de tenis inglesas, un cortaplumas[53] suizo, camperas[54] americanas y banderines de todos los países. Era la mejor Navidad de mi vida aunque estábamos en setiembre. El ambiente era distendido y cordial.[55] Fue uno de mis días felices. Angélica ponía discos recién traídos, cantos del Tirol,[56] las últimas sambas del Carnaval de Río compradas en el aeropuerto.

Nuestra casa me pareció más triste y silenciosa que nunca. Me rodeaba un aire gris y pesado, me parecía que para desplazarme[57] de un cuarto a otro iba a tener que usar machete, a tal punto la atmósfera era sólida y hostil.

No sé cuántos días después me fui a la estancia y a la vuelta viví una o dos semanas en casa de abuelo. Mamá y Hernán se habían casado. Llegaron tarjetas impregnadas del más apasionado amor maternal.

Cuando volví a casa vi mi cuarto recién pintado. Hernán dijo que mis muebles ya no eran para un muchacho grande, fuimos a elegir otra cama, un escritorio, telas para cortinado,[58] una

---

[45] llevados para acá y para allá   [46] limitado a una sola parte   [47] te gradúes de la preparatoria (*high school*)   [48] "paraísos de ensueño" (frase hecha o clisé literario)   [49] tecnología   [50] desacostumbrada, nada usual   [51] vueltas y rodeos   [52] maletas, velises   [53] cuchillito de bolsillo   [54] chamarras, chaquetas   [55] descansado, apacible   [56] región alpina del oeste de Austria y del extremo norte de Italia   [57] trasladarme, moverme   [58] cortinas

alfombra. Vino un carpintero a instalar una biblioteca de petiribí.[59] Para facilitar esos arreglos volví a la estancia de los abuelos porque empezaban las vacaciones. No sé cuántas semanas pasé allí. En cambio recuerdo con claridad mi regreso a la casa, mi deslumbramiento ante los cambios de decoración y ante mi cuarto de muchacho grande.

Y el mundo empezó a cambiar como supe después que sólo cambia cuando uno está enamorado. Las cosas brillaban, los colores se imponían, los ruidos eran confortables y prometedores; batían claras de huevo en la cocina, clavaban la alfombra del líving,[60] ponían varios platos en la mesa, ya la casa no crujía en forma insólita e indescifrable como sólo cruje cuando entran fantasmas o ladrones.

Hernán tenía una chica de mi edad que vivía con su madre y venía los días de fiestas a almorzar a casa. Yo me enamoré un poco de ella, ella se sentía halagada.[61] Mi vida se convirtió en una sucesión de esperas dichosas: que Marcela viniera a almorzar; que Hernán me dejara fumar a escondidas de mamá; que papá y Angélica me invitaran a comer de noche, a veces con algún Ministro que ya descontaba[62] mi brillante futuro; que mamá mirara apenas mi libreta de calificaciones; que nos sentáramos a la mesa como una familia ordenada y feliz. El mundo había adquirido una armonía perfecta y cuando mamá me dijo "Vas a tener un hermano" los ojos se me llenaron de lágrimas de emoción. De pronto comprendí que también eso me había faltado, un hermano, alguien a quien querer, a quien proteger, a quien hacer sufrir un poco a mi vez, alguien para quien entrar a comprar un conejito de jabón al pasar por la farmacia de la esquina. "Vas a ser su padrino", dijo Hernán, y yo, que ya tenía trece años, me eché en sus brazos como un chiquilín cualquiera.

Después leí en un diario que un señor en las Barrancas de Belgrano[63] dijo que había que oponerse al divorcio para proteger a la familia. Yo comprendí que ese señor no había sido nunca un chico solo.

Yo ahora tenía dos hogares que se disputaban mi presencia, una mesa con varios asientos, una madre siempre en casa que tejía escarpines[64] bajo la lámpara y no trataba de arañar comisiones[65] porque mi padre siempre se quedaba un poco corto en su pensión alimenticia.[66] También aprendí eso: que por generoso que sea un hombre le duele desprenderse de billetes que escapan a su control. Para Hernán era un orgullo decirle a mamá: "Me vas a arruinar" cuando ella reclamaba un vestido nuevo, y agregaba en seguida: "pero quiero que seas la

---

[59] estante de libros hecho de una elegante madera argentina   [60] sala de estar (*living room*)   [61] alabada, adulada   [62] daba por sentado, lo tomaba como realidad   [63] colonia elegante de Buenos Aires   [64] chanclas, zapatillas, pantuflas   [65] juntar un poco de dinero   [66] dinero que le paga el ex marido a la mujer divorciada

mujer mejor vestida de Buenos Aires. Y este bandido (me señalaba) tiene que ser un *play boy*". "Basta, vas a echar a perder al chico", gemía mamá en broma.

"Éste va a volver locas a las mujeres" decía Angélica. ¿Vas a echarme a perder al chico", protestaba papá. "Estoy seguro que hasta le das plata a escondidas." Y era verdad. Digan lo que digan, no hay nada más lindo que ser un chico feliz. Todo lo demás es puro bla-bla-bla.

✔ *En el Cuaderno C17.16, C17.17, C17.18, C17.19, y C17.20 (La comprensión) se hallan las actividades que corresponden a las secciones anteriores.*

Capítulo **18**

Para todos hay, como no arrebaten

Objetivos

En este capítulo…

- ayudarás a Marisela a hacer una lista que resuma todo lo que ella quiere encontrar en el hombre de sus sueños.

- ayudarás a Fernando a hacer lo mismo: describir todo lo que él quiere encontrar en la mujer soñada.

- continuarás con tus estudios de la gramática española y particularmente:

  - de los artículos (tanto definidos como indefinidos).

  - de las dos contracciones **al** y **del**.

  - del género de los sustantivos.

  - del uso de **el** y **un** frente a ciertos sustantivos femeninos.

  - de los sustantivos que significan cosas diferentes según su género.

  - del número de los sustantivos.

- leerás y analizarás la triste historia de una muchacha del extremo sur de México que se ve obligada a …

Tema y expresión

El tema: *Lo que quiero en un hombre/Lo que quiero en una mujer*

Lee con atención los siguientes dos ensayos.

Lo que quiero en un hombre

Este ensayo lo escribió Marisela Suárez para su clase de español en Hunter College de Nueva York.

¿Sabe qué, profesora? Acabo de romper con Vicente Lláñez. Ya no tengo novio. ¡Qué libre me siento! ¿Se acuerda Ud. de las dudas que manifesté con respecto a Vicente en el capítulo 12? ¿Que quizás él no fuera capaz de aceptar como esposa a una mujer profesionista? Bueno, la semana pasada me pidió la mano o, mejor dicho, me exigió la mano a la vez que me dijo terminantemente que de ninguna manera quería que continuara preparándome para ser enfermera. Además, insistió en que dejara de asistir a clases ahora mismo sin terminar siquiera el semestre. ¡Ay Virgen Santísima! Cada vez que me sucedían cosas malas en el pasado, me ponía a hablar en seguida con mis amigas Lourdes y Carmen para que me dieran un consejo. También hablaba con mamá, con abuela, con la tía Chela, en fin, con todos. Pero en esta ocasión ni lo pensé dos veces ni lo consulté siquiera con la almohada. En el acto le dije al Chentito que se fuera a pasear. Qué suerte que en ese momento nos encontrábamos en un restaurante y rodeados de gente porque Chente no lo llevó nada bien: ¿yo rechazarlo a él? Creo que de habernos encontrado en la calle o a solas en un apartamento o en el parque me hubiera golpeado. Bueno, sí empezó a rabiar, y fuerte. Yo, por mi parte, me paré sin más ni más y me fui del lugar. Chente se quedó tan boquiabierto que ni siquiera me siguió. Yo no quise arriesgarme a nada así que cogí un taxi que me llevó al apartamento de mi tía, que vive en otro barrio. Ya de noche, regresé a casa. Chente había llamado varias veces pero ni caso le hice. Desde entonces no nos comunicamos para nada.

¿Y ahora qué? ¿Busco otro novio rápido o me quedo sola por un rato? Porque la verdad es que a mí me gustan los hombres. Chente quiso persuadirme diciéndome que si no me casaba con él, era porque no me gustan los hombres o soy lesbiana, pero ésas son mentiras. Yo ya llevaba más de tres años con Chente y no niego que fuera lógico que él quisiera casarse conmigo. Y en un principio me tenía loca. Pero con el tiempo y ahora con esa actitud ... Bueno, de todos modos aquí estoy yo planeando cómo va a ser mi próximo novio (y quizás futuro esposo). ¿Qué es lo que quiero en un hombre? Primero lo físico: Chente era un tipo fuerte, macizo y fornido y así me gustan. De ninguna manera voy a salir con uno de esos esqueletos andantes que miden 5'10" de altura y pesan apenas 140 libras. Eso sería como andar **con** bicicleta (no **en** bicicleta). A mí me gusta mucho cocinar—preparo un arroz con pollo que es para chuparse los dedos, y sé hacer una receta para lechón asado que ha hecho llorar a mi familia—y quiero que mi futuro esposo me agradezca mi talento culinario. También he aprendido a lo largo de los años que los hombres un poco entrados en carnes son más joviales, afectuosos y hasta apasionados que los flacos delgaduchos esos. Y que mi futuro novio tenga buen gusto en cuanto a la ropa. Yo para nada me caso con alguien que no sepa vestir y que no guste llevar ropa de todos los tipos: deportiva, de etiqueta, trajes elegantes, ¡todo! Y ahora lo espiritual, o profesional, o comoquiera que Uds. lo prefieran llamar: Ya de ninguna forma quiero entablar relaciones con un hombre que no sea capaz de respetar mis planes para el futuro. Yo sí voy a hacerme enfermera, a como dé lugar. Ya muchas de mis amigas del *high school* o de antes están casadas y tienen hijos o simplemente tienen hijos sin estar casadas, y son muy pocas las que se han preparado para hacer algo que no sea ser buenas amas de casa o, en el mejor de los casos, camareras o dependientes. Nada hay de malo en eso, pero eso de por sí no me satisface. Yo quiero tener una carrera **y** ser buena ama de casa **y** tener una familia. Vamos a ver si encuentro a quien esté totalmente de acuerdo con mis planes y que, además, me guste como hombre.

Lo que quiero en una mujer

Este ensayo fue escrito por Fernando González para su clase de español.

Ahora que me falta sólo un año para graduarme, he decidido empezar a salir seriamente con mujeres. Bueno, no es que haya salido yo con hombres, pero no comenzaron a gustarme mucho las mujeres—bueno, las muchachas—hasta que tenía quince años. Mil veces prefería jugar al beisbol y también al futbol americano en el otoño. Y en aquel entonces trabajaba mucho con papá. Pero ya a los quince empezaron a invitarme a muchas quinceañeras y fue entonces cuando las mujeres comenzaron a hacerme caso a mí. Claro, yo siempre he sido muy guapo, musculoso y atractivo; pronto aprendí a bailar, pero tengo que confesar que en un principio lo que más me gustaba de esas fiestas era la riquísima comida que preparaban. De todos modos, ya para los dieciséis años tenía novia. No salíamos mucho porque papá insistía en que lo acompañara a todas partes para aprender la plomería. Sin embargo, yo sí quería a mi novia, que se llamaba María Susana, o "Suzy" como prefería. Bueno, en resumidas cuentas la invité al *junior prom*, o sea el baile de los estudiantes de tercer año, y luego para el año siguiente estaba a punto de invitarla al *senior prom* cuando sucedió una cosa que todavía me duele y de la que nunca me voy a olvidar. Mi mejor amigo se llamaba Johnnie Rey. (Su nombre verdadero era Juan Ramón pero todos lo llamábamos así.) Era nadie menos que el meritito capitán del equipo de futbol. Era alto, guapo, un poco loco y muy atractivo para las muchachas, sobre todo porque su papá tenía dinero y le había comprado un carro deportivo. Era un buen día de noviembre después de la sesión de entrenamiento del futbol. Mientras yo cruzaba el estacionamiento de la escuela, vi el carro de Johnnie Rey y decidí esperar a su dueño para que me diera un aventón para la casa. Como estábamos en noviembre ya no había mucha luz del día a esas horas, así que no vi que Johnnie estaba dentro de su carro hasta que ya mero jalaba el picaporte para abrir la portezuela. Yo sí la abrí, y sí estaba Johnnie, pero no estaba solo. De hecho, andaba tan bien acompañado y tan activamente involucrado en ciertas actividades amorosas con Suzy que ni cuenta se dio de mi presencia. Y en ese momento tuve que decidir: o me retiro sin avisar o les hago saber que aquí estoy. Opté por esto último, pero tosí nomás. Suzy estaba de espaldas y estaba tan interesada en lo que hacía que siguió sin darse cuenta, pero Johnnie sí me vio. Nomás me saludó con los ojos; ni palabra me dijo. Al cerrar yo la portezuela le preguntó Suzy, "Was someone there?" El día siguiente vi a Suzy en el pasillo de la escuela y nada más le dije: "I was there." Ella se sonrojó de vergüenza pero no se dignó a contestarme. En seguida se asomó el Johnnie ese; él y yo ni nos hablamos, y desde ese día no nos hemos vuelto a hablar. En el acto renuncié al equipo de futbol, y en abril fui al *senior prom* con una prima.

Y ahora aquí me tienen, ya un poco ansioso de empezar a salir en serio. ¿Qué exactamente quiero en una mujer? Bueno, como Uds. ya me conocen bastante tras 17 capítulos de estar leyendo mis composiciones, creo que me entenderán cuando les digo que lo más importante para mí es que sepa cocinar. Yo para nada me caso con una señora que no entienda cómo se preparan platos deliciosos de todos los tipos. También quiero casarme con alguien que respete todo el tiempo que le he dedicado a prepararme para ser ingeniero. A lo largo de los años he conocido a un montón de muchachitas que lo único que quieren es casarse luego luego con el primero que se presente. Hasta entre mis familiares las hay así. Y como quiero que mi esposa respete mi profesión, voy a tener que respetar la profesión de ella. Claro, quiero tener hijos, pero no al instante. Y otra cosa: lo que más detesto en la mujer es la voz "chiple" de niña consentida que a todo le dice que sí, cuando en realidad piensa que no. Que mi esposa siempre me diga lo que está pensando y que lo diga con una voz asegurada y sincera. La gran desventaja de estudiar la carrera de ingeniería es que en mis clases casi no hay chicas. Sí las hay en la clase de español, pero un amigo me informó que todas dicen que soy muy creído y egosísta y además ninguna me gusta; todas se parecen a una u otra de mis hermanas. Mujeres casaderas del planeta: ¡apiádense de este pobre pretendiente que les asegura un futuro brillante!

La expresión

Actividad 18.1   Preguntas sobre El tema.   Contesta las siguientes preguntas.

1. ¿Por qué rompió Marisela con Vicente?
2. ¿Cómo reaccionó Vicente cuando Marisela le dijo lo que le dijo?
3. ¿Adónde fue Marisela después de salir del restaurante y por qué fue a ese lugar?
4. ¿Qué va a hacer Marisela ahora?
5. Para Marisela, el hombre ideal ha de tener tres características. ¿Cuáles son? Escríbelas en forma de lista.
6. En un principio, ¿qué es lo que más le gustó a Fernando de las quinceañeras?
7. ¿Cómo era la novia que Fernando tenía a los dieciséis años?
8. ¿Por qué ya no habla Fernando con el que antes era su mejor amigo?
9. ¿Cómo se desquitó Fernando de Suzy?
10. Para Fernando, la mujer ideal ha de tener tres características. ¿Cuáles son? Escríbelas en forma de lista.

✔ *En el Cuaderno C18.1 se halla la actividad que corresponde a las secciones anteriores.*

Forma y función

Los artículos

El español tiene ocho palabras que se llaman **artículos**. Se dividen en dos grupos.

LOS DEFINIDOS (QUE SIGNIFICAN *THE* EN INGLÉS)

	singulares	*plurales*
masculinos	el	los
femeninos	la	las

LOS INDEFINIDOS (QUE SIGNIFICAN *A*, *AN* O *SOME* EN INGLÉS)

	singulares	*plurales*
masculinos	un	unos
femeninos	una	unas

Los definidos se usan para referirse a algo que **ya es conocido** por los que hablan.

El caballo que estaba en **el** patio se estaba comiendo **la** flor.

En cambio, los indefinidos se usan para referirse a algo que **todavía no se conoce**.

Había **un** caballo que estaba en **un** patio, comiéndose **una** flor.

Las contracciones *al* y *del* formados por artículo y preposición

Éstas son las únicas contracciones que el español tiene. Se forman así: **de + el** → *del*; **a + el** → *al*. Las dos contracciones son obligatorias; hay que usarlas; no se pueden omitir. A continuación se citan formas erradas que se corrigen a la derecha.

ERROR		CORRECCIÓN
*Éste es el carro **de el** señor Paz.	→	Éste es el carro **del** señor Paz.
*Dale de comer **a el** gato de Julio.	→	Dale de comer **al** gato de Julio.

La única palabra que forma contracciones con las preposiciones **a** y **de** es el artículo definido masculino singular **el**. La palabra **él**—pronombre de sujeto de tercera persona singular masculina—nunca forma contracciones; tampoco participa en contracciones el artículo definido masculino singular **El** cuando se escribe con mayúscula. Siguen ejemplos.

¿Cuál es la casa *de él* y cuál es la de ella?

¿Cuánto tiempo hace que saliste *de El* Paso?

✔ *En el Cuaderno C18.2, C18.3 y C18.4 se hallan las actividades que corresponden a la sección anterior.*

El género de los sustantivos

El género: producto natural versus producto artificial

Cualquier sustantivo del español tiene un género. El género del sustantivo o es **masculino** o es **femenino**.

Los sustantivos que se refieren a seres humanos y a muchos animales mamíferos grandes tienen un género cuyos orígenes son **naturales**. Este género de orígenes naturales proviene directamente de las características físicas del ser humano o del animal grande. Si el ser humano en cuestión es hombre o animal macho grande, el sustantivo que se refiere a él es **masculino**; en cambio, si es mujer o animal hembra grande, es **femenino**. Siguen ejemplos.

José Luis es maestro de español.

HOMBRE   SUSTANTIVO
                DE GÉNERO MASCULINO
                NATURAL

María Elena es maestra de español también.

MUJER   SUSTANTIVO
DE GÉNERO FEMENINO
NATURAL

El caballo corre tras la yegua.

ANIMAL MACHO   ANIMAL HEMBRA
DE GÉNERO   DE GÉNERO
MASCULINO NATURAL   FEMENINO NATURAL

Con frecuencia el sustantivo de género natural cambia de terminación y artículo cuando cambia de un género a otro. Examinemos la siguiente lista.

el maestro → la maestra	el doctor → la doctora
un maestro → una maestra	un doctor → una doctora
el cocinero → la cocinera	el gato → la gata
un cocinero → una cocinera	un perro → una perra

En otros casos, el sustantivo de género natural no cambia de terminación y sólo cambia de artículo.

el dentista → la dentista

el imperialista → la imperialista

el astronauta → la astronauta

Hay varios sustantivos naturales que no cambian de género ni de artículo cuando cambian de referente, como por ejemplo, la palabra **persona**.

La persona a quien amo es **mi esposo**.

La persona a quien amo es **mi esposa**.

En cambio, los sustantivos que no se refieren a seres humanos o a animales grandes tienen un género que es de **orígenes artificiales**. Le decimos "artificial" porque no puede provenir de características físicas. Por ejemplo, ¿qué puede tener de "femenino" una mesa? ¿O qué tiene de "masculino" un libro? Examinemos los siguientes ejemplos.

La mesa está hecha de una madera muy costosa.

SUSTANTIVO   SUSTANTIVO
DE GÉNERO FEMENINO   DE GÉNERO FEMENINO
ARTIFICIAL   ARTIFICIAL

Este libro se me perdió ayer en el salón de clase.

SUSTANTIVO   SUSTANTIVO
DE GÉNERO MASCULINO   DE GÉNERO MASCULINO
ARTIFICIAL   ARTIFICIAL

¿Cómo sabes cuál es el género de un sustantivo cuyo género es de origen artificial? Es fácil: miras la **última letra** del sustantivo, porque la última letra te va a dar el género. A veces hay que examinar las últimas dos, tres o hasta cuatro letras porque no basta una sola. A continuación se presentan las últimas letras o sea las **terminaciones** más importantes, de los sustantivos y el género que cada terminación señala.

GÉNERO FEMENINO	GÉNERO IMPRECISO	GÉNERO MASCULINO
-d	-n	Cualquier otra terminación.
-a	-z	-l -t etc.
	-s	-o -i
		-r -m
		-e -y
		-u
		-x

GÉNERO FEMENINO

Un 98% de los sustantivos terminados en **-d** son femeninos.

Ejemplos: *la pared, la ciudad, la maldad, la virtud, la caridad, la autoridad, la libertad, la red, la pared.*

Contraejemplos: *el césped, el ataúd, el alud.*

Un 96% de los sustantivos que terminan en **-a** son femeninos.

Ejemplos: *la casa, la mesa, la masa, la choza, la cama, la sala, la familia, la carta, la puerta.*

Contraejemplos: el 25% de los sustantivos terminados en **-ma**, por ejemplo, *el programa, el problema, el drama, el tema, el sistema, el clima, el diploma, el poema.* También son contraejemplos *el mapa* y *el planeta.*

GÉNERO IMPRECISO

En el caso de los sustantivos que terminan en **-n**, **-z** y **-s**, no basta la última letra. Hay que ir más allá de la última letra.

Los que terminan en **-n**.

1. $\begin{bmatrix} c \\ g \\ n \\ s \\ t \\ x \end{bmatrix}$ + **ión** = género femenino (un 99.9% de los que terminan así son de género femenino)

Ejemplos: *la tradición, la religión, la unión, la ocasión, la cuestión, la conexión,* etc.

2. **-azón** = género femenino (el 75% son del género femenino)

    Ejemplos: *la razón, la sazón, la hinchazón, la quemazón*

    Contraejemplo: *el corazón*

3. Cualquier otra terminación en **-n** que no sea ninguna de las anteriores.

    Ejemplos: *el refrán, el pan, el origen, el avión, el camión, el gorrión, el aserrín, el atún, el callejón*, etc.

Los que terminan en **-s**.

1. Son femeninos todos los que terminan en **-sis** o **-tis**, que son términos científicos o eruditos.

    Ejemplos: *la artritis, la poliomielitis, la tuberculosis, la parálisis, la neurosis, la laringitis, la apendicitis, la crisis, la tesis*

2. Son masculinos casi todos los sustantivos compuestos que terminan en **-s** en singular.

    Ejemplos: *el paraguas* (para[r] + aguas = 'que para el agua'), *el paracaídas, el lanzallamas, el rompeolas*, etc.

3. El género de los demás sustantivos que terminan en **-s** tiene que aprenderse de memoria (aunque predominan los masculinos).

    Ejemplos: *el oasis, el gas, el mes, la caries*, etc.

Los que terminan en **-z**.

Son de género femenino la gran mayoría de los que terminan en **-ez**: *la honradez, la acidez, la palidez, la vejez*, etc. Son femeninos también los que terminan en **-briz** y **-triz**: *la lombriz, la cicatriz*. El resto de los sustantivos que terminan en **-z** no se presta a ninguna subclasificación: *el lápiz, la raíz, el maíz, la tez, el arroz, la cruz*.

GÉNERO MASCULINO

Cualquier terminación que no sea **-d**, **-a**, **-n**, **-s**, **-z** indica que el sustantivo es de género masculino. Las terminaciones más numerosas que denotan el género masculino son:

-l *el metal, el ferrocarril, el árbol, el frijol, el hotel, el papel*
    Contraejemplos: *la cárcel, la sal, la piel*

-o *el toro, el piso, el oro, el edificio, el pozo, el queso, el carro*
    Contraejemplos: *la mano, la foto, la moto*

-r *el terror, el motor, el cadáver, el amor, el bar, el revólver*
    Contraejemplos: *la flor, la labor*

-e *el nombre, el pie, el parque, el puente, el aire, el viaje, el café*

   Contraejemplos: *la calle, la carne, la clase, la gente, la leche, la llave, la mente, la muerte, la sangre, la tarde*

Menos comunes son los que terminan en **-t, -i, -m, -y, -u, -x** y las demás letras del alfabeto: *el déficit, el taxi, el memorándum, el maguey, el espíritu, el índex*

✔ *En el Cuaderno C18.5 y C18.6 se hallan las actividades que corresponden a las secciones anteriores.*

El agua, un agua versus *la agua, *una agua, etc.

Si el sustantivo de género femenino empieza con el sonido de /á/ tónico, sigue siendo femenino pero toma **el** y nunca **la**, **un** y nunca **una**. Así que hay que decir y escribir *el agua, un agua, el hacha, un hacha, el alma, un alma, el área, un área,* etc. Pero tales sustantivos nunca dejan de ser de género femenino. La prueba está en los adjetivos que modifican dichos sustantivos.

   el agu**a** suci**a**
   un agu**a** suci**a**

   el hach**a** nuev**a**
   un hach**a** nuev**a**

Estos adjetivos terminan en **a**, lo cual demuestra que el sustantivo sigue siendo de género femenino.

✔ *En el Cuaderno C18.7 se halla la actividad que corresponde a la sección anterior.*

Sustantivos que significan cosas diferentes según su género

Examinemos un ejemplo de este fenómeno. Una cosa es **el frente** y otra cosa, **la frente. El frente** se refiere a un campo de batalla ("Nada nuevo en el frente occidental"). **La frente** se refiere a la parte superior de la cara, comprendida entre una y otra sien.

Los diez sustantivos más comunes que cambian de significado cuando cambian de género aparecen a continuación.

el capital	*financial assets*	**la capital**	*capital city*
el cólera	*cholera (disease)*	**la cólera**	*anger*
el cura	*priest, curate*	**la cura**	*cure (for a disease)*
el doblez	*fold, crease*	**la doblez**	*duplicity, double dealing*
el guía	*(male) guide*	**la guía**	*guidebook; (female) guide*
el moral	*mulberry tree*	**la moral**	*morals, morality*

el orden	neatness; quiet; category, class	**la orden**	religious order; command
el papa	the Pope	**la papa**	potato
el pendiente	earring	**la pendiente**	slope
el pez	(live uncaught) fish	**la pez**	tar
el radio	radio receiver set; radium	**la radio**	network, station

✔ En el Cuaderno C18.8 se halla la actividad que corresponde a la sección anterior.

El número de los sustantivos

En la gramática hay dos números: el **singular** y el **plural**. El singular es "uno solo", mientras que el plural es "más de uno".

Los sustantivos se pluralizan por medio de tres procesos.

No se le añade nada al sustantivo; el plural está en otra parte.

Si el sustantivo es palabra llana o esdrújula y termina en la letra **-s**, no se le agrega nada cuando se pluraliza. Sin embargo, sí se pluralizan los determinantes—artículos, demostrativos, posesivos—y los adjetivos que le corresponden. Veamos los siguientes ejemplos de sustantivos llanos o esdrújulos que terminan en **-s**.

	singular	plural
esdrújula	el análisis	los análisis
	un análisis	unos análisis
	un análisis malo	unos análisis malos
llana	la crisis	las crisis
	una crisis seria	unas crisis serias
	toda crisis seria	todas las crisis serias

Se le añade -es al sustantivo.

Si el sustantivo es palabra aguda y termina en la letra **-s**, o si el sustantivo termina en **-í** o en **-ú**, o si el sustantivo termina en cualquier otra consonante, se le agrega **-es** al pluralizarse.

	singular	plural
aguda en -s-	el mes	los meses
	un gas	unos gases
	este gis	estos gises

Continúase

Para todos hay, como no arrebaten   **279**

	singular	*plural*
-í o -ú	el colibrí	los colibríes
	un rubí	unos rubíes
	el hindú	los hindúes
cualquier otra consonante	la pared	las paredes
	una canción	unas canciones
	este papel	estos papeles

Se le añade -s al sustantivo.

Cualquier otro tipo de sustantivo (el terminado en vocal que no sea **-í/-ú**) se pluraliza añadiendo **-s**. Ejemplos:

singular	*plural*
el perro	los perros
el bongó	los bongós
la casa	las casas
el papá	los papás
la clase	las clases
el café	los cafés
el taxi	los taxis
la tribu	las tribus

✔ *En el Cuaderno C18.9 se halla la actividad que corresponde a la sección anterior.*

Texto y comprensión

El texto: Manuel Matus, *Benita*

El maestro Manuel Matus nació en 1949 en Ixhuatán, Oaxaca, que está localizado en el extremo sur de México. Desde 1983 trabaja como investigador en la Universidad Autónoma "Benito Juárez" de Oaxaca. Ha publicado dos libros de cuentos: *El puro y el tren* (1989) y *El viento es una multitud* (1989) además de una novela corta (*La misma noche*, 1994). Han salido cuentos y poesía suyos en diferentes revistas y ha participado en antologías, entre ellas *Myth & Magic: Oaxaca, Past & Present* (1994) y *The Zapotec Struggles* (1993). En 1996 recibió su maestría en creación literaria de The University of Texas at El Paso.

Actividad 18.2   Preguntas preliminares para contestar en voz alta y por escrito.

1. ¿Por qué la gente se pone a pelear en fiestas? ¿Qué es lo que tiene "la fiesta" que tanto exalta a la gente? Explica tu punto de vista.

2. La mujer que es violada, ¿tiene o no tiene la culpa de su violación? ¿No tiene nada de culpa nunca, a veces puede tener la culpa o siempre tiene la culpa? Explícate.

3. Hay un dicho que dice: "Pueblo chico, problema grande". ¿Qué querrá decir? ¿Estás de acuerdo con la idea de que la vida de rancho (o pueblo chico) es mala, o crees por lo contrario que es buena? Explícate.

Lee con atención el siguiente cuento.

Benita

"¿A quién le debes, Benita, el honor de estar tan bien vestida esta noche?", dijo Constantino, con la risa despejada.[1] "Parece que de tus ojos lloviera y yo no encontrara dónde meterme si no es en ellos".

La fiesta con su brillo anual: enramada[2] de palmas verdes, adornos de sauces y papel de china. Las novias caminan por la calle seguidas de la música. Aunque hay ecos de marimba que presagian[3] el dolor.

"La fiesta es para todos", respondió ella, luciendo un traje nuevo bordado en flores, "y hoy las muchachas estrenan ropa".

A la orilla del río se bañó con raíces de zapandú y en un remanso del agua hizo un espejo. Se puso carmín[4] en las mejillas y en los labios. Había que ir a la fiesta y oler bien para los hombres que persiguen el amor, como el venado que presiente al enemigo en el aire. Benita revoloteaba[5] en la cabeza de los que la habían visto y la deseaban.

"Tanto te persigo, Benita"—solamente ella sabría decir cuándo y dónde—"que en el río te veo caminar bajo el agua y no encuentro el anzuelo para pescarte ... ¿será por otro?"

Un día antes de la fiesta la fue a esperar sobre el camino rumbo a su casa. La vio venir cargando el cántaro con agua, la esperó sin moverse, la ayudó a cargar. Se detuvieron más adelante. Constantino siempre tratando de convencerla, ella negándose sin razón aparente, fingiendo.

"He venido a pedirte", le dijo, con decisión, más que ruegos, "que en la fiesta de mañana no sólo bailemos, sino que te huyas conmigo para que seas mi mujer".

Notas léxicas

[1] clara, libre, suelta   [2] cobertizo de ramas de árbol   [3] anuncian, predicen   [4] color rojo (para pintarse uno los labios)   [5] volar dando vueltas y giros; excitar tremendamente

Se celebraba la fiesta grande del pueblo, cuando las muchachas se iban en el rapto con su hombre. Unas parejas se ponían de acuerdo, otras no. De todas maneras, el hombre hacía valer su fuerza. A ellas no les quedaba más que amanecer fuera de casa, aunque los padres también se negaran. Todo era parte de la costumbre y del juego en el amor, donde concluía la mitad de la vida y comenzaba la otra; todos se preparaban para lo mismo. Hacerse hombre y hacerse mujer se probaba en ese momento, tal vez más para ella, porque era su única oportunidad; nunca volvería a tenerla: era aceptada o era rechazada; una condición definitiva.

Constantino escogió la noche para llevársela, para hacerla suya, para que se acabara aquello de estar pidiendo siempre y andar inseguro, aunque sabía que ella lo buscaba. Consideró entonces que el tiempo le sería favorable, por eso decidió hacerlo. Muchos otros harían lo mismo y el secreto dejaba de serlo entre ellos.

Sonó la marimba en la selva nocturna, como el corazón de los dos. Creyó él que la madera pronunciaba el nombre de ella: "Benita", "Benita", "Benita". La fiesta no sólo era el baile; también habría borracheras, pleitos y muertes.

Los ahorros de todo un año se acabarían comprando y cambiando con los vendedores de fuera cualquier cosa que pudiera tener el mismo valor. Se iba a la iglesia a rezar por el tiempo que seguía, se pedia protección y buenas cosechas a la Virgen. La marimba también era el centro de la atención; se escuchaba. Los niños deseaban ser adultos y dejarse llevar por la fiesta.

Constantino levantó a bailar a Benita. Ella lo había esperado. La atrajo hacia su pecho, entre sus manos, como si la rodeara en una red y no la dejara escaparse nunca más. Con su mirada la acorraló y ella se dejó llevar, se vio atrapada.

Benita con su traje de huipil[6] y enagua parecía un enjambre[7] de mariposas sin vuelo y las flores luchaban por acomodársele. La hechura era de sus propias manos, de varios meses de paciencia, sólo para lucirlo ante Constantino; los hilos aún olían a baúl, como si todo hubiera estado en germinación en la madera. Los aretes de oro se balanceaban transformando el rostro de Benita. Engarzado[8] en muchas monedas, un collar parecía una pequeñez a su lado. Brillaba el oro en todas las muchachas, formando una diminuta[9] constelación en medio de la noche.

"Nos miran y siento pena", dijo ella, cuando sintió que ya no había negativa posible.

Muchos ojos andaban sueltos en la noche, escudriñando la música, los rostros, espiando a las parejas. Alguien miraba precisamente a Benita, desde el otro lado de la enramada. Constantino era ya un rival para cualquiera, para el que quisiera acercarse y tocarla.

---

[6] camisa de algodón, sin mangas y con bordados; la usa la mujer   [7] grupo (de abejas); gran cantidad
[8] reunido con un hilo   [9] pequeña

"Nos verán siempre", contestó él, sintiéndose dueño de las circunstancias, "porque desde ahora sabrán que yo soy quien te llevará. Mañana escucharán los cohetes y lo sabrán todos".

Benita no era la única en su casa; tenía tres hermanas; pero sólo ella, con la vivacidad de una cierva, era la que atraía las miradas de los hombres y producía los comentarios de las mujeres. Su rostro, el de una flor. Quien la vio bañarse desnuda en el río, dijo que su cuerpo parecía el de una potranca.[10] Y sus ojos espinaban y hacían doler el amor. No era cosa de hablar de una hermosura, sino de una diferencia; era otra cosa: un remolino de polvo cubriendo los aires. Otro dijo que era una fruta para comerse. Se dijo todo de ella. El que se le acercaba se convertía en blanco de las palabras dolientes.

Cuando Benita amaneció en casa de Constantino rodeada de muchos ojos que la miraban, deseó ser la niña de antes y que fuera solamente su madre quien la viera. Se sintió mujer, por eso no lloró, se quedó quieta. Muchas otras amanecieron con flores, cohetes y música. Se las habían llevado en el rapto de la noche.

A Constantino lo anduvieron buscando, y antes del amanecer lo hallaron a la vuelta de una esquina, cuando iba en busca de sus amigos para hacer la celebración. Ahí mismo lo mataron.

¡Mataron a Constantino! ¡A Constantino ya lo mataron!

Sólo ella supo el motivo: "el que se atreva a llevarte lo mato". Así le advirtió Gregorio cuando ella lo hizo a un lado; ahora se cumplía la amenaza. Desde entonces se hizo a la idea de que todos le pondrían alguna vez el dedo de la acusación: "la culpa es de Benita por haberse ido con otro". Pero eso fue su recuerdo, nada más.

¡Despierten todos. Vengan a ver al muerto!

Benita se fue a casa y no hubo fiesta. A él lo enterraron sin ella. No fue, para no verlo muerto. Prefirió sentirlo vivo, con las manos gruesas sobre las partes más sensibles de su cuerpo.

En el velorio se dijeron muchas cosas, se inventaron otras. Que Constantino se dejó matar para no sentir el agravio[11] de las palabras escuchadas. Que Benita no era digna de él. Que el asesino era sólo un bravucón.[12]

¡Vengan plañideras, vamos a enterrar a Constantino!

La muchacha sintió el peso de todos sobre ella. La trastornó el remolino de palabras. Benita no tuvo paz. Las miradas penetraron en su carne. Las voces le cortaban el sueño. Sintió el filo de las habladurías sobre la piel. Pero también soltó la risa cuando se vio navegando en una pequeña embarcación. Constantino, parado a la orilla de una isla, la llamaba aventándole flores amarillas; extendía sus manos para tomarla, pero ella no se dejaba alcanzar. Parecía que iba rumbo a donde se oculta el sol. Y cuando más próximos estaban, apareció ante ellos una enorme oscuridad, un túnel hecho por el agua y en esa oscuridad se perdieron.

---

[10] yegua de menos de tres años   [11] afrenta, ofensa   [12] fanfarrón, valentón

Y ahora Benita navega. Sigue navegando sobre una canoa rumbo a la oscuridad de los recuerdos. Ya no tendrá la misma sonrisa para los demás. El sabor que le acompaña es el de la gran caída que se siente por debajo de la lengua.

Por las calles, Benita oculta sus ojos en la sombra que le hace un rebozo negro. Quisiera que nadie la viera. Dicen las malas lenguas que ya nadie se casará con ella.

Alguien se acercó a la casa de Benita y ofreció una yunta de bueyes por ella. Era un hombre de más edad.

"No tengo mujer. Tu hija, después de todo lo que pasó", dijo el comprador al padre de Benita, "ya no es para nadie. Pero yo sabré cuidarla si convenimos un acuerdo: te doy mis bueyes y tú me das a Benita."

Benita ya no alcanzó a escuchar qué más dirían; se cubrió la cabeza con un chal[13] y salió sin que la vieran.

Me voy. No soy de esta casa ni de ninguna otra. Me haré cantinera. Andaré en las ferias. Venderé cervezas, mi cuerpo y mi alma. Ya nadie me interesa: seré de todos y de ninguno.

Ningún lugar es mío, ningún hombre, ningún beso; soy del diablo y de los duendes,[14] del deseo, del polvo.

Que se trastorne mi pensamiento y me haga loca, que se pierda mi andar, que me pisen los remolinos.

Mejor seré un ave de mal agüero.[15]

[13] rebozo   [14] los fantasmas   [15] mala fortuna

✔ *En el Cuaderno C18.10, C18.11, C18.12 y C18.13 (La comprensión) se hallan las actividades que corresponden a las secciones anteriores.*

Capítulo **19**

Abracadabra, patas de cabra, que la puerta se abra

Objetivos

En este capítulo…

- examinarás el tema de la nostalgia por la patria abandonada.

- comentarás la visión de la misma que se presenta.

- seguirás estudiando temas gramaticales como, por ejemplo:

  - los adjetivos nominativos y predicativos.

  - la concordancia del adjetivo.

  - los adjetivos que se acortan cuando van antes de sustantivos.

  - los demostrativos.

- leerás y analizarás una obra maestra que trata de la vida de los trabajadores agrícolas migratorios.

Tema y expresión

El tema: *Papá siempre dice: El año que viene, vamos a regresar a nuestro país*

Lee con atención el siguiente ensayo.

Escribe Fernando González.

Como Uds. ya saben, mi papá se llama Luis Gabriel González. Tiene 42 años y es el dueño de su propia compañía de plomería. Él y mamá ya tienen 23 años de casados. Papá se vino de México a los diez años de edad con su familia y desde entonces ha vivido aquí en El Paso exclusivamente. Sin embargo, los padres de él, es decir, mis abuelos paternos—Abuelo Juan y Abuela Guadalupe—, hace diez años que regresaron a México y allí viven en la actualidad. Viven en una hermosa ciudad que se llama San Juan del Río, que está localizada en el estado de Querétaro, que a su vez se halla a unas cien millas al norte de México D.F., la capital del país. Todo el lado paterno de mi familia es de San Juan del Río, mientras que la familia de mi mamá viene de Ciudad Juárez, Chihuahua, México, que está al otro lado de la frontera a dos pasos de aquí. Ya no vemos muy seguido a Abuelo Juan y a Abuela Guadalupe porque hace tiempo que no nos visitan, y nosotros no los hemos visitado nunca a ellos. Pero nos hablamos muy seguido por teléfono y van y vienen muchas cartas con fotos y tarjetas postales. Y yo mismo los recuerdo perfectamente porque vivían al lado de nosotros en el otro barrio antes de que nos mudáramos para acá y antes de que ellos regresaran a San Juan del Río.

Los abuelos se vinieron a El Paso con el propósito de hacer un poco de dinero y regresar a "su pueblo" tan pronto como pudieran. Y en efecto, pasaron aquí sólo 22 años. Vivieron en la misma casa siempre y Abuelo siempre trabajó para la misma panadería. Claro, Abuelo tuvo que hacerse residente de los Estados Unidos para poder trabajar aquí legalmente, pero nunca pensó en hacerse ciudadano y nunca aprendió más de diez palabras de inglés; si Abuela salía de la casa, era para ir al mercado o a la iglesia. Al regresar a San Juan del Río, Abuelo abrió otra panadería y él y Abuela siguen trabajando en ella a pesar de que los dos ya tienen 66 años y quieren jubilarse. Pero lo que más desean los abuelos es que todos sus hijos—papá, el tío Chuy, el tío Rick y mis tías Concepción, Encarnación, María Isabel y Gertrudis—regresen a San Juan del Río para quedarse a vivir y para ayudarles en el negocio. Y en eso está plenamente de acuerdo papá. Por eso, desde que yo tengo conciencia, papá siempre dice: "El año que viene, vamos a regresar a nuestro país". Ya tiene casi la tercera parte del siglo viviendo en El Paso pero habla con mucho cariño de San Juan del Río y de Querétaro y de México. Dice—en gran parte porque esto es lo que le ha dicho Abuelo en sus cartas y en sus llamadas telefónicas—que San Juan hoy en día es una ciudad muy progresista, con mucha industria, donde la gente vive muy a gusto y donde a todos les espera un futuro brillante. Dice que en San Juan todos viven felices y no hay crimen ni contaminación del aire ni pleitos ni riñas de ninguna suerte. Dice que en San Juan hay mucha necesidad de gente como él, que tiene buena preparación tecnológica, y que el hijo de un ahijado de Abuelo le podría conseguir de inmediato un buen trabajo en una plomería. Y dice que, al fin de cuentas, si uno va a ser buen mexicano, hay que vivir en México y no fuera de él. Papá hasta sabe en qué parte de San Juan del Río le gustaría vivir y qué tipo de casa compraría y a qué escuela nos mandaría tan pronto como ...

Pero ahí está el detalle: el eterno "tan pronto como". Papá nos llevará a San Juan del Río tan pronto como (1) se resuelva el vergonzoso asunto de mi hermana mayor Rebeca, la rebelde caprichuda que insiste en casarse con el soldado extranjero ese (vean Uds. el capítulo 13); tan pronto como (2) yo me reciba de ingeniero en la universidad (cosa que sucederá el año que viene, con el favor de Dios y con los esfuerzos de éste su humilde servidor); tan pronto como (3) mi hermana Vero se gradúe de la preparatoria; tan pronto como (4) a mi hermanito Beto se le quite de la cabeza esa loquísima idea de hacerse jugador profesional de beisbol; tan pronto como (5) le vaya un poquito mejor al negocio de la plomería, porque lo que es este año ... ; tan pronto como (6) mejore tantito la situación de la compra y venta de casas aquí en El Paso, porque como están las cosas ahora, casi habría que regalarle nuestra casa a cualquier comprador en vez de vendérsela; tan pronto como (7) encuentre quién le quiera comprar la compañía de plomería, cosa difícil en estos tiempos, ya que recientemente dos rivales suyos se han unido en una sola firma grande que le está haciendo mucha competencia a papá, quien por eso ha tenido que hipotecar de nuevo la casa con el propósito de obtener un poco más de dinero para comprar nuevas máquinas que necesita en el negocio para poder mantenerse al día a fin de que la nueva compañía grande no le quite los clientes más lucrativos; y tan pronto como ... En resumidas cuentas, es una larga serie de "tan pronto como" que al fin de cuentas le imposibilita a papá realizar su sueño. Y por si todo esto fuera poco, ahí está mamá, que de ninguna manera quiere salir de El Paso porque es **aquí** donde vive la familia de ella. Bueno, aquí y en Ciudad Juárez, que con El Paso forma una sola zona metropolitana dividida entre dos países. Mis abuelos maternos, don Clemente y doña Victoria, viven en la misma cuadra que nosotros y mamá los ve todos los días. El abuelo Clemente hizo un buen dinero en México en los años setenta y convirtió sus pesos en dólares antes de que surgieran los problemas financieros de los años noventa. Aparte de mi tío Rolando Robles, que vive con su familia en Pico Rivera, California, todos los demás hermanos de mamá, o viven aquí en El Paso o viven pasando el río en Ciudad Juárez. Así que yo sé que mamá de ninguna manera se iría a vivir a un lugar tan alejado como San Juan del Río, que está a 800 millas de donde vivimos nosotros. Pero mamá le da a papá por su lado porque, en el fondo, lo quiere mucho y entiende que la gente vive de sueños y ensueños, y que los sueños de San Juan del Río son los de papá porque es la tierra que lo vio nacer, el mundo donde pasó su infancia y una parte de su juventud, y así por el estilo. Yo creo que es posible que cuando por fin se jubile papá (es decir, cuando por fin le venda el negocio a alguien o se lo herede a mi hermanito Panchito, si él se interesa en manejarlo, porque yo me hago ingeniero y no plomero y mi hermano Beto se empeña en hacerse beisbolista profesional, y mis hermanas como son mujeres no van a trabajar en la plomería), él y mamá se compren una casa o un condominio en San Juan de Río y allí pasen sus vacaciones o, como máximo, unos cuantos meses al año. Pero, ¿irse a vivir allí permanentemente? No lo creo.

La expresión

Actividad 19.1   Preguntas sobre El tema.   Contesta las siguientes preguntas.

1. ¿Cuánto tiempo pasaron en El Paso los abuelos paternos de Fernando y cuánto hace que regresaron a San Juan del Río?

2. ¿Cómo era la vida de los abuelos paternos en El Paso?

3. ¿A qué se dedican estos abuelos en San Juan del Río?

4. ¿Cómo es y cómo está San Juan del Río, según los abuelos?

5. ¿Qué quieren los abuelos que haga el resto de su familia? ¿Por qué quieren eso?

6. ¿Qué quiere dar a entender Fernando cuando habla del "eterno 'tan pronto como'" de su papá?

7. Haz una lista de por lo menos cuatro de los "tan pronto como" del padre de Fernando.

8. ¿Por qué no quiere salir de El Paso la mamá de Fernando?

9. La Sra. de González no quiere salir, pero le "da por su lado" a su esposo de todos modos. ¿Por qué le dice siempre que sí a su marido?

10. ¿Cuál va a ser la solución al problema de "El año que viene", según Fernando?

✔ *En el Cuaderno C19.1 se halla la actividad que corresponde a las secciones anteriores.*

Forma y función

Los adjetivos

El adjetivo modifica y describe al sustantivo. Le añade algo a lo que sabemos del color, tamaño, origen, propósito, condiciones o cualidades del sustantivo que modifica. Siguen ejemplos.

color:	un caballo *azul*, los marranos *anaranjados*
tamaño:	los señores *gordos*, las casas *pequeñas*
origen:	obreros *salvadoreños*, damitas *francesas*
propósito:	píldoras *anticonceptivas*, armas de fuego *peligrosas*
condiciones:	niñas *enfermas*, abuelitas *moribundas*
cualidades:	tías *bondadosas*, personas *buenas*

ADJETIVOS ATRIBUTIVOS, ADJETIVOS PREDICATIVOS

Los adjetivos **predicativos** son los que se encuentran en el predicado de la oración, es decir, después del verbo. Siguen ejemplos.

Jorge Julio es **famoso**.

La doctora Meléndez sigue **enferma**.

Mis tías están **ocupadísimas** en este momento.

Nadie me había dicho que los problemas eran tan **dificultosos**.

En cambio, los adjetivos **atributivos** se hallan **junto al sustantivo que modifican** y en la misma frase que ellos. Si el adjetivo atributivo va **después** del sustantivo que modifica, **distingue** entre unos y otros, haciendo una comparación explícita.

Los vinos **famosos** de California cuestan una fortuna [mientras que los vinos comunes y corrientes no cuestan tanto].

Mientras que si el adjetivo atributivo va **antes** del sustantivo que modifica, da a entender que a este sustantivo se le atribuyen **en su totalidad** las características del adjetivo.

Los **famosos** vinos de California cuestan una fortuna [es decir: según el que expresa esta opinión, todos los vinos de California son famosos, y todos cuestan mucho].

Pueden juntarse muchos adjetivos atributivos en una sola frase, sobre todo en posición posterior al sustantivo modificado.

Las **riquísimas** enchiladas **nuevomexicanas verdes preparadas** ayer por mi abuela han desparecido.

La concordancia del adjetivo

Hay **concordancia** entre adjetivo y sustantivo en el sentido de que los dos manifiestan el mismo número (siempre) y el mismo género (la mayoría de las veces). Examinemos los siguientes ejemplos.

Éste es el pueblo de l**as** famos**as** cas**as** blanc**as**.

La **-s** al final de las palabras de la frase nominativa indica que el número es plural, mientras que la **-a**, que está subrayada, nos dice que el género es femenino.

El vin**o** californian**o** más famos**o** se llama "Midnight Express".

La falta de **-s** al final de las palabras indica que el número es singular, mientras que la **-o**, que está subrayada, nos dice que el género es masculino.

Adjetivos de cuatro formas

Casi todos los adjetivos cuya forma masculina singular—m. sg.—termina en **-o** tienen cuatro formas distintas. Las cuatro son: m. sg., m. pl., f. sg. y f. pl. En estas formas se manifiesta tanto la concordancia de género (masculino y femenino) como la concordancia de número (singular y plural), como demuestran los siguientes ejemplos.

	singular	*plural*
m.	hermos**o**	hermos**os**
f.	hermos**a**	hermos**as**

Muchos adjetivos cuya forma m. sg. termina en **-n**, **-r** o **-s** también tienen cuatro formas distintas.

	singular	*plural*
m.	inocentón	inocenton**es**
f.	inocenton**a**	inocenton**as**
m.	hablador	hablador**es**
f.	hablador**a**	hablador**as**
m.	francés	frances**es**
f.	frances**a**	frances**as**

Adjetivos de dos formas

Casi todos los adjetivos cuya forma masculina singular termina en **-l**, **-z**, **-e** o **-a** tienen sólo dos formas distintas en las que se manifiesta la concordancia de número pero no de género.

	singular	*plural*
m. y f.	importante	importante**s**
m. y f.	fácil	fácil**es**
m. y f.	feliz	felic**es**

Adjetivos que se acortan cuando van antes de sustantivos m. sg.

Hay seis adjetivos de uso frecuente que tienen una quinta forma—más corta—cuando se encuentran antes de un sustantivo m. sg. Son los siguientes.

m.	**buen**	
m.	bueno	buenos
f.	buena	buenas
m.	**mal**	
m.	malo	malos
f.	mala	malas
m.	**primer**	
m.	primero	primeros
f.	primera	primeras
m.	**tercer**	
m.	tercero	terceros
f.	tercera	terceras
m.	**algún**	
m.	alguno	algunos
f.	alguna	algunas
m.	**ningún**	
m.	ninguno	ningunos[1]
f.	ninguna	ningunas

La siguiente selección ejemplifica estos adjetivos en un contexto.

Ejemplo: Tengo un **buen** amigo. Su problema es que es **mal** alumno. En su **primer** curso, sacó una C; en su segundo curso, una D; y en su **tercer** curso, una F. **Algún** día va a necesitar un tutor. Pero **ningún** tutor le podría ayudar por más inteligente que fuera.

Es muy importante observar que estos seis adjetivos sólo se acortan ante sustantivos que son masculinos y singulares. De ninguna manera se acortan ante sustantivos femeninos o plurales. Mira la selección que sigue:

Ejemplo: Tengo una **buena** amiga. Su problema es que es **mala** alumna. En su **primera** clase, sacó una C ... [etc.]

Adjetivos que se acortan frente a cualquier sustantivo singular

Los adjetivos **grande** y **cualquiera** se acortan a **gran** y **cualquier** (respectivamente) ante cualquier sustantivo singular, no importa su género.

---

[1] En la práctica, este adjetivo indefinido negativo cuantificador sólo se emplea en el singular; por ende las formas plurales son más teóricas que reales.

Ejemplo: Tengo un **gran** amigo que tiene una **gran** cantidad de dinero.

Ha prometido hacer **cualquier** cosa por mí en **cualquier** momento.

Ante sustantivos plurales, sin embargo, no se acortan.

Ejemplo: Tengo algunos **grandes** amigos que tienen **grandes** cantidades de dinero.

Tampoco se acorta **grande** cuando va precedido de los adverbios intensificadores **más** y **menos**.

Ejemplo: Es la **más grande** satisfacción de mi vida.

El adjetivo numérico **ciento** también se acorta ante cualquier sustantivo, ya sea masculino o femenino.

Ejemplo: En su casa tiene **cien** teléfonos y también cien computadoras.

Se acorta también ante los números **mil** y **millón**.

Ejemplos: El gobierno compró **cien** mil bicicletas amarillas.

El gobierno recibió un préstamo de **cien** millones de dólares.

Según el país, se usa **ciento** (la forma larga) o **cien** (la forma corta) en casi todos los demás casos y principalmente para contar números o nombrarlos por separado.

Ejemplo: 100 + 100 = 200 (que se lee: "**Ciento** y **ciento** son doscientos" o "**Cien** y **cien** son doscientos").

✔   *En el Cuaderno C19.2, C19.3, C19.4, C19.5 y C19.6 se hallan las actividades que corresponden a las secciones anteriores.*

Demostrativos determinantes y demostrativos pronominales

El demostrativo señala y especifica. Desde ese punto de vista es más específico que el artículo. Comparemos los dos.

El carro es mío.   **La** casa es mía también.

artículo   *artículo*
definido   *definido*

Este carro es mío.   **Esta** casa es mía también.

demostrativo   *demostrativo*
determinante   *determinante*

Demostrativos determinantes

Los demostrativos que son determinantes se comportan como los adjetivos de cuatro formas en este sentido: concuerdan en género y número. Los demostrativos determinantes tienen un total de 12 formas. Se organizan según **tres grados de proximidad**.

Examinemos los grados de proximidad y las formas mismas.

CERCA DE QUIEN HABLA

m.	este	estos	**Este** libro es mío.
f.	esta	estas	

CERCA DE QUIEN ESCUCHA

m.	ese	esos	**Ese** libro es tuyo.
f.	esa	esas	

LEJOS DE LOS DOS

m.	aquel	aquellos	**Aquel** libro es de él.
f.	aquella	aquellas	

Los determinantes demostrativos suelen anteceder a su sustantivo.

Esa actriz ha salido en muchas obras de teatro.

Pero pueden colocarse despúes de él también para fines despreciativos que le rebajan el valor al sustantivo.

La actriz **esa** ha salido en muy pocas obras de teatro.

Demostrativos pronominales

El propósito de cualquier pronombre es sustituir a un sustantivo. Al igual que los pronombres personales, los demostrativos pronominales (o sea, demostrativos que son pronombres) sustituyen a sustantivos. Los demostrativos pronominales son **concordantes** porque "concuerdan" con los sustantivos que sustituyen: tienen el mismo número y (según el caso) el mismo género del sustantivo que sustituyen, y eso se llama **concordancia** de género y número.

La maestra ya compró **un carro de lujo**.	<u>Ella</u> ya <u>lo</u> compró.
Esta maestra ya compró **este carro de lujo**.	<u>Ésta</u> ya compró **éste**.

Las formas de los demostrativos pronominales son las mismas que las de los demostrativos determinantes, con una sola excepción: todas se escriben con acento en la sílaba tónica.

CERCA DE QUIEN HABLA

m.	éste	éstos
f.	ésta	éstas

CERCA DE QUIEN ESCUCHA

m.	ése	ésos
f.	ésa	ésas

LEJOS DE LOS DOS		
m.	aquél	aquéllos
f.	aquélla	aquéllas

Siguen varios ejemplos de su uso.

Me gusta **éste** mucho más que **ése**.

¿Pues, quién se cree **ésa**?

Me voy a comprar tres de **éstas** y media docena de **ésas** y cuatro o cinco de **aquéllas** también.

Éstos han triunfado en la vida, mientras que **ésos** no.

Demostrativos pronominales neutros

Aquí tienes los tres demostrativos pronominales neutros.

CERCA DE QUIEN HABLA
esto

CERCA DE QUIEN ESCUCHA
eso

LEJOS DE LOS DOS
aquello

Los demostrativos pronominales neutros son pronombres también, pero tienen su propia clasificación—como neutros—porque nunca sustituyen a sustantivos y por eso nunca concuerdan en género y número con un sustantivo. El demostrativo pronominal neutro se refiere a generalidades y a entidades que aún no se identifican o que no se pueden identificar. Siguen ejemplos que contrastan al demostrativo neutro con el demostrativo pronominal concordante (que sí concuerda en género y número):

Esto no me gusta.

Aquí se refiere a algo general que aún no se nombra o que no podría nombrarse.

Éste no me gusta.

Aquí se refiere a un objeto—un libro, un automóvil, un retrato, etc., o sea, cualquier sustantivo de número singular y de género masculino—que ya se ha mencionado y que, por lo tanto, ya está identificado.

✔ *En el Cuaderno C19.7 y C19.8 se hallan las actividades que corresponden a las secciones anteriores.*

Texto y comprensión

El texto: Miguel Méndez M., *Juanrobado*

De origen mexicano yaqui del estado de Sonora y radicado desde hace muchos años en Tucsón, Arizona, donde ya es catedrático emérito de literatura chicana en la University of Arizona, Miguel Méndez M. ha sido galardonado en varias ocasiones por sus colecciones de cuentos y sus novelas. Entre su obra figuran *Peregrinos de Aztlán, Tata Casehua y otros cuentos, Los criaderos humanos* y *Cuentos para niños traviesos.* El presente cuento ("Juanrobado") se presenta aquí en forma abreviada.

Actividad 19.2   Preguntas preliminares para contestar en voz alta y por escrito.

1. ¿Qué tan dura es la vida de los trabajadores agrícolas? ¿Es dura de por sí, la hacen dura los patrones, o son ciertas las dos declaraciones? ¿Qué tiene esa vida de dura?

2. Si es tan dura la vida de los trabajadores agrícolas migratorios, ¿por qué siempre hay gente dispuesta a trabajar en la agricultura? ¿Son siempre bajos los salarios? ¿Qué otros factores motivan a la gente a trabajar en el campo?

3. ¿De qué países vienen las personas que hacen el trabajo agrícola migratorio en Estados Unidos? ¿Cómo son las condiciones laborales en esos países? ¿Las condiciones sociales y económicas?

4. ¿Tomas tú jugo de naranja o comes naranjas con frecuencia? ¿Por qué lo haces? ¿Podrías dejar de tomar jugo o de comer naranjas si todos los que trabajan en la cosecha de naranjas se declararan en huelga? ¿Con qué otro alimento sustituirías las naranjas?

Lee con atención el siguiente cuento.

Juanrobado

Entre aquel mar de naranjas se mueven más de cien mexicanos. Debajo de los árboles improvisan viviendas. Acondicionan cajas de madera para guarecerse[1] de la intemperie.[2] Cuando llueve se resguardan como ratas. Trabajan a sus cuerpos como si se tratara de máquinas ajenas, hasta dejarlos como vil bagazo,[3] para contentar al perro que los vigila y merecer así los billetes que les otorga[4] el gringo. Lana[5] que no hallan en su misma patria por causas que hasta los gatos saben. Es leyenda que allí han muerto mojados[6] extenuados[7] por la labor

Notas léxicas

[1] protegerse   [2] del mal tiempo (excesos de calor, tempestades, etc.)   [3] cáscara, residuos, basura
[4] se digna darles   [5] dinero   [6] "espaldas mojadas", o sea, mexicanos que pasan a los Estados Unidos a trabajar sin los debidos documentos legales; se les llama así porque (1) muchos pasan el Río Grande/ Bravo y así se "mojan" las espaldas, y/o (2) porque como sudan tanto al trabajar bajo el caliente sol del verano, traen siempre mojadas las espaldas.   7 exhaustos, extremadamente cansados

incruenta[8] y el asedio ponzoñoso[9] del sol: que recuece[10] hasta los tuétanos.[11] También se dice sin que se sepa a ciencia cierta, que entre esos surcos, bajo las arboledas, han parido[12] a sus escuincles[13] algunas mujeres que siguen a sus hombres como soldaderas.

Cuando está en fruto el naranjal, saturado de múltiples esferas doradas,[14] se ve desde arriba como un mar de oro burbujeante,[15] o quizá como una noche muy verde plagada[16] de estrellas anaranjadas.

Hace cosa de un mes que Juanrobado pizca naranjas. Sus brazos huesudos se mueven certeros: "¡Órale, naranjas sanjas,[17] acá mangas y remangan!"[18] Se suceden las cajas llenas de jugos cítricos.[19] Allá andan la bola de mojarrines[20] encaramados[21] en escaleras. Se retuercen y se estiran como changos. "¡Pícale, Juanrobado! ¡Malditos cestos!", dijo el de los canastos.

Acá la Finiquera[22] se siente el calorcito, pa' que lo sepas. Si se te duerme la paloma[23] te vuelves empanada,[24] camarada, desde que amanece te pega el sol con el puño cerrado. Lo ves y no tienes otras más que echarle de la madre.[25] Tú que le entras al jale[26] y el sudor que te chorrea y entonces sí es una sola exprimadera de la retostada.[27] ¿La migra?[28] ¡No, hombre! Aquí te hace los mandados[29] y se come los pilones.[30] Dicen que todo esto es del hermano de un coyote[31] grande con dientes de lobo y cola de perro.

Juanrobado no tiene pelos en la cara como buen indio; es de natural prieto, requemado además por la tatema,[32] más flaco que una bicicleta, por eso tiene aires de chamaco, pero ya le peina a los treinta. Sobre su gran tristeza le hormiguea siempre una sonrisa. Sus compañeros le hacen bromas, a veces se pasan de la raya,[33] pero él sonríe de continuo. "¡Órale!, Juanrobado, ya sé cómo vinites.[34] Como el peso anda flotando y no vale una tiznada[35] de tan liviano, posticites[36] una alfombra de billetes y te vinites volando. ¿De dónde eres, Juanrobado? De Santa María todo el mundo. De ahí no sale, parece que es tarasco".[37] De

---

[8] como un sacrificio humano aunque sin derrame de sangre   [9] ataque venenoso   [10] pone a hervir   [11] médulas de un hueso   [12] dado a luz   [13] bebés   [14] globitos de color de oro   [15] que hace glóbulos de aire   [16] llena hasta las cachas   [17] malditas (neologismo inventado para hacer rima con naranjas)   [18] a levantarlas, a recogerlas   [19] de naranja   [20] mojados (ver nota 6)   [21] elevados, subidos   [22] la región de Phoenix (en español [fí-niks] de ahí 'La Finiquera')   [23] si no te cuidas, si no les pones atención a cómo te sientes y a lo que haces   [24] sándwich caliente (o sea, te mueres de calor)   [25] maldecir (al sol)   [26] empiezas a trabajar (*jale*, 'trabajo')   [27] te saca todos los jugos hasta que te quedas como el pan tostado   [28] (in)migra(ción) (los agentes del INS—*Immigration and Naturalization Service*—de los Estados Unidos)   [29] te trae la comida del supermercado (*mandado*, orden: 'lo que se ordena o pide')   [30] un regalito que se da de gracia sobre el precio de lo comprado   [31] persona que pasa a mojados a los Estados Unidos, cobrándoles caro y pagando mordidas (sobornos) a quien sea necesario   [32] el horno (el sol del desierto y sus efectos)   [33] abusan, exageran   [34] viniste (pronunciación popular)   [35] fregada, nada   [36] pues te hiciste (pronunciación popular)   [37] nación indígena mexicana del estado de Michoacán, que queda entre México D.F. y Guadalajara

tarde le dan tortillas y frijolones[38] graneados. Hay algo que lo hace aparecer más desvalido que los otros, no obstante que a todos los ha meado la chucha.[39]

Un domingo de tantos se volvió un desmerequetengue[40] entre los naranjos. Se hizo de parranda. Con la tragadera de cerveza cantaron los amigos de la tandaraleola[41] y de paso pusieron hasta las manitas a Juanrobado. Cómo lloró el pobre huacho,[42] parecía un desgraciado huérfano destetado[43] por la calaca.[44]

"¡Cartas, raza! ¡Cartas, para ti! ¡Para ti! ¡Al alba![45] Juanrobado, carta de Michoacán." Leyó palabra por palabra juntando las sílabas trabajosamente. Cuando terminó, se fue a esconder sus lágrimas.

"Al fin sabemos de ti, Juan. ¡Cómo te extrañamos! Los niños lloran por ti; también yo. Creíamos que te había pasado algo. Con los 50 dólares que nos mandaste compramos tantas cosas ... Juan, a Lucita la volvió a ver el doctor, dice que no pasará de tres meses. Se la lleva el mal ese de la sangre que tú ya sabes, Juan. No hace más que recordarte, insiste en que le traigas una muñeca rubia con ojos azules que diga, 'mamá'. En estos días cumple seis años; sueña en tu llegada. ¡Vente, Juan, vente ya! Vale más tu presencia que todos los dólares del mundo. Contigo podemos vivir hasta en la más negra de las miserias, sin ti no, Juan. Te queremos mucho y te esperamos."

Esa noche, el viento y las hojas de los naranjos se platicaron cuentos de princesas. Mientras los demás yacían[46] extenuados,[47] Juanrobado cabalgaba[48] a las estrellas. Todo el cielo se impregnó de azahares.[49] Cintilaban[50] el amor y las sonrisas en destellos[51] de lentejuelas.[52] Un arroyo cristalino puso a cantar a las piedras. Por cada lágrima que se desprendía de los ojos de Juanrobado, nacía un lucero.[53]

Había cruzado el territorio a trote; ni el tupido ramoso[54] de los montes había mermado[55] su paso. Ni los páramos espinosos testos de serpientes[56] lo habían detenido en su carrera. Tampoco las barreras sobrepuestas de murallas arenosas[57] lo habían doblegado. Por su misma patria cruzó ignorado ante una humanidad henchida de indiferencia. Como a un extranjero que sufriera el mal de la lepra,[58] evadían su presencia y le cerraban las puertas. Lo habían robado desde antes que naciera, esclavos fueron sus padres, esclavos sus abuelos y esclavos todos aquellos que habían plantado las raíces de su ser en el tiempo. Por más que el concepto

---

[38] frijoles grandes   [39] les ha ido muy mal, han tenido muy mala suerte en la vida (*chucha*: 'perra')
[40] baile; fiesta rústica   [41] juerga   [42] pelado; peón   [43] a quien le acaban de quitar la teta de su madre
[44] la muerte (es decir: como si se hubiera quedado huérfano al morírsele la madre)   [45] ¡Avíspense!,
¡Despiértense!   [46] se echaban   [47] exhaustos, muy cansados   [48] montaba en caballo   [49] flores del
naranjo   [50] echaban chispas   [51] rayos de luz   [52] adornos brillosos   [53] estrella grande   [54] espesa
vegetación, selva cerrada   [55] disminuido, rebajado   [56] terrenos desérticos elevados y plagados de
víboras   [57] muros muy fuertes hechos de arena   [58] infección crónica de la piel que da lugar a horribles
deformaciones

"libertad" fuera pregonado[59] con tan insistente monotonía, la realidad cruda y sangrienta subsistiría[60] disfrazada: a los fuertes el poder, la abundancia, y la impunidad[61] para sus crímenes y robos. La miseria, el olvido, y el castigo injusto si protestan, para los débiles. Lloró esa noche Juanrobado hasta que se le pusieron los ojos cristalinos como las naranjas redondas y suaves que baña el sereno.[62] Sabía en lo más hondo que también él era esclavo y que sus descendientes rodarían a su vez por la pendiente[63] del dolor, la ignorancia y el desamparo.

"Tengo quirme[64] ya no aguanto. Ora mesmo[65] me pelo[66] pa' mi pueblo. ¡Ay! Mi pobre vieja y los escuincles. Mi niña Lucita con sus ojos grandes grandes y tristes ... y pos quere[67] una muñeca, güera[68] dice, quesque[69] con los ojos azules. Orita mesmo me güelvo[70] pa' mi tierra".

Ahora a la inversa, allá va Juanrobado con rumbo a la frontera. Es dueño de una fortuna: 150 dólares que le arrancó al áureo océano[71] a cambio de jornadas animalescas. ¡Nunca había sido dueño de tanto dinero! Juanrobado sonreía. Qué puntadas[72] las de sus compañeros. Ya se ve él cruzando territorios montado en una alfombra mágica hecha de pesos flotantes. Desde arriba, los verdores apelmazados[73] de Nayarit y Sinaloa[74] y el brusco contraste de las llanuras de Sonora.[75] Una alfombra mágica hecha de pesos ... Esa tierra del valle del yaqui[76] todoparidora,[77] generosa de dones alimenticios que ignoran las panzas de los pobres. Seguido, ¡el desierto!, determinador de rostros tatemados[78] y de miradas que se extravían en los confines de los horizontes encenizados.[79] En su alfombra de pesos flotadores volaría más alto aún que esas tolvaneras[80] que borran siluetas de peregrinos y sepultan[81] todos los rastros. Así no tendría que sufrir los chubascos[82] que bombardean a la tierra con diluvios efímeros[83] y rayos que retumban como cañonazos. De arriba divisaría las ciudades consteladas de luciérnagas[84] sin oír los aullidos dolorosos de las ambulancias, ni aspirar el vaho de la gasolina y sin que le lastimaran el alma con la frialdad del hierro que emanan.[85]

Además ... arriba en el cielo no se sufre hambre ... ni punza[86] el egoísmo de los que ignoran la desgracia ajena. Qué ocurrencias las de sus compañeros. Que el peso vale tan poco, que es tan flotante y leve que los espaldas mojadas[87] pueden tejerse alfombras mágicas con ellos y volar por sobre la frontera en busca de dólares para que sus familias no perezcan[88] de hambre. Una alfombra ...

[59] predicado y celebrado en público [60] quedaría [61] falta de castigo [62] humedad de la noche
[63] cuesta, declive [64] que irme [65] ahora mismo [66] me largo, me voy [67] quiere [68] rubia
[69] que es que (= la que quiere es) [70] me vuelvo, regreso [71] mar dorado (de las naranjas)
[72] ocurrencias, ideas [73] zonas verdes espesas y compactas [74] dos estados mexicanos de la costa del Pacífico [75] estado mexicano muy desértico localizado al sur de Arizona [76] valle del estado de Sonora; su nombre proviene del de los indios yaqui [77] extremadamente fértil [78] quemados por el sol
[79] borrados de cenizas [80] polvaredas, remolinos de polvo [81] entierran [82] aguaceros, chaparrones
[83] fuertes lluvias que apenas dejan rastro porque el desierto las traga [84] como puntitos de luz
[85] emiten [86] hiere, lastima [87] (ver nota 6) [88] se mueran

"Señor, señor, despierte, ya llegamos".

"¿Qué le pasa? Ya estamos en la frontera".

"Perdón ... qué sueño tan extraño".

Ya está Juanrobado en la ciudad fronteriza, nimbado[89] de los fogonazos[90] del medio día. Antes de pasar la cerca divisoria,[91] de regreso a México, estando todavía en territorio norteamericano, le vuelve a la mente con nitidez[92] de relámpago, el deseo póstumo[93] de su niña: la muñeca rubia de ojos azules. "¡Dios mío! ¿Cuánto costará una muñeca?"

Los clientes de la gran tienda fronteriza contemplan al tarasco con extrañeza. Temblando de miedo, asustado de las palabras inglesas, aquel lujo, aquella inmensidad de cosas bellas, de gentes tan elegantes y el juego de espejos que lo repiten todo hasta el infinito, Juanrobado encuentra a la muñeca de su niña enferma. ¡Es la misma que vio en sueños! La empleada mexicoamericana le sentencia:[94]

"Son 75 dólares, señor. Es lo que cuesta esta muñeca".

Juan se queda petrificado,[95] piensa un instante y en otro contempla a la beldad[96] de porcelana. De pronto, la abraza, la acaricia. ¡La besa! La gente se detiene y lo observa. Algunos cuchichean[97] y ríen; otros mueven la cabeza. ¡Vaya espectáculo! No en vano afirman ciertos sicólogos que el mexicano no va a gringuía[98] espoleado por la miseria, sino que se aventura en tierra extranjera con la obsesión fija de conquistar a las deidades[99] rubias y gozar a plenitud de sus blondas bellezas. Ahí está la prueba. Ese loco desarrapado[100] está acariciando a una muñeca. Los momentos se eternizan.

"¡Son 75 dólares, señor!"

Juan no escucha, sólo viaja en su alfombra mágica tejida con pesos y habla incoherencias.[101] Se acerca un policía de ésos que vigilan en las tiendas. Juan extrae de la cintura un pañuelo mugroso, le deshace los nudos y cuenta billetes con manos temblorosas y una excitación que le convierte a los ojos en extrañas criaturas. Ahora se la dan envuelta, sale embargado[102] de ternura.

Ya cruza la línea fronteriza, Juanrobado, entre un gentío[103] que multiplica sus pasos, tal un hormiguero alborotado. Le aletea el corazón como paloma recién decapitada. ¿Quién lo detiene? Por el cielo, por debajo de la tierra, o sangrando sus pies por las superficies afiladas,

---

[89] envuelto en un círculo luminoso   [90] llama hecha por el polvo y el calor   [91] que divide
[92] claridad   [93] hecho después de morirse. (Nota: como la niña, aunque agonizante todavía, está viva, el autor quizá se anticipe un poco al usar este vocablo.)   [94] expresa el siguiente juicio   [95] inmóvil, convertido en piedra   [96] belleza   [97] murmuran, se hablan al oído   [98] "Gringolandia" (los Estados Unidos)
[99] diosas   [100] andrajoso, harapiento   [101] frases que no se entienden   [102] dominado, vencido
[103] muchedumbre

derrumbará[104] los horizontes. Ni ríos, ni montañas, ni tempestades detendrán su marcha de regreso hasta Santa María todo el mundo. Ya en su casa, desnuda de toda protección, abrazará a los suyos con todo el universo de cariño que encierra su querencia.[105] A su niña moribunda[106] le dirá con aire victorioso: "Mijita, mijita del alma, ¡aquí está tu muñeca!"

Ya da, Juanrobado, el primer paso en tierra de México, la emoción le perfora las sienes a fuetazos.[107] Llega a su turno hasta un celador.[108] El tal viste uniforme de color verde claro con botones dorados, gorra militar a la alemana y botas resonantes.[109] Sus gestos son enérgicos, autoritaria la voz y sus determinaciones tan sólidas como marrazos.[110]

"A ver, tú, ¿qué traes?"

"Una muñeca para mi niña, señor".

"No pasa; es contrabando."

"Pero ... señor ... "

"La ley es la ley. Circula pues".

Por esas calles de Dios repletas de humanidad, siguió su camino Juanrobado.

---

[104] derribará [105] amor [106] agonizante, que se muere [107] le agujerea las sienes a latigazos
[108] vigilante, agente aduanero [109] muy sonoros, que hacen mucho ruido [110] bayonetas

✔ *En el Cuaderno C19.9, C19.10, C19.11, C19.12 y C19.13 (La comprensión) se hallan las actividades que corresponden a las secciones anteriores.*

Capítulo **20**

Los diarios de Fernando y Marisela

Objetivos

En este capítulo…

- te enterarás por fin de lo que les espera a nuestros dos héroes.
- predecirás lo que les va a pasar de aquí en varios años.
- aprenderás a distinguir entre las preguntas confirmativas y las preguntas informativas.
- dominarás el uso del acento escrito en preguntas subordinadas.
- estudiarás los diferentes tipos de expresiones de admiración.
- repasarás los números cardinales y ordinales.
- aprenderás a usar las letras mayúsculas correctamente.
- estudiarás las conjunciones **y/e**, **o/u**.
- leerás la trágica historia de un joven cuya vida se ve arruinada por …

Tema y expresión

El tema: *El amor y el futuro: los diarios de Fernando y Marisela*

Lee con atención la siguiente selección.

Del diario de Fernando González ...

<u>El 12 de mayo, a las 10 a.m.</u> Bueno, ya se acabaron los exámenes, ya finalizó el semestre, me saqué las "Aes" de siempre (a pesar de lo que dijo mi hermana Rebeca), y ahora empiezan las primeras vacaciones verdaderas que he tenido en más de diez años. Estoy en el avión que me lleva de El Paso a Dallas-Fort Worth, donde hago escala y agarro un vuelo que me ha de llevar al aeropuerto LaGuardia de Nueva York. ¡Qué emoción! El segundo vuelo aterriza a las 5:30 p.m. y de ahí recojo un camión que me ha de depositar en el mero centro de Manhattan, en la calle 42. De ahí tomaré un taxi que me dejará en las meras puertas del hotel, uno grandísimo que está en la Avenida de las Américas (pero tengo entendido que, como los taxistas sólo reconocen el antiguo nombre de la misma, "Sixth Avenue", es éste el que debo usar), en la parte de la ciudad que se llama "Midtown". Nosotros somos siete: Ramón (que es mi amigo), Gonzalo (que más que amigo es rival), Jeffrey, Susana, Muhammad, Mei Li y un seguro servidor. Ganamos este viaje no sólo por nuestros altos promedios de notas en los

cursos—todos tenemos un promedio arriba de 3.80 puntos—sino por nuestra participación en la sociedad de estudiantes de ingeniería. ¡Somos la élite! Y como élite, tengo que escribir todos los días en este diario. ¡Creía que ya había acabado toda esta escritura cuando se acabó la clase de español!

Del diario de Marisela Suárez ...

El 12 de mayo, a las 9 p.m. Ay, ¡qué lata! Apenas termina el semestre y otra vez empiezo a trabajar más de cuarenta horas por semana. Aparte del trabajo más o menos permanente que tengo en el hospital como ayudante de enfermera, mamá quería que cogiera algo más para ayudar al presupuesto familiar ("Pues ahora que ya no tienes novio y no te vas a casar en junio, tienes que contribuir más con el dinero"). Así que me inscribí en una agencia de empleados de por horas que te manda a diferentes partes para trabajar de secretaria, de recepcionista, de mensajera y de quién sabe qué más, y mañana me mandarán a trabajar a uno de esos hotelazos de la Sexta Avenida donde va a haber un congreso de quién sabe cuántos y necesitan a personal adicional para trabajar en el mostrador de información, inscribiendo a la gente y así por el estilo. Bueno, por lo menos me pagan el tren y hasta el taxi (con tal de que guarde los recibos) y hay comida gratis. El salario no es la octava maravilla del mundo—me pagan apenas $10.73 la hora—pero algo es algo, como dijo el calvo, y hasta que me reciba de enfermera no me queda otra. A ver cómo me va a ir. Trabajo de 8 a.m. a 5 p.m. y nos dan sólo 45 minutos para el almuerzo. Afortunadamente mañana es mi día de descanso en el hospital. Te comunico más, querido diario.

Del diario de Fernando ...

El 13 de mayo, a las 11:55 p.m. Todo empezó de la manera más aburrida posible. Me levanté, hice mis abluciones, desayuné todo lo que me había llevado en la maleta y bajé a inscribirme en el mostrador de información del congreso, antes de irme a desayunar por segunda vez al restaurante del hotel. Salí del ascensor y me dirigí al mostrador. Después de hacer cola por cosa de dos minutos, me atendió una joven señorita morena que llevaba una laminita que decía "Marisela": "May I help you? Are you registered for this convention? May I have your name, please?" Todo me cayó del cielo como un relámpago. ¡Qué belleza! ¡Qué perfección de rasgos y facciones! ¡Qué gusto en el vestir con esa blusa blanca y ese traje rojo! Y, ¡qué recia, asegurada y a la vez sofisticada la voz, con un acento que sólo había oído en películas o en programas de televisión! ¡La Nueva York en persona! Bueno, tan asolado me quedé que de no tener la agudeza mental que a mí siempre me ha caracterizado, me habría quedado ahí boquiabierto y sin poder decir nada todo el santo día, mirando y adorando a esa criatura preciosa y tan metropolitana. Así que para que no pensara que yo era un pobre peón pelado, hice lo único que pude hacer hasta recuperar la voz: sonreí. Y después—no sé por qué—me encogí de hombros. Pues vamos a ver si ahora me funciona la voz: "My name is Fernando González, *a sus órdenes*", le dije, con otra sonrisota. "I'm here for the engineers' convention."

Del diario de Marisela ...

El 13 de mayo, a las 11:55 p.m. ¡Qué bueno que por fin pudiera separarme de él y llegar a casa antes de las 11 para así echarles un telefonazo a Lourdes y a Carmen! Mamá ya estaba acostada, de modo que voy a tener que esperar hasta mañana para comunicarle el notición, el cual es: ya he encontrado al hombre con el que me voy a casar. Se llama Fernando González y viene de una parte que se llama "El Paso, Tejas". ¿Dónde demonios estará eso? Yo había oído hablar del estado de Tejas—sé que está al otro lado del río Hudson—pero, ¿'El Paso'? Mas olvidémonos de ciudades raras: este Fernando González me tiene loquisísima. Todo lo de él es exactamente como siempre lo he soñado. Me fijé en él tan pronto como salió del ascensor en el *lobby* del hotel y me dije: "Ojalá que a mí me toque inscribirlo y no a la zorra esa de Jennifer que está a mi lado". Y cuando al dios andante por fin le tocó inscribirse y lo vi de cerca, nomás me quedé pasmada. ¡Esos músculos! ¡Esos ojos que me penetran y ya parecen conocerme en lo más íntimo! ¡Ese traje que le queda como un guante y que sólo sirve para hacer lucir su cuerpo grande, cuerpo que quizás sin darse cuenta me mostró al encogerse de hombros! ¡Esos dientes tan hechos para comer y morder! ¡Y qué sonrisa y qué labios más sensuales y qué cabello tan fino y negro como un cuervo! Por poco me desmayo, pero como buena neoyorquina no perdí la sangre fría y pude articular las preguntas que la supervisora Mrs. LoCoco me había enseñado. Y al contestármelas sentí correr por todo mi cuerpo una corriente de electricidad aún más fuerte que la anterior. ¡Qué voz tan suave y delicada y a la vez masculina! Tiene voz de tenor de la ópera. (Como buena neoyorquina yo sé mucho de la ópera. Carmen, Lourdes y yo hemos ido tres veces al Met—la Ópera Metropolitana de Lincoln Center—y hemos visto "La Bohème", "Aída" y para el cumpleaños de Carmen, "Carmen".) Y, ¡qué acento tan curioso y a la vez precioso, tanto cuando habla inglés como cuando habla español, que pronuncia exactamente como se oye en esas películas mexicanas que mamá ve en la televisión. Igual que todos esos vaqueros, patrones, galanes y bandidos, no hay **-s** ni **-r** que Fernando no pronuncie. Al decir "a sus órdenes" por poco me muero.

Del diario de Fernando ...

<u>El 14 de mayo, a las 5:40 p.m.</u> Apenas he podido participar en lo más mínimo en las sesiones del congreso. Afortunadamente sólo me tocaba formar parte de una mesa redonda sobre "A Students'-Eye View of the Undergraduate Engineering Major in the University of Today" o algo así. No me acuerdo de qué babosadas yo haya dicho porque todo el tiempo estuve pensando en una sola cosa: Marisela. Marisela. Marisela. Hasta el nombre me gusta. A las 12 en punto le dieron permiso para el "almuerzo", como lo llama ella,[1] y en seguida entramos en el restaurante del hotel, no sólo porque yo tenía hambre, sino porque no quería apartarme de ella ni por un minuto. Y tanto quería mirarla y hablar con ella y oírla hablar que yo nomás comí **una** hamburguesa y **una** orden de papas fritas y **una** ensalada y **un** postrecito de pay con helado. Y ella apenas tocó su caldo de res y su orden de espaguetis. Yo sé que me quiere—que me adora—y sé también que yo la quiero un chorro y lo que es más, quiero que sea mi esposa. Pero, ¿cómo nos las arreglamos? Primero está el problema de la distancia.

---

[1] Para nosotros los mexicoamericanos las tres comidas del día son "el desayuno", "la comida" (o si es comida ligera "el lonche") y "la cena". Resulta que entre dominicanos son "el desayuno", "el almuerzo" y luego "la comida". Bueno, a mí me da igual cómo las quieran llamar, con tal de que yo no pierda ni una sola.

¡Nos separan dos mil millas! Segundo está el detallito de que a ella le quedan dos años para terminar la carrera y a mí me queda un año. En tercer lugar se presenta un problema en el que jamás había pensado ni en sueños: ¿cómo va a reaccionar mi familia cuando se entere de que mi novia—porque Marisela y yo hemos avanzado mucho en nuestra relación en muy poco tiempo—tiene más de unas cuantas gotas de sangre africana? Yo ya sabía por la clase de español que tomé, que muchos dominicanos son parcial o completamente de ascendencia africana, ¡y es verdad! Y lo irónico del caso es que papá y yo fuimos quienes más nos opusimos a que mi hermana mayor Rebeca se casara con el alemán Günther, en parte porque hasta ahora no ha habido González que se haya casado fuera de La Raza, es decir, con gente que no sea de origen mexicano. Parece que voy a tener que tragarme el orgullo y pedirle disculpas a los dos. Pero hablando de tragar, tengo un compromiso con Marisela en veinte minutos, así que voy a cerrar por hoy. Vamos a juntarnos en un restaurante español en la calle 14, pero, ¿dónde diablos queda eso? ¿Bastarán veinte minutos para irme en taxi del hotel a aquella calle? Marisela me dijo: "Coges el tren 'E' del *subway* en la 53 y la Broadway y te bajas en la 14 y la Eighth Avenue", pero no sé cómo. ¡Ahora sí he entrado en una nueva etapa de mi vida! ¿Qué me va a pasar?

La expresión

Actividad 20.1   Preguntas sobre El tema.   Contesta las siguientes preguntas.

1. ¿Adónde va Fernando y por qué?

2. ¿Quiénes acompañan a Fernando y dónde está localizado el hotel en el que se hospedarán?

3. ¿Por qué está enojada Marisela en la primera entrada que hace en su diario?

4. ¿Qué es lo que a Fernando "le cayó del cielo como un relámpago" la mañana del 13 de mayo?

5. ¿Cómo reaccionó Marisela cuando vio a Fernando por primera vez?

6. Al ver por primera vez a Marisela, Fernando se quedó boquiabierto y sin poder hablar. ¿Qué hizo para remediar la situación?

7. ¿Por qué se cree Marisela una experta en la ópera?

8. ¿Qué papel hacen los idiomas y los acentos en el enamoramiento de Fernando y Marisela? Sé específico.

9. ¿Cuáles son algunos de los problemas con los que Fernando y Marisela tendrán que enfrentarse antes de poder realizar sus sueños? Haz una lista específica.

10. ¿Qué es lo que motiva ahora a Fernando a pedirles disculpas a su hermana Rebeca y a su novio Günther?

✔ *En el Cuaderno C20.1 se halla la actividad que corresponde a las secciones anteriores.*

Forma y función

Las preguntas confirmativas y las preguntas informativas de /k/ y *dónde*

Hay dos tipos de preguntas: las que pueden contestarse con **sí** o **no**, que se llaman **preguntas confirmativas**, y las que de ninguna manera pueden contestarse con **sí** o **no**, que son las **preguntas informativas**.

Las **preguntas informativas** son así: su primer elemento es el pronombre interrogativo **dónde** o cualquiera de los pronombres interrogativos de **/k/**. Los pronombres interrogativos de /k/ son los que comienzan con el sonido /k/.

cómo	cuál(es)	cuándo	cuánto(s)/cuánta(s)
qué	por qué	quién(es)	

Cuando cualquiera de estas ocho palabras se escribe con acento e inicia una pregunta, la pregunta en cuestión es **informativa** y no se contesta con "sí" o "no".

¿**Cómo** se llama aquella señora?

> Respuesta posible: "Se llama Ana María Juítez y Benítez."
> Respuestas imposibles: "Sí". / "No".

¿**Cuál** es la que te gusta más?

¿**Cuándo** piensas salir?

¿**Cuánto** dinero tiene Ud. en el banco, queridísima suegra?

¿**Qué** andas haciendo en el jardín, condenado mocoso?

¿**Por** qué nos han arruinado la vida?

¿**Quiénes** les han arruinado la vida?

¿**Dónde** dejaste las llaves?

En cambio, las **preguntas confirmativas**—las que sí pueden y suelen contestarse con "sí" o "no"—son diferentes. La pregunta confirmativa comienza típicamente con una forma verbal o con un pronombre personal.

¿Has visto la nueva exposición de arte en el museo?

> Respuesta posible: "Sí". / "No".
> Otra respuesta posible: "Bueno, la pensaba ver, y de hecho ya hacía planes para verla, pero anoche hubo una crisis en la fábrica, así es que tuve que posponer eso para más tarde".

¿Le sacaron una muela?

¿Usted es el dueño de la fábrica?

También pueden usarse en preguntas confirmativas las ocho palabras "/k/ + **donde**", pero cuando "/k/" + **donde** se usan en preguntas confirmativas, no se escriben con acento. La típica pregunta confirmativa "/k/ + **donde**" constituye el segundo elemento de una pregunta larga de dos partes. Examinemos las dos conversaciones siguientes.

LALO: "¿**Dónde** dejaste las llaves? ¿**Donde** las dejaste ayer?"

LOLA: "Sí, las dejé **donde** las dejo siempre, en la mesa".

El **dónde** no subrayado es pronombre interrogativo. En cambio, los dos **donde**s subrayados no son pronombres interrogativos sino **pronombres relativos**. El primer **donde** se emplea en una pregunta confirmativa cuyo antecedente, un sustantivo que, como *el sitio* más la cláusula que lo acompaña señala posición y ubicación, está suprimido.

¿[Las dejaste en **el sitio**] <u>donde</u> las dejaste ayer?

El segundo <u>donde</u> es empleado en una **respuesta** de la misma manera gramatical: como pronombre relativo con antecedente suprimido.

LALO: "¿**Cuándo** vas a regresar? ¿**Cuando** ya sea muy noche?"

LOLA: "No, voy a regresar [a **la hora**] <u>cuando</u> sales tú".

Aquí la explicación es idéntica a la de la segunda conversación: los dos <u>cuando</u>s subrayados son pronombres relativos mientras que el **cuándo** inicial—el que lleva acento—es interrogativo. En efecto, "¿Cuando ya sea muy noche?" pregunta contestando; constituye una respuesta (en forma de pregunta) a la pregunta incial "¿Cuándo vas a regresar?" Esto también es cierto en la otra conversación: "¿Donde las dejaste ayer?" es respuesta en forma de pregunta que sirve para contestar la pregunta inicial "¿Dónde dejaste las llaves?"

Lo dicho con respecto a **dónde/donde** y **cuándo/cuando** también vale para todos los demás "/k/ + donde". Bastan unos ejemplos.

¿Cómo lo quieres? ¿Como lo hice antes?

¿Por qué te pusiste la otra camisa? ¿Porque no te gusta la que yo te regalé?

Con respecto a **por qué**, etc., recuerda esta distinción tripartita:

por qué = *why* (pronombre interrogativo)

el porqué = *the reason why* (sustantivo)

porque = *because* (conjunción)

¿Qué te dijo la maestra? ¿Que no regresas a la escuela si no llevas zapatos?

En el caso del ejemplo anterior, el **que** no acentuado no es pronombre relativo sino conjunción. El **qué** que sí se acentúa es tan pronombre interrogativo como los demás acentuados en los otros ejemplos.

✔ *En el Cuaderno C20.2 y C20.3 se hallan las actividades que corresponden a las secciones anteriores.*

El acento escrito en preguntas subordinadas

Acabas de aprender que hay que escribir el acento en las palabras "/k/ + dónde" que inician las preguntas informativas. Todas las preguntas informativas que estudiaste aparecieron en la cláusula matriz (al principio de la pregunta). Ahora vamos a estudiar el uso del acento escrito en las palabras "/k/ + dónde" que inician cláusulas subordinadas. Siguen varios ejemplos del fenómeno.

Jorge quiere saber <u>a **qué** hora volverá Elenita de su trabajo</u>.

Quiero que me digas <u>**cuándo** será el próximo eclipse de sol</u>.

Es necesario que me digas <u>**qué** andas haciendo</u> y <u>con **quién**</u>.

Las partes subrayadas son las cláusulas subordinadas. Cada una de ellas puede separarse, así constituyendo una pregunta independiente de cláusula matriz propia.

Jorge quiere saber [algo]: ¿A **qué** hora volverá Elenita de su trabajo?

Quiero que me digas [esto]: ¿**Cuándo** será el próximo eclipse de sol?

Es necesario que me digas [lo siguiente]: ¿**Qué** andas haciendo? [y] ¿Con **quién** [lo andas haciendo]?

Por eso se acentúan.

Muchas preguntas subordinadas siguen a verbos que **piden** información (como **saber** o **preguntar**) o que **dan** información (como **decir**, **enseñar**, **comprender**, **señelar** o **ver**).

✔ *En el Cuaderno C20.4, C20.5 y C20.6 se hallan las actividades que corresponden a las secciones anteriores.*

Las expresiones de admiración

Funciones admirativas y no admirativas de *como, cuanto, que, quien*

Los signos de admiración (tanto el signo inicial de admiración—¡—como el signo final de admiración—!—) se usan para indicar admiración, lástima o queja o para enfatizar algo. También hay muchas palabras sueltas que hacen las veces de admiración o de exclamación.

¡Caramba! ¡Condenado! ¡Ay, bendito! ¡Maldito sea! ¡Híjole!

Muchas oraciones admirativas comienzan con **cómo**, **cuánto**, **qué** o **quién**, que se escriben con acento cuando llevan la mayor parte de la fuerza admirativa.

¡**Qué** fácil es aprender a escribir bien el español!

Ay, pero, ¡**quién** tuviera tiempo para estudiar todo lo que hay que saber!

Y, ¡**cuántos** ejercicios nos manda hacer el profesor!

Sí, y, ¡**qué** regañón cuando se nos olvida la tarea o cuando se la come el perro o la pierde la computadora!

Cuando sirven de palabras admirativas intensificadoras o cuantificadoras, estos **qué** / **cómo** / **cuánto** casi siempre equivalen a *how* en inglés, como manifiestan las siguientes traducciones de varias de las oraciones anteriores.

How easy it is to learn how to write Spanish well!

And **how** many exercises the teacher has us do!

Yes, and **how** mean he gets when our homework gets left behind or when the dog eats it up or the computer loses it!

Quién, sin embargo, es siempre *who* en inglés, y **qué** es *what* cuando va delante de un sustantivo.

¡**Qué** niña más traviesa! = *What a naughty girl!*

Como, **cuanto**, **que** y **quien** también pueden escribirse sin acento si quieren decir cosas diferentes a las que se acaban de mencionar. Examinemos los siguientes ejemplos.

¡**Que** te vistas y **que** salgas corriendo!

Aquí **que** no se acentúa porque es conjunción y su traducción inglesa no es *how*.

<u>**Como**</u> se murió sin confesar, ¡<u>**cómo**</u> va a llorar la gente!

1	2

Como # 1 es conjunción y no equivale a *how*. **Cómo** # 2, sin embargo, es adverbio y sí equivale a *how*.

¡**Cuanto** más aprendas, más vas a saber!

¡**Cuánto** dinero te debo!

El primer **cuanto** no equivale a *how*, mientras que el segundo **cuánto**, sí.

¡**Quien** ande tras de lo ajeno, nunca espere nada bueno!

¡**Quién** lo iba a creer!

El segundo **quién** se acentúa porque tiene fuerza interrogativa aparte de admirativa, mientras que el primer **quien**, no.

✔ *En el Cuaderno C20.7 se halla la actividad que corresponde a las secciones anteriores.*

Los números cardinales y los números ordinales

Los números **cardinales** son los que se usan para expresar cantidades: **uno**, **dos**, **tres**, **cuatro** ... Los números **ordinales**, en cambio, se usan para expresar el orden y la sucesión de las cosas: **primero**, **segundo**, **tercero**, **cuarto** ...

Los números cardinales

0-15

cero	cuatro	ocho	doce
uno	cinco	nueve	trece
dos	seis	diez	catorce
tres	siete	once	quince

16-19

Hay dos formas escritas distintas; las dos son válidas aun cuando se prefiere la primera.

16	dieciséis	diez y seis
17	diecisiete	diez y siete
18	dieciocho	diez y ocho
19	diecinueve	diez y nueve

20

veinte

21-29

Aquí también hay dos formas escritas distintas igualmente válidas, aun cuando se prefiere la primera.

21	veintiuno	veinte y uno
22	veintidós	veinte y dos
23	veintitrés	veinte y tres
24	veinticuatro	veinte y cuatro
25	veinticinco	veinte y cinco
26	veintiséis	veinte y seis
27	veintisiete	veinte y siete
28	veintiocho	veinte y ocho
29	veintinueve	veinte y nueve

30, 40, 50, 60, 70, 80, 90

30	treinta
40	cuarenta
50	cincuenta
60	sesenta
70	setenta
80	ochenta
90	noventa

31-39, 41-49, 51-59, 61-69, 71-79, 81-89, 91-99

Siempre se escriben con tres palabras.

31	treinta y uno
32	treinta y dos
33	treinta y tres
	etc.

100-199:

La norma es que se use la forma larga **ciento** para números compuestos o para contar en serie.

Tengo **ciento veinticinco** pares de guantes.

Mi esposa tiene **ciento noventa y nueve** pares de zapatos.

... noventa y ocho, noventa y nueve, **ciento, ciento uno, ciento dos, ciento tres** ...

La excepción es la representación del número "100" como número único frente a cualquier sustantivo.

Hay **cien** hombres en este salón y también **cien** mujeres.

Cada una de estas **cien** personas me debe **cien** dólares.

200-999:

Pon mucha atención a la ortografía y la formación de los números marcados con •.

200	doscientos (= **dos** + **cientos**; fíjate que se conserva la **s** de **dos**)
300	trescientos (aquí también se conserva la **s**)
400	cuatrocientos
•500	**quinientos**
600	seiscientos (se conserva la **s** final de **seis**)
•700	**setecientos** (se descarta la **i** de **siete**)
800	ochocientos
•900	**novecientos** (**nove** en vez de **nueve**)

El uso de la conjunción "y" en números cardinales

Nótese que **no** se dice *ciento y uno, sino **ciento uno**, etc. En inglés sí puede usarse la conjunción: *one hundred and one, one hundred and two* ...

La conjunción **y** nunca se usa entre la columna de los cientos y la de los decimales.

110	ciento diez
111	ciento once
112	ciento doce
123	ciento veintitrés
134	ciento treinta y cuatro

100, 200, 300, 400, 500, 600, 700, 800, 900 + 1 COMO ADJETIVOS

Al usarse estos números como adjetivos, se comportan como tal; también hay concordancia de género entre el número "1" y el sustantivo que modifica. Siguen varios ejemplos.

200 mujeres = doscient**as** mujeres

200 hombres = doscient**os** hombres

201 mujeres = doscient**as** una mujeres

201 hombres = doscient**os** **un** hombres (que se entiende: "doscientos hombres y un hombre más")

De igual manera:

301 casas	trescientas una casas
301 libros	trescientos un libros
321 casas	trescientas veintiuna casas
321 libros	trescientos veintiún libros
571 casas	quinientas setenta y una casas
571 libros	quinientos setenta y un libros

✔ *En el Cuaderno C20.8 y C20.9 se hallan las actividades que corresponden a las secciones anteriores.*

Los miles:

1.000-9.999

   1.000 = mil

   2.000 = dos mil

   3.000 = tres mil

   4.000 = cuatro mil

   5.000 = cinco mil

10.000-999.999

En la mayoría de los países hispanohablantes se usa el sistema europeo según el que se emplea el punto (.) para hacer la división entre columnas de tres; en los Estados Unidos y en otras partes, se usa la coma (,). Asimismo se usa la coma donde en Estados Unidos se usa el punto. Sigue una comparación entre los dos sistemas.

SISTEMA DE ESTADOS UNIDOS	SISTEMA EUROPEO
números cardinales	
100,000	100.000
95,327	95.327
1,234,567	1.234.567
porcentajes	
1.5%	1,5%
33.6%	33,6%
decimales	
91.92468	91,92468

En cuanto a las formas escritas de los numerales 10.000–999.999 (o sea, 10,000–999,999), se continúa el patrón establecido por los demás miles.

10.000 = diez mil
12.987 = doce mil novecientos ochenta y siete
222.222 = doscientos veintidós mil doscientos veintidós
345.678 = trescientos cuarenta y cinco mil seiscientos setenta y ocho

✔ *En el Cuaderno C20.10 se halla la actividad que corresponde a la sección anterior.*

Los millones

La palabra **millón** se comporta como sustantivo, es decir, como si fuera, por ejemplo, la palabra **grupo** o **cantidad**, a la que le sigue forzosamente la preposición **de**.

un **grupo** de conejos

un **millón** de conejos

dos **millones** de conejos

noventa y tres **millones** de conejos

✔ *En el Cuaderno C20.11 se halla la actividad que corresponde a la sección anterior.*

Los números ordinales

Los números ordinales se usan para expresar el orden y la sucesión de las cosas. Son adjetivos siempre (a menos que se conviertan en sustantivos); de ahí que concuerdan en género y número con el sustantivo que modifican. Los ordinales **primero** y **tercero** se acortan ante sustantivos masculinos singulares. Los demás no.

Los ordinales del 1º al 10º

m.	primer	
m.	primero	primeros
f.	primera	primeras
m.	segundo	segundos
f.	segunda	segundas
m.	tercer	
m.	tercero	terceros
f.	tercera	terceras

cuarto/a(s)
quinto/a(s)
sexto/a(s)
séptimo/a(s)
octavo/a(s)
noveno/a(s)
décimo/a(s)

Los ordinales del 11° a 100°

Es posible que no te sean conocidos los ordinales por arriba de **décimo** porque se usan poco y con frecuencia son sustituidos por los cardinales. Así que en vez de decirse "Mi undécimo cumpleaños" se diría "Mi cumpleaños once". De todos modos, estos ordinales—que también concuerdan en género y número con el sustantivo que modifican—son:

a. **11° y 12°:**
   Cada uno tiene dos formas distintas:

   11°: undécimo / décimoprimero
   12°: duodécimo / décimosegundo

b. del **13° en adelante:**
   Cada uno tiene una sola forma:

   decimotercero
   decimocuarto
   decimoquinto
   decimosexto
   decimoséptimo
   decimoctavo
   decimonoveno

De aquí en adelante, los ordinales decimales acaban en **-gésimo**.

20:	vigésimo
	vigésimo primero
	vigésimo segundo, etc.
30:	trigésimo
40:	cuadragésimo
50:	quincuagésimo
60:	sexagésimo
70:	septuagésimo
80:	octogésimo
90:	nonagésimo
100:	centésimo[2]

✔ *En el Cuaderno C20.12 se halla la actividad que corresponde a la sección anterior.*

---

[2]Apenas se usan los ordinales de 100 a 1000, pero los presentamos por si acaso: *ducentésimo, tricentésimo, cuadringentésimo, quingentésimo, sexcentésimo, septingentésimo, octingentésimo, noningentésimo, milésimo.*

Las letras mayúsculas

Las mayúsculas se usan menos en español que en inglés. Por ejemplo, en inglés se escriben con mayúscula todos los adjetivos que vienen de nombres propios.

> For dinner we had *French* wine, *Greek* salad, *German* sauerbraten, *Mexican* tamales, *Italian* ice cream, and *Turkish* delight.

En español, **no** se escriben con mayúscula.

> Me encantan las enchiladas **mexicanas**, el chorizo **cubano**, el lechón asado **puertorriqueño**, las papusas **salvadoreñas**, el café **colombiano** y las hamburguesas **americanas**.

En español las mayúsculas sólo se usan para nombres propios y algunos títulos.

Nombres propios

NOMBRES DE PERSONA

> El domingo que viene, **Fernando González** se casará con **Marisela Suárez** en la iglesia de Santo Domingo de Silos.

PAÍSES, ESTADOS, PROVINCIAS, CIUDADES, PUEBLOS, ETC.

> El novio es de **El Paso**, **Tejas** y su padre es de **San Juan del Río**, **Querétaro**, **México**, mientras que la novia es oriunda de **Oviedo**, **la República Dominicana**, pero ya tiene trece años viviendo en **Manhattan**.

RÍOS, OCÉANOS, MONTAÑAS, LAGOS Y DEMÁS NOMBRES PROPIOS GEOGRÁFICOS

> Van a pasar su luna de miel en una cabaña cerca del río **Colorado** y después van a ir al **Valle de la Muerte**, al **Océano Pacífico** y a la **Sierra Nevada**, pasando por **Hollywood**.

Es de notarse que cuando el artículo definido se considera parte del nombre propio de la ciudad o del país, se escribe con mayúscula también: **El Paso, Las Cruces, El Segundo, El Yunque, El Salvador, Los Mochis, La Vega.**

TÍTULOS HONORÍFICOS

Las **referencias a Dios o a la Virgen María** suelen escribirse en mayúscula.

> Creo en un solo **Dios**, **Padre Todopoderoso**, **Creador** del cielo y de la tierra, y de todas las cosas visibles e invisibles. Y en un solo **Señor Jesucristo**, **Hijo**, unigénito de **Dios**, engendrado del **Padre** antes de todos los siglos, **Dios** de **Dios**, **Luz** de **Luz**, **Verdadero Dios** de **Verdadero Dios**.

LOS TÍTULOS DE DIGNIDAD O DE AUTORIDAD

> Este retrato es de **Su Excelencia** don **Eupsiquio Maximiliano Goicoechea Gómez**, el **Jefe** del **Estado**, cuando paseaba con su perro junto al palacio. En el otro retrato vemos a **Su Santidad** el papa **Juan Pablo**, bendiciendo a don **Eupsiquio**.

LOS TÍTULOS DE LIBROS, DRAMAS, POEMAS, ETC.

Sólo la primera palabra de un título, y también cualquier nombre propio que éste contenga, se escriben con mayúscula.

> Mis dos novelas favoritas son *La gloria de don Ramiro* y *Al diablo con la gloria*.

LOS TÍTULOS DE INSTITUCIONES Y ORGANIZACIONES

> Los **Caballeros de Colón** se complacen en invitarle a su grandioso baile de fin de año que se llevará a cabo en la sala de actos de la **Facultad de Filosofía y Letras** de la **Universidad Pontificia Vetusta**.

LOS TÍTULOS DE PERIÓDICOS Y REVISTAS

Todas las palabras menos artículos, preposiciones y conjunciones empiezan con mayúsculas.

> Rubén siempre lee **El País**, la **Revista de Occidente** y la **Nueva Revista de Filología Hispánica**, pero nunca lee **El Diario de la Provincia de Ocotepeque**.

✔ *En el Cuaderno C20.13 se halla la actividad que corresponde a la sección anterior.*

El uso de las conjunciones *y/e, o/u*

La conjunción *y* se convierte en *e* al encontrarse antes de cualquier palabra que empiece con el sonido de /i/.

Ejemplos:

Isela y Juan	→	**Juan e Isela**
hígado y riñón	→	**riñón e hígado**
ídolos y dioses	→	**dioses e ídolos**
hijo y madre	→	**madre e hijo**

La conjunción *o* se convierte en *u* al encontrarse antes de cualquier palabra que empiece con el sonido de /o/.

Ejemplos:

odio o amor	→	**amor u odio**
Óscar o Juan	→	**Juan u Óscar**
holandeses o belgas	→	**belgas u holandeses**
hórrido o espléndido	→	**espléndido u hórrido**

✔ *En el Cuaderno C20.14 se halla la actividad que corresponde a la sección anterior.*

Texto y comprensión

El texto: Luis Soto, *Rubén Contreras*

Licenciado y maestro en Letras Hispánicas de The University of Texas at El Paso en 1996, Luis Soto está actualmente acabando sus estudios doctorales en literatura y lingüística en la Arizona State University. Es autor de varios ensayos y cuentos que han sido publicados en revistas mexicanas. Nació en Ciudad Juárez, Chihuahua, México, donde hizo todos sus estudios preuniversitarios. Ha ejercido la carrera de músico profesional en Santa Ana y Phoenix.

Actividad 20.2   Preguntas preliminares para contestar en voz alta y por escrito.

1. ¿Cuáles son las causas de la violencia en el mundo de hoy en día? En tu opinión, ¿cuáles son las más serias? ¿A qué se deben? ¿Pueden controlarse o hasta eliminarse? ¿Cómo y hasta qué punto?

2. ¿Cómo pueden proteger los padres a sus hijos contra el crimen, las drogas y los efectos de ambos? ¿Has tratado tú alguna vez de proteger a "los tuyos" contra la mala vida? ¿Hasta qué punto has tenido éxito?

3. ¿Qué podría hacerse para combatir con éxito el tráfico de drogas? (Contesta esta pregunta aun cuando tú mismo no estés a favor de combatirlo.)

Lee con atención el siguiente cuento.

Rubén Contreras

Hoy martes se cumple otro año de la venida de mi hermana, Marta. Lo hizo desde Phoenix, Arizona, por encargo de mi cuñado, Juan. La causa: mi sobrino y ahijado Rubén acababa de cambiar la escuela por las drogas, dos años después de que se fue de aquí.

Ese día. Mi hermana me llevó al patio, clavó sus rodillas en el suelo y con sus brazos y mirada apuntó hacia el cielo. Por un momento pensé que estaba jugando como cuando éramos pequeños, pero mi pecho se inundó[1] de tristeza cuando escondió su rostro tras sus manos y, acompañada de largos sollozos empezó a contarme la historia.

En cuanto oí que Rubén había caído en las garras del crack, sentí crecer un hueco en mis adentros y luego otro que devoraba al primero; después la hiel se paseó por todo mi cuerpo. Porque a Rubén yo lo crié desde que tenía tres años hasta que cumplió los diez. Aquí vivió, conmigo, a un costado de la cárcel, donde lo bueno, lo malo y lo peor de la vida divisó. A mi lado era feliz y se llevaba bien con todos, principalmente con los vecinos de aquí, de al lado,

Notas léxicas

[1] llenó

los Torrijos, con quienes pasaba largos ratos y les hacía los mandados a diario porque aparte de viejos, estaban inválidos.

Recibí unas cachetadas en el pensamiento cuando mi hermana me dijo que Rubén había abandonado la escuela, visitado tres veces la cárcel y dos el hospital dizque por la pérdida de peso. Estuve a punto de morirme de coraje. Maldije a los culpables de lo que le pasaba y ansié[2] tenerlos frente a mí para ahorcarlos.

Empaqué sólo lo necesario y a Phoenix volamos.

"Él, que es de 'A's, ahora no sale de 'D's y 'F's", fueron las palabras de mi cuñado al recibirnos en el aeropuerto. Y no abrió la boca sino hasta que llegamos a casa, y eso para maldecir a su propio hijo.

"¡Mike! ¡Richie! ¡Jelipe! ¡Lily! ¡Lulú! Todos, vengan acá", mi hermana vociferó al tiempo que estiraba su brazo izquierdo para darme una foto de Rubén, de cuerpo entero, que por cierto parecía difunto, más por lo flaco que por lo blanco porque el canijo[3] a mi lado siempre estuvo gordito.

Cinco gritos escuché. Mis sobrinos se lanzaron contra mí. Por más esfuerzos que hice los brazos ya no me alcanzaron para estrecharlos a todos juntos. En dos años habían crecido mucho. Lulú, la mayor de todos, se quedó a mi lado después de que los demás se fueron a la cama y mi hermana al baño, a llorar un rato. Por Lulú supe que Rubén fue encaminado al vicio por un individuo apodado[4] El Diablo, un tipo que duraba más en entrar que en salir de la cárcel porque tenía influencias y porque era difícil comprobarle sus movidas. Lo que más me recomendó mi sobrina fue que tomara mis precauciones con el maligno[5] porque siempre andaba armado.

Eran las tres de la mañana y de mi ahijado ni sus luces. Dos años y siete horas hacía que no lo veía. Quería abrazarlo y besarlo. Y en verdad les digo que mientras mi sobrina y yo lo esperábamos, mi cerebro se negaba a aceptar todo lo que de él se había dicho.

Esa noche no dormí.

Rubén tenía más de seis meses que no llegaba temprano a casa. Mi cuñado ya ni se levantaba para llamarle la atención porque el único día que lo hizo lo amenazó con abandonar el hogar. Desde ese día la pobre de mi hermana parió un llanto seco; desde entonces se le fue en puro llorar, al igual que la que me dio la vida[6] hasta que regresé de Vietnam.

La cosa era que mi chiquillo tenía que ser rescatado de las garras del vicio y de las de El Diablo. Tenía que hacerlo con sumo cuidado, como cuando inspeccionaba áreas dinamitadas mientras el sol dormía. Pero ni mi 357 magnum ni mi inseparable y verde daga[7] habían viajado conmigo; ustedes saben, por cuestiones de revisión aduanal[8] y de seguridad aérea.

---

[2] codicié, deseé con ansia   [3] enclenque, raquítico, débil   [4] con el sobrenombre de   [5] el malo, el malévolo ("El Diablo")   [6] (mi madre)   [7] cuchillo, navaja, machete   [8] chequeo que hacen en las fronteras

Antes de que el sol despertara levanté a todo mundo. Le pedí el carro a Juan, a Lulú que indagara[9] en la escuela o me trajera a alguien que supiera de la guarida[10] de El Diablo, y a Marta que me llevara a donde pudiera conseguir material bélico.[11]

Regresamos cuando el sol destendía la cama para acostarse. Juan estaba preocupado por su carro y mi sobrina Lulú me tenía una mala nueva: se le había aparecido El Diablo en la mañana, en la escuela, cuando éste y Rubén repartían droga mientras Marta y yo los buscábamos. El patas de chivo[12] la había amenazado de muerte por si daba parte a la policía o iba con el cuento a otra gente del negocio que él y su cómplice traían; su amiga Adriana fue testigo de esa amenaza.

Ésa no fue la primera pero sí la última llamarada que El Diablo lanzó contra mi sobrina. Ahorita les digo por qué. Según Adriana, ya hacía tiempo que un tal Carlos andaba buscando a El Diablo para liquidarlo[13] porque le había metido seis balazos; además le había invadido su terreno, arrebatado a la mayoría de sus clientes, y enviciado por la fuerza a su hermana, a quien mató cuando supo que estaba embarazada. Es más bien por lo último que Carlos lo buscaba. Es por todo lo anterior que El Diablo se escondía y nunca estaba en un lugar fijo y siempre andaba armado hasta los cuernos. Carlos decía que El Diablo no merecía una muerte rápida y que ni el mismo infierno le perdonaría el haber hecho tanto daño. Carlos quería torturarlo por mil años o al menos ponerlo a correr de por vida parado de manos.

Por lo que dijo Adriana me entró un temor. Si el tal Carlos se me adelantaba, se armaría una balacera y mi muchachito sería asesinado. Afortunadamente Adriana sabía dónde encontrar al maléfico.[14] Y ni siquiera le pedí que me llevara. En el camino me contó que El Diablo la había mancillado[15] dos veces y que su hermana estuvo a punto de volverse loca porque le inyectó dos gramos de heroína a la fuerza; esto fue cuando las dos estaban en la *high school*; por eso ella también le traía ganas.

Nos estacionamos como a cien pasos de la entrada de un rancho, entre Casa Grande y Guadalupe, propiedad de un gobernador mexicano. A medida que avanzábamos me preparaba para lanzar una bomba y recordaba, una a una, las siguientes palabras: "Tío, El Diablo utiliza a Rubén como mula ... la reparten por el centro, desde la Baseline hasta la Glendale ... adentro y afuera de las escuelas, principalmente en Tempe y sus alrededores. Haz que El Diablo pague por haber regalado vicio a tanto niño. Que le apliquen la ley del hielo.[16] ¡Que lo arrastre un burro y le exploten a diario tres granadas de mano en las jetas!"[17]

Para saber si El Diablo estaba acompañado, le envié el primer aviso.[18] La tierra se lamentó; el cielo se iluminó; el seis apareció tres veces[19] y los pinos que volaron ensartaron[20] al cielo

---

[9] hiciera preguntas, investigara   [10] escondite, refugio   [11] de guerra, para pelear   [12] El Diablo
[13] asesinarlo   [14] a El Diablo   [15] manchado; violado   [16] Que le paguen con la misma moneda.
[17] en las narices ('en la cara')   [18] le aventé una granada   [19] (el número '666' es una vieja señal del diablo)   [20] atravesaron

con sus picos y allá se quedaron con todo y pájaros. Después entramos granada en mano y escudriñamos[21] por todos lados hasta que encontramos lo que buscábamos, más bien, lo que quedaba de El Diablo: nomás de la mitad para arriba y sin ojos. Carlos se nos había adelantado.

A Rubencillo lo encontramos después en un hospital, con las piernas amputadas, sin lengua y con las partes que lo acreditaban como hombre arrancadas. Mi hermana, al verlo se volvió loca y tres meses después murió. Mi cuñado se fue con otra y mis sobrinos me prefirieron a mí.

Hoy martes se cumple otro año de la venida de mi hermana, Marta.

[21] rebuscamos

✔ *En el Cuaderno C20.15, C20.16 y C20.17 (La comprensión) se hallan las actividades que corresponden a las secciones anteriores.*

LÉXICO ESPAÑOL-INGLÉS

En el presente léxico no se incluyen ni los cognados obvios ni el vocabulario común. El orden alfabético a seguir es el aprobado por la Real Academia en 1994. El léxico no incluye las palabras que se comentan en notas al pie de la página. Se marca el género de todos los sustantivos que terminan en -e, -n, -z y -s (en singular). (Se da por sentado que los terminados en -a y -d son f. y los terminados en cualquier otra letra son m., a menos que se indique lo contrario.) Las abreviaturas que se usan son:

adj. (adjetivo)
f. (de género femenino)
m. (de género masculino)
mex. (de uso y/o origen mexicanos)
n. (sustantivo)
pl. (plural)
sg. (singular)

The present lexicon includes neither obvious cognates nor common lexical items. The alphabetical order followed is the one approved by the Spanish Royal Academy in 1994. This lexicon does not include words appearing in footnotes. The lexicon gives the gender of all nouns ending in -e, -n, -z, and -s (singular). (It is assumed that all nouns ending in -a and -d are f. and all those ending in any other letter are m. unless a contrary indication is given.) The abbreviations used are:

adj. (adjective)
f. (feminine-gendered)
m. (masculine-gendered)
mex. (Mexican usage and/or origin)
n. (noun)
pl. (plural)
sg. (singular)

a ciencia cierta *to be absolutely certain*
a continuación *in what follows, in the following section*
a duras penas *with great difficulty, unwillingly*
a escondidas *on the sly*
a estas alturas *by this point in time*
a expensas *at the expense of*
a fin de cuentas *when all is/was said and done*
a la carrera *rapidly, in a hurry*
a la hora de la hora *at the moment of truth*
a menudo *frequently*
a propósito *by the way*
a secas: Se llama Juan a secas *His name is Juan and nothing more*
a través de *over, throughout*
abanicar *to fan*
abarcar *to cover*
abluciones (f.pl.) *ablutions (shower, shave, etc.)*
abnegado/a *self-denying*

abonar *to fertilize*
abrigo *overcoat*
abstraer *to abstract*
abultamiento *swelling*
acaparar *to hoard, stockpile, monopolize*
acariciar *to caress, fondle*
aceite (m.) *oil*
acelerar *accelerate, hurry up*
acequia *irrigation ditch*
acercamiento *approach*
acertadamente *correctly*
acertar *to get (something) right, answer correctly*
acierto *good decision*
acomodado/a *comfortable*
acomodar(se) *to make (oneself) comfortable*
acontecimiento *happening*
acorralar *to corner, trap*
acortar *to shorten, make shorter*
acto comunicativo *communicative act*
actriz (f.) *actress*
actual *present-day*
actualidad: de mucha ~ *of considerable importance nowadays*
actualidades (f.pl.) *current events*
actualmente *presently, at the pres-ent time*
actuar *to act*
adiestrar *to train*
adivinar *to guess*
adorno *adornment, decoration*
adquisición (f.) *acquisition*

advenedizo/a *social climber, upstart*

advertir (advierte, advirtió) *to warn*

aerear/airear *to air*

aes *(grades of) 'A'*

aferradamente *ferrociously*

aferrar(se) *to cling closely*

afín *common, similar*

aflojar *to loosen*

agarrar *to grab*

agasajo *celebration in honor of someone*

agitar *to shake, wave*

agotar *come to an end, be out of stock, put an end to, wear out*

agradecer *to be thankful, appreciate*

agradecimiento *gratitude*

agregar *to add*

agrio *sour, tart*

aguacero *shower*

aguantar(se) *to tolerate, put up with*

aguante (m.) *putting up with (something)*

agudeza *sharpness, keenness*

agudo/a *sharp, acute, painful*

agüilla *(any water-like liquid)*

aguinaldo *bonus*

aguja *needle*

agujero *hole*

ahijado/a *god-child*

ahogar *to drown*

ahorcar *to hang*

ahorrar *to save (money)*

ahorros *savings*

aislado *isolated*

ajedrez (m.) *chess*

ajeno/a *belonging to someone else*

ajo *garlic*

al dedillo *by heart, perfectly*

al grano *on target, to the point*

al respecto *about (it), concerning (it)*

alambre (m.) *wire*

alba *dawn*

albores de la historia *dawn of history, beginning of time*

alborotar(se) *to excite; to get excited, noisy*

alcalde *mayor*

alcanzar *to reach, achieve*

alegría *happiness*

alejar(se) *to move away*

aletear *to flutter*

alfombra *carpet*

alimentación (f.) *food*

alimentar *to feed*

alimenticio/a *culinary (involving food)*

alimento *foodstuff, thing to eat*

alistar(se) *to enlist*

aliviar(se) *to recover, get well*

alivio *relief*

almacén (m.) *warehouse*

almohada *pillow*

alpinista *mountain climber*

alrededor *around, close to*

alturas: a estas alturas *at this point in time*

alud (m.) *avalanche*

alumbrar *to light (a fire)*

alzar *to raise up, lift*

ama de casa *housewife*

amable *kind, pleasant*

amanecer *to come up (said of the sun); to wake up; (n.m.) dawn*

amante (m., f.) *lover*

amar *to love*

amargar *to embitter*

amargo *bitter*

amarrar *to tie down*

amarras *ropes and cords to tie someone down*

ambiental *environmental*

ambiente (m.) *environment*

ámbito *environment*

ambos/as *both*

amenaza *threat*

amenazante *threatening*

ameno/a *pleasant*

amortajar *to shroud, cover up with darkness*

ampliar *to broaden, expand upon*

amplio/a *large, wide, broad*

amueblar *to furnish*

analfabeto/a *illiterate*

anaranjado/a *orange-colored*

anarquista *anarchist (person opposed to any political authority)*

ancho/a *wide, broad*

Andalucía *Andalusia (southern part of Spain)*

andar(se) por las ramas *to beat around the bush*

andén (m.) *platform*

anécdotas *anecdotes*

anhelo *wish, desire*

anillo *ring (on finger)*

ánimo *spirit, emotion*

anochecer *to get dark, for night to fall*

ansias *eagerness*

anteceder *to go before, be placed before*

antepenúltimo/a *next-to-the-next-to-the-last*

anticonceptivo *birth-control*

antojar(sele algo a alguien) *to feel like, have a craving for*

anuncio *announcement; advertisement*

anzuelo *fish hook*

añadir *to add*

apaciguar *to pacify*

apagar *to snuff out, put out (a fire)*

aparte de *beyond, in addition to*

aparte *separately*

apellido *last name*

apertura *opening*

apestar *to smell, stink*

apiadar(se) de *to take pity on*

aplicar *to apply*

apostar *to bet*

aprendizaje (m.) *learning*

apresar *to seize*

apretar *to grasp*

apretujado/a *squashed together*

aprobar (apruebo) *to approve*

aproximar(se) *to get close to, move toward*

apuesto/a *handsome*

arañar *to scratch*

arcaico/a *archaic*

arder *to burn*

ardilla *squirrel*

arduo/a *arduous, difficult*
arete (m.) *earring*
armario *chest of drawers*
armiño *ermine*
armonía *harmony*
aro *ring*
arrancar *to tear off*
arranque (m.) *fit, period of anger*
arrebatar *to snatch, take away from*
arreciar *to hasten*
arreglado/a *fixed; under control*
arreglo *arrangement*
arrejuntar *to gather together*
arremeter *to attack*
arriar *to slop*
arribar *to arrive*
arribo *arrival*
arriero/a *mule driver*
arriesgar *to risk*
arrodillado/a *kneeling*
ártico/a *Arctic*
artillería *artillery*
artritis (f.) *arthritis*
asamblea *assembly*
ascendente *rising*
asco *disgust*
asegurar *to assure*
asentir *to assent, agree*
aserrín (m.) *sawdust*
asesinar *assasinate, kill off*
asesinato *assassination*
asesor(a) *counselor, advisor*
asilo *asylum; senior citizens' home*
asimismo *likewise, in similar fashion*
asistir *to attend (e.g., a school)*
asolado/a *devastated; thunder-struck*
asombrar *to astonish, surprise*
asombroso/a *astonishing, surprising*
astro *star*
asunto *matter, affair*
atar *to tie, tie down*
ataúd (m.) *coffin*
aterrizar *to land*
atinado/a *pertinent, on target*
atorar *to stick; to get stuck*
atracar *to moor*

atraer *to attract*
atrasar(se) *to be late*
atravesar *to cross, go from one side to another*
atrever(se) *to dare*
atún (m.) *tuna fish*
audacia *audacity*
audiencia *(court) hearing; audience*
aullido *howl*
aumentar *to grow, increase*
aun *though*
aún *still, yet*
aunque *although*
ausencia *absence*
autopista *superhighway, freeway*
auxilios (m.pl.) *last rites*
avance (m.) *progress*
avanzado/a *advanced*
aventar *to throw; ~(se) to dare; to be successful at*
aventón (m.) *ride (in a car)*
aventurar *to take a risk*
avergonzado/a *ashamed*
averiguar *to find out, investigate; to argue*
avisar *to inform, let know*
axilas *underarms*

babosada *stupidity, idiocy*
bachillerato *high school degree*
bajar la regla *to have one's period (said of women)*
balanceo *swinging motion*
balanza *scale (for weighing)*
balazo *bullet*
ballena *whale*
bandido (m.) *bandit*
banqueta *sidewalk*
barda *fence*
barrera *barrier*
barriga *belly, stomach*
barro *mud*
bata *bathrobe*
batalla *battle*
batallar *to put up a fight; to make an effort*
batir *to beat*
baúl *trunk (for storing)*

bautizar *to baptize*
bautizo *baptism*
beca *scholarship*
belleza *beauty*
bello/a *beautiful*
bendito/a *blessed*
beneficio *benefit*
biblioteca *library*
bienestar *well-being*
bigote (m.) *moustache*
bisabuelo/a *great-grandfather/great-grandmother*
bisnieto/a *great-grandson/great-granddaughter*
blanquillo *egg*
bochorno *embarrassment*
bocina *car horn*
bocón, bocona *big-mouthed*
boda *wedding*
bodega *small store for groceries, religious items; storage area*
boletero/a *ticket collector*
bolígrafo *ballpoint pen*
bolillo *bobbin; bread roll*
bolsa *purse*
bolsillo *pocket*
bombardeo *bombing*
bondad *goodness*
bondadoso/a *good, benevolent*
boquiabierto/a *open-mouthed*
borrachera *drunkenness*
borrar *to erase*
bosquejo *sketch, outline*
botanita *snack, appetizer*
botón (m.) *button*
bou *fishing style whereby two boats drag one net on ocean's bottom*
brillo *shine, shininess*
brindis (m.) *toast (to cause or person)*
brochazo *paintbrush stroke*
bronca *trouble, problem*
bronquitis (f.) *bronchitis*
brotar *to sprout, come up (said of plants)*
brujería *witchcraft*
buey (m.) *ox*
bufete (m.) *(law) office*

buitre (m.) vulture
bulto heavy object; heavy package
burbujear to bubble
butaca armchair
buzón (m.) mailbox
cabales (m.pl.) right mind
caballeriza (n.f.) stable
cabecear to nod (one's head in sleep)
cabecera headboard (of a bed)
cabezudo/a big-headed
cacha thigh; butt (of a gun)
cachetada slap (on the face)
cajón (m.) box; drawer
calar to soak; to catch on, take root, permeate
calavera skull
calcetín (m.) sock
caldillo broth
calificación (f.) grade (received in a course)
calificar to qualify
callejón (m.) alley
calvo/a bald
calzoncillos underwear
camarero/a waiter
camarón (m.) shrimp
camión (m.) truck; bus
camioneta van
camisón (m.) nightgown
campana bell
campaña campaign
campeón/campeona champion
camposanto cemetery
canal (m.) television channel
canas gray hairs
canasta basket
canela cinnamon
cansancio exhaustion
cántaro pitcher
cantidad quantity
cantina bar
cantinero/a bartender/barmaid
caña (de azúcar) sugarcane
caoba mahogany
capataz (m.) foreman
capaz capable
Caperucita Roja Little Red Riding Hood

capilla chapel
caracolear to snake, twist
carcajada burst of laughter
cargador(a) porter, carter
caricia caress, affectionate gesture
caridad charity
caries (f.) cavity
cariño affection
cariñoso/a affectionate
caro/a expensive
carrera career; (academic) major
carretera highway
carril highway lane
cartel poster
cartulina card
casadero/a marriageable
cáscara de plátano banana peel
castigar to punish
castigo punishment
castillo castle
cataplum wham, bam
catarata cataract
cátedra full professorship
catedrático/a full professor
categoría category; social standing
catre (m.) cot
cauteloso/a cautious
cautiverio captivity
cegar to blind
cejas eyebrows
celos jealousy
cenar to have dinner, dine
centellante sparkling
cepillo (hair)brush
cerca (n.) fence; (adv.) close (to)
cercanía nearness, proximity
cerdo pig
cesar to cease, stop, put an end to
césped (m.) lawn
chaleco vest
chamarra jacket
chancla bedroom slipper
chaparro/a short and stocky
charco puddle
charola tray
chicharrones (m.pl.) chitlins, cracklings

chiple spoiled, pampered; baby-like (said of voices)
chirriar to squeak, creak
chisme (m.) gossip
chismear to gossip
chismoso/a gossip
chocar to have an automobile accident
chofer (m., f.) driver
chorizo sausage
chorrear to stream down
chorro stream
choza hut, shack
chupar to suck; **para chuparse los dedos** finger-lickin' good
chusma sleaze, scum (insult term applied to people)
ciencia science
cierva doe (female deer)
cigüeña stork
cinto ribbon
cinturón (m.) belt
circular to move, keep moving
cisne (m.) swan
cita date; appointment
citar to cite, quote
ciudadanía citizenship
clasemediero/a lower-middle class
cláusula clause
clausurar to bring to a close
club campestre (m.) country club
cobarde coward
cobardía cowardice
cocer (ue) to cook, boil
codazo elbow blow
cohete (m.) firecracker
cojo/a lame
colegio school (elementary, secondary or high)
colgar to hang
colibrí (m.) hummingbird
colilla cigarette butt
colmo height, culmination
colocación (f.) placement
colocar to put, place, locate
colono/a colonizer, colonist
columpiar to push on a swing
comarca district
comilla quotation mark

comino *cumin seed*

compa (m.) *chum, buddy*

compadre (m.) *godfather; godparent*

compartir *to share*

compás (m.) *beat, note*

compasivo/a *compassionate*

complacer *to make happy*

cómplice (m., f.) *accomplice*

comportar(se) *to behave*

comprobar *to prove; to check up on*

compuesto/a *compound*

con tal (de) *que provided that*

concebir (concibo) *to conceive*

concordar (concuerda) *to agree*

concordia *agreement*

concurrido *well-attended*

concurso *contest*

conde (m.) *count*

condenado *damned*

conducir *to drive; to conduct*

conejo *rabbit*

conferencia *lecture*

confiar *to trust; to believe (in)*

conformar(se) *to be satisfied with*

conforme *in agreement with*

confundir *to confuse*

congelado *frozen; congealed*

conjuntamente *together with*

conjunto *(musical) group*

conocimiento *knowledge*

conquistar *to conquer*

conseguir *to get, obtain*

consentido/a *spoiled, pampered, idolized*

conserje (m., f.) *janitor*

constar *to say (something) for the record*

constituir *to constitute*

contabilidad *accounting*

contador(a) *accountant*

contenido *content*

contratar *to hire*

control de la natalidad *birth control*

controvertido/a *controversial*

convencer (convenza) *to convince*

convenir *for something to be a good idea (or) be advisable*

conventillo *tenement slum*

convertir *to convert*

copa *glass (with a stem)*

coraje (m.) *anger*

corazonada *hunch*

corbata vaquera *"cowboy necktie" (string or bola tie)*

corchete (m.) *square bracket*

corregir *to correct*

correspondencia *mail*

corrido *(type of popular Mexican music)*

corrientemente *natively (with reference to a language)*

cortés *courteous*

cortesía *courtesy, politeness*

cosecha *harvest, crop(s)*

costilla *rib*

creación literaria *creative writing*

crecer *to grow*

crecimiento *growth*

crepúsculo *twilight*

criadero *animal farm; breeding place for animals*

crujir *to creak*

cruzar *to cross*

cuadra *(city) block*

cuantificador *quantifier*

cuata *(female) twin*

cuate (m.; mex.) *guy, pal; twin*

cuchifritos *pieces of fried tripe and other meats*

cuello *neck (of a human)*

cuenta: una cuenta que ajustar *a score to settle*

cuentista (m., f.) *short-story writer*

cuentística *body of short stories*

cuento *short story; tale*

cuerno *horn*

cuestión (f.) *topic, theme*

culpa *guilt, blame, fault*

culpable *guilty*

culto *non-Catholic religious ceremony*

cumplido/a *devoted, dedicated*

cumplir *to keep (one's word or promise), carry out (a threat)*

cuna *cradle*

cuñado/a *brother-/sister-in-law*

cura (f.) *cure;* (m.) *priest*

cursar *to study, take (a school subject), enroll in*

curso *course, school subject*

dañar *to damage*

daño *damage, harm*

dar a luz *to give birth*

dar(le a uno) por su lado *to let (someone) have his/her way*

dar lugar a *to give rise to*

dar parte *to contact, get in touch with*

dar(se) cuenta *to realize, become aware of*

de antemano *in advance*

de buenas a primeras *suddenly*

de cabo a rabo *from start to finish*

de continuo *constantly*

de costumbre *than usual, as usual*

de etiqueta *formal (clothing)*

de inmediato *right away, immediately*

de par en par *wide open*

de plano *flatly, flat-out*

decano *dean*

defraudado/a *deceived*

delatar *to denounce, betray, inform on*

deletrear *to spell*

demostrativo *demonstrative (pronoun or determiner)*

dependiente *clerk, salesperson*

derretir *to melt*

derrumbar *to bring down, defeat*

desacuerdo *disagreement*

desafiar *to challenge, defy*

desafío *challenge*

desagrado *displeasure*

desahogado/a *comfortable, comfortably*

desamparo *state of neglect*

desarrollar *to develop*

desaseo *uncleanliness*

descalzo/a *barefoot*

descomponer *to break*

desconfiar *to distrust*

desconsolar *to grieve, despair*

desdichado/a *unfortunate, unhappy*

desdoblar *to unfold*

desechable *throw-away*

desembolsado/a *paid out*

desempeñar *to play (a role)*

desempleo *unemployment*

desenterrar *to dig up*

desgastar(se) *to wear oneself out*

deshacer *to undo*

desheredar *to disinherit*

deshonrar *to dishonor, violate*

desinflar(se) *to go flat (said of a tire)*

deslavado/a *dull, colorless*

deslizar(se) *to slip; to squeeze in, slip in*

deslumbramiento *astonishment*

desmayar(se) *to faint*

desmentir *to contradict, refute*

desocupar *to fire (from a job)*

desodorante (m.) *deodorant*

despechado *angry, furious*

desperdicio *waste*

despiadado/a *savage, ruthless, merciless*

despreciar *to despise*

desprecio *disdain*

desprender(se) *to part with; to fall; to come loose*

desquitar(se) *de to avenge, take revenge on*

destacar(se) *to stand out, excel*

destender *to unmake (a bed)*

destreza *skill*

destrozar *to destroy*

destruir *to destroy*

desvalido/a *helpless*

desventaja *disadvantage*

desvío *detour*

detener *to detain*

determinante *determiner*

deuda *debt*

devolver *to return*

día de descanso *day off*

diario *diary; newspaper; (adj.) daily*

dibujar *to draw, sketch, depict*

dicho *saying, proverb*

dichoso/a *fortunate; "wonderful" (sarcastic)*

dictadura *dictatorship*

difteria *diphtheria*

dignar(se) a *to deign to*

dique (m.) *dike*

dirigir *to direct*

disculpar *to pardon*

discutir *to discuss; to argue*

disecar *to dissect and stuff (in order to preserve)*

disfraz (m.) *disguise*

disfrutar *to enjoy*

disimuladamente *secretively, sneakily*

disminución (f.) *cut-back, diminution*

disminuir *to dimish*

disparo *shot (from gun)*

disponer (dispongo, dispusiera) *to enjoy, have access to*

disponible *available*

dispuesto/a *willing*

distinguir *to distinguish*

distraer *to distract*

divagar (divague) *to digress, ramble*

divisar *to sight, spot*

doblegar *to bend, humble*

docena *dozen*

docencia *teaching profession*

doler (duele) *to hurt*

dominar *have a good command of (a language, a subject); dominate*

dominio *command, ability to handle*

don (m.) *gift*

dondequiera *wherever, everywhere*

dorado/a *gilded, golden*

dormilón, dormilona *sleepyhead, slugabed*

duelo *duel*

duende *ghost, spirit*

dueño *owner*

dulce de leche *caramel custard*

duración *length*

echar de menos *to miss (someone)*

eficaz *efficacious, useful*

egoísta *selfish*

eje (m.) *axis*

ejemplo *example*

ejercer *to exercise*

ejército *army*

elefantiasis (f.) *elephantiasis*

elegir *to elect, select*

elenco *cast (of characters)*

embajador(a) *ambassador*

embalsar *to dam*

embarazada *pregnant*

embarazar *to make pregnant*

embarazo *pregnancy*

embarrado/a *muddied*

embrollo *trouble; trouble-making*

emocionante *moving, stirring*

empacar *to pack*

empañar *to steam up*

empapar *to soak*

empaquetar *to pack*

emparejado/a

emparentado/a *related*

empeñar *to pawn;* **empeñar(se)** *to insist on*

empeorar *to make worse;* **empeorarse** *to get worse*

emplazado/a *stationed, based (said of soldiers)*

empleado/a *employee;* **~ por horas** *part-time worker*

en absoluto *at all, to any extent*

en resumidas cuentas *to make a long story short*

enagua *petticoat*

encaje *lace*

encalado/a *whitewashed*

encaminar *to point in the direction of*

encargar(se) *to take charge of*

encargo: por ~ de *at the request of*

encariñar(se) *to fall in love with*

encerrado/a *hidden inside*

enchufar *to plug in*

encuerado/a *naked*

encuerar *to strip naked*

encuesta survey
enderezar to set straight
endeudar(se) to get into debt
enfatizar to emphasize
enfermero/a nurse
enfermería nursing
enfermizo/a sickly
enfocar(se) to focus on
enfrentar(se) to confront, face up to
enfriar(se) to get cold
enfundar(se) to put on (clothing)
enfurecer(se) to anger; to become angry
engrandecer to grow, become big
enguantado/a covered with gloves
enjuagar to rinse
enjugar to wipe away
enlatar to can (foodstuffs)
enloquecer to drive (someone) crazy
enloquecido/a crazy, insane
enorme enormous
enramada arbor, folliage
enredar(se) to get all tangled up
ensanchar to widen, broaden
ensartar to insert
ensayo essay
enseñanza en el hogar home schooling
ensueño fantasy
enterado/a knowledgable
enterar(se) to learn, find out
entero/a whole, entire
enterrar (entierra) to bury
entorno a alongside, right next to
entregar to hand in, hand over, deliver
entrenamiento training, practice
entrevistar to interview
entrometido/a nosey, snoopy
entusiasmado/a enthused; enthusiastically
entusiasta enthusiast
envase (m.) container
envejecer to grow old, age
envenenar to poison
enviciar(le a alguien) to force (someone) to become an addict

envidioso/a envious
enviudar(se) to become a widow/widower
envolver to wrap up
envuelto/a wrapped up, covered
enyesado/a in a cast
equilibrar to balance
equilibrio equilibrium, balance
equivocar(se) to make a mistake
erróneamente erroneously, incorrectly
escalera stairwell
escalofrío shiver
escasez (f.) lack, scarcity
esclavo/a slave
escritorio desk
escritura writing
escudriñar to scrutinize
escueto/a succinct, concise
escuincle (m., f.) brat, kid
escultor(a) sculptor
escurrir to wring; to drain
esdrújula proparoxytone
esforzar(se) to force; to make an effort
esfuerzo effort
espalda shoulder, back
espantoso/a frightful
esparcido/a scattered
especie (f.) sort, type, kind
espejo mirror
espeluznante horrifying, hair-raising
esperpéntico/a grotesque, weird-looking
espeso thick, heavy
espesura thickness
espía (m., f.) spy
espina thorn
espinar to prick (as with a thorn)
espoleado/a spurred
esqueleto skeleton
esquema (m.) scheme; chart
esquina (street) corner
estadio stadium
estadounidense of the U.S.A., American
estatura stature
estertor death rattle

estirar to stretch
estorbar to get in the way
estorboso/a annoying
estornudar to sneeze
estremecer(se) to shake; to tremble
estrenar to wear (etc.) for the first time
estufa de leña wood stove
estupendo/a stupendous, marvellous
estupidez (f.) stupidity
etéreo/a ethereal
étnico/a ethnic
evidenciar to show, bear witness to
evolucionado/a evolved, changed
exigencia demand
exigente demanding
exigir to demand
éxito success
experimentar to experience
explicar to explain
extasiado/a extremely happy, in extasis
extraer to extract
extranjero/a foreigner
extrañado/a perplexed, confused
extrañar to miss (someone or something)
extrañeza surprise
extraño/a strange
extraviar(se) to get lost

facultad de derecho law school
facultad de pedagogía college of education
fallar to make a mistake, go wrong
fallecer to die
fama reputation, fame
fantasma (m.) ghost
farmacodinámica pharmacodynamics
farol lamplight, street light
fastidiar to anger, make mad
fealdad ugliness
fecha date (on a calendar)
feligrés/feligresa parishioner
feria fair, exhibition; small change
feriado: día (m.) ~ holiday

feroz *ferocious*
ferrocarril *railroad*
festejo *festival, party*
ficticio/a *fictional*
fiebre (f.) *fever*
fiera *wild beast*
filología *philology*
filoso/a *sharp*
finalizar *to come to an end*
fingir (finjo) *to pretend*
finlandés/finlandesa *Finnish*
firmar *to sign*
física *physics*
físico/a *physical*
fisonomía *(physical) appearance*
flácidamente *flabbily*
flojera *laziness*
florear *to bloom*
flota *fleet*
fluir *to flow*
fomentar *to promote, encourage*
formulario *form*
fornido/a *well-built, (m.) hunky*
forro *lining, cover, book jacket*
fortaleza *fortress*
forzosamente *out of necessity*
fracaso *failure*
fragancia *fragrance*
fraguar *to forge*
fraile (m.) *monk, brother*
frase *phrase*
fregadero *kitchen sink*
freír *to fry*
fresco/a *brisk, slightly cold*
frontera *border*
fronterizo/a *border, borderline*
fuerza *force, strength*
fugar *to flee*
fundir(se) *to join, fuse, combine*
fúnebre *funereal*
furibundo/a *furious*

galán (m.) *heartthrob, boyfriend*
galardonar *to award a prize*
gana: de buena gana *eagerly*
ganancias *earnings*
gangrena *gangrene*
ganso *goose*

garboso *graceful; jaunty*
garganta *throat*
garita aduanal *sentry box for customs officers*
garrote *stick, club*
gastos *expenses*
gatillo *trigger*
gato por liebre: darle ~ *to pull the wool over someone's eyes*
gemelo/a *twin*
gemido *moan, sigh*
gemir *to moan*
gen (m.) *gene*
genio *genius*
genitourinario/a *genital-urinary*
gerente (m., f.) *manager*
gesto *gesture*
ginebra *gin*
girar *to revolve, spin*
gis *chalk*
gitano/a *Gypsy*
glotón/glotona *glutton*
gobierno *government*
godo/a *Goth*
goma *gum, rubber*
gorra *cap*
gorrión (m.) *sparrow*
gota *drop*
grabado *etching*
gracioso/a *funny, amusing*
grado *degree, extent*
graneado/a *seeded*
granizada *hail storm*
granizar *for hail to fall*
gratis *free of charge*
griego/a *Greek*
grosero/a *foul-mouthed*
grueso/a *thick*
gruñir (gruñó) *to grunt*
gubernamental *governmental*
güero/a (mex.) *blond, fair-skinned*
guión (m.) *script*
güiro *Caribbean musical instrument made from a gourd*
guisar *to cook, stew, braise*
gusano *worm*

habitación (f.) *room*
habladurías (f.pl.) *gossip*

hacha *axe*
halagar *to flatter*
hambreado/a *hungry*
hambruna *hunger*
harina *flour*
hazaña *deed*
hechizar *to bewitch*
hechura *manufacture*
helado *ice cream*
hembra *female*
heredar *to inherit*
herencia *heritage, inheritance*
herida *wound*
hermosura *beauty*
hervir (hierve, hirviendo) *to boil*
hiel (f.) *bile, bitterness*
hielo *ice*
hierba *(medicinal) herb*
hierro *iron*
hígado *liver*
hilo *thread;* perder el hilo *to lose one's train of thought*
himno *hymn*
hinchado/a *swollen*
hinchazón (f.) *swelling*
hipo *hiccup*
hipócrita (m., f.) *hypocrite*
hipotecar *to mortgage*
hipotético/a *hypothetical*
hispanohablante *Spanish speaker*
hogar *home*
hoja *leaf*
hojuela *flake*
holandés/holandesa *Dutch*
hollín (m.) *soot*
homenaje *homage*
homófobo/a *homophobe, man-hater*
honradez (f.) *honor*
honrado/a *honorable*
horario *schedule*
hormiguear *to crawl*
hormigueo *anthill*
hornear *to bake*
hortelano/a *truck gardener, market farmer*
hospedar(se) *to stay (in a hotel etc.)*
hueco *hole*

huelga decir *it goes without saying*
huelga *strike, work stoppage*
huella *track, trace*
huerta *vegetable, garden*
huésped (m., f.) *guest; host*
huesudo/a *bony*
huipil *(type of Amerindian shawl)*
huir *to flee*
humedad *humidity*
humilde *humble*
hundido *sunk*
hundimiento *sinking*

idioma (m.) *language*
idolatrar *to idolize*
ilustre *illustrious*
imantado/a *magnetized, hypnotized*
impartir *to teach, impart, give*
imperio *empire*
implicar *to imply*
impregnado/a *permeated*
improvisto/a *improvised, off-the-cuff*
inclinar(se) *to lean/be inclined toward*
incoloro/a *colorless*
incomodidad *discomfort; inconvenience*
inconcluso/a *incomplete, unfinished*
incorporar(se) *to sit up*
increíble *incredible*
independizar(se) *to become independent*
indescifrable *undecipherable*
indígena *indigenous, native (to a country)*
indiscutiblemente *unquestionably*
infarto *heart attack*
infierno *hell*
influir *to influence*
ingeniería *engineering*
ingeniero/a *engineer*
ingerir *to ingest, swallow*
ingreso *entrance*
injerto *graft (of something onto something)*
inmóvil *motionless; immobile*

inmovilizado/a *immobilized*
innato/a *innate, something one is born with*
inquietar *to disturb;* **inquietar(se)** *to become upset*
instalar(se) en *to move into*
institutriz (f.) *governess*
integrar *to fit in*
íntegro/a *whole, entire*
intemperie *outdoors, the elements*
intento *attempt*
internar *to be sent to (e.g., a hospital)*
interrumpir *to interrupt*
intocable *untouchable*
intrépido/a *intrepid, courageous*
inútil *useless*
invertir *to invest*
involucrado/a *involved*
iracundo/a *wrathful*
irreprimible *irrepressible*
irrisorio/a *laughable, ridiculous*
isla *island*

jale (m.) *work, job*
jalón (m.) *pull, yank*
jardinero/a *gardener*
jarro *jar, jug, mug*
jaula *cage*
jirafa *giraffe*
jornada *day's activities; day's journey*
joya *jewel*
jubilado/a *retired*
jubilar(se) *to retire*
júbilo *joy*
judío/a *Jew, Jewish*
jugo *juice*
juicio *trial; judgement*
juramento *oath*
justo/a *fair, equitable*

kínder *kindergarten*

labio *lip*
laboral *pertaining to work, jobs*
lacrimoso/a *tearful*
lado *(véase* **darle a uno por su lado***)*

ladrar *to bark*
ladrillo *brick*
lagarto *lizard; alligator*
lamer *to lick*
lanzallamas (m.) *flame thrower*
lanzamiento *throwing*
lastrar *to weigh down*
leal *loyal*
lealtad *loyalty*
lecho *bed*
lechón asado *roast suckling pig*
leña *(fire) wood*
leve *light (weight)*
libra *pound (unit of weight)*
librería *bookstore*
librero *bookstore clerk/ salesperson*
ligar *to bind, tie; to pick up (as for a date)*
liguero *garter belt*
limítrofe *neighboring; borderline*
limonero *lemon tree*
limosnero/a *beggar*
limpieza *cleanliness*
linterna *lantern*
lío *mess*
lista: pasar ~ *to take roll*
listón *ribbon*
litigante *plaintiff; defendant*
liviano/a *light (weight)*
llamarada *flame*
llanta *tire*
llanto *cry, crying*
llanura *plain, flat land*
lobo *wolf*
localizar *to locate*
loma *hill*
lombriz (f.) *earthworm*
lonche (m.) *lunch; sandwich*
lucir *to show off*
lucrativo/a *lucrative, wealthy*
luego *luego right away*
lujo *luxury*
lujoso/a *luxurious*
luto *mourning*

machacar *to smash*
macizo/a *solid*

madreselva *honeysuckle*

madrugada *the wee hours of the morning*

madrugar *to get up early*

maestría *Masters degree, M.A.*

magia *magic*

malabarista (m., f.) *juggler*

maldad *evil, malice*

maldito/a *damnable, damned*

maleta *suitcase*

mamífero/a *mammal*

manatí *manatee (sea cow)*

mancillado/a *stained*

manco/a *one-armed*

mandado *(Mex.) grocery order*

mandato *command*

maniático/a *obsessive*

manicomio *mental hospital*

manifestación (f.) *protest demonstration*

manifestar(se) (manifiesto) *to make known, become known*

manija *(door) handle*

manteca *lard; butter*

mantener (mantengo) *to maintain, support, keep*

maquillaje (m.) *make-up, cosmetics*

maraña *tangle*

maravilla *marvel, wonder*

maravillas: a las mil ~ *wonderfully, marvelously*

marcado/a *marked, noticeable*

marciano/a *Martian*

marear *to make dizzy*

marítimo/a *oceanic*

mármol *marble*

marrano/a *hog*

martillo *hammer*

masticar *to chew*

materia *subject, course content*

materno/a *maternal, of one's mother*

matrícula *tuition; registration*

matricular *to register; to pay tuition*

matrimonio *marriage*

matriz (f.) *matrix*

maullar *to meow*

máxime *all the more so*

máximo *at most*

mayor *older*

mayoría *majority*

mayúscula *capital letter*

mediados de *the middle of*

mediano/a *medium*

mediante *by means of*

medir *to measure; to be ___ feet tall*

mejilla *cheek*

mejorar *to improve*

mendicidad *mendacity*

mendigo/a *beggar*

menear *to nod (one's head)*

menudo *Mexican tripe stew*

mercantil *commercial*

merecer *to deserve*

merienda *snack*

mesero/a *waiter*

metro *subway*

metrópoli (f.) *urban area*

mezcal (m.) *strong cheap brandy made from agave plants*

migratorio/a *migrant*

mil *thousand*

mimado/a *spoiled, babied*

minifalda *miniskirt*

minúscula *lower-case letter*

mísero/a *miserable*

mito *myth, legend*

mixto/a *mixed*

mochila *backpack*

mocoso/a *snot-nosed brat*

modales (m.pl.) *manners*

modificar *to modify*

mojar *to get wet*

mojo *gravy, sauce*

molde de pastel (m.) *cake dish*

molinero/a *miller*

monedero *coin purse*

monja *nun*

mono/a *monkey*

monótono/a *monotonous*

montaña *mountain*

montar casa *to set up housekeeping*

moño *bun (which hair is put up in)*

moraleja *moral, lesson*

morder *to bite*

mordida *bite; bribe*

moribundo/a *about to die*

mosca *fly (insect)*

mostrador *counter; booth*

mota *"pot" (marihuana)*

movida *"move," trick, scheme*

mudo/a *silent; mute, unable to speak*

mueble (m.) *piece of furniture*

mugre (f.) *(piece of) garbage*

mula *mule; carrier (of drugs or contraband)*

mulato/a *of mixed race (African and European)*

multa *fine (imposed for an infraction)*

municipalidad *city government*

municipio *municipality*

muñeca *doll*

muralla *garden wall*

murciélago *bat*

murmuración *murmur*

muro *garden wall*

musulmán, musulmana *Moslem*

nacimiento *birth(day)*

naranjal *orange grove*

naranjo *orange tree*

naturaleza *nature*

navajazos *knife cuts*

nave (f.) *ship*

navegar *to sail*

navío *ship*

negar (niega) *to refuse*

negar(se) *to refuse*

negrilla *bold-face type*

nevera *refrigerator*

nido *nest*

niebla *fog*

nieto/a *grandson/granddaughter; ~ político grandson-in-law*

nieve (f.) *(mex.) ice cream*

niñez (f.) *childhood*

nobleza *nobility*

nombramiento *nomination*

nombrar *to nominate; to name*

nombre de pila *first/baptismal/Christian name*

nombre propio *proper noun*
nota *note; grade (on a test/in a course)*
notición (m.) *big piece of news*
noviazgo *engagement*
nube (f.) *cloud*
nudo *knot*
nuera *daughter-in-law*
nuevomexicano/a *New Mexican*

ñáñigo/a *member of Afro-Cuban secret society*
ñoñerías *idiocies*
ñoño/a *idiot; idiotic*

obedecer (obedezca) *obey*
obsequio *gift*
oda *ode, hymn of praise*
oeste *West*
oler *to smell*
olla *pot*
olmo *elm*
olvidadizo/a *forgetful*
oponer *to oppose*
oración (f.) *sentence*
orgullo *pride*
orgulloso/a *proud*
orientar *to give directions*
orilla *edge, side*
orines (m.pl.) *urine*
orquídea nocturna *night-blooming orchid*
ortografía *spelling*
oso/a *bear*
ostra *oyster*

paisaje (m.) *landscape*
paisano/a *fellow countryman/woman*
palabrería *verbiage*
paladar *palate*
paladín (m.) *champion, defendant*
palidez (f.) *paleness*
paliza *beating with a stick*
palomilla *check mark*
palpar *to touch*
panadería *bakery*
panadero/a *baker*
pandilla *gang*

panzón, panzona *big-bellied*
pañuelo *handkerchief*
papel *paper; role (in a play or in an activity)*
paquete *package*
paraguas (m.) *umbrella*
pareja *couple, pair*
pariente (m., f.) *relative*
parpadear *to blink*
parpadeo *blinking (of eyelashes)*
parra *grape vine*
parrilla *grill*
parroquia *parish*
partícula *particle*
particular (n.) *detail*
partidario/a *partisan*
pasador *bobby pin; tie pin; shoelace; strainer*
pasaje (m.) *passage*
pasar lista *to take roll*
pasear *to walk*
pasillo *hall, hallway*
pasmado/a *stunned*
pastel *cake*
pastilla *pill*
patada *kick*
paterno *of one's father*
patín (m.) *skate*
patofisiología *patophysiology*
patria *fatherland, homeland*
patrón, patrona *boss*
patronizado/a *sponsored*
paulatinamente *slowly*
paupérrimo/a *extremely poor*
pavimentado *paved*
pelado/a *no-good, poor*
peligro *danger*
peligrosidad *danger*
pelirrojo/a *red-haired*
pellizcar *to pinch*
pelos y señales *down to the last detail*
pelos en la lengua: tener ~ *to mince one's words*
pendiente *unresolved*
pensamiento *thought; pansy (flower)*
pensativo/a *thoughtfully*
penúltimo/a *next-to-the-last*

peña *crag, rocky outcrop*
pepino *cucumber*
perder el hilo *to lose one's train of thought*
perdición (f.) *damnation*
perdiz (f.) *partridge*
perdurar *to last, continue to exist*
perecer *to perish*
peregrino/a *pilgrim*
pereza *laziness*
percibido/a *received*
perfil *profile*
periódico *newspaper*
periodismo *journalism*
perjudicar *to harm, hurt*
permanecer *to remain*
perra *bitch*
perseguir *to persecute, to pursue*
persiana *blind, shade*
persuadir *to persuade*
pertenencias *belongings*
pesa *weight*
pesadilla *nightmare*
pescuezo *neck (of an animal)*
pez espada (m.) *swordfish*
pico *beak*
pinar *pine grove*
pincel *paintbrush*
pinche/pinchi *lousy, damnable*
pintar *to paint, describe, depict*
pintor(a) *painter*
pintoresco/a *picturesque*
pipa *pipe*
pisotear *to step on*
pizarrón (m.) *blackboard, chalkboard*
pizcar *to pick (crops), harvest*
placentero/a *pleasant*
planchar *to iron*
plantado: dejar plantado *to stand (someone) up*
plantear *to propose*
plañidera *woman hired to mourn*
pleito *dispute, disagreement, fight*
plenamente *fully, completely*
plomería *plumbing*
plomero *plumber*
plumaje (m.) *plumage, feathers*
pobreza *poverty*

pocho/a *broken, choppy*
pocilga *pigpen*
podar *to trim (trees, plants, etc.)*
poder (n.) *power*
poderío *power*
polaco/a *Polish*
polisílabo/a *polysyllabic, polysyllable*
póliza de seguros *insurance policy*
ponerse de acuerdo *to agree*
porción (f.) *serving (of food)*
porquería *dirty word; evil deed*
portabebés (m.) *baby seat (in car)*
portar *to behave*
portátil *portable*
portezuela *car door*
poseedor(a) *possessor*
poseer *to possess*
postre (m.) *dessert*
pozo *well (for water)*
preantepenúltimo/a *fourth from the last*
precipitado/a *sudden, unexpected*
predecir *to predict*
prejuicio *prejudice*
premio *prize*
prender *to turn on*
preocupar *to worry*
preparativo *preparation*
preparatoria *high school*
presa *reservoir; dam; prey*
prescindir *to do without*
presenciar *to witness*
presentir *to intuit (the presence of, etc.)*
presión (f.) *pressure*
presionar *to pressure*
preso/a *prisoner*
préstamo *loan*
prestancia *poise; elegance*
prestar *to lend (someone something); to pay (attention)*
presumido/a *egotistical*
presumir *to show off; to be conceited*
presupuesto *budget*
primaria *elementary school*
principio: al principio *at the beginning*

procurar *to try*
profesionista (m., f.) *professional*
promedio *average*
pronombre (m.) *pronoun*
pronunciamiento *military revolt against a government, coup d'état*
propietario/a *owner*
propina *tip*
propio/a *(one's) own*
proponer (propongo; propuesto) *to propose*
proporcionar *to give, come up with*
propósito *purpose*
propuesta *proposal*
proseguir *to continue, proceed*
proteger (protejo) *to protect*
puerco/a *pig*
puesto *job, position*
pulgada *inch*
pulir *to polish*
pulmón (m.) *lung*
puntería *aim (with gun)*
puñal (m.) *dagger*
puño *fist*

quedada *old maid*
quehaceres (m.pl.) *tasks, duties*
queja *complaint*
quejido *moan, groan*
quejumbroso/a *mournful, plaintive*
quemar *to burn*
quemazón (f.) *burning; fire*
queque (m.) *cake*
querella *quarrel*
quijotesco/a *Quixotic, head-in-the-clouds*
química *chemistry*
quiosco *kiosk, small sales booth*

rabia *rabies; anger, rage*
rabiar *to be angry, demonstrate anger*
radical *radical; root*
raíz (f.) *root*
rama *branch*
ramo *bouquet (of flowers)*

rana *frog*
raptar *to kidnap*
raptor(a) *kidnapper*
rascacielos (m.) *skyscraper*
rasgo *(physical) feature*
rastrillo *rake*
ratero/a *thief*
reaccionar *to react*
reacio/a *reluctant, unwilling*
real *royal*
realizar *to carry out, undertake*
rebeldía *rebelliousness*
rebosante *filled to the brim*
recalentamiento global *global warming*
recámara *bedroom*
rechazar *to reject*
rechoncho/a *chubby*
recibimiento *reception*
recibo *receipt*
recio/a *strong, hard; loud*
reclamar *to demand*
recobrar *to recover*
reconocer *to recognize*
reconstruir *to reconstruct*
recorte (m.) *cutback*
recreo *recess*
recuperar *to recover; to make up*
recurrir *to appeal to, have recourse to*
recursos *(financial) resources*
red *network*
reducto *enclave*
referido/a *(person or thing being referred to)*
refrán (m.) *saying, refrain*
regalo *gift, present*
regañar *to scold*
regañón/regañona *grouch(y)*
regar *to irrigate*
régimen: estar de ~ *to be on a diet*
regla *rule*
regordete *chubby*
rehuir *to shy away from*
reinstituir(se) *to reinstate, be reinstated*
reja *bar (on a cage or a window)*
relamer(se) *to lick (one's lips)*

relámpago *lightning bolt*
relato *narrative, story, tale*
relinchar *to neigh, whinny*
reluciente *shining*
remanso *pool (of water)*
remar *to row; to paddle*
remedio *solution*
remolino *whirlpool*
rendido/a *exhausted*
rendir *to give in, surrender*
renombrado/a *famous*
repartir *to share; to distribute among*
reparto *delivery*
repasar *to review*
repaso *review*
repentino/a *sudden*
repleto *filled to the brim*
reponer(se) *to get well*
reprimir *to repress*
reprobar *to fail (a course)*
requerir *to require, need*
requisito *requirement*
resbaladizo/a *slippery*
resbalar *to slip*
rescatar *to rescue*
resguardar(se) *to take shelter*
resorte (m.) *(coil) spring*
respaldar *to support, back up*
respingar (respingue) *to buck (said of horses)*
respirar *to breathe*
respuesta *answer*
restar *to subtract, take away, discount*
restringir *to restrict*
resumir *to sum up*
retar *to challenge*
retoño *shoot; offspring*
retorcer *to twist*
retratar *to portray; to paint someone's portrait*
retrato *portrait, painting*
retroceder *to step back, go back*
retroceso *backward movement, retreat*
revolcón (m.) *roll in the hay*
reunir *to have, fulfill, meet, satisfy*
ridiculizar *to make fun of*

riesgo *risk*
riesgoso/a *risky*
rifa *raffle*
rima *rhyme*
riña *dispute*
riñón (m.) *kidney*
rocío *dew*
rodeado/a *surrounded*
rodilla *knee*
roer *to gnaw*
rogar (ruegue) *to beg, plead*
rompeolas (m.) *breakwater*
ron (m.) *rum*
ronco/a *hoarse*
rondar *to circulate; to hang around*
rostro *face*
rubio/a *blond*
rudo/a *crude, rough*
rueda *wheel*
rumbo a *heading towards*

sacar de quicio *to annoy, make angry*
sacerdote (m.) *priest*
saciar *to satiate*
sacudir *to shake*
sagrado/a *sacred*
sal (f.) *salt*
sala *hall*
salón de clase (m.) *classroom*
saltar *to jump*
salud *health*
sandía *watermelon*
sangriento/a *bloody*
sanseacabó *that was the end of that*
santiguar(se) *to make the sign of the cross*
satinado/a *satin-finished, glossed*
satisfacer *to satisfy*
sauce (m.) *willow*
sazón (f.) *seasoning*
secretaría *secretariat*
secretario/a *secretary*
secuestrar *to kidnap*
secundaria *middle school, junior high school*
sed *thirst*

seda *silk*
seguido/a *followed, following; often*
sello *stamp; seal*
selva *jungle*
sembrar *to plant (seeds)*
semejante *similar*
semilla *seed*
seno *bosom*
sensato/a *sensible, reasonable*
sensible *sensitive*
serpentina *streamer (thrown in parades)*
seudónimo *pseudonym*
siamés *Thai, Siamese*
siembra *planting*
siglo *century*
significado *meaning*
sílaba *syllable*
sincronizada *a quesadilla containing ham and chile*
sinfín (m.) *endless amount*
sinvergüenza *scoundrel, rascal, rogue*
siquiera: ni ~ *not even*
sirena *mermaid*
sitio *place*
soberano/a *sovereign*
soberbio/a *proud*
sobrar *to remain, be left over; for there to be plenty of*
sobrecargado/a *overburdened*
sobrehumano/a *superhuman*
sobresaliente *excellent*
sobresaltado/a *frightened*
sobrevivencia *survival*
sobreviviente *survivor*
sobrino/a *nephew/niece*
sofisticado/a *sophisticated*
soledad *loneliness*
sollozar *to sob*
soltar *to turn loose*
soltero/a *unmarried man/woman*
soltura *looseness*
sombrero de copa *top hat*
sombrío/a *somber*
sonrojar *to cause to blush;* **sonrojarse** *to blush*
soplar *to blow, blow down*

soportar *to tolerate*
sorbo *sip*
sorteo *raffle*
sospechar *to suspect*
sótano *basement*
su(b)stituir *to substitute*
súbitamente *rapidly*
subordinado/a *subordinate*
subrayar *to underline*
substraer *to remove*
subvención (f.) *grant (of money)*
sucesivamente: así sucesivamente *so on and so forth*
sueco/a *Swede; Swedish*
suegro/a *father-/mother-in-law*
suelto/a *loose*
sugerir (sugiero) *to suggest*
sujeto *subject*
sumar *to add (numbers or
   quantities)*
sumiso/a *submissive*
superar *to triumph, overcome*
superficie (f.) *surface*
suplir *to compensate, replace,
   supply*
suprimir *to suppress*
surcar *to plow; to cut through*
surco *row (for planting seeds)*
surgir *to arise, rise up, come up*
surtido *supply*
sustantivo *noun*
susto *fear, fright*
susurrar *to whisper*

tabique (m.) *wall; brick*
tachar *to delete*
tacón (m.) *heel*
taconear *to tap one's heels*
talega *sack*
tallar *to scrub; to measure; to cut*
talle (m.) *waist; stem*
taller *(service) shop, workshop*
talón (m.) *heel*
tamaño *size*
tapar *to cover*
tarea *homework*
tarjeta postal *postcard*
tatarabuelo/a *great-great
   grandfather/grandmother*

técnico/a *technical*
tejer *to weave*
telefonazo *phone call*
telenovela *soap opera*
televidente *T.V. watcher, couch
   potato*
tema (m.) *theme; topic*
temblar *to tremble*
temblor *earthquake*
tembloroso/a *trembling*
temido/a *feared, frightening*
temor *fear*
témpano *ice floe*
tendedero *clothesline*
tender (tiendo) *to tend, be
   inclined toward*
teniente (m., f.) *lieutenant*
terminación (f.) *ending*
terminantemente *strictly*
ternura *tenderness*
terremoto *earthquake*
terreno *territory*
testigo *witness*
tez (f.) *complexion*
tibia (hueso tibia) *shinbone*
tibio/a *lukewarm*
tiburón (m.) *shark*
tierno/a *tender*
tila *lime-blossom tea*
timbre (m.) *doorbell*
tina *bathtub*
tinta *ink*
tintero *inkwell*
toalla *towel*
tobillo *ankle*
todopoderoso/a *all-powerful*
toldo *canopy; tent*
tonelada *ton*
tontería *foolishness*
topar(se) *to run across, run into*
torbellino *whirlwind*
torcer (tuerce) *to wring, twist*
tormenta *storm*
tornamesa *turntable*
toser *to cough*
totacho *(slang term for) English*
trabajadora doméstica *maid*
traducción (f.) *translation*
traducir *to translate*

tragar *to swallow*
trago *drink*
traidor(a) *treasonous, traitorous*
trampa *trick*
transatlántico *ocean liner*
transporte (m.) *transportation*
tranvía (m.) *streetcar*
trapo *rag*
trasfondo *background*
trasladarse *to move (from one
   place to another)*
trastes (m.pl.) *dishes (to be
   washed)*
trastornar *to disturb*
travesura *prank, mischievous
   action*
trazar *to trace, draw*
trecho *stretch of time*
tregua *truce*
tribu (f.) *tribe*
tribunal *court (of law)*
trigo *wheat*
trigueño/a *olive-skinned*
tripartito/a *tri-partite, three-part*
triunfador(a) *successful person;
   winner*
triunfar *to succeed*
trono *throne*
tropezar (tropiezo) *to stumble*
truco *trick*
tuerto/a *one-eyed*
tulipán (m.) *tulip*
tumbar *to throw off*
tumulto *crowd*
turno nocturno *night shift*

ubicado/a *located*
unigénito/a *sole offspring*
universitario/a *university*
uña *fingernail*
urbano/a *urban, metropolitan, (of
   a) city*
útil *useful*
uva *grape*

vaca lechera *milk cow*
vaciar *to empty*
vacío/a *empty*
vaho *vapor*

valioso/a *valuable*

vanguardia *vanguard, cutting edge*

vaquero/a *cowboy/cowgirl*

variar *to vary*

varilla *rod; dipstick*

varón (m.) *male child*

vasco/a *Basque*

vecindario *neighborhood*

vejestorio *old fossil, old relic (said of humans)*

vejez (f.) *old age*

vejiga *bladder*

velludo/a *hairy*

velocidad *speed*

velorio *wake, funeral*

venado *deer*

vencer *to conquer, overcome*

veneno *poison*

vengar(se) *to take revenge*

ventaja *advantage*

verdor *greenery*

verdura *vegetable*

verificar *to verify*

vestuario *clothing, clothing style*

viaje de bodas *honeymoon*

vicio *vice, evil; addiction*

vientre (m.) *stomach*

vigente *valid, in force*

vigilar *to check up on, watch out for, watch over*

violación (f.) *rape*

violar *to rape*

viuda *widow*

vivienda *dwelling*

vocal temática *theme vowel*

vociferar *to yell*

volada: de a ~ *right away*

voluntad *will, desire*

voraz *voracious*

Vuestra Merçed *Thy Grace, Thy Mercy*

vulgo *common people*

yegua *mare*

yema *yolk (of egg); ~ de los dedos fingertip*

yerno *son-in-law*

yeso *cast (of plaster)*

yugo *yoke*

yunta *yoke; team*

zacate (m.) *grass (lawn/yard)*

zafado/a *crazy fool*

zagal *lad, boy*

zaguán *hallway*

zaparrastroso/a *bum, beggar*

zorro/a *fox*

zurdo/a *left-handed*

ÍNDICE

Este índice bilingüe se refiere al contenido del *libro de texto solamente*. En este índice las palabras claves se dan en la lengua de su primera citación. El orden alfabético sigue las nuevas normas de la Real Academia Española.

This is a bilingual index to the contents of the textbook only. In this index, the key words are given in the language of their initial appearance. Alphabetization follows the new norms of the Spanish Royal Academy.